Robert Kalbach & Jean-Luc Gireaud

L'HERMIONE, FRÉGATE DES LUMIÈRES

Éditions Dervy
204, boulevard Raspail
75014 Paris

À Marie-Thérèse et Monique.

IN MEMORIAM

Sans Jacky DUCOIN, proviseur du lycée Marcel DASSAULT à Rochefort, ni le premier livre L'Hermione, frégate de la liberté, *ni ce second ouvrage n'auraient existé. Remarquable homme d'interface entre le monde académique et celui de l'industrie, il avait immédiatement compris le prodigieux intérêt présenté par les multiples aspects de cet audacieux projet de la reconstruction de* L'Hermione, *selon les techniques, les plans et les matériaux utilisés au XVIIIe siècle. C'est à son insistance pressante que les deux auteurs se sont mis au travail pour fournir un premier livre susceptible de servir de base à d'autres explorations. Jacky DUCOIN est décédé en août 1998 d'un tragique et stupide accident, que cet ouvrage soit l'un des sincères tributs payés à sa mémoire.*

En souvenir aussi de Camille GABET qui fut le premier, en 1972, à avérer l'embarquement de La Fayette sur la frégate L'Hermione *en grand'rade de Rochefort. Le grain était semé.*

En mémoire également de Claude-Bernard BONNET, préfacier de notre précédent ouvrage L'Hermione, frégate de la liberté, *qui fut notre précieux ami et conseiller en matière d'édition. Que son souvenir demeure en nous.*

Et vous, Mers, qui lisiez dans de plus vastes songes, nous laisserez-vous un soir aux rostres de la Ville, parmi la pierre publique et les pampres de bronze ?

Plus large, ô foule, notre audience sur ce versant d'un âge sans déclin : la Mer, immense et verte comme une aube à l'orient des hommes.

La Mer en fête sur ses marches comme une ode de pierre : vigile et fête à nos frontières, murmure et fête à hauteur d'hommes – la Mer, elle-même notre veille, comme une promulgation divine...

Amers – Saint-John PERSE

Avant-propos à *L'Hermione, frégate de la liberté* (1999)

Le 21 mai 1779, la frégate de « 12 », *L'Hermione*, appareille du port de Rochefort ; le 29 au matin, très au sud de l'île d'Yeu, en approchant les côtes de l'Espagne, elle prend en chasse un corsaire anglais de dix-huit canons. Le 30, elle feinte, tire quelques bordées sur un autre corsaire et le force à baisser pavillon. Sous le commandement du chevalier de La Touche, le trois mâts rochefortais a fait ses preuves.

Ce sera le début d'une histoire aux répercussions exceptionnelles.

L'Hermione, n'est-ce pas ce vent de liberté qui gonfle les voiles, cet engagement d'hommes bercés par le siècle des Lumières, et la fougue d'un personnage de vingt-trois ans, Gilbert Motier, marquis de La Fayette ?...

Le jeudi 27 avril 1780, *L'Hermione* mouille à seize milles de Boston. Après trente-huit jours de mer, à son bord, le jeune marquis, précieux passager qui rejoindra au plus vite le général Washington et les colons américains révoltés contre la tutelle britannique, les insurgents, ainsi qu'ils se nomment, ne sont maintenant plus seuls. La France de Louis XVI va combattre à leur côté...

Le chevalier de La Touche, qui sera le vaillant commandant de cette « frégate de la liberté », offrira ses services au Conseil du Massachusetts pour chasser les corsaires attaquant les bâtiments de commerce.

Ainsi *L'Hermione* va-t-elle jouer un rôle de garde-côte, de messager du Roi, de chasseur.

L'épopée américaine du navire, avec ses combats dont celui de Louisbourg en 1781, aura duré exactement un an, onze mois et quinze jours, et les pionniers de cette aventure du Nouveau Monde sont pour la plupart attachés aux principes des bâtisseurs de cathédrales.

En cette fin du XXe siècle, la célèbre frégate renaît, reconstruite à l'identique dans une cale de radoub de Rochefort. Une idée un peu « dingue », mais qui a enthousiasmé bien des élus de cette ville.

Robert Kalbach et Jean-Luc Gireaud ont souhaité remonter l'histoire pour en apprendre davantage sur la mission secrète confiée au marquis.

Ils ont analysé les contacts, les relations, les influences ayant marqué un jeune homme de vingt-trois ans aussi impliqué dans la guerre d'Indépendance américaine.

« De l'autre côté de l'eau », ils ont patiemment suivi le processus qui a conduit à la reddition de lord Cornwallis à Yorktown, devant une état-major franco-américain. De cette victoire fondatrice, ils ont analysé la nature éthique et politique, quel qu'ait pu être, ultérieurement, le devenir des relations entre les deux pays.

Enfin, les auteurs expliquent comment une ville s'est ressaisie pour retrouver son identité, ses racines et sa vocation transatlantique, au moment même où s'éloignent les « cols bleus ».

Claude-Bernard Bonnet

Préface

Il est incontestable que, des quelque 500 navires sortis de l'arsenal de Rochefort entre 1666 et 1926, le plus célèbre est *L'Hermione.* Non pas du fait d'exceptionnelles caractéristiques, mais bien plus par l'histoire qu'elle porte.

Tenter d'en construire une réplique était, sans doute, aussi ouvrir la voie à des recherches techniques, politiques, maritimes, sociales, c'est-à-dire historiques.

La création des États-Unis d'Amérique et le rôle qu'y jouèrent *L'Hermione*, son commandant Levassor de La Touche ainsi que la personnalité de son plus célèbre passager, le marquis de La Fayette, devaient logiquement générer des recherches, puis des écrits et des publications. C'est ce qu'il advint dès 1999-2000 et nous ne pouvons que nous en réjouir.

La reconstruction de *L'Hermione* peut, grâce à ces travaux, trouver ainsi une légitimité complémentaire. Son apport à l'histoire, celle de la Marine, celle de la France et des États-Unis d'Amérique, est aujourd'hui incontestable. Le chantier a ainsi révélé d'autres richesses.

Mais il fallait des auteurs. Des auteurs compétents, courageux et tenaces. Robert Kalbach et Jean-Luc Gireaud, dès l'année 2000, signaient un ouvrage remarquable *L'Hermione, au vent de la Liberté*. La même année, l'amiral Monaque consacrait à La Touche-Tréville un ouvrage important, alors qu'en 2002 Emmanuel de Fontainieu publiait *L'Hermione de Rochefort à la gloire américaine* superbement illustré.

Aujourd'hui, avec *L'Hermione, frégate des Lumières*, Robert Kalbach et Jean-Luc Gireaud racontent le navire de sa naissance à sa mort, en accordant le temps qui s'impose pour nous parler de La Touche et de La Fayette, mais aussi des hommes qui jouèrent un rôle à bord ou à l'extérieur du bateau. Il fallait également situer ces missions dans le contexte politique et économique de l'époque, pour bien comprendre ce qui était attendu de la campagne de *L'Hermione*.

Notre *Hermione* du XVIIIe siècle est ainsi parfaitement resituée dans son environnement. Parallèlement, toute proportion gardée, il faut replacer le chantier de la réplique de la frégate, dans le contexte local et national, contexte pacifique s'il en est. Reconstruire *L'Hermione*, c'est parler architecture navale, bois, techniques relatives à ses mises en œuvre, concilier vérité historique et respect des règles de sécurité, rechercher les soutiens des collectivités locales, nationale et européenne, accueillir des visiteurs par centaines de milliers chaque année et leur parler du chantier comme de l'histoire du bateau, dialoguer avec les quatre mille membres de l'association « Hermione-La Fayette ». Cet ensemble de préoccupations se retrouve au cœur des actions des porteurs du projet. Ils doivent aussi travailler à sa promotion, notamment vers les États-Unis, sans jamais omettre d'en situer l'action dans son contexte historique.

Après le travail de Robert Kalbach et de Jean-Luc Gireaud, la boucle est constituée. Nous en savons beaucoup plus qu'au moment de la prise de décision de construire une réplique de *L'Hermione*. Nos historiens ont spectaculairement enrichi la démarche. Sans doute, leurs recherches généreront-elles d'autres travaux, peut-être riches en surprises, eux aussi.

C'est également l'histoire de Rochefort qui s'étoffe, celle de son arsenal qui se découvre plus largement. C'est important pour un avenir qui ne se construira pas sans se référer au passé.

L'Hermione en construction et dont le port d'attache sera évidemment Rochefort s'imprégnera de cette histoire exceptionnelle. Son exploitation, au cœur de l'ancien arsenal, devra trouver dans la *Frégate des Lumières* des sources importantes à son élaboration.

À cet égard, le travail de Robert Kalbach et de Jean-Luc Gireaud devance celui des concepteurs qui, dans les toutes prochaines années, seront chargés d'imaginer la frégate amarrée dans l'une de nos formes, après son retour de Boston. Je dirai même que se référer à l'ouvrage sera une obligation, d'autant que les documents qui l'illustrent, fruits de longues recherches, sont exceptionnels.

L'Hermione de demain devra beaucoup aux coauteurs de ce superbe livre.

Jean-Louis Frot
Maire honoraire de Rochefort
Fondateur de l'association « Hermione-La Fayette ».

I

1779 : naissance de *L'Hermione*, frégate du Roy de 26 canons de 12 livres de balles

« Accélérer la construction de L'Hermione... »
Conseil de Marine, le 20 mars 1779

Des cales à construire de Rochefort à la campagne du golfe de Gascogne

Le 28 avril 1779, *L'Hermione*, libérée de ses entraves, ses accores démontées, glisse doucement sur sa cale bien suiffée, vers le fleuve Charente, à l'étale de haute mer.

Un bouquet de feuillage a été fixé à la pointe de l'étrave, c'est la tradition.

Des fenêtres de son bureau, au premier étage, à l'angle nord-est du pavillon de l'hôtel des chefs d'escadre, ancien Hôtel de Cheusses [1], le commandant de la Marine de Rochefort embrasse du même regard la forme double, les cales de construction et particulièrement celle de *L'Hermione*. Louis, Charles Le Vassor, comte de La Touche, observe attentivement chaque phase du lancement. Il note avec satisfaction, l'enthousiasme des ouvriers du port attachés à cet ouvrage, qui battent l'air de leur chapeau en poussant des hourras ! Il aperçoit l'ingénieur constructeur de la Marine, responsable de ce chantier, entouré de ses deux aides. Il se nomme Pierre, Henry Chevillard, dit l'Aîné. Il a quarante-

1. Voir figure 6.

deux ans, soit un an de plus que son cadet Jacques[2] Denys Chevillard qui exerce le même métier. Ils sont rochefortais, leur père s'est établi dans la ville en 1733. Dès 1735, il se déclare comme « tenant le change du Roy, maître d'écriture et d'arithmétique de Messieurs les Gardes de la Marine et Cadets ». Il enseigne les futurs officiers du Grand Corps.

Le lieutenant général de La Touche exerce ses fonctions depuis 1775. Il accomplira encore un peu plus d'une année et demie de service à Rochefort. Une petite brise irrégulière de Noroît lui apporte des bouffées aromatiques provenant du pavillon central de la Corderie Royale où l'on chauffe le goudron destiné à rendre imputrescibles les cordages, aussières et gréements de chanvre.

Devant lui, à droite, se déploie une activité de ruche sur les cales où vaisseaux et frégates sont en chantier. Il perçoit le raclement aigu et saccadé des scies qui mordent les pièces de bois, le grincement des tarières avec lesquelles les perceurs forent les couples, le choc sourd du maillet ou du marteau qui enfonce les chevilles de bronze, solidarisant l'assemblage des allonges[3] de chacun des couples[4] de la membrure d'un navire.

Ce fond sonore est ponctué par les coups secs des haches et herminettes des charpentiers, et parfois, dans un retour de brise de terre, il hume l'odeur subtile du bois, plus âcre pour le chêne, plus parfumée pour le pin. Le bois, cette chair des grands voiliers du XVIIIe siècle.

Un bateau, comme un homme, naît ! C'est aujourd'hui que *L'Hermione* vient au monde de la mer. Comme un homme, il ira à la découverte de son milieu, l'océan. Il pourra y être blessé par accident ou au combat. Un jour il mourra, parfois dépecé par ceux-là même qui lui ont donné vie, mais le plus souvent à cette époque, brisé par la force d'une tempête, fracassé à côte poussé par les vents, percé, incendié, lors d'un combat ou bêtement éventré en donnant sur un écueil. Ce fut, hélas, le cas de *L'Hermione*.

Une tache plus vive, au milieu de l'attroupement attiré par le lancement de la frégate, retient son attention. Habit bleu, gilet et culotte rouges, c'est l'uniforme des officiers de marine. Il distingue la haute silhouette de son fils, Louis, René Magdeleine Le Vassor de La Touche. Le jeune lieutenant de vaisseau a trente-quatre ans, il est blond, bien découplé, la face pleine et expressive, des yeux d'un bleu intense. Il

---

2. Jacques est souvent appelé Jean : note généalogique de Claude Marsaly, 1er juin 2000.

3. Chaque couple est formé de plusieurs parties ou allonges, allant du bas vers le haut. Deux éléments ainsi montés sont accolés par deux, d'où le nom de couple. Très pincés à l'arrière, ils sont en forme de lyre vers le milieu, puis se pincent à nouveau vers l'avant du bâtiment.

4. Voir figure 8.

regarde attentivement l'élégante carène de sa frégate. Il est appelé à en prendre le commandement dans quelques jours. Il vient de la corvette *Le Rossignol* de vingt canons et cent dix hommes d'équipage dont il a débarqué le 15 janvier 1779, après une campagne de neuf mois à la mer. Il s'est assez distingué pour se voir accorder la croix de Saint-Louis et un congé de trois mois pour lui et son équipage. Son père qui l'observe a soixante-dix ans. Il décédera en 1781 alors que son fils servira au large des côtes américaines[5].

Louis René a pris la mer dès l'âge de treize ans sur le vaisseau de son oncle paternel, Charles, Augustin Le Vassor de La Touche, comte de Tréville. Il est en poste à Brest en qualité de chef d'escadre et commandant de la Marine. Cette famille a décidément de l'eau salée dans les veines !

Louis René, grâce à ce congé si opportun, a pu surveiller de près la construction de son bâtiment. On va vite en besogne, le temps presse, la France est en guerre.

Il est éperdu de bonheur à l'idée de mener au combat cette frégate toute neuve, aussi écrit-il une lettre chaleureuse à son ministre, M. de Sartine, à la date du 28 avril 1779[6].

> *Je vous assure, de mon entier dévouement, mon tendre et respectueux attachement pour votre personne (permettez-moi cette effusion de mon cœur) étant sans borne, comme le zèle qui m'anime pour la gloire des armées du Roy et de votre Ministère.*

L'Hermione est née de la décision du Conseil de marine qui s'est tenu à Rochefort le 23 octobre 1778. Considérant la lettre du ministre, M. de Sartine, datée du 11 septembre dernier, il « a proposé au Conseil s'il était plus avantageux de construire les deux nouvelles frégates sur le plan des deux précédentes ou sur un nouveau. Le conseil pense que, puisqu'on est très content des qualités des quatre premières, il faut s'en tenir au plan sur lequel elles ont été construites ». Le 10 novembre 1778 : « le Roy approuve que les deux frégates qui doivent être mises en chantier soient construites sur le plan qui a servi aux frégates *La Junon, La Courageuse, La Concorde* et *La Charmante*. Sa Majesté veut au surplus qu'il n'y ait pas de dunette... »

En fait, le Cabinet du Roy confond les deux Chevillard, l'Aîné et le Cadet. L'Aîné est chargé de *L'Hermione* et de *La Fée*, qu'il doit tracer sur le même plan que celui de *La Courageuse* et de *La Concorde*, les deux premières de la série de quatre. Le Cadet entreprend la construction

5. Voir figure 8.
6. Rémi Monaque, *La Touche-Tréville, l'Amiral qui défiait Nelson*, éd. SPM, 2000.

de *La Junon* et de *La Charmante*. Ces deux séries de frégates présentent des analogies mais aussi des différences notables.

Le Service historique de la marine à Vincennes a conservé le vertical des frégates *La Concorde, La Courageuse, L'Hermione* et *La Fée* de vingt-six canons de « 12 », ainsi que « le relevé du tracé[7] » de ces quatre bâtiments.

On connaît aussi le plan de *La Concorde* retrouvé par Jean Boudriot aux archives du National Maritime Museum de Greenwich (Admiralty Collection), cette frégate ayant été capturée par les Anglais le 15 février 1783. L'arsenal de Chatham l'a toisée avec précision. Il a dressé la représentation exacte du travers, ce qui nous révèle la séquence des sabords et les lignes d'eau du bâtiment. S'ajoute un dessin du tableau arrière de la poupe. Nous avons donc, aujourd'hui, une bonne image des quatre frégates de la série *Concorde* dont *L'Hermione* est la troisième. À Rochefort, si l'on s'en rapporte au registre de la « genèse des plans présentés et acceptés par le Conseil de Marine[8] », on se doit d'être rapide et rigoureux. Pas question de s'écarter des plans approuvés, même pour un détail minime. Ainsi[9] le renforcement de quelques barrots est-il refusé sèchement, en mars 1779. C'était pourtant souhaitable, *L'Hermione* et *La Galathée*, sa voisine de cale, devant porter deux mortiers, en plus de leur artillerie réglementaire. On ne compte plus les injonctions impératives adressées aux ingénieurs constructeurs par le Conseil de marine qui répercute régulièrement les ordres pressants du ministre. En 1777, les plans de *La Charmante* et de la *Concorde* ont été approuvés. Dès le second semestre on note : « ... hâter la construction des frégates ». Puis en octobre : « hâter la construction des deux frégates, *La Junon* et *La Courageuse* ». Au mois de décembre, à nouveau : « Hâter la construction des frégates... *La Concorde* et *La Charmante* doivent être armées sans retard. »

En 1778, le ton est toujours aussi impératif : « Accélérer la construction de *La Junon* et de *La Courageuse*... elles doivent être finies le plus tôt possible. »

En 1779, à la date du 8 mars, on suit toujours les constructions avec la même attention : « ... Conserver la dunette de *La Courageuse*, pas de dunette pour *L'Hermione*. » Puis : « *L'Hermione* et *La Galathée* doivent porter deux mortiers. » Cette injonction est maintes fois renouvelée, jusqu'à la fin du mois de février. Et encore : « Accélérer la construction de *L'Hermione*, de *La Galathée* et de *La Fée*. » Cette dernière remplacera

7. Voir figure 1.
8. A.N. – 1 A 43 A 1 A 47 – relevé par Jean Thoma.
9. SHMR B3-667, p. 140. *Ibidem*.

immédiatement *L'Hermione* sur sa cale de construction dès qu'elle sera mise à l'eau.

Aujourd'hui, on évoquerait un véritable harcèlement d'autant que la journée du Roy durait douze heures !

L'Hermione a été mise en chantier fin décembre 1778 et en janvier 1779 [10], il est inscrit [11] : « travaillé quarante-cinq varangues, quatre-vingt dix-genoux, quatre-vingt-dix premières, secondes, troisièmes et quatrièmes allonges, quatre-vingts allonges de revers, vingt allonges d'écubier » et mis en place : « le pont pour embarquer le bois ».

En février : « entièrement boisée, petit fond vaigré, barreaux de pont en place, garnis de leurs bauquières, serre bauquières, barotins, entremises, arcboutans – montants de voûte bordés – les préceintes et trois virures en place ».

En mars : « travaillé au vaigrage, au bordage – en place les ceps de drissse, la carlingue, pottureaux, cabestans, ouvert la batterie ». Le 19 avril 1779, le comte de Vaudreuil, directeur des constructions, en présence de deux capitaines de vaisseau et de l'ingénieur constructeur Chevillard l'Aîné, passe la dernière inspection [12].

Ils constatent cent trente-six pieds, un pouce et six lignes pour la longueur (44,27 mètres) et trente-quatre pieds, neuf pouces, six lignes de largeur (11,24 mètres). Pour le creux : dix-sept pieds, six pouces (5,72 mètres). Elle excède dans sa longueur, par rapport au plan donné, de un pouce et six lignes, dans sa largeur, de trois pouces et six lignes.

« L'ouvrage de cette frégate nous a paru solide et bien conditionné. Lesquelles dimensions nous certifions être justes, en foi de quoi nous avons signé. Rochefort le 19 avril 1779 : Guitard, La Tournoie, de St Mortau. » L'excès de largeur est attribué [13] : « ... a l'affaissement d'une accore... puisque le maître couple, avant d'être monté, avait la largeur prescrite [14]... »

La construction de cette frégate [15] aura exigé d'après l'étude de différents devis : vingt-deux mille journées de charpentiers, cinq mille journées de forgerons. Ajouter à cela mille jours de perceurs, avant que les gournabliers puissent mettre en place les chevilles de bois et de bronze, assurant la cohésion des multiples pièces de chêne. Les menuisiers aménageant l'intérieur le feront en dix mille journées. Ne sont pas comptées

10. A. N. B 5 – 12 – Pièce n° 8, p. 49, recto et verso.
11. Voir « Lexique des termes maritimes », annexe 3.
12. SHMR – côte 561.
13. SHMR 3A13, folio 59.
14. Voir figure 3, p. III.
15. *Encyclopédie méthodique marine*, tome 2, à Paris chez Panckoucke, 1786, nouvelle édition : Oméga C/O, Hubert Berti, Nice, 1987.

les heures des forçats qui transportent toutes les pièces qui ont été tracées et découpées en plein cœur des troncs d'arbres dans les ateliers.

C'est donc plus de trente-trois mille journées du Roy qui ont été nécessaires pour lancer ce petit bâtiment de guerre. Deux cent quatre-vingt-six personnes sont intervenues, par roulement, au fur et à mesure du déroulement du chantier. Elles comprennent dix-huit corps de métiers différents. Pour les seuls contremaîtres et charpentiers, on dénombre quarante-six personnes ayant assuré treize mille quatre cents jours travaillés. Au total, une frégate de « 12 » achevée, avec ses mâts, mais sans voilure, sans ancre et sans son artillerie, coûte cent soixante-dix mille livres tournois. Cela équivaut approximativement à quinze ou peut-être dix-sept millions de nos francs. On a du mal à le croire, elle fut construite en six mois !

Le chantier a utilisé [16] onze cent soixante stères de bois de chêne, deux cent cinq stères de résineux, trente-cinq tonnes de fer, quinze tonnes de chanvre, trois tonnes et demie de plomb, trois tonnes d'étoupe, une tonne de brai et près de dix mille mètres carrés de toile à voile.

Depuis 1749 jusqu'au jour où *L'Hermione* est achevée, c'est la onzième frégate [17] lancée par l'arsenal de Rochefort.

La première, véritable prototype de ce nouveau bâtiment de guerre, donnera naissance à près d'une centaine d'unités dans les arsenaux français. On la doit à Pierre Morineau en 1748. Elle ne possède qu'un seul pont de batterie, ce qui constitue une innovation et caractérise les nouvelles frégates.

Elle est longue de 127,6 pieds, large de 33,8 pieds et forte de vingt-six pièces de « 12 ». Clin d'œil de l'histoire, elle fut aussi baptisée *Hermione*, comme son similaire de l'année 1779.

Avec le vaisseau de soixante-quatorze canons, la frégate de « 12 » est le navire de combat emblématique de cette fin du XVIIIe siècle, particulièrement pendant la guerre de l'Indépendance américaine [18].

Ces frégates ont des caractéristiques précises. Un seul pont de batterie portant vingt-six, parfois vingt-huit canons de « 12 » [19]. Des canons de « 6 » peuvent être installés sur les gaillards d'avant et d'arrière. Contrairement aux vaisseaux, elles ne s'intègrent pas dans la ligne de combat, au milieu des bâtiments de soixante-quatre à cent dix canons. Ces derniers, véritables forteresses flottantes, sont peu évolutifs, leur manœuvre

---

16. Jean Boudriot, *La Frégate. Historique de 1650 à 1850*, Paris, Ancre, 1992, chapitre 4, p. 215.

17. Joël Pierre, *Les Constructions navales à Rochefort, Brouage, Soubise et Tonnay-Charente*, Éd. Le Croîx Vif – 75016, Paris, 2003.

18. Voir figure 4.

19. Jean Boudriot, *La Frégate. Historique de 1650 à 1850*, Paris, Ancre, 1992, p. 101, « poids du boulet, tiré par la pièce, exprimé en livres, pesant environ six kilos ».

est difficile, d'où leur lenteur. Les nouvelles frégates ont des qualités nautiques remarquables.

Rapides, agiles, elles remontent mieux le vent, d'où des comportements plus hardis. Selon Jean Boudriot qui a étudié leurs plans de façon très précise, elles peuvent approcher les treize à quatorze nœuds par bon vent portant. Les études récentes du CRAIN[20], effectuées sur ordinateur, nous donnent les mêmes chiffres. La carène permet de filer quinze nœuds au maximum. La frégate est bonne manœuvrière. Sa mission est de voltiger en tête d'escadre à la découverte des vaisseaux ennemis. Dans un combat classique, en ligne, elle porte les ordres du chef d'escadre, elle répète ses signaux et secourt les navires endommagés qui ne sont plus manœuvrants. Elle protège les convois marchands des corsaires et frégates ennemies et n'hésite pas, selon l'humeur de son capitaine, à affronter de petits vaisseaux. Aux mains d'un marin expérimenté et qui a du cœur, c'est une machine de guerre redoutable !

L'Hermione, deuxième du nom, a touché le fleuve par l'arrière dans un grand jaillissement. Labourée par le talon de quille, la vase remonte en tourbillons tourmentés. Sans la totalité de son lest, elle est haute sur l'eau. Retenue par des câbles tournés sur ses cabestans, elle est halée pour prendre son poste à quai, avant que le courant de jusant ne devienne trop fort. Il peut atteindre quatre nœuds et plus, selon le coefficient de marée. Immédiatement, la machine à mâter[21] manœuvre, tirée à force d'aussières, assurée par plusieurs canots.

C'est une sorte de barge de la taille d'une petite corvette, portant en son milieu une *bigue*[22]. Elle accoste *L'Hermione* et, travers contre travers, elle s'amarre à contre, puis s'ancre à ses deux extrémités. Le mâtage débute. On implantera d'abord les bas mâts qui, soulevés, seront descendus et passés par les ouvertures des gaillards, puis du pont de la batterie, du faux pont, pour atteindre la cale. À ce niveau, ils seront encastrés dans leur emplanture, massifs de bois fixés sur un élément de quille. Les bas mâts mis en place, l'artimon à l'arrière, le grand mât au milieu, à l'avant la misaine et le beaupré, on passe à la phase suivante. On notera que le beaupré est un véritable mât, relevé d'un angle de trente degrés par rapport à l'horizontale. Il est long de cinquante pieds, soit seize mètres vingt-cinq, et porte la longueur de la frégate à plus de soixante mètres hors tout. Sont ensuite installés les mâts de hune puis les perroquets donnant toute leur hauteur aux deux premiers mâts verti-

20. CRAIN : Centre de recherche pour l'architecture et les industries nautiques : *Rapport d'études techniques pour l'Association Hermione-La Fayette*, octobre 1998.

21. Voir figure 7.

22. Bigue : grue puissante formée de trois mâts réunis au sommet, soutenant un palan destiné à soulever de lourdes charges.

caux. Le grand mât, au centre, mesure quatre-vingt-quatre pieds. Il se prolonge par le grand mât de hune de cinquante-deux pieds et se termine par le grand perroquet de trente-huit pieds. Au total, de l'emplanture à la pomme du perroquet, il culmine à cent soixante-quatorze pieds, soit cinquante-six mètres cinquante-cinq, dont près de quarante-cinq mètres au-dessus des gaillards. La misaine complète atteint cent soixante-six pieds, soit cinquante-quatre mètres par rapport à l'horizontale. L'artimon, avec son perroquet de fougue et sa perruche (il ne possède pas de hunier), ne dépasse pas cent huit pieds, soit trente-cinq mètres. Il est implanté au niveau du faux pont. Du haut de la hune du grand mât, une vigie ayant bon pied, bon œil, distingue une voilure bien au-delà de la ligne d'horizon. Ses immenses vergues, la principale qui barre le grand mât atteignant soixante-dix-huit pieds (vingt-cinq mètres), font de la frégate une véritable machine à capturer le vent. Parée de son gréement complet et de toutes ses voiles, elle apparaît comme une immense cathédrale de bois et de toile.

Le 30 avril 1779, les opérations de mâtage et de gréement achevées, l'armement[23] commence le premier du mois de mai. Le tirant d'eau est noté dès la sortie du chantier. Il faut maintenant mettre la frégate dans ses eaux en la lestant.

On embarque un volume de soixante-treize tonneaux[24] pour six cent cinquante livres de lest de fer et quarante-sept tonneaux de lest de pierres pour quatorze cent quarante-deux livres. À nouveau, on relève les lignes d'eau. La frégate s'est enfoncée d'environ soixant-huit centimètres. Il y a à peu près trente-sept centimètres de différence entre la proue et la poupe, plus basse. *L'Hermione* est donc bien assise, l'étrave relevée, ce qui lui assure une ligne fine autorisant une bonne vitesse.

Sont mis à fond de cale[25] cinq mois de vivres pour deux cent soixante-douze hommes, soixante-six tonneaux d'eau. Pour la batterie : vingt-six canons de « 12 » et sur les gaillards : huit de « 6 » et huit pierriers d'une livre, inventaire relevé dans le journal de bord. Pas de trace des mortiers réclamés par le Conseil de Marine. Dans une lettre, enregistrée en mars 1777[26], La Touche affirme « que les qualités de cette frégate, qui ne seront point inférieures à celles de *La Courageuse*, sur le plan de laquelle elle est construite, seraient sensiblement altérées par les mortiers

---

23. Armement : tout ce qui est nécessaire sur un navire pour voyager.

24. Tonneau : volume de 2,83 m^3.

25. Rémi Monaque, *La Touche-Tréville. L'Amiral qui défiait Nelson*, SPM, Paris 75010, 2000.

26. Archives nationales de la Marine : B 4 – 158, folio 38, « Journal de la frégate du Roy L'Hermione de 32 canons, commandée par M. de La Touche – lieutenant de vaisseau. La campagne commencée le 14 mai 1779 et finie le 31 décembre 1779 ».

qu'on lui ferait porter, c'est l'avis de ces deux ingénieurs... » Il s'agit de Clairins Deslauriers et de Chevillard l'Aîné.

Le 14 mai, elle embarque ses officiers et son équipage. Louis de La Touche[27] a obtenu, contrairement à l'usage, de garder la plus grande partie de l'état-major et des marins de sa corvette, *Le Rossignol*. C'est un avantage certain, la plupart des hommes ayant appris à manœuvrer et à se battre ensemble. À travers les courriers du Conseil de marine, on voit combien l'arsenal de Rochefort est pauvre en artillerie. Les fonderies de Ruelle n'arrivent plus à fournir. Déjà, le 21 novembre 1778, on peut lire[28] : « Quant à ceux des anciennes dimensions, il faudra les faire servir autant qu'ils n'auront pas de défaut... le service manquant de canon, il faudra en acheter. » *L'Hermione* devra donc composer. Le 19 mai 1779, il sera ordonné que vingt canons de la frégate *L'Engageante*, en désarmement, soient embarqués sur *L'Hermione*. Un certain nombre d'entre eux sont du modèle ancien, plus long et plus lourd. Très curieusement, les états du Parc d'artillerie du 31 mai indiquent que la frégate a reçu vingt-huit canons de « 12 » au lieu des vingt-six règlementaires pour sa batterie et neuf canons de « 6 » sur ses gaillards. Cela donnera lieu, plus tard, à un de ces imbroglios dont l'administration a toujours eu le secret.

En octobre 1994, le CRAIN[29], dans un rapport d'étude technique, sous la direction de Philippe Pallu de La Barrière, signé de Bernard Moreau, André Coutant, Jean Guy de Saint-Perrier, indique, après calculs, le poids de la frégate. Avec son armement complet, son équipage et ses hardes, tous ses vivres, elle atteint les mille deux cent cinquante-six tonnes.

Son centre de gravité se trouve à vingt centimètres sous la flottaison, en pleine charge. Cet ordre de grandeur est confirmé par les études de Jean Boudriot[30]. La digitalisation informatique, par l'équipe du CRAIN, démontre que la frégate est stable jusqu'à quarante degrés de gîte. L'angle d'envahissement des sabords est de trente-cinq degrés. À sabords ouverts, sous le vent, elle s'appuie à vingt degrés, par vingt nœuds de brise. Elle file alors quinze nœuds, avec toute sa voilure. Elle peut porter neuf cents à mille deux cents mètres carrés de toile. C'est donc un bâtiment marin, véloce et bien armé que Louis René de La Touche est appelé à monter.

27. Rémi Monaque, *op. cit.*

28. Genèse des plans présentés et acceptés par le Conseil de marine – 1 A 46 – Relevé de Jean Thomas, p. 284.

29. Rapport technique pour l'association Hermione. La Fayette, octobre 1994, p. 3 et 4.

30. Conception des vaisseaux royaux sous l'Ancien Régime.

OUVRAGES À CONSULTER

SHMR :3 A – 1. f 59 – 1E 447 – 1L3.58 – 1.A.43 et 47 – M^2G^4 N° 32 – S.H. 320 – 3A5.

ANM : B4 158. f 38 « Journal de la frégate du Roy “L'Hermione” de 32 canons commandée par M. de La Touche – Lieutenant de Vaisseau. La campagne commencée le 14 mai 1779 et finie le 31 décembre 1779.

B5.12 – 15 – 17 – 49 (microfilms) Bâtiments du Roy.

NNM : Cabinet des plans cartons – 351 – N° 6251.

Jean Boudriot, *La Frégate – Historique de 1650 à 1850*, p. 97 à 111, Paris, Ancre, 1992.

Léon Guérin, *Histoire de la Marine contemporaine*, tome I, Paris, Dufour et Mulat, 1851.

Claude Marsaly, *Les Deux Frères Chevillard*, Notes généalogiques, ITTL, Rochefort.

SIGLES

SHMR : Service historique de la Marine à Rochefort.
ANM : Archives nationales – Fond marine – Ancien Régime.
NMM : National Maritime Muséum.
CERMA : Centre d'études et de recherches sur les migrations atlantiques.

II

L'Hermione : campagne de 1779

Le golfe de Gascogne

Le 30 avril, la construction de *L'Hermione* achevée, les deux premières semaines de mai sont consacrées à pourvoir à l'armement complet de la frégate. Afin de ne rien laisser au hasard, du 14 au 17 mai, trois jours vont être encore employés à toutes les inspections et vérifications nécessaires, préalablement à la campagne d'essais et d'amarinage de la frégate qui s'étendra du 18 mai au 31 décembre 1779.

Cette période se situe dans le contexte du conflit opposant le royaume de France à l'Angleterre. Depuis le 14 mars 1778, la France est pratiquement en état de guerre avec l'Angleterre, suite au Traité de commerce et d'amitié qu'elle a contracté avec les treize colonies anglaises d'Amérique, en rebellion contre la Couronne britannique et dont la France a reconnu l'indépendance. La déclaration de guerre interviendra le 10 juillet. Ce nouvel épisode d'une guerre anglo-française n'est que l'un des multiples avatars d'une opposition séculaire entre les deux royaumes. Le prétexte apparent en est politique. Toutefois, à bien considérer les évolutions géopolitiques de la première moitié du XVIIIe siècle, force est de constater que les raisons profondes du conflit sont tout autant d'ordre économique et commercial, l'enjeu central résidant en la maîtrise et le contrôle absolus du commerce extérieur, surtout celui du sucre, en provenance du Nouveau Monde, que politique et stratégique. À ce compte, bien plus que la puissance des forces armées terrestres respectives, ce sont les flottes de France et d'Angleterre, tant militaires que marchandes, qui vont assumer les premiers rôles stratégiques et qui décideront ultimement de l'issue du conflit.

En de telles conditions, la première campagne dans laquelle elle va être engagée a pour objectif de vérifier et, le cas échéant, d'améliorer, les qualités nautiques et guerrières de *L'Hermione*. Pour ce faire, l'état-major va lui confier l'exécution de missions successives, de différentes natures, permettant d'éprouver de façon optimale, dans des conditions que l'on veut très diverses, le comportement du vaisseau, de l'équipage et de son commandant. Rien d'étonnant donc à ce que, au cours des sept mois et demi qui vont suivre, *L'Hermione* soit amenée à effectuer des missions d'escorte de convois, ayant pour but de prévenir la capture ou la destruction des navires de la flotte de commerce française, soit par des corsaires anglais, soit par des unités de la Royal Navy. Elle se verra également et alternativement confier des missions de surveillance des eaux territoriales françaises afin de déceler la présence de navires ennemis, que ces derniers soient marchands ou corsaires, ou qu'ils appartiennent à la flotte royale anglaise. Dans les deux derniers cas, la mission de découverte se transmue presque automatiquement en mission de chasse visant en priorité à la destruction ou à la capture des vaisseaux repérés. Les vaisseaux marchands ennemis sont eux, majoritairement, voués à être capturés.

Comme il convient, ces diverses missions sont conduites soit en solo, soit, et c'est le cas le plus fréquent, sous le commandement de navires plus importants placés sous la houlette d'officiers supérieurs plus expérimentés.

La campagne 1779 de *L'Hermione* va donc comporter huit phases d'inégale durée au cours desquelles son commandant et son équipage seront entraînés à faire face aux situations les plus inattendues, devant des vaisseaux ennemis de taille et de puissance variées, et à y réagir promptement, s'entraînant à faire corps avec leur nouvelle unité. Ils y apprendront notamment les ficelles du métier dont la moins étonnante n'est pas cette sorte de poker menteur consistant, en contradiction formelle avec le culte de l'honneur si prisé au Grand Siècle, à affronter tout navire inconnu sous un faux pavillon, quitte à hisser ses véritables couleurs au tout dernier moment précédant l'engagement, en les assurant d'un coup de canon à boulet. Un tel comportement sur le champ de bataille n'est pas, bizarrement, sans rappeler celui de ces stratégies amoureuses perverses dont Choderlos de Laclos devait effectuer, à la même époque, une description si précise dans ses *Liaisons dangereuses* !

De la double forme de l'Arsenal au grand large (18-22 mai 1779)

Le vendredi 14 mai 1779, *L'Hermione* est mouillée au lieu-dit l'Avant-Garde[1]. Le lendemain, le lieutenant de vaisseau La Touche passe la revue des officiers, marins et soldats qui servent à bord. La liste en est détaillée avec précision dans son journal de bord. Relevons la présence surprenante de trente-six mousses de quatorze à dix-huit ans, qui font le dur apprentissage des gens de mer. La garnison est composée de trente-cinq soldats du régiment de marine de Rochefort avec leurs bas officiers. Les officiers mariniers sont quarante-quatre pour quatre-vingt-quinze matelots qui serviront aussi les canons sous les ordres d'un maître canonnier, assisté de deux seconds. Sont inscrits aussi les charpentiers, patrons de canots, pilote côtier et nombre de volontaires. En tout, cent quatre-vingt-dix hommes, auxquels il faut ajouter les gabiers, les timoniers, et soixante-six surnuméraires où l'on trouve : un secrétaire, un boucher, un boulanger, un armurier, quatre munitionnaires et même dix domestiques. Surnuméraires et volontaires pourront être transbordés sur les prises éventuelles pour les servir et les ramener à bon port. Au total, *L'Hermione* embarque deux cent quatre-vingt-douze hommes.

L'état-major de la frégate est important. Il est complété par neuf surnuméraires qui seront appelés à prendre le commandement des bâtiments ennemis capturés ou à remplacer les officiers blessés ou tués au combat.

Ce sont messieurs :
- le chevalier Levassor de La Touche : lieutenant de vaisseau, commandant la frégate ;
- Duquesne, lieutenant de vaisseau, second du bord ;
- Boudet, officier auxiliaire ou lieutenant de frégate ;
- de Villemaret, officier auxiliaire[2] ;
- Chicon de Saint-Bris, officier auxiliaire ;
- Mullon, officier auxiliaire ;
- Gourg, officier auxiliaire ;
- de Traversay, garde de la marine ;
- de La Salle, garde de la marine ;
- Saint-Andrieu, père augustin, aumônier du bord ;
- Fabret, chirurgien major ;
- L'Hospital, second chirurgien ;
- Jérôme Vessiere, aide ;
- Clément, apothicaire.

1. Avant-Garde : elle marque l'entrée du port de Rochefort. Un ponton, vaisseau démâté, avec toute son artillerie, y est ancré.

2. Ou encore, de La Ville-Marais.

Il y a donc plus de trois cents hommes à bord avec l'état-major. Ce nombre, rapporté aux dimensions de la frégate, moins de quarante-cinq mètres, permet d'imaginer que les officiers et l'équipage ne disposent que d'un espace restreint au « carré », et plus que réduit dans l'entrepont, sous la batterie.

Le mardi 18 mai 1779, la revue achevée, l'armement complété, *L'Hermione* est parée. Le courant descendant fait virer la frégate sur son ancre. Son beaupré pointe maintenant vers l'aval de la Charente. Sa proue n'offre pas au regard la gracieuse silhouette d'Hermione qui se prétendait petite-fille d'Océan par sa mère, Hélène la Troyenne, née des amours d'Océan et de Thétis, selon Hesiode[3]. Nos ancêtres du XVIIIe siècle étant familiers de la mythologie grecque, aujourd'hui bien oubliée, bon nombre de vaisseaux et frégates portaient, en conséquence, des noms faisant référence à l'Antiquité.

En fait, la figure de proue[4] de la frégate est moins aimable. C'est un lion dressé, serrant sur sa poitrine un écu de France, portant d'azur aux trois fleurs de lys d'or, posées deux en chef et une en pointe. En effet, une ordonnance du roi dont copie a été envoyée à messieurs de Sartine, de La Touche père, et Hurson, le 17 janvier 1777 précise : « Les figures allégoriques qui étoient mises, Messieurs, à l'avant des vaisseaux, frégates et autres bâtiments du Roy, étant souvent d'une exécution longue et dispendieuse et pouvant même servir à les faire reconnoître de loin, Sa Majesté veut qu'à l'avenir, toutes les figures qui seront à changer, soient remplacées par des lions qui porteront un écusson[5]... » Le symbole est plus agressif, on perd en grâce ce que l'on gagne en virilité, tout en privant l'ennemi d'un point de repère précis.

Bientôt, les ancres sont relevées. Ce n'est pas une mince affaire, la maîtresse pèse trois mille six cent cinquante livres (1,8 tonne). La seconde, un peu moins[6]. Elle est plus légère de soixante kilos. « À une heure et demie, après midi, à un tiers du flot, les vents de la partie de ouest, sud-ouest, bon frais[7], j'ai appareillé de l'Avant Garde, sous les voiles d'artimon, ayant une cordelle[8] de 100 hommes à terre... »

La frégate descend à contre-courant. Le cap est au sud et la première boucle de la Charente s'infléchit vers l'ouest. Caractéristique de ce

---

3. P. Decharme, *Mythologie de la Grèce antique*, Librairie Garnier frères, Paris, 1884. *Légende de la Laconie et de la Messenie*, p. 660 à 661. *Légende de Thessalie*, p. 605.

4. Voir figure 10.

5. SHMR – 1 E206, folio 5. L'écusson peut recevoir les armes d'une province si c'est elle qui a offert le navire au roi.

6. Jacques Gay, *Six Millénaires d'histoire des ancres*, Presses de l'Université de Paris-Sorbonne. Dumas. 42100 Saint-Étienne, 1992, p. 112.

7. Bon frais ou joli frais : de 12 à 19 km/h.

8. Cordelle : corvée à bras d'hommes halant un bâtiment.

fleuve, le chenal n'est pas à l'extérieur mais à l'intérieur de la boucle. La Touche en parcourt la moitié mais ne peut aller plus loin, le courant ayant forci.

À 8 heures du soir, il appareille à nouveau et se laisse dériver avec le jusant. À 21 heures, il est encore arrêté. *L'Hermione* passera la nuit sur place. Le lendemain, le vent de nord-ouest bon frais permet un nouveau départ ! En vain, la frégate recule et perd quelques encablures*.

Jeudi 20 mai, par petit frais, à 6 heures, ordre est donné de se remettre à la cordelle. La frégate descend vers l'embouchure. Prudemment, elle a restreint sa voilure au petit hunier et au perroquet de fougue, et n'a hissé qu'une seule voile à son mât de misaine et à son mât d'artimon. À 11 heures, toutefois, la renverse la surprend. Elle doit encore une fois jeter l'ancre. On le constate, la route jusqu'à la mer est difficile, il faut franchir deux boucles avant d'envoyer toute la toile. Le fond du fleuve présente, alternativement, des fosses où l'on a de l'eau sous la quille et des seuils, particulièrement celui de Soubise, où le fond remonte de un mètre trente-sept. Le suivant, dit le « seuil du Fougueux », tient son nom du vaisseau de soixante-quatre canons qui a talonné à cet endroit et qui s'est perdu en 1694[9]. Le talon de quille passe de justesse au pied du pilote[10] près. L'absence d'annuaire des marées, à cette époque, est un handicap notable.

Ce n'est que le vendredi 21 mai que *L'Hermione* ayant enfin franchi la Pointe sans Fin, la bien nommée, fait de la route à partir de 6 heures du matin, ses voiles pleines d'un vent d'est, sud-est. Par vent arrière, elle rejoint ses deux corvettes d'accompagnement *Le Rossignol,* commandé par le chevalier d'Orléans et *Le Lively,* une bonne prise anglaise montée par M. de Canillac qui l'attendent en Grand Rade[11]. La Touche fait signal d'appareillage. Le vent étant venu au nord-ouest, petit frais, puis remonté au nord, il court des bordées[12] pour étaler la marée. À 20 heures, sorti des pertuis, il fait signal de ralliement et prend un cap nord, nord-ouest.

---

* Les astérisques renvoient au « Lexique des termes maritimes », en Annexe 3.

9. Pierre Lamy, *Les hauts et les bas de la Charente*, CERMA, Rochefort et la mer, nº 7, p. 23 à 36.

10. Pied du pilote : 40 cm.

11. Grand Rade : c'est l'arsenal en mer de Rochefort, délimité par les îles Madame, Oléron, Aix et la presqu'île de Fouras. C'est le lieu de rassemblement des escadres ou des convois de commerce et de leur escorte.

12. Bordées : le navire court d'un bord sur l'autre, changeant d'amure lorsqu'il vient trop vent devant. Il fait sa route en zigzags. Il louvoie.

Mission de chasse des navires ennemis (22 mai-1er juin 1779)

> *J'ai gouverné toute la nuit au nord-ouest, un quart nord, ayant un feu en poupe pour conserver* Le Rossignol *et* Le Lively, *au jour, j'ai eu connaissance de trois voiles que je n'ai pas tardé à reconnaître pour les trois vaisseaux que je devais éclairer...*
>
> Journal de *L'Hermione*.

Cette première sortie mène, en effet, *L'Hermione* et ses deux matelots dans les parages et au large de Belle-Ile, pour éclairer les trois vaisseaux de soixante-quatorze canons : *Le Scipion, L'Hercule* et *Le Pluton* sous les ordres de messieurs de Chérizay, d'Amblimont et Sochet des Touches qui ont appareillé à 5 heures du matin. Ces trois bâtiments ont été construits à Rochefort et mis à la mer successivement en septembre, octobre et novembre de l'année 1778. Leur tracé est aussi de Chevillard l'Aîné, l'auteur du plan de *L'Hermione*[13]. Cette dernière et son escorte de deux corvettes les rejoignent le samedi 22 mai. La Touche a déjà noté le bon comportement de son bâtiment. Rapide, il file dix à douze nœuds. Il est évolutif et raide à la toile. « C'est dans cette occasion, où j'ai eu celle de connaître, pour la première fois, la supériorité de marche de la frégate. » Cette première mission de navigation accomplie, liberté de chasser est accordée à la frégate et aux deux corvettes. Direction ouest, sud-ouest, très au large des côtes françaises, elles approchent la pointe Ortégal[14] d'Espagne.

Le 24 mai 1779, dans un trou de la brume, La Touche lève un cutter corsaire. « J'ai donné ordre de chasser comme on voudrait... » Pour ne pas l'effaroucher, *L'Hermione* arbore les couleurs britanniques. L'autre envoie son pavillon qu'il assure crânement d'un coup de canon, mais se tient à distance. Manœuvrant pour l'avoir enfin par son travers, la frégate française lui expédie une bordée de vingt-cinq coups de canon de « 12 », tirée trop loin pour avoir de l'effet. *L'Hermione* est certes plus rapide mais l'Anglais « se halait mieux au vent... ». Le 25, nouvelle découverte à la lunette de nuit : « ... j'ai fait gouverner au nord-ouest en lui tirant par mon bossoir de dessous le vent, vingt coups de canons de chasse ». La poursuite dure quarante-cinq heures. Ne pouvant l'atteindre, *L'Hermione* le gratifie de cinquante coups de canon de chasse qui le dépassent sans le toucher. La Touche vire de bord.

Le mardi 25 mai, à minuit, La Touche a connaissance d'un navire à

---

13. Joël Pierre, *Les Constructions navales à Rochefort*, Le Croîx Vif, Paris, 75016, 2003, p. 43.

14. Dont, en bon navigateur, La Touche a relevé 47°12' pour la latitude estimée, et 7° 28' pour la longitude.

sec de toile qui, l'ayant aperçu, fait servir et décampe. Il le chasse, gouvernant au nord-ouest, par vent joli frais, filant neuf nœuds. Régulièrement, il fait donner sa pièce de chasse, lui expédiant plus de vingt boulets. Au petit matin il reprend sa canonnade. Il a garni ses bonnettes [15] en haut et en bas et bien que son gibier soit un cutter [16], il arrive, le vent fraîchissant, à le gagner un peu. Lorsqu'il mollit, l'autre creuse l'écart en s'aidant de ses avirons. La poursuite dure toute la journée [17] et toute la nuit mais en vain. La Touche s'estime à une centaine de milles au nord du cap Ortegal de la province de Galice, en Espagne. Il n'a pas plus de succès avec un lougre [18] corsaire.

Le 28 mai, la chance tourne. Un bâtiment à trois mâts, jugé corsaire, est aperçu. Il porte sur *L'Hermione*, la prenant apparemment pour un navire marchand. La Touche veille à ne pas le détromper. Il a soin de lui présenter sa poupe pour ne pas le laisser juger de sa force. Le nombre de sabords de la batterie ne peut laisser aucun doute de sa qualité de frégate du Roi. Il envoie de la toile, puis diminue, comme pour prendre chasse. Cela ne peut que renforcer la détermination du corsaire de Sa Majesté britannique. La course dure toute la nuit à portée limite de canon. *L'Hermione* se laisse gagner lentement. À 6 heures du matin, le 29 mai, elle vire brutalement sur son poursuivant et marche rapidement sur lui, toutes voiles dehors. Quelques coups de canons de chasse annoncent l'hallali. Cette fois, à juste portée, elle lui envoie toute sa bordée, plein bois. *La Défiance* corsaire de dix-huit canons, six pierriers et quatre obusiers, commandé par le capitaine Walter Kettilby-Arder, met pavillon bas. Il était parti de Falmouth le 23 du mois. Son voyage aura été fort court ! La Touche fait monter soixante prisonniers à son bord, laissant dix hommes pour la manœuvre de sa prise. Il l'amarine avec vingt-six de ses marins et il en donne le commandement au lieutenant de corvette, M. Gourg. À 14 heures, l'amarinage terminé, La Touche fait servir cap à l'est, sud-est. À 23 heures, après un calme plat, le vent se lève du sud. Dans le même temps, la vigie signale une voile à l'est. Cap est mis sur elle, sous petite voilure. Le dimanche 30 mai, *L'Hermione* fait signal de chasse à son nouveau matelot. Un autre trois-mâts est reconnu, qui fait force de voile. *L'Hermione* prend le vent, le garde et gagne sur l'Anglais : « ... je n'ai pas tardé à reconnaître que c'était un corsaire à trois mâts. J'ai continué de tenir le vent pour conserver l'avantage sur lui. » En envoyant son pavillon et sa flamme, la Touche fait tirer trois coups de canon. Le *Lady Resolution of London* n'insiste pas et amène ses couleurs.

---

15. Bonnettes : cf. Annexe 3, « Lexique des termes maritimes ».
16. Cutter : *idem*.
17. Voir figure 17.
18. Lougre : cf. Annexe 3, « Lexique des termes maritimes ».

Il est commandé par John Currie, armé à Londres et porte dix-huit canons de six livres, douze pierriers et cent dix-neuf hommes. La Touche en prend cent quatre à son bord et en transborde vingt-neuf. Le commandement est donné à M. Boudet, lieutenant de frégate auxiliaire. Cette bonne prise avait quitté Falmouth depuis quatorze jours. Le lundi 31 de ce mois de mai, La Touche, à 6 heures, a connaissance de plusieurs voiles à son vent et sous le vent. Un grand bâtiment, venant sur son arrière, semble vouloir le prendre en chasse, toutes voiles dehors. Il rassemble alors ses prises. Avec elles, il se met en ligne pour impressionner l'adversaire. À 8 heures, le chasseur fait les signaux de reconnaissance réglementaires. C'était sans doute une frégate française ou un Anglais qui a été abusé.

Retour le mardi 1er juin 1779 dans les eaux charentaises. Ne pouvant gagner l'île d'Aix à cause des vents contraires, *L'Hermione* mouille en rade des Basques, à vue de La Rochelle. Elle attend ses prises. Le lendemain, elle s'ancre à Chef-de-Baie où elle salue *La Médée* de trente-deux canons, et son commandant, le capitaine des vaisseaux du Roi, M. de Kergariou l'Aîné. La Touche fait embarquer sur un de ses canots et sur trois allèges [19] du port cent quatre-vingt-quatorze prisonniers qu'il remet aux mains de M. Bostet, commissaire aux classes de La Rochelle. Il adresse ensuite son rapport à l'Amirauté et remplit les formalités relatives aux prises.

Cette seconde phase active de la campagne 1779 de *L'Hermione* ne se concluait pas, somme toute, par de mauvais résultats pour une frégate et un équipage novices. Si, sur quatre engagements, La Touche, eu égard à des conditions atmosphériques contraires, n'avait pu prévenir la fuite de deux cutters corsaires anglais, il s'était bien rattrapé à la fin du mois de mai. En effet, la capture de *La Defiance*, corsaire anglais de dix-huit canons, non seulement enrichissait la flotte française d'une unité intéressante, au plan tactique, mais celle de ses soixante hommes d'équipage représentait une saignée non négligeable dans les effectifs de la flotte adverse, les marins expérimentés étant, à l'époque, rares à trouver. Il en allait de même avec son autre prise, le *Lady of Resolution of London*, trois-mâts de dix-huit canons, douze pierriers, dont l'équipage de cent dix-neuf hommes expérimentés ne se retrouverait plus, pour longtemps, à affronter les unités de la flotte française. La première mission de chasse de *L'Hermione* avait rapporté de sérieux dividendes.

---

19. Allège : cf. Annexe 3, « Lexique des termes maritimes ».

Nouvelle mission : donner la chasse aux corsaires anglais (du 4 au 7 juin 1779)

Après trois jours de repos bien gagnés, *L'Hermione* reçoit alors une nouvelle mission : elle doit naviguer, depuis la rivière de Bordeaux, sous les ordres de *La Médée* et monter jusqu'à l'île d'Yeu pour en chasser les corsaires anglais qui infestent les parages. Le vendredi 4 juin 1779, Pierre de Kergariou, commandant *La Médée*, transmet à La Touche l'ordre de se mettre sous voile. Il est 10 heures du matin. *L'Hermione* louvoie et ne double Chassiron que l'après-midi. La Touche note dans son Journal : « ... j'ai fait l'avantage à La Médée de la grand voile et du perroquet... » C'est là courtoisie de sa part, pour ne pas semer le navire de son supérieur. À 18 heures, *L'Hermione* aperçoit *Le Rossignol* et *Le Lively* qui font route pour l'île d'Aix par le pertuis breton. Les deux corvettes escortent un bâtiment de commerce.

Le samedi 5 juin, les deux frégates sont à la hauteur d'Arcachon. À 9 heures la Tour de Cordouan est relevée. Le dimanche 6 juin, au petit jour, *L'Hermione* repère deux voiles, l'une au vent et l'autre sous le vent. Elle les signale à *La Médée* qui renvoie : « Chasse ! » *L'Hermione* prend les amures de tribord et se lance sud, sud-ouest, sous toutes voiles. À 6 heures, elle reconnaît un cutter qui lui paraît corsaire et qui vient sur elle, vent arrière. La Touche gouverne : « ... Pour l'attirer davantage sous le vent et lui dérober mon travers... », afin de ne pas le renseigner sur sa force. La Touche arrive au largue[20] et garnit ses bonnettes. Il fait toute sa voile comme un bâtiment en fuite. Dans le même temps, il balance quatorze bailles à la traîne pour diminuer son erre et pour donner à voir un sillage aussi important que s'il était au maximum de sa vitesse. De cette façon, il se laisse gagner et encourage son poursuivant à ne pas abandonner. À 22 h 30, le corsaire envoie le pavillon anglais et tire un coup de canon pour l'affirmer. La Touche a affiché les couleurs britanniques. L'autre, encouragé, affale un canot. La Touche met le perroquet de fougue à culer pour lui inspirer pleine confiance en cassant sa marche. L'Anglais vient à limite de portée de canon, observe attentivement, hésite, puis s'en retourne, méfiant. Aussitôt *L'Hermione* refait de la voile et tente de lui couper la route. Mais le vent faiblit totalement : « ... sans la calmine, il est vraisemblable que j'aurai empêché la jonction... » *L'Hermione* fait à peine un nœud de route. Elle poursuivra la chasse jusqu'à dix heures du soir : « ... la nuit l'a totalement absorbé à ma vue... » *L'Hermione* au coucher du soleil, repère de nouveau un bâtiment à trois mâts venant sur elle. Virant de bord, elle court parallèlement et se décide à faire des signaux de reconnaissance. Ils lui sont rendus dans

20. Au largue : cf. « Lexique des termes maritimes », en Annexe 3.

les règles. Méfiant, La Touche fait mettre en travers et le hèle. Il s'agit d'un neutre battant pavillon hollandais. La confiance ne règne pas. Il faut avouer que l'usage des pavillons d'intimidation ne rend pas les situations particulièrement claires ! Tous les belligérants en usent. Toutefois, pour ne pas forfaire à l'honneur, l'envoi des couleurs doit toujours précéder, même de très peu, le premier coup de canon.

L'Hermione et *La Médée*, le lundi 7 juin, mettent sous voile. La Touche ne double Chassiron qu'à 10 heures : « ... j'ai fait l'avantage à La Médée de la grand voile et des perroquets. » Toujours par courtoisie pour son supérieur hiérarchique, il n'abuse pas de la bonne marche de son navire. Les deux frégates naviguent de concert à l'ouest, sud-ouest de la terre de Cordouan. Les ordres sont de donner la chasse aux corsaires qui infestent le littoral entre Bordeaux et l'île d'Yeu. Le lendemain, à 9 h 30, un accident survient par vent frais sud, sud-ouest, *L'Hermione* démâte brutalement de son petit mât de hune : « il a cassé au milieu par la très mauvaise qualité du bois entièrement déméché, plein de nœuds. » Un matelot de Rochefort, Benaudet, qui était en vigie à la tête de ce mât, est tombé à la mer. Un canot est immédiatement mis à l'eau. Malheureusement, note La Touche : « ... je n'ai pu le sauver, je présume que dans la chute du mât, cet homme se sera froissé contre la vergue de misaine. Il était excellent nageur... »

L'Hermione répare sommairement et fait route avec *La Médée* pour donner dans le pertuis d'Antioche. À 14 heures, en doublant l'île d'Aix, *L'Hermione*, qui a refusé d'arriver, touche à l'arrière, à hauteur de la bouée de la Moulière. Afin de soulager sa poupe et rééquilibrer le navire, La Touche fait passer des canons à l'avant et pomper son second rang d'eau. Son canot porte en avant une ancre au nord-ouest pour attendre le flot. En filant son grelin, par bout, il se remet enfin à l'eau à 20 h 30. Il mouille enfin devant Port-des-Barques à l'est du bourg.

Au cours de la semaine où il relâche au Port-des-Barques, La Touche s'efforce de tirer les enseignements de la mission achevée. Les résultats ont été incontestablement moins brillants qu'au cours de la période précédente. En fait, au cours des deux faibles engagements qui ont marqué cette mission, le premier adversaire qu'il s'était assigné, le cutter corsaire anglais, a réussi à se défiler. Cependant, il en tire une leçon pour l'avenir : ne plus jamais se laisser guider par les apparences. La leçon ne sera pas perdue.

Escorte de convois (17 juin-25 août 1779)

Le 17 juin 1779, après avoir réparé ses avaries, *L'Hermione* reçoit l'ordre de se joindre à *La Médée* de trente-deux canons sous le commandement de *La Courageuse*, de vingt-six de « 12 » et six de « 6 » pour tenter d'éloigner une formation anglaise, dont un vaisseau de soixante canons, *Le Jupiter*, fait des apparitions régulières à hauteur de la Tour de Cordouan. *L'Hermione,* la plus rapide, est partie en découverte. À l'entrée de Maumusson, à 8 heures, du haut de ses mâts, elle reconnaît cinq voiles : trois bâtiments à trois mâts, un à un seul mât et un lougre [21]. Elle chasse jusqu'à 18 heures. Un des bâtiments est fort de deux batteries. Curieusement, il arbore pavillon de France. Au signal de reconnaissance envoyé par *L'Hermione,* la réponse consiste en deux coups de canon. Est-ce *Le Jupiter* ? *L'Hermione* décide de s'éloigner pour inciter le vaisseau et son escorte à la poursuivre, de façon à les emmener au plus proche de *La Courageuse* et de *La Médée* : « ... J'ai fait route en tirant des coups de canon, coup par coup... » L'adversaire hésite. *L'Hermione* revient sur lui « ... pour l'inciter à chasser plus sérieusement ». Malheureusement, les deux frégates françaises sont encore très loin. La vigie ne les découvre que du haut du mât. *L'Hermione* attend, mais en vain, après avoir affiché le signal « vaisseau de guerre » en tête de son mât de misaine. Au rapport, *La Médée* et *La Courageuse* disent n'avoir rien remarqué.

Après un retour à l'île d'Aix le 25, nouvel appareillage le lundi 29 juin vers l'île d'Yeu et Belle-Île, où *L'Hermione* croise *Le Rossignol* et le *Lively*, qui manœuvrent pour entrer dans l'estuaire de la Loire. Alors que *L'Hermione* parcourt le golfe de Gascogne pour donner la chasse à tout bâtiment suspect, à Rochefort, émerge une querelle byzantine qui remonte jusqu'au ministre [22]. Au reçu des états de l'artillerie du port daté du 31 mai, ce dernier s'étonne : « ... J'y ai remarqué qu'il a été fourni pour la frégate *L'Hermione*, vingt-huit canons de "12" et neuf de "6" au lieu de vingt-six des premiers et six des derniers... Je suis surpris... on ne doit embarquer sur les bâtiments que le nombre de canons qu'ils doivent porter. » Le 25 juin, le ministre adresse une nouvelle lettre malgré les dénégations des responsables. M. de Sartine insiste avec véhémence : « Je vous recommande à tenir la main à l'exécution de cet ordre. » Enfin le 27 du mois, le commandant du port se justifie : « ... la frégate n'a reçu seulement que vingt-six canons de "12"... et comme elle n'a pas de dunette et qu'en conséquence il se trouve un sabord de plus sur son gaillard, qu'il a été jugé à propos de remplir. Il lui a été donné huit canons de "6". » Loin de cette querelle d'intendance, La Touche poursuit, semaine après semaine, sa mission d'escorte de barques marchandes, de conserve avec *La Courageuse.*

21. Lougre : voir « Lexique des termes maritimes » en Annexe 3.

22. Service historique de la Marine de Rochefort. 1.A.47, p. 404 – 1. E 212, p. 174 – 1. A 115, p. 1. Lettres des 21, 25 et 27 juin 1779.

Le 3 juillet, *L'Hermione* relâche à Saint-Martin de Ré, puis reprend la mer pour escorter un convoi de barques. Le 11 juillet, elle est mouillée dans le coureau de Belle-Île.

De l'île d'Yeu, le 13 juillet, elle gagne l'embouchure de la Gironde, puis Royan et mouille à Pauillac le 14 juillet 1779. Elle charge vingt-deux tonneaux d'eau qu'elle a fait venir de Bordeaux. Dans la nuit du 18, un homme est tombé à la mer. Il s'agit du matelot Hans Christian, un Hollandais. Il allait probablement retrouver l'un de ses compagnons qui était de veille, lorsqu'un brusque coup de roulis l'aura projeté par-dessus bord. On n'a malheureusement constaté son absence qu'au changement de quart suivant. Le 19, La Touche fait remplir les sacs de farine consommée par du sable, pour rappeler le bateau sur l'arrière. Il procède au remplacement de son mât de hune qui avait défailli le 7 juin, opération que sa mission mouvementée ne lui avait guère laissé de loisir d'effectuer jusqu'ici. Le dimanche 24 juillet, une tempête très brutale oblige *L'Hermione* à s'abriter à Royan et *La Courageuse* à gagner la rade du Verdon.

Malgré le temps frais qui persiste, les deux frégates font route le jeudi 29 pour assurer la protection d'un convoi de cent barques qui doit se rendre à Saint-Domingue.

Le 5 août 1779, *L'Hermione* retrouve *La Concorde* de trente-deux canons qui revient de La Corogne où elle a conduit un corsaire de vingt-six canons dont elle s'était emparé. Son commandant, Paul de Cardaillac, apprend à La Touche que le vaisseau anglais *Le Jupiter* et ses trois frégates d'accompagnement, qu'il avait vainement tenté d'attirer le 17 juin, croisent devant La Corogne où ils attendent que la flotte française s'éloigne du Cap Finisterre[23], afin de pouvoir regagner l'Angleterre. Les patrouilles vont se poursuivre pendant plus de deux semaines.

Alliés ou ennemis

Le mardi 10 août 1779, *La Courageuse* fait signal de séparation et met par le travers, indiquant au convoi escorté d'avoir à faire sa route. La Touche, en bon navigateur, a observé 39° 32' de latitude occidentale et estimé la longitude à 18° 56'. Les deux frégates poursuivent leur chemin, vérifiant, les jours suivants, la nationalité de plusieurs bâtiments et contrôlant quelques navires neutres au large des côtes d'Espagne.

Le 17, La Touche remarque que la mer très grosse, avec des lames courtes, fatigue beaucoup son bâtiment. Le lendemain, *L'Hermione* coupe la route de deux voiles à trois mâts, mais elle casse l'écoute de son petit

23. Pointe nord-ouest de la Galice (Espagne).

hunier et rallie *La Courageuse* commandée par M. de La Rigaudière. Sur sa demande, La Touche lui indique que le plus proche des bâtiments suspects est, au moins, une forte frégate et que celui sous le vent porte vingt-quatre canons. *La Courageuse* donne l'ordre d'attaque.

La chasse commence sous toutes voiles. *L'Hermione,* à 3 heures, a connaissance d'un lougre qui paraît aller sur un navire espagnol, lequel se réfugie dans la baie de Camarinas, entre La Corogne et le Cap Finisterre. Le lougre adresse des signaux aux frégates que poursuivent *L'Hermione* et *La Concorde,* puis arrive et vient par le travers. La Touche suppose qu'il veut le narguer afin de lui faire lever sa chasse. L'autre se tient à demi-portée de canon, fort de ses qualités de manœuvre. La Touche envoie ses couleurs. Aussitôt le lougre amène le pavillon de France qu'il arborait et tire un coup de canon à boulet.

L'Hermione, sans changer sa route, lui lâche une bordée de vingt coups de canons qui, l'ayant atteint dans sa mâture, le font venir en vent arrière. Elle continue de gagner sur les frégates. À 4 heures, elle a connaissance d'un vaisseau de guerre et d'une seule frégate qui vire sur elle. Elle lève la chasse et, à sa surprise, voit celle qu'elle rattrapait rallier les autres bâtiments. Tous battent maintenant pavillon d'Espagne, notre alliée, après avoir échangé les signaux réglementaires en vigueur dans la flotte française. La Touche regrette évidemment de n'avoir pas amariné le lougre qui, lui, était certainement anglais et d'avoir lâché la proie pour l'ombre. À 5 h 30, ayant rejoint *La Concorde,* il la prie de bien vouloir répéter les signaux de reconnaissance, n'étant pas très sûr de sa procédure. La Touche craint autant d'être surpris que de provoquer un incident diplomatique. Les officiers hispaniques, s'ils sont lents à manœuvrer leurs lourds vaisseaux, ont une susceptibilité exacerbée qui les fait parfois réagir vivement.

Après cette suite de quiproquos, *La Concorde* fait signe qu'elle va remonter au nord et regagner Rochefort. *L'Hermione* lui confie son courrier. Elle salue la division espagnole : le vaisseau *Le Brillant* de soixante-dix canons, *Le Ferdinand* de quatre-vingts, *La Liuadie* et *La Sainte Marguarita* de vingt-six de « 12 ». Cette formation guette un convoi anglais qui s'est réfugié à Lisbonne. Les Espagnols avaient pris les deux frégates françaises pour des Anglais se dissimulant sous pavillon français. L'incident aurait pu être grave. L'explication est simple, les Espagnols, nos alliés, envoyaient des signaux en vigueur au 17 août tandis que *L'Hermione* répondait par ceux prévus le 18. Les premiers comptent un jour nouveau à partir de midi, pour les Français, c'est à l'aurore. On est loin d'une coordination parfaite entre les flottes françaises et ibériques.

Le 19, *L'Hermione* met son canot à la mer pour saluer le chef de la division d'Espagne et lui faire ses compliments.

Les changements de pavillon sont fréquents. C'est ainsi que le mercredi 25, *L'Hermione* croise un navire à trois mâts qui a mis pavillon blanc à sa corne d'artimon. Pour donner le change : « ... J'y ai répondu par pavillon anglais à la poupe, supposant qu'il pouvait être corsaire... » Elle le perd dans la brume et ne le retrouve pas pendant la nuit.

Le lendemain, dans sa cabine, après avoir mis à jour son journal de bord, La Touche réfléchit au déroulement des opérations de ces derniers jours. Une fois encore, il a failli se laisser prendre au jeu pervers des pavillons d'intimidation. En effet, tant le bâtiment aux deux batteries qu'il a rencontré le 17 juin que ce lougre anglais qui l'a si bien joué, un peu plus tard le même jour, n'ont dû leur salut qu'à son hésitation première à lui, La Touche. Le premier, en arborant, pour le leurrer, les couleurs de France, « ses » couleurs à lui, La Touche ! Et le second, en paraissant échanger des signaux amicaux avec des frégates, apparemment dépourvues d'enseignes, et que suivait *L'Hermione*, mais qui se sont avérées être des vaisseaux espagnols alliés, alors que ce fichu lougre était bel et bien un corsaire anglais qui a profité de la confusion du commandant français pour prendre le large sans demander son reste. Décidément, il lui faudra être tout particulièrement lucide, à l'avenir, pour éviter d'être pris à ce jeu de masques.

Patrouilles en mer, de la Corogne à Brest (28 août-18 septembre 1779)

Le samedi 28 août 1779, *L'Hermione* a connaissance d'une voile : « ... Je n'ai pas tardé à la reconnaître pour un cutter qui cherchait à me gagner le vent en prenant chasse... » La Touche prend soin de le conserver assez près et de faire en sorte qu'il le dépasse. Il lui tire des coups de canons de chasse dont les boulets ne portent pas. Il manœuvre alors pour l'avoir par son travers : « ... je lui ai fait tirer quarante coups de canons, tant de la batterie que de mes gaillards qui l'ont forcé d'amener son pavillon... » *L'Hermione* l'amarine : « Ce cutter se nomme le *Hawke* montant quatorze canons de quatre livres, seize pierriers et quatre obusiers, soixante-deux hommes d'équipage dont trois ont été blessés, deux mutilés. Il a reçu plusieurs boulets dans le corps et les voiles... » La Touche envoie ses charpentiers à bord pour réparer et sous le commandement de M. de La Palisse, fait passer seize hommes de son équipage. Le capitaine corsaire est M. Stocker.

Un incident survient le dimanche 29 : La Touche dégrade des armes un soldat nommé Vaucorbin, « ... convaincu d'avoir volé une montre aux officiers du corsaire, pris étant en faction avec la consigne d'empêcher qu'ils ne fussent pillés... » Ce voleur a été bien mal inspiré : la marine royale n'admet pas qu'on vole les voleurs !

Le mercredi 1er septembre 1779, après avoir vérifié quelques voiles suspectes et avoir été chassé par deux frégates, sans doute espagnoles, *L'Hermione* relève le cap Ortegal, au sud-ouest. Elle double le cap Prior, puis le cap Férol, pour relâcher à La Corogne et y débarquer une trentaine de malades, car elle n'a aucun rafraîchissement [24] à leur proposer.

Le jeudi 2, *L'Hermione* retourne à La Corogne en s'affourchant [25], ayant le fort de l'Islet au nord-est, et le fort Saint-Antoine au sud-ouest. M. de Tournelle, consul de France, se rend à bord. La Touche le fait saluer, à son départ, par onze coups de canons, et rend ensuite visite au commandant général de la province. Il n'est guère enthousiasmé par la ville mais note quand même l'antique tour d'Hercule qu'il appelle la tour de Fer. En revanche, il apprécie la défense et les commodités du mouillage.

Le lendemain, La Touche fait peindre le côté de sa frégate et, les jours suivants, fait provision d'eau pour dix-huit tonneaux et prend cinq tonneaux de lest de pierres. Puis l'équipage est mis au repos.

L'Hermione appareille le 12 septembre, cap nord, nord-est, jusqu'à relever le cap Prior. Il poursuit dans la même direction, sur le chemin du retour, dans l'intention de rejoindre l'escadre française de la Manche. Le samedi 18, la vigie du bord signale que *L'Hermione* approche de la terre d'Ouessant. À 6 h 30, elle aperçoit deux frégates auxquelles elle fait des signaux de reconnaissance. À 10 heures, elle est à portée de voix de *La Médée*. La Touche envoie son canot. À bord, on lui apprend que l'escadre combinée franco-espagnole est à Brest. À 14 heures, *L'Hermione* donne dans le goulet. Elle passe au milieu de l'armée navale après avoir salué *La Bretagne*, vaisseau de cent dix canons, portant le comte d'Orvilliers, chef d'escadre et lieutenant général. Elle le salue de trois « Vive le Roy » et va mouiller dans la partie du port réservée aux frégates. Elle y retrouve *La Concorde* de trente-quatre canons, comme elle [26] et *La Médée* qui en porte le même nombre.

Le soir du 18, invité par le comte d'Orvilliers à dîner au carré du *Bretagne,* La Touche opère le bilan des trois dernières semaines. Un engagement, une capture. Pas trop mal. Il s'agit, bien sûr, du *Hawke*, qui s'est vendu trente mille livres à La Corogne, au début du mois ! Belle prise, et bonne affaire pour la flotte ! Mais surtout, les vaisseaux du Roi ne seront plus confrontés à ses quatorze canons, seize pierriers et quatre obusiers. Quant à ses soixante-deux hommes d'équipage, ils sont désormais prisonniers pour la durée de la guerre, et on ne les retrou-

24. Rafraîchissement : cf. « Lexique des termes maritimes », en Annexe 3.

25. S'affourchant : *idem.*

26. *L'Hermione* a deux canons de « 6 » supplémentaires sur son gaillard, portant leur nombre à huit. On en a vu la raison.

vera plus dans les affrontements à venir. Le chef d'escadre félicite le commandant de *L'Hermione* et l'engage à persévérer dans cette voie.

Mission de surveillance du golfe de Gascogne : petites prises (19 septembre-22 octobre 1779)

Le dimanche 19 septembre 1779, *L'Hermione* met à terre les surnuméraires qu'elle avait embarqués à La Corogne et les répartit entre les différents bâtiments de l'escadre de Brest. Elle salue *La Magicienne* qui rentre de croisière. Tous les vaisseaux et frégates ont tiré vingt et un coups de canons pour fêter la conquête de *La Grenade* et la victoire navale du comte d'Estaing sur l'amiral Byron.

L'Hermione fait quatre cent trente quintaux de biscuits le 22, le jour où le comte Duchaffaut succède à d'Orvilliers. Ce même jour elle voit entrer en rade *La Terpsychore* avec un bateau venant de Bordeaux, qu'elle a repris aux Anglais. Le samedi 2 octobre, elle appareille sous le petit hunier et le perroquet de fougue. Le lendemain, elle donne la chasse a un cutter filant dix nœuds, jusqu'à 10 h 30. Après onze heures de chasse et trente-huit lieues parcourues, pour le piéger, elle met de la voile tout en balançant seize bailles à la traîne, afin de ralentir sa marche. À 6 heures, par son travers, elle le reconnaît pour Hollandais ! La ténacité de La Touche n'a pas été récompensée.

Le même jour, la frégate donne sur huit à dix grands bâtiments de guerre pouvant être anglais. La prudence lui commande de s'éloigner discrètement. Le 5 octobre, elle a chassé toute la nuit un *sloop* de seize canons, le suivant grâce à ses lunettes. Brusquement, surgissant de nulle part, un brick vient sur elle et se trouve bientôt à demi portée de canon. Les deux bâtiments se perdent dans un grain. Au matin, *L'Hermione*, à 3 heures, repère un autre *sloop*. Réfléchissant au fait que la veille le *sloop* qu'elle avait chassé n'avait pas fait toute sa toile et qu'il avait même allumé ses feux, elle pense qu'il voulait peut-être l'attirer loin d'une proie plus intéressante. La Touche envoie son canot et à sa grande déception constate que c'est encore un Portugais.

Comme il faisait route plein nord, La Touche fait contre route en virant vers le sud. Il a alors connaissance de plusieurs voiles qu'il chasse à 7 h 30. Le calme l'immobilise proche d'un petit bâtiment. Il affale ses trois canots armés, et les envoie sous les ordres de M. Duquesne, son second, reconnaître sa nationalité. C'est bien un Anglais, tout aussi encalminé[27] que *L'Hermione*. Elle en prend possession avec huit hommes de son équipage. Il s'agit de *L'Anna* commandée par le capitaine Donald.

27. Encalminé : cf. « Lexique des termes maritimes » en Annexe 3.

Un des timoniers de La Touche prend sa place. Comme cette prise marche mal, *L'Hermione* lui passe une remorque. Il venait de la Jamaïque et était chargé principalement de sucre.

Le dimanche 10 octobre, la frégate est à treize lieues[28] dans l'ouest, sud-ouest de l'île d'Yeu. Le 12, elle a connaissance d'Oléron puis de la tour de Chassiron et enfin, à 10 h 30, du clocher de Marennes. Elle tire plusieurs fusées pour réclamer un pilote, qu'elle envoie sur sa prise. *L'Hermione* remonte ensuite cap nord, nord-ouest.

Par fort grain, le vendredi 15, à 2 heures du matin, la poursuite d'un senault[29], qui stoppe après un coup de canon, tourne court. Il arbore le pavillon suédois.

Le 19, à 6 heures, *L'Hermione* a connaissance d'une voile courant à contre. Elle se place par son travers et exige son droit de visite. Les papiers du bâtiment battant les couleurs portugaises sont en règle. À son bord, se trouve le vice-consul anglais de Malaga. L'initiative de La Touche n'est que très modestement appréciée !

À 4 heures, le jeudi 21, *L'Hermione* aperçoit un modeste bâtiment à son vent. Reconnu pour anglais, elle lui tire un seul coup de canon. *La Marie,* un *sloop* de commerce venant de Lisbonne, chargé de fruits et de vin de Malaga, est commandé par le capitaine Norman. Il est armé par quatre hommes. La Touche s'en empare et *La Marie* est mise en remorque.

Enfin, le vendredi 22 octobre, nouvelle prise : c'est un *brigantin* de soixante-dix tonneaux, *Le Pélican*, commandé par Robert Wallis, qui venait du Portugal. L'autre bâtiment, un trois-mâts, qui fuit à toutes voiles, est rejoint à 11 heures, mais c'est encore une fois un Hollandais qu'il faut laisser aller. Trois jours plus tard, à bord de *L'Hermione*, Jean Babeuf, matelot de l'île de Ré, décède de fièvre maligne[30].

À l'issue de cette phase de la mission, *L'Hermione,* si elle n'a pas accompli de hauts faits d'armes, militairement parlant, aura du moins acquis l'estime de l'Intendance de la marine qui engrange le produit de la vente des vaisseaux capturés. En effet, en dix-sept jours, son équipage lui aura rapporté : trois bateaux marchands, prises non négligeables, un petit navire de commerce chargé de sucre de la Jamaïque, *L'Anna*, et ses huit hommes d'équipage, un sloop marchand, *La Marie*, armé de quatre hommes et chargé de fruits et de vin de Malaga, et enfin, un brigantin de soixante-dix tonneaux, *Le Pelican.* Le conflit franco-anglais ne se règle pas uniquement par les armes. Il se situe désormais également

28. Lieue marine : cf. « Lexique des termes maritimes » en Annexe 3.
29. Senault : *idem.*
30. Fièvre maligne : infection inflammatoire de causes diverses.

sur d'autres plans, moins nobles certes, mais plus vitaux et, pour le vainqueur, plus lucratifs.

Combat au large du cap Ortegal (27-29 octobre 1779)

Le 27 octobre 1779, alors que *L'Hermione* arbore le pavillon anglais pour ne pas se découvrir, elle stoppe un grand bâtiment hollandais pour le visiter. C'est alors que la vigie signale un trois-mâts très au vent, qui arrive sur elle, grand voile carguée et qui a déjà pris ses dispositions de combat. *L'Hermione* vire au vent et lui épargne la moitié du chemin. C'est un corsaire anglais, de vingt canons de « 9 » et de six de « 6 » ou de « 4 ». La Touche envoie son pavillon et sa flamme qu'il assure d'un coup de canon. L'autre n'en arbore aucun mais cargue aussi sa misaine, ce qui indique qu'il se prépare à combattre. *L'Hermione* ouvre alors le feu. L'Anglais, qui a retenu sa bordée, arrive vent arrière, sur sa poupe, pour la lâcher en enfilade. Dans le même temps il envoie le pavillon anglais, qu'il assure, lui aussi, d'un coup de canon. *L'Hermione* vire brutalement, *lof pour lof*[31] pour esquiver l'attaque et diminue ses voiles afin de le conserver par le travers. L'Anglais a raté son coup. Il a couru sa chance ! S'il avait réussi, sa bordée aurait ravagé la batterie de la frégate française, la mettant totalement à sa merci. Il ne lui reste plus qu'à s'enfuir très vite ! La Touche le poursuit en faisant tirer de ses deux pièces de chasse. Les boulets dépassent le fuyard, sans porter. Le vent est faible. *L'Hermione* ne le gagne pas, elle pousse de l'eau, l'étrave trop enfoncée. Le chargement consommable, les vivres et l'eau, est à l'arrière, alors que la charge fixe, ancres, toiles, cordages, est dans la cale avant. Les deux premiers canons de la batterie ont été placés aux sabords de chasse, très proches de la proue, à hauteur des bossoirs. La frégate pique du nez ! La Touche a déjà observé que ce changement d'assiette n'était pas favorable à sa marche. Faisant le point, il relève 46° 44' de latitude et 14° 31' de longitude. Il se trouve donc très au large des côtes d'Espagne, à hauteur du cap Ortegal. *L'Hermione* reste derrière la frégate anglaise, toute la nuit, à deux portées de canon, filant six à six nœuds et demi.

Le jeudi 28, les deux bâtiments courent toujours trois quarts largue quand la vigie dit voir trois nouvelles voiles faisant route rapide droit sur eux. Ne voulant pas renoncer à une chasse de trente-six heures, La Touche, pour augmenter sa marche, décide de soulager son avant : « ... j'ai fait quelques changements de mes canons de l'avant à l'arrière, qui me réussissent un peu... » La proue se relève. Il gagne nettement.

---

31. *Lof pour lof :* cf. « Lexique des termes maritimes » en Annexe 3.

Les trois voiles anglaises se rapprochent très vite. Le corsaire anglais, se voyant secouru, vire rapidement pour se mettre sous leur protection. La Touche met cette manœuvre à profit pour lui envoyer trois bordées : « ... qui ont eu le plus grand succès, l'ayant démâté de son grand mât de hune et lui ayant donné plusieurs coups de canon à l'eau et dans le corps du bâtiment... ». L'Anglais a aussi lâché trois bordées qui n'ont pas offensé *L'Hermione.* Elle risque maintenant d'être encerclée par ses adversaires qui peuvent l'attaquer de l'un et l'autre bord. La partie est inégale car la frégate a vingt-cinq malades et s'est séparée de plus de vingt hommes pour conduire ses prises. Elle n'a pas assez de monde pour servir sa batterie sur ses deux bords. En se battant d'un seul côté, elle risque l'abordage de l'autre. La force adverse a rejoint le corsaire anglais désemparé. Il y a une frégate de vingt-six à vingt-huit canons, une autre de vingt à vingt-deux, et un cutter de dix-huit. La Touche décide de rompre en faisant arriver *L'Hermione* plein sud. Du haut de ses hunes, les vigies observent le corsaire anglais ravagé par le feu. Il fait signal d'incommodité. On distingue des matelots qui plongent avec des *plaques*[32] pour tenter d'aveugler les voies d'eau. Deux marins anglais ont été précipités à la mer du grand perroquet lors de la chute du grand mât de hune. Le vendredi 29 à 8 heures la vigie a connaissance du cap Prior. Le cap Ortegal est relevé.

Le 29 au soir, en fumant un cigare sur le gaillard, La Touche repense à l'engagement. La leçon à en tirer, c'est que le courage au feu n'a rien à voir ni avec la témérité ni avec le code chevaleresque du Moyen Âge. Inconsciemment, il commence à penser comme le bailli de Suffren que, si l'on engage son navire, c'est pour détruire l'adversaire. Par ailleurs, le retrait ne doit pas être conçu comme déshonneur, mais comme un mouvement tactique autorisant à concevoir une nouvelle façon de l'emporter sur le même adversaire.

Retour à Rochefort (29 octobre-31 décembre 1779)

Le vendredi 29 octobre 1779, *L'Hermione* se situe par rapport à la terre, en relevant le cap Prior et le cap Ortegal. La Touche prend son point de départ par 10° 50' de longitude, et à midi, il a connaissance d'une voile à une lieue qui arrive sur lui *en dépendant*[33]. C'est un *cutter* qui arbore pavillon d'Espagne. *L'Hermione* envoie le même. L'autre répond en hissant la couleur d'Angleterre qu'elle assure. *L'Hermione* garnit immédiatement ses bonnettes : « ... pour lui persuader que je cher-

32. Il s'agit le plus souvent de plaques de plomb destinées à aveugler les voies d'eau.
33. En dépendant : cf. « Lexique des termes maritimes » en Annexe 3.

chais à l'éviter et j'ai mis en même temps des bailles à la traîne pour amortir mon erre[34]. » Le cutter porte sur *L'Hermione*, puis reconnaissant son adversaire pour une frégate de guerre, il prend chasse. *L'Hermione* le poursuit sous ses quatre voiles majeures, jusqu'à la nuit qui lui dérobe sa proie.

Après une période de calme plat, la frégate, le lundi 2 novembre, vient sur un bâtiment. C'est un navire hollandais à trois mâts, auquel La Touche confie huit prisonniers anglais « ... j'ai fait jurer et prêter serment de ne pas servir de toute la guerre contre la France et l'Espagne, à moins qu'ils n'obtiennent l'échange de huit officiers marchands français... »

Le vendredi 5, La Touche relève la Tour de Chassiron, puis, le vent s'étant levé, fait route pour mouiller à l'île d'Aix. Il y retrouve *Le Rossignol* et *Le Lively*, commandé maintenant par le chevalier de Chabot, ainsi que plusieurs bâtiments de commerce rassemblés en convoi. Le lendemain, il s'ancre au Port-des-Barques dans le nord-est du bourg et au sud-est du fort Vasoux, à l'embouchure de la Charente. C'est le dimanche 7 novembre que La Touche reçoit l'ordre de la cour de gagner Rochefort pour y faire doubler sa frégate en cuivre. Après avoir quitté son mouillage à l'Avant-Garde, il rentre au port le lundi 8 novembre où il désarme : « ayant envoyé ordre de faire terminer la présente campagne au 31 décembre 1779... » date à laquelle est passée la revue de désarmement[35].

L'Hermione est la troisième frégate française dont les œuvres vives vont être doublées en cuivre. Dès 1779, l'inspecteur des forges, M. de Grignon, avait été chargé par M. de Sartine, secrétaire d'État à la Marine, d'enquêter sur ce procédé anglais. Le 11 novembre, le comte d'Hector, directeur de l'arsenal de Brest, plaidait pour doubler nos bâtiments de combat de manière systématique, faute de quoi « ... la marine de nos ennemis va prendre une supériorité de vitesse dans sa marche... ».

Pour ce qui concerne la frégate de La Touche, ce sont les premières pages du second journal de bord de *L'Hermione* qui rendent compte de cette opération achevée en janvier 1780 :

> *La frégate a été doublée en cuivre, on y a appliqué onze cents feuilles. Voici le procédé que l'on a suivi pour cette opération. Après avoir chauffé la frégate et recouvert les coutures, on a mastiqué les coutures ainsi que les têtes des clous et des chevilles, avec du mastic de vitrier, après quoi on a passé un bray gras très chaud, sur lequel on a appliqué immédiatement une feuille de papier que l'on a enduit d'un léger goudron, après*

34. Erre : cf. « Lexique des termes maritimes » en Annexe 3.
35. Voir figure 14.

quoi on a posé les feuilles de cuivre, on a mis une fausse quille de trois pouces à la frégate et un boudin de deux pouces et demi à la flottaison.

C'est environ six tonnes de cuivre qui ont été posées. À la suite de cette opération, la frégate a un déplacement plus important, et elle est plus haute sur l'eau. Pour ramener la ligne de flottaison à la bonne hauteur, ce sont soixante-dix-sept tonneaux de lest qui ont été embarqués. Le tirant d'eau est maintenant normal. On escompte plus de vitesse par l'augmentation de la *glisse* en réduisant la *salissure* et la *barbe* au-dessous de la partie immergée de la coque. *L'Hermione,* à sa sortie de Rochefort, s'avérera encore plus performante.

Cette campagne 1779 de *L'Hermione* aura donc atteint les objectifs que s'assignait l'état-major de la marine. Désormais, la frégate, son commandant et l'équipage constituent, tous ensemble, un remarquable et redoutable outil de guerre. Il est à même de faire face aux situations les plus inattendues en sachant user, de la manière la plus efficace, des qualités nautiques et guerrières de *L'Hermione,* encore accrue par le récent doublement de sa coque, aussi bien que d'un état-major efficace, parfaitement cohérent, commandant avec talent un équipage désormais bien amariné, sous la conduite de Louis-René de La Touche, officier de valeur et riche d'avenir.

III

La France au XVIIIe siècle

La courte existence de la frégate *L'Hermione* (1779-1793), marquée par le bref et glorieux épisode de la *campagne d'Amérique* (1780-1782) correspond à la période du remarquable redressement de la marine du royaume, mais se situe dans un plus vaste contexte dont il convient d'esquisser les contours.

Climat politique

Le *despotisme éclairé* de Louis XIV devait mettre au jour, tout au long du XVIIIe siècle, ses insuffisances et ses contradictions. L'administration du royaume qui, depuis le roi-soleil, était, à l'instar de toute bureaucratie, devenue infiniment plus complexe et diversifiée, requérait plus de règles précises et de systèmes d'autorité fondés sur une légitimité durable. Or, après la mort de Fleury, ultime véritable Premier ministre de l'Ancien Régime, ni Louis XV ni Louis XVI, tous deux particulièrement jaloux de leur autorité, ne se décidèrent à la confier pour longtemps à quiconque. Aucun ministre n'était à l'abri ni d'une disgrâce inattendue, ni des manœuvres souterraines de ministres rivaux, ou, pire encore, de parasites ou de courtisans, aussi totalement inaptes à la gestion des affaires qu'incompétents en matière politique, mais familiers du Prince.

La monarchie absolue portait le sceau du secret. En politique intérieure, le souverain usait des services du « Cabinet noir », lequel, en enfreignant le secret des correspondances privées, était censé l'informer, souvent d'ailleurs de manière futile et dérisoire, sur l'état d'esprit et les opinions de ses sujets. En politique étrangère, le *Secret du Roi* [1] fondé

1. Gilles Perrault, *Le Secret du Roi*, éditions Fayard, 1993.

par le Régent, exploité de manière continue par Louis XV, puis par Vergennes, ministre des Affaires étrangères de son petit-fils, Louis XVI, jusqu'à l'épisode de l'armoire de fer, doublait et parfois contredisait la diplomatie ostensible du secrétaire d'État aux Affaires étrangères, et hypothéquait toute confiance, toute sérénité dans les rapports du monarque avec ses conseillers ou avec ses interlocuteurs.

En de telles conditions, la multiplication des *comités de ministres* pour analyser et résoudre les affaires hors la présence du souverain apparaît comme une séduisante novation technique. Toutefois, ces *comités*, outre qu'ils se bornent au traitement des affaires courantes, assument en réalité le rôle de commissions *ad hoc* pour régler une affaire précise, mais sont voués à n'être que provisoires. Pour utile qu'elle s'avère au quotidien, leur existence n'induira pas pour autant la France à se doter, comme en Angleterre, d'un gouvernement de Cabinet.

Au plan politique, leur nature même n'en fait rien d'autre qu'une coterie parmi les nombreuses autres existant à la Cour. De tels *comités* peuvent paraître plus puissants, sur le court terme, mais ils ne sont jamais sûrs de leur continuité à long terme. En conséquence, confronté au déferlement des insatisfactions, des nostalgies, des attentes impatientes et déçues, l'absolutisme royal se trouve de plus en plus assimilé au despotisme arbitraire. Il va de soi que le loyalisme, réel ou feint, des sujets n'en souhaite pas rendre pour autant responsable le souverain jusqu'alors protégé par la tradition du *droit divin*. En revanche, les factions et les intérêts les plus contradictoires se coalisent pour marquer au fer rouge le *despotisme ministériel*.

Finalement, et ce n'est pas là la moindre incohérence de ce temps, les deux derniers souverains de l'Ancien Régime font preuve d'une invraisemblable incapacité à saisir, sinon en termes élémentaires et simplistes, le sens profond de leur fonction et de leur mission royales. Posé à Versailles, au cœur d'un univers artificiel l'isolant de la réalité économique et sociale du pays, le monarque est l'otage d'un mode de vie dépassé et d'une pensée obsolète. Les hommes du XXIe siècle ont peine à imaginer que l'absolue priorité conférée à la chasse, aux cérémonies et aux affaires étrangères ait empiété à tel point l'analyse et le perfectionnement des techniques de gouvernement. Il faut bien admettre que ni Louis XV, plus délié et retors, ni Louis XVI apathique et naïf en politique, ne possèdent la formation et les qualités intellectuelles requises pour exercer des responsabilités si complexes et si graves en leur temps.

Ni attirés ni même intéressés par l'exercice du pouvoir, sinon de façon basique, et pourtant conscients de leur responsabilité suprême à l'égard de la nature divine de leur mission, ils s'obstinent à en maintenir intactes les prérogatives. Attitude élégante, à l'antique, mais à mille lieues de toute vision politique. Ce n'était pas avec de belles attitudes que l'on pouvait endiguer la vague déferlante des critiques qui, de tous côtés, assaillaient le régime. Ce ne pouvait être non plus par la force ; et, en 1789, Louis XVI apprit à ses dépens que le loyalisme aveugle n'existait même plus dans l'armée, suprême et ultime argument des rois.

Les guerres au XVIIIe siècle

En 1740, avec la mort de l'empereur Charles VI et l'accession au trône de Marie-Thérèse d'Autriche, la France semblait enfin en mesure de ruiner à jamais la puissance de la maison des Habsbourgs, cette menace latente pour le royaume de France, en organisant sous sa bannière une ligue de princes allemands autour de la Bavière, Frédéric II de Prusse au premier rang. Or, l'Angleterre, fidèle à sa politique traditionnelle, ne pouvait accepter pareille rupture de l'équilibre européen qui aurait permis à la France, en contrôlant l'Europe, de se retourner complètement vers le domaine colonial et de régler rapidement leur compte aux Anglais (attitude qui allait de pair avec la restauration de la marine française). Pour les Britanniques, il était vital de contracter ou de renforcer des alliances européennes afin d'empêcher ainsi la France de se consacrer exclusivement à la guerre coloniale. Inversement, il allait de l'intérêt de la France d'empêcher cet aspect du développement de l'influence britannique en Europe et, pour cela, il convenait, comme l'avait senti Louis XIV dans ses dernières instructions diplomatiques à Fleury, d'abandonner toute prétention à l'hégémonie française en Europe.

C'est ce que ne comprit pas le parti de la Cour traditionnellement opposé à la Maison d'Autriche. Manipulée par les intérêts militaires de la noblesse, réactivant dans un contexte contemporain les grands souvenirs et les grandes appréhensions du XVIIe siècle, cette coalition d'intérêts courtisans jeta la France dans des guerres lamentables. Accrochée et battue partout en Europe, ses escadres surclassées par une marine britannique plus nombreuse et mieux équipée, la France perd le Canada en 1760, puis, entre 1760 et 1763, les Anglais raflent les points d'appui principaux de la puissance coloniale française et espagnole. Soumettant même les neutres à son contrôle, l'Angleterre apparaît, au traité de Paris, en 1763, en maîtresse incontestée des mers avec une influence prépondérante en Europe. Toutefois, soucieuse de ne pas multiplier ses obligations de gestion, elle rend toutes ses conquêtes à la France, sauf le Canada, pays coûteux et difficile à gérer, que Choiseul choisit de céder pour récupérer les Antilles, chères aux négriers et aux grands propriétaires de Saint-Domingue. Du point de vue commercial, le traité n'est pas une catastrophe, la reprise sera rapide et le commerce restera florissant dans l'Atlantique et l'océan Indien. Le plus grave, c'est que la monarchie française a subi une humiliation désastreuse et perdu tout crédit auprès des autres nations.

Conservant en mémoire la recommandation que Choiseul adressait au roi Louis XV, en 1763 : « l'Angleterre est l'ennemie déclarée de votre puissance, de votre État. Elle le sera toujours », Vergennes voulut rendre son lustre international à la monarchie en menant contre l'Angleterre, à la première occasion, une guerre de revanche. Pour ce faire, deux options s'offraient à lui.

La première[2] soigneusement élaborée depuis le malheureux traité de Paris (1763) par Charles de Broglie et ses agents[3] appartenant au *Secret du Roi,* consistait tout bonnement à préparer une invasion militaire de l'Angleterre par les forces françaises. On reparlait périodiquement, en effet, d'un débarquement en Angleterre. Depuis l'échec de Tourville et le brûlement des vaisseaux de La Hougue, on rêvait de renouveler l'exploit de Guillaume le Conquérant. Jamais la conjoncture n'avait été plus favorable pour transporter une armée à travers la Manche. La moitié de la flotte anglaise était immobilisée par la rébellion américaine et, surtout, la remise en ordre de bataille de la marine royale permettait cette entreprise. Les admirables navires fabriqués par l'ingénieur Sané, répartis en vaisseaux de cent dix-huit, quatre-vingts, et soixante-quatorze canons, complétés par de puissantes frégates et des corvettes légères, formaient des escadres homogènes d'une exemplaire mobilité. Sané avait en effet unifié les mesures et le matériel de construction, affiné les lignes d'eau, supprimé les civadières de beaupré qu'il avait remplacées par des focs, plus maniables et plus efficaces. Les états-majors, les artilleurs, la maistrance avaient reçu une instruction solide, complétée par un entraînement continu. À la fin de 1777, le comte de Broglie avait remis un rapport à Louis XVI, démontrant, au vu des informations recueillies par ses agents secrets, que le débarquement était possible : « Soixante mille hommes et quarante vaisseaux, écrivait-il, une seule bataille navale, un seul débarquement, et la guerre est finie. »

La seconde option se résumait à accorder aux insurgents des colonies d'Amérique tout l'appui nécessaire afin qu'ils arrivent à l'indépendance. Finalement, ce fut cette dernière solution que retint Vergennes. Plus habile que ses prédécesseurs, le ministre sut faire prévaloir la paix en

---

2. Cette option avait été, initialement conçue, en 1759, par le duc de Choiseul, alors ministre des Affaires étrangères. Il souhaitait, en effet, pratiquer une politique de contrainte spectaculaire vis-à-vis de l'Angleterre qu'il aurait volontiers manifestée par un débarquement sur les côtes britanniques. Ce vaste projet ne put cependant se réaliser en raison surtout de la faiblesse maritime française.

3. Seuls cinq membres du « Secret » sont au courant de l'opération. En France, Broglie, Tessier et Durand, rentré de Londres, le noyau dur du « Secret ». En Angleterre, La Rozière et le chevalier d'Eon, en poste à l'ambassade de France.

Europe, ce qui permit à la France de concentrer son effort sur le front maritime et américain et, grâce à des officiers nouveaux et excellents, de gagner la guerre américaine.

Malheureusement, la victoire arriva à un moment où la France n'était plus en mesure de continuer son intervention dans les affaires européennes ou mondiales. Ce dernier épisode du long duel franco-anglais, sous l'ancienne monarchie, avait parachevé l'effondrement financier du royaume. Dans le contexte économique et social régnant alors, cette séquelle classique des guerres d'Ancien Régime devait avoir d'incalculables conséquences. Elle ajouta encore à l'inquiétante instabilité financière, source de mécontentement aigu en ce qu'elle laissait prévoir de nouveaux impôts. Et surtout, cette guerre, engagée par une monarchie absolutiste pour aider des insurgés à se libérer de leur souverain, avec toute la propagande en faveur de la liberté et de l'égalité ramenées d'Amérique par les officiers libéraux et leurs troupes, contribua dans une grande mesure à accélérer en France la mise en cause du régime et de ses privilèges.

Politique étrangère du royaume de France

Les options politico-économiques entre 1715 et 1740

Analyser l'action de gouvernements aussi différents que la régence de Philippe d'Orléans (1715-1722), l'arrivée aux affaires du duc de Bourbon et de Mme de Prie (1723-1726), et interrompre, pour ce faire, en 1740 le préceptorat du cardinal de Fleury qui dure de 1726 à sa mort en 1743, requiert, à l'évidence, quelque exégèse. L'explication en est l'apparition sur la scène européenne de Frédéric II de Prusse, alias Frédéric « le Grand ». À la veille de son avènement, il avait publié un *Mémorandum sur l'état de l'Europe* qui décrivait les forces en présence : exercice d'une évidente utilité puisque, quelques mois plus tard, il arrivait au pouvoir précisément pour détruire et remodeler cet état de choses, inaugurant ainsi la longue série des guerres du milieu du siècle et mettant fin à une paix de vingt-sept ans. À dire vrai, force est bien de constater que les Anglais avaient déjà ouvert les hostilités contre l'Espagne.

Toutefois, cette paix tant souhaitée jusqu'en 1713 n'a jamais été parfaite. L'ont interrompue la guerre franco-espagnole (1720-1721) et celle de la Succession de Pologne (1733-1735), les préliminaires du traité de Vienne (1738) ayant été signés en septembre 1735. Toutefois, cette rémission durable entre des conflits de magnitude secondaire a été infiniment profitable à la France. Comparant la situation internationale en 1713 et en 1740, Frédéric II de Prusse observait que la France avait retrouvé une large audience, amélioré ses frontières et réparé les dommages d'une grande partie des clauses négatives des divers traités, conclus le plus souvent à son désavantage.

De 1715 à 1740, soucieuse de son alliance avec l'Angleterre et manquant de ressources, la France renonce à reconstruire une grande flotte. À cette époque, en effet, les décisions les plus contraignantes devaient affecter la marine, qui fut, tout comme les colonies, reléguée à une place dérisoire. Le Régent (1715-1722) abandonne toute idée d'une marine capable de tenir tête à l'Angleterre et à la Hollande : il espère ainsi obtenir des puissances maritimes une plus grande liberté de mouvements sur le continent. Louis XIV avait envisagé cette hypothèse mais avait finalement préféré une solution intermédiaire : retourner les alliances et s'allier à l'Autriche : les deux Maisons de Bourbon (France et Espagne) et les Habsbourg auraient dominé le continent, et la France préparé discrètement le relèvement de sa marine en remplaçant, malgré les protestations anglaises, le port de Dunkerque par celui de Mardyck. Cette politique, qui sera conduite après 1755, avait-elle des chances de réussir en 1714 ? Elle eût été impopulaire, comme elle le fut sous Louis XV, mais Louis XIV serait peut-être parvenu à la faire appliquer. Toutefois, l'Angleterre l'aurait-elle laissé faire sans réagir ? L'Autriche aurait-elle été prête à ce rapprochement et à quel prix ? Hypothèses et conjectures.

L'arrivée au pouvoir du Régent changea les données du problème : son intérêt propre, surtout si le petit Louis XV, de santé fragile, venait à mourir, coïncidait avec celui de la Maison de Hanovre, placée en Angleterre dans une situation tout aussi inconfortable. Après avoir longuement hésité, il songea à se mettre d'accord avec les Turcs qui venaient d'entrer en guerre pour organiser une diversion en Hongrie et détourner ainsi de la France l'agressivité de l'Autriche. Le Régent entreprit alors, avec l'aide du futur cardinal Dubois, de s'allier étroitement à l'Angleterre. Entre-temps, le prince Eugène avait écrasé les Turcs à Peterwardein et à Temesvar, s'était emparé de Belgrade en 1717 et avait obtenu le fructueux traité de Passarowitz (1718) qui marque le sommet de la gloire militaire de l'Autriche et sa plus grande avancée dans les Balkans, avec l'occupation de la Valachie, du nord de la Serbie et du Banat hongrois. La modération n'était donc pas à l'ordre du jour à Vienne !

Le règne de Louis XVI et la politique de Vergennes[4]

L'accession au trône de Louis XVI (1774) coïncidait avec le déclin de la France en Europe et aux colonies. Ce déclin était notoirement dû aux manœuvres de la politique étrangère de la Grande-Bretagne essentiellement centrée sur son principe de l'équilibre européen. En France,

4. Voir figure 16.

au début du règne du nouveau souverain, un autre principe sous-tendait la politique étrangère du royaume : celle de prendre une revanche légitime contre l'Angleterre.

Cette idée devait être reprise et illustrée par l'un des plus efficaces ministres de Louis XVI, le comte de Vergennes (1717-1787). Fils d'un président au parlement de Bourgogne, Vergennes avait commencé très tôt une brillante carrière diplomatique qui l'avait conduit successivement en Allemagne, à Constantinople et à Stockholm, tous postes où ses talents furent particulièrement appréciés. Aussi, lorsque Louis XVI lui confia le secrétariat d'État aux Affaires étrangères, Vergennes était-il très au fait des affaires européennes. Il avait, par ailleurs, longtemps réfléchi à la position de la France dans le monde. Ses réflexions avaient été rassemblées dans un *Mémoire* qu'il soumit au roi le 8 décembre 1774, dans le souci de démontrer au souverain que ce dernier n'avait pas en vain fait appel à lui.

Dès sa nomination, son premier objectif fut de laver la honte du traité de Paris de 1763. Toutefois, la situation où se trouvait le pays lui interdisait d'engager sur-le-champ le processus de la revanche française sur l'Angleterre. La France, en effet, affaiblie, ne pouvait simultanément supporter des engagements militaires sur terre et sur mer. Il convenait, pour le moment, d'éviter tout conflit en Europe, refaire les forces armées du royaume, terrestres et navales, et attendre le moment opportun d'en découdre avec l'Angleterre. Réorganisant ses bureaux où il sut s'entourer de collaborateurs très compétents, Vergennes commença à préparer le royaume à l'inéluctable affrontement franco-anglais en s'opposant aux ambitions des puissances continentales. Il contribuait ainsi au nécessaire équilibre européen sans lequel son ambition secrète ne pourrait se manifester. En bon diplomate, il sut dégager la France de toute implication militaire dans les nombreux conflits suscités par les ambitions de Joseph II d'Autriche, de Frédéric II de Prusse ou encore de Catherine II de Russie. Cette tactique d'évitement le convainquit de ne plus accorder la signature de la France qu'à des traités de commerce nécessaires à sa politique de pacification en Europe.

Lorsque la France fut sollicitée par les treize colonies anglaises en rébellion contre leur métropole, Vergennes pensa qu'il tenait là l'occasion qu'il attendait depuis longtemps. Prudent, toutefois, il aurait souhaité que la France ne fût pas seule engagée dans cet affrontement. Il aurait souhaité constituer une coalition contre l'Angleterre. Mais la politique européenne précautionneuse qu'il avait menée depuis son arrivée aux affaires lui aliéna le soutien des autres puissances européennes qui, par ailleurs, toutes gouvernées par des souverains plus ou moins absolus, voyaient mal l'intérêt qu'elles auraient pu retirer d'un soutien apporté à des contestataires du principe monarchique. Son seul espoir demeurait l'Espagne, liée à la France par le pacte de famille des Bourbons. Cependant, les hésitations du ministre espagnol, Florida Blanca, aussi hostile aux colons américains qu'à l'Angleterre, le firent se résigner à se risquer seul dans cette aventure. Néanmoins, il sut exploiter habilement le mécontentement des puissances neutres devant l'attitude de la Grande-Bretagne qui, au prétexte de lutter contre la contrebande de guerre, abusait du droit de visite su tous les navires étrangers. Reprenant une initiative de Catherine II, impératrice de Russie, il contribua activement à la formation d'une Ligue de la liberté des mers (mars 1780). En outre, la Hollande, à laquelle l'Angleterre avait préventivement déclaré la guerre en 1780, vint renforcer la coalition initialement souhaitée par Vergennes qui, deux ans auparavant, avait décidé, non sans mal, le roi de France à reconnaître la souveraineté et l'indépendance des États-Unis et à signer avec eux un traité de commerce, d'amitié et d'alliance défensive (6 février 1778).

Cette décision de Louis XVI d'engager le royaume dans ce qui devait inéluctablement déboucher sur un conflit ouvert avec l'Angleterre était non seulement le résultat de la politique prudente et lucide du comte de Vergennes, mais aussi, et peut-être surtout, de l'action et des conseils particulièrement avisés d'un homme que la postérité a souvent injustement décrié, Pierre-Augustin Caron de Beaumarchais.

Situation économique

Au début du siècle, l'alliance de la France avec l'Angleterre et la Hollande avait impliqué l'abandon des travaux de Mardyck et de tout projet d'accroissement de la flotte française. On eût pu supprimer la flotte de galères, pur instrument de prestige, et dégager ainsi des crédits pour équiper la marine utile, mais les temps n'étaient pas mûrs. Paradoxalement, cette nouvelle orientation ne détourna pas la France de la mer. Jusqu'au milieu du XVIIIe siècle, le mercantilisme colbertien domine l'esprit des contrôleurs généraux[5] et des membres des conseils de la Régence. Law et son système, malgré leur échec, ne firent qu'accentuer cette orientation. On avait compris, de longue date, en France et en Angleterre, que l'accroissement des recettes de l'État ne pouvait indéfiniment passer par l'augmentation des impôts directs ; il avait fallu, conformément aux promesses de Louis XIV, supprimer l'impôt du dixième, et le recouvrement de la capitation suscitait de sérieuses difficultés. La seule issue, à côté des *réformations* du domaine royal – dans le meilleur des cas, ce dernier ne pouvait guère fournir que 10 % des revenus de l'État – et de coupes effectuées dans les dépenses au détri-

5. Dont l'équivalent moderne serait le ministre des Finances.

ment de l'armée et surtout de la marine, était d'augmenter les impôts indirects. Les Anglais avaient depuis longtemps montré le chemin. Mais on ne pouvait les accroître que si le commerce en général, et celui des colonies en particulier, progressait rapidement. À l'idée de l'emporter sur les puissances maritimes par la force, se substitua alors celle de les concurrencer en devenant également une grande puissance navale et commerciale. Politique raisonnable, et possible sur le moment : son seul inconvénient était qu'un jour la progression française ne pourrait que susciter l'inquiétude en Angleterre et son recours à la force. Dans l'immédiat, il fallait diriger l'expansion commerciale par un organisme étatisé comme la Compagnie de Law, ou alors laisser une liberté totale aux négociants.

L'accroissement de la part des impôts indirects dans les rentrées fiscales du royaume impliquait de toute évidence l'extension du commerce extérieur de la France. Or, ce dernier, à son tour, dépendait très largement de la sécurité du trafic maritime. Celle-ci ne pouvait être assurée qu'au prix d'un développement notable de la flotte de guerre. Une autre solution, également dépendante de l'existence d'une marine royale puissante et efficace, au moins dans une première phase, consistait à substituer, partout où cela était possible, le négoce français au négoce britannique. Un tel constat ne pouvait conduire la France qu'à restaurer, toutes affaires cessantes, sa puissance maritime en se dotant, à marche forcée, de navires de guerre capables de faire front avec succès à la Royal Navy. Au plan de la politique extérieure, il convenait d'examiner avec soin dans quelle mesure le jeu conjugué de la diplomatie française et des forces armées du royaume de France, tant terrestres que maritimes, pouvait lui assurer les débouchés susceptibles de créer, puis de développer des courants d'échanges commerciaux suffisants pour pallier les faiblesses inquiétantes de ses recettes.

IV

L'Hermione en son temps !

La flotte royale à l'avènement de Louis XVI

Dans toute l'histoire de l'Ancien Régime, le seul souverain qui, à l'instar des chefs de gouvernement modernes, s'intéressa véritablement à la marine, et qui en perçut, d'emblée, l'importance politique et géostratégique, fut incontestablement le roi Louis XVI. Très conscient du parti qu'il pouvait en tirer dans le contexte politico-stratégique de son règne, il ne cessa de veiller de très près à ce que la marine royale se tînt informée des avancées les plus récentes en matière de construction navale et utilise, de manière optimale, toutes les ressources offertes par les divers arsenaux du royaume, et plus spécifiquement par le plus récent et le plus novateur d'entre eux, celui de Rochefort.

En l'occurrence, cette attention toute particulière accordée à la marine royale prolongeait les efforts accomplis en ce sens, entre 1763 et 1770, par Choiseul, ministre de Louis XV, qui avait entrepris de doter la France d'une marine digne de ce nom et qu'il voulait *robuste et grande*. Au sein du Cabinet royal, aidé de son cousin, le duc de Praslin, chargé des Affaires étrangères, soucieux de contrebalancer la puissance maritime de l'Angleterre, il ne cessa d'œuvrer à l'édification de cette puissante marine française jusqu'en 1770, date de sa disgrâce, à laquelle, il faut bien le dire, les manœuvres tortueuses du Royaume-Uni n'étaient pas étrangères.

En 1774, Louis XVI devient roi de France. Maurepas, revenu au pouvoir comme ministre d'État, fait désigner comme secrétaire (nous dirions aujourd'hui ministre) de la marine le lieutenant de police Gabriel de Sartine, comte d'Albi, qui possède de remarquables talents d'organisateur. Grâce aux qualités de son ministre, la flotte royale est reprise en main, la construction navale est planifiée et plus rationnellement organisée, et la France se voit dotée d'excellents vaisseaux, rapides et maniables, préfigurant déjà, par le système du doublage en cuivre de leurs coques, les caractéristiques des navires du XIXe siècle. De plus, ce qui est loin d'être négligeable, ces nouvelles unités sont désormais aptes aux navigations les plus longues. Ce que démontre la remarquable extension des voyages d'exploration au long cours : la fin du XVIIIe siècle fut en effet l'époque des dernières grandes découvertes géographiques. Louis-Antoine, comte de Bougainville et Jean-François de Galaup, comte de La Pérouse, furent parmi les plus illustres navigateurs, tandis que de leur côté, Alcide d'Orbigny, Aimé Bonpland et son ami le baron Alexander von Humboldt comptent parmi les plus illustres de ces explorateurs. C'est donc une nouvelle génération de marins, équipée de navires modernes, au sein d'une flotte rénovée, qui se trouve disponible, alors qu'outre-Atlantique se prépare la guerre d'Indépendance américaine.

Les colonies anglaises d'Amérique

Colonisée par des émigrants européens, dont de nombreux citoyens britanniques aux XVIe et XVIIe siècles, cette partie du continent de l'Amérique du Nord, qui est devenue les États-Unis, se trouvait organisée, en cette fin du XVIIIe siècle, en treize colonies ayant chacune une physionomie originale que favorisait une autonomie assez large [1]. Chacune disposait d'un régime propre et si, pour des raisons diverses, elles conservaient avec Londres de lointaines relations, elles n'entretenaient en revanche aucun lien de coopération ou de collaboration administrative ou politique entre elles. Certaines avaient le statut de colonie de la Couronne, d'autres de colonies à Charte, d'autres encore étaient des colonies d'associés propriétaires. Toutes néammoins présentaient le double trait institutionnel commun d'être administrées par un gouverneur choisi parmi les plus anciennes familles installées, qui représentait la Couronne, et d'être dotées d'une assemblée élue par les propriétaires, qui avait pour mission de voter les impôts.

Ces treize colonies se répartissaient géographiquement en trois groupes. Le groupe du Sud comportait le Maryland, la Virginie, la Caroline du Nord, la Caroline du Sud et la Géorgie. Ce groupe de territoires vivait de l'exploitation du sol grâce aux plantations sur lesquelles travaillaient des esclaves noirs. Le groupe du Nord : Nouvelle-Angleterre, Rhode Island, Massachusetts, New Hampshire et Connecticut, était peuplé à l'origine par des puritains et des dissidents. La vie quotidienne y était marquée par un intégrisme intolérant et par une sorte de théocratie. Le sol et le climat ne permettant guère de brillants résultats en agriculture, les activités artisanales et portuaires y jouaient un rôle de premier plan. Le groupe du centre, enfin, composé de New York, New

1. Voir figure 17.

Jersey, Pennsylvanie et du Delaware, était ethniquement plus diversifié : des Hollandais, des Suédois, des Quakers, plus tolérants que les puritains des autres colonies faisaient de ce groupe, eu égard à sa position centrale, un lieu d'échanges de toutes sortes, de contacts entre le Nord et le Sud. C'est là que devaient se développer les deux grandes villes de New York et de Philadelphie.

Les Indiens autochtones étaient, alors, encore présents. Mais l'existence de la colonisation européenne ne devait pas leur porter chance. Après avoir enseigné aux nouveaux venus à cultiver le maïs, le tabac et le potiron, ils reçurent en échange le cheval, les armes à feu, mais aussi l'alcoolisme et la syphilis ainsi que bon nombre d'autres maladies contagieuses. L'incompréhension profonde entre Indiens et colons avait pour cause première la notion de la propriété du sol que les colons considéraient comme acquise par droit de conquête alors que les Indiens n'avaient aucune idée du concept même de la propriété individuelle.

Devant cette incompréhension grandissante, les Anglo-Saxons, majoritaires parmi les colons, commencèrent à repousser vers l'ouest les Indiens au cours d'une guerre quasi permanente faite de continuelles escarmouches. De cette situation, naquit la notion de *frontière*, ensemble de traits et d'usages folkloriques tenant lieu aux nouveaux venus d'histoire, de culture et de tradition.

Au nord des treize colonies, toutefois, au Canada, se trouvaient d'autres Européens, en majorité français, qui – conscients de la présence d'autres colons français en Louisiane – s'efforçaient de développer un empire continental où les Acadiens de Moncton pourraient rejoindre les *Cajuns* de Bâton Rouge ou de La Nouvelle-Orléans. Inutile de dire que les colons anglais, coincés entre le Canada et la Louisiane, s'inquiétaient de l'étranglement possible que constituerait la réussite d'un tel projet. Ce fut donc l'origine, dès la fin du XVIIe siècle, d'une lutte qui s'engagea entre les deux puissances tutélaires : la France, celle des Franco-Canadiens, et l'Angleterre, celle des colons des treize colonies, pour la domination du continent. Cette lutte, marquée par un désintérêt croissant de la couronne de France, tourna à l'avantage de l'Angleterre qui parvint à se débarrasser progressivement de son adversaire depuis le traité d'Utrecht (1713) jusqu'au traité de Paris (1763). À cette date, la France n'exerçait plus, sur le continent nord-américain, qu'une influence symbolique et résiduelle.

Les colons anglais, quant à eux, s'ils appréciaient les efforts que leur « patron » anglais avait consentis pour les libérer de la menace que constituaient les projets franco-canadiens, n'en demeuraient pas moins des hommes qui, gagnant difficilement leur existence, regimbaient à une pression fiscale jugée excessive, imposée par Londres, ainsi qu'à une tutelle politique qui, compte tenu des distances, leur apparaissait de plus en plus inadaptée aux réalités de leur situation. Plus précisément, l'élimination de l'influence française, à laquelle les colons avaient contribué, avait fait s'évanouir tout danger immédiat, et ils ressentaient comme de plus en plus inutile, onéreux et vexatoire, le maintien sur leur territoire de troupes anglaises que le gouvernement de Londres utilisait désormais pour faire respecter les décisions prises par le Parlement de Westminster. La couronne britannique considérait en effet qu'il était particulièrement judicieux et légitime de répartir entre tous ses sujets (y compris les colons américains) les lourdes charges financières qu'avait entraînées la guerre et, par conséquent, de remettre en vigueur le pacte colonial. Ce train de mesures fut très mal accueilli par les colons américains qui allèrent jusqu'à en contester la légalité au prétexte qu'on ne les avait pas consultés. La couronne demeurait, quant à elle, inébranlablement attachée à la prérogative du Parlement qui est de fixer l'impôt pour tous ses citoyens.

Entre 1765 et 1770, de part et d'autre de l'Atlantique, la polémique fit rage, chaque partie s'accrochant à ses positions. En 1770, toutefois, dans un geste d'apaisement, le Parlement anglais supprimait toutes les taxations auxquelles les colons américains se trouvaient assujettis, sauf le droit sur le thé. Aussi économiquement avantageuse que fût cette décision, elle ne réglait pas l'épineuse question, sujette à des contestations de plus en plus nombreuses, du droit du Parlement à taxer ses sujets outre-mer. Les incidents avec les soldats britanniques se multiplièrent pour culminer avec la célèbre *Boston tea-party* (la révolte du thé de Boston), où des colons grimés en Indiens jetèrent à la mer une cargaison de thé récemment importée par la Compagnie des Indes. La couronne britannique répondit à cette provocation par la promulgation des *Intolerable Acts* (les lois intolérables) fermant le port de Boston et supprimant les franchises jusqu'alors accordées au Massachusetts. Un premier congrès continental se réunit alors, en septembre 1774, rassemblant des délégués des treize colonies qui toutes se rangèrent derrière le Massachusetts. Les travaux de ce congrès devaient aboutir à une décision relativement modérée : tout en affirmant que le Parlement de Londres n'avait aucun pouvoir de taxation sur les colonies américaines, les congressistes acceptaient néammoins de reconnaître sa compétence et son autorité... en matière commerciale. Devant ce qu'elle considérait comme une atteinte inacceptable à la compétence de ses institutions et à sa souveraineté, la couronne britannique réagit immédiatement en expédiant d'autres troupes pour imposer la loi et l'ordre. De l'autre côté, on réactiva les milices, on se procura de l'armement et l'on se mit en quête de soutiens extérieurs. Des troupes anglaises, informées de la constitution de dépôts d'armes à Concord, se mirent en marche pour les récupérer. Elles furent accueillies à coups de fusil et durent battre en retraite. Cette bataille de Lexington, le 19 avril 1775, suivie de celle de Bunker Hill, le 17 juin 1775, devint le symbole de la rupture entre la colonie américaine et la couronne britannique.

Dans cet affrontement, les colons se trouvaient désavantagés. Ne disposant que de milices mal entraînées, souffrant d'un manque cruel d'approvisionnement et d'armement, il leur fallait d'urgence trouver de solides soutiens extérieurs. George Washington, planteur de Virginie, qui avait participé quinze ans auparavant à la lutte contre l'influence française, est alors élu commandant en chef par le second congrès continental rassemblé à Philadelphie en mai 1775. Il comprend très vite que la cause qu'il défend est en danger si elle ne se trouve pas d'urgence des appuis extérieurs. Il lui faut un allié doté d'une puissance maritime capable d'affronter la flotte britannique qui a décidé d'opérer une sorte de blocus des ports américains pour amener les conjurés à résipiscence. Il sait que la France, tout au long du siècle, n'a cessé de s'affronter à l'Angleterre, avec des fortunes diverses. Il fait envoyer à Paris, en qualité de plénipotentiaire, Benjamin Franklin, dont l'influence orientera aisément la décision française de porter aide et assistance à ceux que, désormais, on appelle les *insurgents*. Et, de fait, le 6 février 1778, Louis XVI, reconnaissant ces *insurgents* comme nation indépendante, signe avec eux un traité d'amitié scellant l'union entre une des plus anciennes monarchies d'Europe et le jeune État américain. Ce traité d'amitié, qui est en fait un traité d'alliance et d'assistance militaires, est paraphé entre les deux parties. Il stipule que les deux alliés s'engagent à ne pas conclure de paix séparée. La France favorise le départ et la participation de volontaires individuels aux côtés des *insurgents.* C'est cette clause spécifique qui entraînera l'engagement, au côté de Washington, de volontaires français comme La Fayette, polonais comme Kosciusko et Pulaski ou encore prussiens comme von Kalb et Steuben. La guerre est déclarée entre la France et l'Angleterre le 17 mars 1778. La France apporte surtout son concours militaire et, ce qui est vital, son aide maritime.

Tirant la leçon de cette période, Étienne Taillemitte[2] affirme : ... « La reconstitution des forces navales qui atteignirent dans les années 1780 un niveau de puissance inconnu depuis un siècle avait atteint son but puisqu'elle avait permis de gagner deux batailles décisives : l'une, celle de Chesapeake Bay, le 6 septembre 1781[3] qui, en provoquant la capitulation de l'armée anglaise à Yorktown, a décidé de l'indépendance des États-Unis, l'autre, cette bataille des communications atlantiques. »

2. Étienne Taillemitte, *Marins et armateurs : la guerre des communications dans l'Atlantique au* XVIII*e siècle*, Rochefort-sur-Mer, tome 9, conférence du CERMA, p. 28.

3. Deuxième bataille de la Chesapeake où, après l'affrontement des flottes anglaise et française, de Grasse occupe la baie de Chesapeake le premier, avant l'amiral Graves.

C'est à cette période de renaissance de la marine française qu'appartient l'histoire de *L'Hermione*. Elle est étroitement liée à celle de Marie-Joseph, Gilbert Motier, marquis de La Fayette et à l'intervention déterminante des régiments français dans la guerre d'indépendance Américaine.

V

L'Hermione au service de M. le marquis de La Fayette
Cap sur l'Amérique septentrionale

« Je suis venu de France à bord d'une frégate que le Roy m'a donnée pour mon passage. »

Lettre de La Fayette au général Washington.
À Marbleheath le 27 avril 1780.

La Touche prêt pour une mission le concernant

Le doublage en cuivre de la coque effectué, les activités du bord reprennent leur cours habituel. C'est-à-dire qu'il a été embarqué six mois de vivres pour « 306 personnes tout compris », vingt-six canons de « 12 » et six de « 6 », complétés par dix pierriers d'une livre, quatre d'une demi-livre et quatre obusiers. Le 15 janvier 1780, *L'Hermione* est mouillée à l'Avant-Garde et le 17, l'équipage est passé en revue « pour constater son état ». Une nouvelle fois, les proportions de la frégate sont inscrites, ainsi que celles de toutes les pièces de la mâture. L'équipage comprend, sous les ordres du lieutenant de vaisseau de La Touche, cinq officiers, trois gardes de la Marine, un révérend père Augustin, un chirurgien-major, deux cent trente et un hommes d'équipage et soixante et onze surnuméraires, soit trois cent treize personnes.

La thèse soutenue pour l'obtention du doctorat en médecine par Philippe Bahaud (1970-1971), intitulée : « Les chirurgiens navigants de la marine marchande et de la marine royale à Rochefort dans la seconde partie du XVIIIe siècle » nous confirme l'importance du service de santé de *L'Hermione* qui nous est donné par le journal de bord. L'état-major de la frégate se présente comme suit :

ÉTAT-MAJOR DE *L'HERMIONE*	**14 personnes**
De La Touche	Lieutenant de vaisseau
Duquesne	Lieutenant de vaisseau, second
Mullon	Officier auxiliaire
De Villemarais	Officier auxiliaire
Gourg	Officier auxiliaire
Félix de la Palice	Officier auxiliaire
De Traversay	Garde de la marine
Desbiars	Garde de la marine
La Salle	Garde de la marine
Père Andrieu Augustin	Aumônier
Pierre Fabret	Chirurgien major
Louis l'Hospital	Second chirurgien
Gérome Vessière	Aide chirurgien
Jean-Marc Clément	Apothicaire

À cet état-major, il convient de joindre le rôle d'équipage de *L'Hermione,* établi le 23 janvier 1780, avant la descente de la rivière Charente, pour la campagne d'Amérique (23 janvier 1780-26 février 1782). Il s'établit ainsi :

Officiers mariniers	44 personnes
Hommes d'équipage	152 personnes
Soldats, y compris les bas-officiers	35 personnes
Surnuméraires	71 personnes
Total des personnes embarquées	316

Le détail de ces diverses catégories de personnes embarquées est récapitulé dans le tableau suivant :

OFFICIERS MARINIERS	44 personnes
Pour la manœuvre	***17 personnes***

soit : 1 maître
1 second-maître
2 contremaîtres (qui ont la charge du fond de cale)
1 bossement ou bosseman
1 patron de chaloupe
1 patron de canot
6 quartiers-maîtres
1 maître-pilote
1 second pilote
2 aides-pilotes

Pour la batterie	***19 personnes***
1 maître-canonnier	
1 second-maître canonnier	
1 second canonnier	
16 aides-canonniers	
Pour la charpente et la mâture	***8 personnes***
1 maître-charpentier	
1 second-maître charpentier	
1 aide-charpentier	
1 maître calfat	
1 second-maître calfat	
1 aide calfat	
1 maître voilier	
1 aide voilier	
HOMMES D'ÉQUIPAGE	**152 personnes**
12 gabiers	
9 timoniers	
131 matelots	
SOLDATS (BAS-OFFICIERS COMPRIS)	**35 personnes**
SURNUMÉRAIRES	**71 personnes**
État-major	8 personnes
Gardes de la marine	3 personnes
Volontaires	8 personnes
Secrétaire	1 personne
Pilote côtier	1 personne
Chirurgiens	3 personnes
Domestiques	9 personnes
Gens de munitionnement chargés de la distribution des vivres	4 personnes
Boulanger	1 personne
Boucher	1 personne
Armurier	1 personne
Mousses	31 personnes
Total des personnes embarquées :	302

Auxquelles s'ajouteront, plus tard, le marquis de La Fayette, ses officiers et sa suite, soit quatorze personnes, portant ainsi le total des personnes à bord de *L'Hermione* à trois cent trente personnes.

Les derniers préparatifs accomplis, l'avitaillement et les revues règlementaires effectués, l'armement vérifié, *L'Hermione* est prête pour la prochaine campagne. C'est ce dont son commandant avise ses autorités :

> *... Je suis prêt à exécuter les ordres qu'il vous plaira de me faire passer. Je vais faire tous mes efforts pour mériter la continuation de vos bontés, en me rendant digne de la confiance dont vous avez bien voulu m'honorer jusqu'ici.*
>
> Lettre de M. de La Touche à M. de Sartine,
> datée du 18 janvier 1780 à Rochefort
> (jointe au journal de *L'Hermione*).

Pendant trois semaines, du 31 janvier au 19 février 1780, *L'Hermione* croise dans le golfe de Gascogne, jusqu'à Camaret, en Bretagne. Elle patrouille ensuite au large de Belle-Ile et dans la baie de Quiberon. Elle reconnaît des bâtiments qui se révèlent être hollandais et danois. Elle donne la chasse à plusieurs corsaires anglais qu'elle canonne sans pouvoir les arraisonner. Puis elle escorte, avec la frégate *La Galathée*, un convoi marchand de quatre-vingts barques jusqu'à Bordeaux. Le 19 février 1780, elle mouille en rade de Port-des-Barques.

Pendant ce temps, d'autres événements se déroulaient de part et d'autre de l'Atlantique. On se souvient que Benjamin Franklin, envoyé à Paris en 1776 comme plénipotentiaire par George Washington, déployait tous ses talents de persuasion depuis son arrivée pour assurer aux insurgents la sympathie et l'appui non seulement des autorités françaises, mais encore de tous ceux qui, à un titre ou à un autre, approuvaient l'attitude et le comportement des colons révoltés. Parmi ces derniers comptait le jeune marquis de La Fayette.

Son premier voyage en Amérique date du 20 avril 1777. Embarqué à bord de *La Victoire* dans le port espagnol de Pasajes, il arrivait en juin aux États-Unis et rejoignait l'état-major embryonnaire rassemblé autour de Washington auquel le liaient, outre l'adhésion à une cause commune, bien d'autres attaches que nous décrirons ultérieurement. Nommé major-général par le Congrès, La Fayette approfondit ses liens amicaux avec Washington. Il se distingue par les initiatives qu'il sait prendre au cours des combats et sera blessé à la bataille de Brandiwine en septembre 1777.

De retour à Paris en février 1779, il intervient à la Cour, notamment auprès de M. de Vergennes, ministre des Affaires étrangères de Louis XVI, pour obtenir l'envoi d'un corps expéditionnaire afin d'aider ses amis américains. Il adressera, pour ce faire, plusieurs mémoires au ministre dont un, daté du 2 février 1780, qui contient les bases du plan qui sera finalement adopté.

Le 24 février 1780, le ministre donne ses instructions. Elles seront reçues le 5 mars par Gilbert de La Fayette. On abandonne le projet de débarquement en Angleterre[1] (envisagé et préparé depuis le 1763 par M. de Broglie, chef du Secret du Roi Louis XV), au profit d'une intervention massive des troupes régulières françaises en Amérique.

Toutefois, la jeunesse de La Fayette (il n'a que vingt et un ans !) ne va pas permettre de lui confier le commandement de l'expédition. Le rôle qui lui sera réservé, pour n'être pas mineur, ne sera pas celui de commandant en chef du détachement français. On décèle les réactions du jeune marquis, à la fois heureux de constater que le gouvernement de son pays reprend les grandes lignes du projet qu'il avait lui-même élaboré et proposé, et quelque peu dépité de ne pas en recevoir la mise en œuvre, au travers de ces quelques extraits d'une lettre qu'il adressait le 2 février 1780 au comte de Vergennes, son interlocuteur[2] :

> *Vous avez approuvé, Monsieur le Comte, qu'avant de causer avec vous sur l'expédition, je misse par écrit quelques-unes des précautions à prendre dans les deux cas suivants :*
>
> *1° celui où je commanderai le détachement français,*
>
> *2° celui où je reprendrai une division américaine.*
>
> *Si je commande, vous pouvez agir en toute sûreté, parce que les Américains me connaissent trop pour que je puisse exciter de fausses inquiétudes. Je prends, si l'on veut, l'engagement de ne demander ni grades ni titres, et même de les refuser pour mettre à son aise le ministère.*
>
> *Dans le second cas, Monsieur le Comte, il faut d'abord prévenir en Amérique le mauvais effet que ferait l'arrivée d'un autre commandant*[3].
>
> *... L'idée que je ne puis mener ce détachement est la dernière qui se présenterait là-bas, je dirai donc que j'ai préféré une division américaine...*
>
> *... Il faut que je sois dans le secret pour préparer les moyens et instruire le Général Washington. Un secret que je ne saurais pas paraîtrait bien suspect à Philadelphie*[4].
>
> *On prendrait à Lorient trois frégates marchandes et un vaisseau de transport. Nous avons, dit-on, un équipage américain ; on embarquerait les 1 500 habits et 15 000 fusils... et il faudrait à la fin du mois partir pour le continent. En arrivant dans un port, je tâcherai de commencer par le général Washington, je prendrai une division dans l'armée et je*

---

1. Voir chapitre XVII.
2. *Mémoires du général de La Fayette*, tome 1, p. 327 à 330, Paris-Londres, 1837.
3. Cette recommandation découle de deux raisons essentielles. La première en est que, pour « insurgent » qu'il soit devenu contre l'Angleterre, Washington n'en avait pas moins été le chef militaire des forces anglaises dans la guerre coloniale franco-anglaise. La seconde réside en des liens d'amitié particuliers entre Washington et La Fayette décrits en détail au chapitre VIII.
4. *Id.*

verrai avec M. de La Luzerne des moyens d'être prêt pour l'arrivée des Français...

*... Je ne serai ici que vers le 20 et comme mon départ doit être publique (*sic*), le 25 je prendrai congé en habit américain et si le vent est bon, il faut être à la voile au 1er mars.*

Conclusion

1° Je crois qu'il est mieux de me donner ce corps ;

2° si on ne me le donne pas, il faut me faire partir sur-le-champ avec les moyens que je demande. Dans les deux cas, il est malheureusement nécessaire de me révéler ce secret et de se mettre promptement à l'ouvrage.

La Fayette n'aura pas le commandement du corps expéditionnaire français qui sera confié au comte de Rochambeau, plus âgé et d'un grade plus élevé que lui. La mission qui lui est signifiée par M. de Vergennes sera d'annoncer et d'organiser, sur les plans militaire et diplomatique, l'arrivée des régiments français.

Le 1er juin, Gilbert de La Fayette était à Saint-Jean-d'Angély avec son régiment de dragons. Se préparant à sa mission, il ne pouvait que s'inspirer des instructions contenues dans la lettre du 24 février 1780, que lui adressait Charles Gravier, comte de Vergennes, ministre des Affaires étrangères, et approuvées de la main du roi.

Ces instructions officielles[5] mettent en évidence l'importance de la mission confiée au marquis de La Fayette par le roi et justifient le secret entourant la croisière de *L'Hermione*. C'est le futur débarquement français en Amérique qui est annoncé. On comprend dès lors le silence absolu qui doit être observé pour une opération d'une telle envergure. Depuis le 19 février 1780, *L'Hermione* mouille en rade de Rochefort, au Port-des-Barques, comme elle en a reçu l'ordre pour une mission dont son commandant, Louis-René de La Touche n'est pas encore avisé.

Et, de fait, toutes les précautions ont été prises pour qu'aucune fuite ne puisse mettre en péril le secret marquant la mission imminente du marquis de La Fayette, ainsi qu'en témoignent les extraits suivants de trois courriers secrets adressés par le comte de Sartine, ministre de la Marine, d'une part, à M. de La Carry, commandant du port de Rochefort, et, d'autre part, à M. de Casamajor, intendant de la marine, concernant l'imminente mission secrète de *L'Hermione*.

Je compte que dès que le temps l'aura permis, la frégate L'Hermione *aura pu descendre la rivière pour aller croiser dans le golfe, mais il est nécessaire que vous donniez ordre à M. de La Touche qui commande*

5. Cf. Texte intégral de ces instructions en Annexe 6.

cette frégate de rentrer dans la rade de l'île d'Aix avant le 20 février, attendu qu'elle est destinée à cette époque à une mission particulière.
Il faudra qu'à son arrivée, elle complète son eau et six mois de vivres.

Lettre de M. de Sartine à M. de La Carry,
le 28 janvier 1780[6].

Un illustre passager

Un mois plus tard, toujours sous le sceau de ce que nous désignons, de nos jours comme *secret-confidentiel-défense*, le ministre expédie ses instructions définitives au commandant du port de Rochefort.

Pour vous seul

Vous verrez, Monsieur, par la liste[7] *qui est jointe à ma lettre commune d'aujourd'hui, des passagers à embarquer sur la frégate* L'Hermione, *que M. le marquis de La Fayette est major général au service des États-Unis de l'Amérique septentrionale.*
Ce grade correspond à celui de maréchal de camp ; il faudra qu'à bord de L'Hermione, *M. de La Touche rende à nouveau au marquis de La Fayette tous les honneurs dont jouissent les officiers de ce grade. Je suis bien persuadé que M. de La Touche se conformera exactement à ce qui est prescrit à cet égard.*
Monsieur le marquis de La Fayette ayant des papiers et autres effets, en conséquence il est nécessaire qu'il ait à bord un logement fermé et décent. L'intention du Roy est que cet officier général se trouve, sur la frégate, aussi sûrement et commodément que possible.
Quoique le départ de M. de La Fayette ne soit pas un mystère, vous jugerez cependant, qu'en égard à la nature de sa mission, il convient d'agir avec toute la discrétion possible sur ce qui regarde son expédition.

Lettre de M. de Sartine à M. de La Carry,
Versailles, le 29 février 1780[8].

Complétant ces instructions déjà fort explicites, le ministre dépêche une lettre complémentaire au commandant du port et à l'intendant de la marine.

---

6. Archives de la Marine du port de Rochefort – 1 A – 49, folio 106.
7. Voir figure 19.
8. Archives de la Marine du port de Rochefort – 1 A – 49, folio 34.

Pour vous seuls

Je vous envoie, Messieurs, la liste des passagers à embarquer sur la frégate L'Hermione *et je vous préviens qu'il arrivera incessamment à La Rochelle des ballots contenant quatre mille habits d'uniformes pour les États-Unis de l'Amérique, formant ensemble un poids total de 20 tonneaux.*

Pour transporter ces effets à bord de la frégate de La Rochelle, M. de La Carry fournira soit des traversiers ou de fortes chaloupes ou M. de Casamajor donnera ordre au commissaire des classes de La Rochelle de louer un ou deux traversiers pour remplir ce service.

Indépendamment des ballots, il y aura à embarquer les effets de M. de La Fayette et ceux de sa suite. Cet objet fera huit à dix tonneaux.

Je vous observe que si la frégate ne pouvait pas contenir la totalité de ces effets, il vaudrait mieux que, pour n'en pas laisser, elle débarqua un mois de vivres.

Vous voudrez bien vous concerter ensemble pour tâcher de procurer à L'Hermione *quelques pilotes américains par La Rochelle ou par Rochefort. Il y aura lieu de croire qu'il s'en trouvera dans l'un ou l'autre port...*

Lettre de M. de Sartine à M. de La Carry,
commandant du port de Rochefort et à M. de Casamajor,
intendant de la Marine à Rochefort, le 29 février 1780[9].

Finalisant et complétant ses instructions, le 6 mars 1780, le comte de Sartine adressait la lettre suivante à ces mêmes interlocuteurs. On notera, au passage, le souci renouvelé de la préservation du secret sur l'expédition.

Monsieur le Marquis de La Fayette doit, Messieurs, vous faire connaître les noms des quatre officiers et huit domestiques qui doivent passer avec lui sur L'Hermione.

L'intention du Roy est que, sous aucun prétexte que ce puisse être, il soit embarqué d'autres personnes à titre de passagers ou autrement, en sus de l'équipage réglé pour cette frégate, et je vous recommande d'y tenir sévèrement chacun en ce qui vous concerne.

Vous n'admettrez absolument, pour passer avec monsieur le marquis de La Fayette, en quelque qualité que ce soit, que les *personnes portées sur la liste jointe à ma lettre commune du 29 février dernier.*

Lettre de M. de Sartine à M. de La Carry,
et à M. de Casamajor, Versailles, le 6 mars 1780[10].

---

9. Archives de la Marine du port de Rochefort – 1 A – 49, folio 107.

10. Archives de la Marine du port de Rochefort – 1 A – 49, folio 108. Sur ces correspondances de M. de Sartine, on consultera utilement, d'une part, les archives du

Effectivement, l'annexe à la lettre du ministre, datée du 29 février 1780, établit précisément l'état des passagers à embarquer sur *L'Hermione.*

À Versailles le 29 février 1780

Table du Capitaine (soit 6 personnes)
- *Monsieur le marquis de La Fayette, major général au service des États-Unis de l'Amérique septentrionale*
- *M. de GIMAT*
- *M. de FLEURY*
- *M. CAPITAINE*
- *M. ...* [11]
- *Un secrétaire de M. le marquis de La Fayette*

Domestiques *(soit 8 personnes)*
- *un valet de chambre*
- *un piqueur*
- *un cuisinier*
- *cinq valets*

Signé : M. de Sartine [12].

Toutes précautions étant prises relativement à la confidentialité de la mission du marquis de La Fayette, il convenait néammoins que l'un des principaux acteurs de sa mise en œuvre, à savoir le commandant de *L'Hermione*, reçoive enfin ses ordres. Ceux-ci lui étaient acheminés par le document suivant :

> *Sa Majesté ayant fait armer au port de Rochefort la frégate* L'Hermione *dont elle a confié le commandement au sieur de La Touche, elle lui fait connaître par une instruction particulière quel est le service auquel il est destiné et quelle sera la durée de sa campagne, il verra par celle-ci la conduite qu'il aura à tenir, relativement à la police à faire observer sur la frégate, tant par rapport aux équipages qu'aux vivres et aux saluts.*
>
> *Aussitôt que le vent permettra, le sieur de La Touche appareillera de la Rade de Rochefort et, lorsqu'il sera sous voile, il ouvrira les instruc-*

port de Rochefort, folios 34, 106, 107 et 137, ainsi que *Roccafortis, Bulletins de la Société de géographie de Rochefort*, 2e série, tome III, n° 1-18-24.

11. Sur le document original, un nom est effectivement laissé en blanc. Tout laisse à penser, en particulier les relations étroites que La Fayette entretenait avec le comte de Broglie, chef du Secret du Roi (cf. chap. VII), que cette ligne de réservation concernait un agent secret au service du comte de Broglie.

12. Archives nationales, Mémoire joint au journal de *L'Hermione*, 1780-1782.

tions particulières ci-jointes qui lui feront connaître quelle sera la route qu'il aura à tenir.

Sa Majesté lui ordonne expressément de tenir la main à ce qu'il ne soit chargé sur la frégate lors de son départ de Rochefort, d'autres effets que ceux qui concernent son armement et de veiller, à son retour, à ce qu'il ne soit embarqué aucune marchandise ou denrée de commerce, quelle qu'elle puisse être...

Mémoire du Roi pour servir d'instruction à M. de La Touche,
Versailles, le 1er mars 1780 [13].

Suivent ici diverses recommandations concernant le service des officiers, l'économie qui doit présider à chaque dépense, la liste des pavillons de marines amis ou alliés qu'il devra saluer, dans un ordre protocolaire très strict.

La Touche redoute qu'en chargeant trop la frégate dans les hauts, ses qualités de navigation soient altérées. Il fait de minutieux préparatifs, en rend compte à ses autorités, et conclut :

Je vais travailler avec la plus grande activité à me mettre en état de partir aussitôt l'arrivée de vos instructions.
Signé : de La Touche

Lettre de M. de La Touche à M. de Sartine,
le 4 mars 1780 [14].

Mission secrète

Tandis que le commandant de *L'Hermione* s'adonnait minutieusement aux préparatifs de la prochaine campagne dont le ministre le chargeait, le marquis de La Fayette, de son côté, se préparait non moins consciencieusement à s'acquitter de la délicate mission diplomatique et militaire dont la Cour l'avait investi. Ayant composé sa suite et rassemblé ses effets, il ne tardait pas à rejoindre le lieu de rendez-vous. C'est ce dont fait foi un autre courrier du commandant de *L'Hermione* à son ministre :

Le vendredi 10 mars 1780, au Port-des-Barques,

À dix heures du matin, s'est rendu à mon bord M. le marquis de La Fayette, colonel du régiment du Roi, dragon et général major au service des États-Unis de l'Amérique, accompagné de deux officiers, de son

13. Archives nationales Marine – B 4 153, folio 151.
14. Archives nationales Marine – B 4 153, folio 151.

secrétaire et de ses domestiques que je dois passer à l'Amérique septentrionale, ainsi que me l'avaient prescrit les instructions que j'ai reçues de la Cour. À onze heures du soir, j'ai appareillé du Port-des-Barques pour me rendre à l'île d'Aix, en compagnie de la frégate La Cérès *commandée par M. le baron de Bombelles, capitaine des vaisseaux du roi. J'ai mouillé à cinq heures et quart, par dix brasses de fond de vase, à la pointe nord-ouest de l'île d'Aix.*

Suit le relevé de sa position par rapport au feu de Chassiron et le signal d'un amer remarquable sur l'île. Le 8 mars, Louis-René de La Touche avait noté avoir mouillé au Port des Barques, par cinq brasses d'eau sur fond de vase. Il avait repris un mois de vivres, ce qui complétait son ravitaillement aux six mois prescrits dans ces instructions. Il termine :*« Je me tiens prêt à exécuter une mission »*. Sans autres détails.

L'importance attachée par la Cour à la mission du marquis de La Fayette ne pouvait échapper aux autorités locales qui, de leur côté, informaient, au fur et à mesure, Monsieur de Sartine de l'exécution de ses instructions.

Noté en marge
« Sur l'arrivée de M. le marquis de La Fayette. »

Le samedi 11 mars 1780

M. le marquis de La Fayette est arrivé ici, jeudi 9 mars à 7 heures du soir et s'est embarqué hier (vendredi 10 mars), avec tout son bagage à dix heures du matin.

Le soir, L'Hermione *a appareillé du Port-des-Barques pour aller mouiller en rade, ainsi que* La Cérès.

M. le marquis de La Fayette n'a embarqué avec lui que les officiers et domestiques dont vous m'avez adressé la note et dont j'ai donné copie à M. de La Touche.

Ainsi, ce que vous me faites l'honneur de me marquer par une de vos lettres du 6 de ce mois, que je reçois dans l'instant, se trouve exécuté.

M. de La Fayette m'a cependant dit qu'il attendrait encore deux personnes qu'il comptait qui arriveraient à La Rochelle, hier au soir, avec les effets dont vous m'avez fait l'honneur de me parler, et pour faciliter le plus possible ce dernier trajet de La Rochelle à bord de la frégate, elle appareillera vraisemblablement ce soir pour aller dans la rade de La Rochelle où elle prendra les effets s'ils sont prêts, (ce) qui n'empêcherait pas M. de La Fayette, s'ils ne l'étaient pas, à ce qu'il m'a fait l'honneur de me dire, de partir sans les avoir.

M. de La Touche a été obligé de débarquer un peu de ses vivres pour faire place à ces effets et pour ne pas le mettre dans le cas d'arrêter la marche de sa frégate en prenant un poids excédent qui dérangerait son tirant d'eau ordinaire. Il nous rendra compte de son départ de La Rochelle.

Signé : La Carry.

Lettre de M. de La Carry à M. de Sartine [15].

À bord de *L'Hermione*, en rade de l'île d'Aix, Louis-René de La Touche a mis la dernière main aux préparatifs de la croisière qui s'annonce, tout est paré à bord. La dernière tâche à accomplir consiste à embarquer les ballots d'effets annoncés ainsi qu'à recueillir les retardataires qu'attend M. de La Fayette. Il s'en explique au ministre, dans un courrier de ce même samedi 11 mars.

Monseigneur,

M. de La Carry me fit l'honneur de me remettre mercredi dernier les instructions générales et particulières, relatives à la mission dont il vous a plu de m'honorer.

Je m'y conformerai avec la plus scrupuleuse attention. Je chercherai dans cette campagne à vous donner, Monseigneur, des preuves du zèle qui m'anime et du désir de justifier votre confiance.

M. le marquis de La Fayette arrivé avant-hier au soir à huit heures, mes dispositions étaient faites pour le recevoir à bord, il s'y est rendu hier matin. J'ai immédiatement mis en rade. Je vais appareiller dans l'instant et me rendre dans celle de La Rochelle où je serai plus à portée de prendre à mon bord les trois passagers qui doivent arriver dans la journée, ce que m'a fait l'honneur de me dire M. le marquis de La Fayette.

Les vents étant aussi favorables que je peux l'espérer, je compte demain mettre sous voile pour le lieu de ma destination, si je ne suis pas retenu par l'attente des personnes annoncées. Le ballot d'habits ne m'étant pas parvenu, j'ai demandé à M. le marquis de La Fayette si je devais les attendre, il m'a paru décidé à ne prendre à bord que ceux qui pourraient se trouver prêts dans la barque destinée à transporter les trois passagers attendus.

J'exécuterai, Monseigneur, avec d'autant plus d'empressement et de plaisir ce que vous m'avez fait l'honneur de me prescrire touchant les égards et attentions à rendre à M. le marquis de La Fayette, qu'on ne peut être plus flatté que je le suis de me trouver à portée de mériter son estime, son amitié. Je désire bien qu'il puisse être persuadé en lui rendant tout ce que je lui dois, que je remplis autant vos intentions, que je suis le mouvement de mon cœur.

15. Lettre conservée aux archives de la Marine de Rochefort, folios 115 et 166.

Je suis, avec profond respect, Monseigneur, votre très humble et très obéissant serviteur.

Signé : La Touche.

Lettre de M. de La Touche à M. de Sartine,
le 11 mars 1780.

Comme convenu, *L'Hermione* se rend dans la rade de La Rochelle afin d'y tenir son rendez-vous. À 9 heures, selon le journal de bord, elle mouille par huit brasses de fond de vase dans la rade de Chef-de-Baye. La Touche relève la pointe de Sablonceau et la pointe de Chef-de-Baie. Le dimanche 12, il est toujours en rade, par vent virant du sud-est au sud-ouest. Le mardi 14, les personnes attendues sont arrivées à 2 heures du matin. Ayant embarqué ses canots, *L'Hermione* appareille par vent du sud, petit frais, gouvernant sur le pertuis d'Antioche qu'elle passe à 6 heures du matin. La Touche relève la tour de Chassiron et la tour de la Baleine d'où il prend son point de départ par 46° 9' de latitude nord et 3° 58' de longitude du méridien de Paris, pour faire valoir sa route. Le 14 mars 1780, le commandant rend compte à M. de Sartine de son escale à La Rochelle.

À bord de L'Hermione
Escale de La Rochelle, mardi 14 mars 1780

... Les personnes attendues par M. le marquis de La Fayette étant arrivées ce soir à bord, j'ai l'honneur de vous prévenir que je vais mettre sous voile dans la nuit, en profitant du vent du nord qui souffle en ce moment.

Aucun ballot d'habits annoncé n'étant arrivé, je pars sans en avoir embarqué. J'ai repris le vin et la farine que j'avais débarqués provisoirement et dont je m'étais fait suivre dans cette rade par un yacht du port.

J'exécuterai fidèlement l'ordre que vous m'avez adressé de faire une revue dans les cales et l'entrepont, pour m'assurer qu'il ne s'y est introduit personne. Je ferai l'appel de mon équipage ainsi que vous me le prescrivis (sic).

Je vous renouvelle, Monseigneur, tous mes remerciements de la commission flatteuse dont vous avez bien voulu m'honorer, j'en sens encore mieux le prix depuis que je suis à portée de connaître M. le marquis de La Fayette.

J'aurai l'honneur de vous rendre compte de mon arrivée par la voie qui me paraîtra la plus prompte et de me rappeler de vos bontés pour lesquelles j'ose compter par les efforts que je ferai pour les mériter.

Je suis avec un profond respect, Monseigneur, votre très humble et très obéissant serviteur.

Signé : La Touche.

Faux départ

Le journal de *L'Hermione* rend compte des jours qui suivent. Après une première avarie et un premier combat, le commandant se voit contraint de retourner en rade de l'île d'Aix afin de remettre son navire en état d'effectuer sa croisière transatlantique dans les meilleures conditions.

Extraits du journal de *L'Hermione*

Mercredi 15 mars 1780

... À quatre heures du matin, les vents ont sauté de sud-ouest à nord-ouest... À cinq heures, j'ai fait prendre tous les ris dans les huniers... Le vent, gros frais, ma grand vergue a cassé à onze heures par son milieu, par la très mauvaise qualité du bois qui était rempli de nœuds, elle a manqué dans un endroit où il y avait trois gros nœuds qui se touchaient. Cet accident m'a forcé de prendre le parti de relâcher à l'île d'Aix...

Ralliant l'île d'Aix, j'ai connaissance de trois voiles qui se révèlent être trois cutters. *J'ai fait diminuer la vitesse pour prendre sous ma protection deux petits bâtiments américains. Vers cinq heures et demie, deux des* cutters *s'étant rapprochés, j'ai tiré une bordée à celui qui était le plus près de moi, dont les coups, malgré l'élévation de la mer, ont été bien dirigés. J'ai immédiatement viré de bord, mais privé de ma grand voile, j'ai vu que je ne pouvais me flatter d'en atteindre aucun...*

Jeudi 16 mars 1780

... À dix heures du matin, la frégate a connaissance des brisants de l'Ile d'Oléron. Le temps est très brumeux. *L'Hermione* tire des bords à l'entrée du pertuis d'Antioche.

Vendredi 17 mars 1780

... Le temps est toujours aussi brumeux mais le vent de nord-ouest est très faible... À sept heures, j'ai eu connaissance, à vent à moi, d'un bâtiment qui m'a paru frégate et qui chassait sur les deux petits bâtiments américains. J'ai tenu le vent et mis en travers pour attendre les deux Américains. La frégate a levé la chasse. À huit heures, dans une éclaircie, j'ai eu connaissance de Chassiron... Toujours dans la brume, recherchant un fond de vase, j'ai mouillé L'Hermione *à onze heures et*

demie par quinze brasses de fond en rade des Basques, la visibilité étant à peine d'une encablure. À deux heures, j'ai relevé l'ancre et à trois heures et demie, j'ai regagné la rade de l'île d'Aix où L'Hermione *mouille par douze brasses de fond de vase. J'ai relevé la tour de Fouras et la pointe ouest de l'île d'Aix... J'ai immédiatement envoyé ma chaloupe à Rochefort avec M. Duquesne, mon second, pour avoir la grand vergue de* La Galathée *et me mettre, par là, en état de partir le plus tôt possible...*

En grand rade se trouvent le vaisseau *Le Tonnant* de quatre-vingts canons, que *L'Hermione* salue d'un triple « Vive le Roy » et la frégate *L'Active,* de vingt-huit canons, ainsi que vingt-cinq à trente bâtiments de commerce de Bordeaux, arrivant de Saint-Domingue.

Tout le reste de la semaine, le temps demeure couvert. La brume ne se lèvera que le dimanche 19 mars. À 8 heures, la chaloupe ramenant la grand vergue que le second, M. Duquesne est allé prélever, à Rochefort, sur *La Galathée,* accoste *L'Hermione*. On la met en place et on la garnit de sa toile.

Traversée mouvementée

Le secret a été bien observé. Ce n'est qu'en haute mer qu'Auguste de Traversay découvre la présence du marquis de La Fayette. Madeleine du Chatenet rapporte la lettre qu'il écrit à l'un de ses frères [16] : « Nous avons été informés quatre jours après avoir quitté La Rochelle, par M. de La Touche Tréville, que le marquis de La Fayette était parmi nous, il aime volontiers converser avec nous.

M. de La Touche reprend la rédaction de son journal de bord.

Lundi 20 mars

... À midi, j'ai garni ma grand vergue et fait mon eau. Mais le calme plat qu'il a fait tout le jour ne m'a pas permis de mettre sous voile qu'à huit heures du soir, la brise ne s'étant élevée de la partie sud-est qu'à cette heure. Au moment où j'appareillais, le vaisseau du Roi Le Magnanime *est venu mouiller dans la rade, sortant de Rochefort.*

16. Madeleine du Chatenet-Traversay, *Un Français, ministre de la Marine du Tzar*, Tallandier, 1996, p. 87.

Mardi 21 mars

... J'ai relevé le feu de la tour de Chassiron au sud et celui des Baleines au nord, à 8° à l'ouest, ce qui m'a permis de prendre un nouveau point de départ de 46° 7' de latitude nord, et 3° 52' de longitude ouest du méridien de Paris.

Mercredi 22 mars

... Je navigue tribord amure, par vent de nord, sur une mer houleuse qui se creuse rapidement. Au coucher du soleil, je reconnais une voile et à huit heures et demie du soir, je découvre rapidement un vaisseau par le travers qui m'a tiré un coup de canon à boulet. Je l'ai jugé brick et corsaire. Il m'a tiré trois autres coups, également à boulet. J'ai fait diminuer les voiles et lui ai envoyé une bordée, ce qui l'a fait arriver en vent arrière. J'ai refait de la voile et j'ai remis le cap au nord-ouest, n'ayant pas cru devoir m'amuser à chasser ce bâtiment.

Samedi 25 mars

« Le vent sud, sud-ouest, bon frais, force dans la soirée et tourne en tempête. » La frégate a croisé deux brigantins et plusieurs voiles que *L'Hermione* évite. Dès neuf heures du soir les ris sont pris dans les huniers et à onze heures, la grand voile est carguée.

Dimanche 26 mars

Le bâtiment prend la cape à la misaine et à l'artimon pour étaler la mer. Le tangage devient très violent. De grains en grains, *L'Hermione* diminue sa toile puis redonne de la voile. Les manœuvres sont incessantes dans une mer très grosse et le navire est le plus souvent sous deux basses voiles.

Jeudi 30 mars

Le vent passe au nord-ouest avec des grains très gros frais. Je constate avec inquiétude que le navire fatigue.

Vendredi 31 mars

Enfin, le vent d'ouest s'établit bon frais avec mer belle, je fais mettre toutes voiles dehors.

Dimanche 9 avril

Le beau temps se maintient depuis le 31 mars. la frégate fait route rapide, sans événement notable, sauf à déplorer que j'ai perdu, ce jour, le nommé Étienne Laurent, aide-canonnier de l'île de Ré, mort d'une fièvre putride.

Mercredi 26 avril

Voile aperçue et prise en chasse malgré la tourmente. À six heures, la voile est à portée de canon, elle est reconnue pour une prise anglaise faite par un corsaire américain. Je visite le bâtiment et fais monter le patron à bord pour l'interroger sur sa position. Il s'estime à dix lieues dans l'est du cap Anne. La sonde révèle le fond par cent dix brasses de vase noire à huit heures un quart. À dix heures, sous petite voile, un nouveau jet de sonde trouve un fond de sable de quatre-vingt-cinq brasses.

Jeudi 27 avril

J'ai gardé à bord le patron de la prise américaine. Estimant me trouver sur le banc de Jeffreys, je commande de faire force de voiles. Vers dix heures, j'ai enfin connaissance de la terre. Nous sommes en vue de cap Anne. Le vent est très violent. Je tente de me rapprocher de Marbleheath afin d'y prendre un pilote, le patron américain ne connaissant pas l'entrée du port de Boston.

L'Hermione touche au but. Elle mouille à Marbleheath, situé à seize milles de Boston, à 2 heures de l'après-midi. À 9 heures, le vent se calme enfin. Dans son journal, M. de La Touche établit une description très détaillée du cap Anne et de son village. Il note la sûreté du mouillage de son port lorsque les vents sont à l'est, les façons d'y entrer, et relève des amers remarquables, ainsi que la position du fort portant trente canons battant la rade.

Ainsi donc, ce jeudi 27 avril, après trente-huit jours de traversée, *L'Hermione* venait de faire parvenir aux rives américaines le marquis de La Fayette, ce précieux passager que lui avait confié la Cour de France. Sans perdre de temps, ce dernier dépêche immédiatement le courrier suivant à son ami, le général Washington :

À Marbleheath, entrée du Port

Je suis ici, mon cher Général, et au milieu de la joie que j'éprouve à me retrouver un de vos fidèles soldats, je ne prends que le temps de vous dire que je suis venu de France à bord d'une frégate que le Roi m'a donnée pour mon passage.

J'ai des affaires de la dernière importance que je dois communiquer à vous seul ; en cas que ma lettre vous trouve de ce côté-ci de Philadelphie, je vous supplie de m'attendre, et vous assure qu'il en pourra résulter un avantage public.

Demain, nous allons en ville, et après-demain, je partirai à ma façon ordinaire, pour joindre mon bien-aimé et révéré ami et général.

Adieu, vous reconnaîtrez aisément la main de votre jeune soldat. Mes compliments à l'état-major[17].

Arrivée à Boston

Il reste au commandant de *L'Hermione* à amener le marquis de La Fayette à pied d'œuvre, c'est-à-dire à Boston. Le vendredi 28 avril, à 4 h 30 du matin, *L'Hermione* appareille de Marbleheath, par vent d'Ouest, cassant une pièce de son ancre au relevé. Elle amène ses huniers pour attendre le marquis de La Fayette qui est allé coucher à terre, et qui rejoint le bord à 6 heures. La Touche trace alors sa route avec le pilote envoyé par le Congrès. Il mouille à Boston à 2 h 30 de l'après-midi. Une atmosphère de liesse entoure l'arrivée de l'envoyé du Roi de France et de sa suite. Les coups de canon de *L'Hermione* couvrent assez mal l'enthousiasme populaire qui se manifeste par de multiples feux de joie, et force cris d'allégresse. Enfin, les « insurgents » ne sont plus seuls ! Le 4 mai suivant, pour répondre aux manifestations d'amitié qui ont accompagné l'arrivée du marquis de La Fayette, La Touche recevra à dîner, à bord de *L'Hermione*, les notables de Boston au nombre desquels il notera la présence des membres du Conseil de l'État : MM. Hancock, Samuel Adams, le docteur Cooper, le général Heath et M. Beaudwine. Le marquis de La Fayette ne pourra assister à cette réception car il a quitté le bord définitivement le 2 mai 1780 pour rejoindre le général Washington à son quartier général de Morristown dans le Jersey. Le soir, au cours du repas, douze *santés* sont portées, ponctuées par des décharges d'artillerie dont le nombre est codifié par un protocole rigoureux : Le Roy de France, les treize États de l'Union, la Reine de France, le Congrès américain, le Roy d'Espagne, sont salués successivement de vingt et un coups de canon. Le général Washington est honoré de dix-sept coups. L'armée américaine, l'Alliance, le succés de la campagne, la mémoire des tués au combat, la Marine américaine, en recevront treize. Enfin, La Fayette est également gratifié de treize décharges, nombre qui a été laissé à l'appréciation de

17. *Mémoires du général de La Fayette*, tome 1, p. 331, Paris-Londres, 1837.

La Touche. Le lendemain 5 mai, ce sont les dames de la Ville à qui l'on fait les honneurs de la frégate. La Touche, qui goûte fort le beau sexe, est un observateur attentif. Il note avec une concision toute militaire « que les dames américaines ont de l'éclat, mais qui n'est pas durable... à vingt-cinq ans, elles sont passées ». À la fin de la réception, il fait part aux conseillers américains des instructions de son roi contenues dans l'enveloppe scellée qu'il a ouverte à son arrivée dans le port de Boston.

OUVRAGES À CONSULTER

SHMR :1. A 49. f 34, 106, 108, 115, 166. (correspondance)
ANM : B. 93 (correspondance)
B4.153 – Marine et Colonie. Carton 119 – N° 13. f. 40
Journal de la frégate du Roy « L'Hermione » de 32 canons, commandée par M. de La Touche, lieutenant de vaisseau – Campagne commencée le 23 janvier 1780 et finie le 26 février 1782
B4.153 (sous-séries) de 15 à 39 – Lettres
B5 (sous-séries) de 12 à 17
C7.185

Rocca Fortis, *Bulletin de la Société de géographie de Rochefort*, 2e série, tome III, n° 1, p. 34 à 38, mai 1972.
Mémoires du marquis de La Fayette, Paris-Londres, tome 1 – 1837.
Rochefort et la Mer, « Les relations France-Nouveau Monde au siècle des Lumières », CERMA de Rochefort, tome 6, 1990.
Philippe Bahaud, *Les chirurgiens navigants de la marine marchande et de la marine royale dans la seconde partie du XVIIIe siècle*, thèse de médecine. Nantes. 1970-1971.

VI

L'Hermione au service de l'État de Massachusetts

Pour la protection de notre commerce... la frégate Hermione *de sa très chrétienne Majesté peut naviguer le long des côtes de cet État...*

Lettre de M. Powel, président du Conseil de Boston
à La Touche, le 3 mai 1780.

La Touche rend compte au ministre de la Marine

Conformément aux ordres qu'il a récemment découverts en ouvrant le pli scellé qui les contenait, Louis-René de La Touche offre immédiatement ses services au Conseil du Massachusetts pour chasser les corsaires anglais qui attaquent les bâtiments commerciaux, cela, en attendant les ordres du chevalier de La Luzerne, représentant de la France à Philadelphie.

Le 30 avril, le commandant rend compte de l'achèvement de la première partie de sa mission au comte de Sartine :

Au port de Boston, ce 30 avril 1780

Monseigneur,

J'ai l'honneur de vous rendre compte de mon arrivée en ce port le trente-huitème jour de ma navigation... j'ai éprouvé beaucoup de contrariétés de la part des vents... qui m'ont obligé à passer au sud des Açores, contre mon intention... j'ai été forcé de mouiller à Marbleheath, petit port libre, à cinq lieues de Boston pour m'y procurer un pilote qui pût m'y conduire...

... J'ai cassé une ancre dans le mouillage de Marbleheath et une vergue de perroquet de fougue dans le cours de ma navigation. Ce sont les seules avaries que j'ai éprouvées et qui seront réparées sans qu'il en coûte rien au Roi....

Sur l'accueil fait à La Fayette

... M. le marquis de La Fayette a joui d'une bonne santé dans le cours de la navigation. J'ai cherché à lui rendre le passage agréable...

Je ne puis, Monseigneur, vous exprimer toute ma reconnaissance de m'avoir fourni l'occasion de connaître tout le prix de l'amitié dont M. de La Fayette m'honore...

J'ai joui d'une satisfaction bien parfaite en voyant la réception qui a été faite à son arrivée ici, on lui a témoigné, par la démonstration la plus vive, la joie que sa présence inspirait...

Sur les futures missions de *L'Hermione*

... Je me conformerai au contenu du paquet cacheté que je n'ai ouvert, suivant vos ordres, que dans ce port.

M. le marquis de La Fayette part demain joindre le général Washington à son quartier général de Morristown dans le Jersey.

... Je dois attendre un courrier qu'il m'expédiera à son arrivée à Philadelphie.

Après avoir annoncé qu'il verrait le chevalier de La Luzerne *diriger ses mouvements ultérieurs* et affirmé son intention d'entretenir une bonne harmonie entre les nations française et américaine, La Touche note, en post-scriptum :

La doublure en cuivre de la frégate est parfaitement bien conservée, ce qui m'a fait penser à croire que le procédé que l'on a employé est le meilleur de ceux que l'on a mis jusqu'ici en usage.

signé : La Touche.

Passant à l'exécution de la seconde partie de sa mission, conformément aux ordres reçus, M. de La Touche se met en mesure d'offrir les services de son bâtiment aux autorités américaines, en l'occurrence à l'État du Massachusetts, pour les aider à se défendre contre les raids insolents des corsaires anglais qui, en harcelant les navires de commerce américains, s'efforcent d'imposer un blocus aux colons rebelles à la Couronne britannique. Le commandant de *L'Hermione* adresse donc un courrier au président de l'État du Massachusetts dont il joint copie à une lettre où il informe son ministre, M. de Sartine, de ses offres de service.

Dans ce courrier, La Touche indique au président du Conseil du Massachusetts que, dans l'attente d'instructions ultérieures du chevalier de La Luzerne, ministre plénipotentiaire de France, il place son navire à la disposition du Conseil du Massachusetts pour « sortir dans la baie, éloigner ou combattre les corsaires et frégates anglaises qui pourraient s'y présenter pour inquiéter le commerce de cet État ». Il reçoit de Powell, président du Conseil du Massachusetts, un aimable accusé de réception, bientôt suivi d'un autre courrier précisant le contenu de sa première mission au service de l'État :

> *Notre opinion est que cela améliorera le* service public *si la frégate* L'Hermione *de Sa Très Chrétienne Majesté peut naviguer le long des côtes de cet État, depuis la baie de Boston jusqu'à la baie de Penobscot dès que cela vous sera possible et pour aussi longtemps que vous le jugerez nécessaire.*

Pour le commandant de *L'Hermione*, commence alors la seconde partie de sa mission.

Revenons à Gilbert de La Fayette, parti le 2 mai vers le quartier général de George Washington, à Morristown. Dés son arrivée à Boston, il n'avait eu de cesse que de s'informer de la manière la plus détaillée sur la situation militaire auprès de ses hôtes bostoniens. Aussitôt que possible, il adressait son premier rapport au ministre des Affaires étrangères, le comte de Vergennes.

> *Watterbury, sur la route de Boston, le 6 mai 1780*
>
> *... C'est le 28 avril, après une traversée de trente-huit jours et toutes les contrariétés des vents et des calmes, que* L'Hermione *est entrée dans le port de Boston.*
>
> *Je ne puis assez m'étendre sur l'éloge de la frégate elle-même, et sur les témoignages de ma reconnaissance pour les officiers qui la commandent.*
>
> *Je ne vous dirai pas des nouvelles bien sûres, Monsieur le Comte, et je ne vous réponds d'aucune exactitude sur les nombres et les dates. Le général Washington peut seul m'instruire de la vérité ; mais voici ce qui paraît certain.*
>
> *Notre armée n'est pas nombreuse ; les États de l'Est s'occupent des moyens de recruter. Le papier a été réglé par le Congrès à quarante pour un. Il y a des taxes très hautes et on espère relever un peu les finances qui en ont besoin...*
>
> *La rareté des chevaux, leur cherté, le manque de provisions, ont augmenté beaucoup pendant mon absence ; mais je vous assure, Monsieur le Comte, que sous un point de vue moral, je continue à voir très favorablement mes amis américains.*
>
> *Le général Clinton assiège Charlestown et comme il a huit à dix mille hommes, comme le bruit court que ses vaisseaux ont passé la barre, il est impossible de ne pas craindre pour cette place, à moins que les vaisseaux espagnols ou français ne viennent des îles à leur secours. On*

y fait passer des troupes du général Washington. New York n'a que six ou sept mille hommes de garnison... À Boston, on ne les porte qu'à quatre mille. Mais, je le répète, mes gazettes ne peuvent jusqu'ici n'avoir aucune exactitude. Les Anglais ont peu de vaisseaux à Charlestown ; ils en ont, je crois, qu'un ou deux au plus à New York.

On prétend ici, et tout le monde me paraît assuré, que quelques forces françaises, arrivées dans ce moment, seraient en état de porter de grands coups... Vous voulez bien, Monsieur, recevoir...

Signé : La Fayette.

Ce même jour où le marquis de La Fayette expédiait son premier rapport circonstancié au ministre français des Affaires étrangères, et alors qu'il se dirigeait vers Morristown, ville où était établi le quartier général de Washington, ce dernier rédigeait une réponse à la lettre que La Fayette lui avait dépêchée le jour de son arrivée sur le continent américain.

Morristown, le 8 mai 1780

Mon cher Marquis,

Votre agréable lettre du 27 avril m'est parvenue hier ; je l'ai reçue avec toute la joie que pouvait m'inspirer la plus sincère amitié, et avec cette impatience qu'un ardent désir de vous voir ne pouvait manquer de me donner.

Je suis fâché de ne pas connaître votre route à travers l'État de New York, afin de pouvoir avec certitude vous envoyer un piquet de cavalerie (c'est tout ce que j'ai ici) à votre rencontre ; cette escorte vous serait utile au milieu des établissements tories, qui sont entre ce pays et la rivière du Nord.

À tout événement, le major Gibbs ira au devant de vous jusqu'à Pompton, au lieu où les routes se joignent, et, de là, il se dirigera comme l'indiqueront les circonstances vers King's Ferry ou New Windsor.

Je vous félicite bien sincèrement de votre heureuse arrivée en Amérique et je vous embrasserai avec toute la chaleur d'un ami dévoué, quand vous arriverez au quartier général, où un lit est préparé pour vous. Adieu jusqu'à ce moment. À vous.

Signé : George Washington.

Pour mieux saisir l'inquiétude exprimée dans sa lettre par Washington quant aux hasards susceptibles de survenir à La Fayette lors de son déplacement entre Boston et Morristown, il convient de faire un bref rappel de l'évolution du théâtre des opérations entre 1778 et 1780.

Avec la signature du Traité d'amitié franco-américain au printemps de 1778, l'aspect des opérations s'était complètement modifié, et l'armée britannique à Philadelphie, redoutant qu'une escadre française ne vînt mettre le blocus sur le Delaware tandis que les milices de Pennsylvanie et du New Jersey investiraient la ville, fit hâtivement retraite vers la ville de New York. Washington, dans l'espoir d'isoler une partie des forces adverses, s'interposa au mois de juin par une marche forcée de ses six brigades, entre Sir Henry Clinton et la côte de Jersey. Le résultat de cette manœuvre fut la bataille de Monmouth, le 28 juin, où la trahison de Charles Lee ruina les espérances d'une stratégie hardie et d'un assaut aussi décidé que vigoureux. Lorsque Lee, par un ordre inattendu de retraite, brisa l'élan de l'assaut des forces américaines, Washington poursuivit son avance et réussit à maintenir ses positions. Mais l'effet de surprise était manqué et les Britanniques réussirent à achever leur mouvement vers Sandy Hook. Washington prit alors ses quartiers à New Brunswick. Lee fut arrêté, traduit en cour martiale et reconnu coupable des trois chefs d'accusation imputés contre lui. Toutefois, au lieu d'être fusillé comme il le méritait, il ne fut condamné qu'à... un an de suspension de son commandement. Déjà, affleuraient, au sein même des « insurgents », des différences et des manœuvres politiques que Washington devrait affronter ultérieurement.

L'arrivée de l'escadre française, aux ordres de l'amiral Charles-Hector d'Estaing, en juillet 1778 vint parachever l'isolement des forces britanniques, et Clinton, à compter de cette date, se vit confiné à la ville de New York et de ses environs. Washington établit alors son quartier général sur les hauts de l'Hudson et répartit ses troupes dans des cantonnements entourant la ville et dans le New Jersey.

C'est donc dans cette période incertaine, où les cantonnements américains et britanniques sont, somme toute, très imbriqués, sans que l'on sache souvent avec précision les emplacements des uns et des autres, que La Fayette entreprend de rejoindre, depuis Boston, son ami Washington à son quartier général de Morristown. On comprend, dès lors, beaucoup plus aisément, la mise en garde que Washington adresse à *son cher Marquis*.

Entre-temps à Boston, Louis-René de La Touche, dans l'attente des instructions que doit lui faire parvenir le ministre plénipotentiaire de France à Philadelphie, le chevalier de La Luzerne, s'est placé au service de l'État du Massachusetts.

La Touche : dévoué mais pointilleux

Du 14 au 27 mai 1780, *L'Hermione* va croiser entre le cap Anne et la rivière de Penobscot tenue par les Anglais. Pour cette mission, elle embarque un pilote côtier et met sous voile à 8 heures du matin, le dimanche 14 mai 1780.

En donnant la chasse à un bâtiment à trois mâts afin de le reconnaître, la frégate casse son grand mât de hune, bien que la mer fût belle et que le commandant eût pris la précaution d'amener son grand perroquet (voile haute). Le mardi 16 mai, *L'Hermione* observe le fort anglais de Biguadace à l'entrée de la rivière Penobscot. Elle en fait relever le plan par M. Mullon, officier auxiliaire. Elle surveille les bâtiments ennemis dont le *Nautilus* de vingt canons, *L'Albany* de seize canons et quelques autres navires plus petits.

L'Hermione détache donc des canots armés en reconnaissance. Ayant été informée que l'Anglais avait détecté sa présence, elle fait ses préparatifs de combat.

Mais l'Anglais ne bougeant pas, La Touche fait route sur Porthmouth, capitale du New Hampshire, port dans lequel il mouille le 18 mai 1780 à 6 h 30. Le lendemain, au passage, la frégate a salué de treize coups de canon le drapeau de l'Union qui flotte sur le fort. La Touche note avec humeur que l'on ne lui en a rendu que onze pour son pavillon. Le compte n'y étant pas, il dépêche un canot pour porter réclamation. Repassant très ostensiblement devant le même fort vers 4 heures du soir, il se voit gratifier des deux coups manquants, puis pour faire bonne mesure, des treize coups réglementaires. Le colonel américain Wontworth, auteur de la bévue, n'a pas lésiné. La Touche note dans son Journal : « J'ai cru devoir répondre à cette politesse par un remerciement à cinq coups. » On ne badine pas avec le protocole. Le vendredi 19 mai est endeuillé par le décès, survenu la veille, d'un soldat du corps royal de la Marine, originaire de Rochefort, atteint du scorbut. Le lendemain, la frégate est de retour en rade de Nanstasket où elle s'ancre dans la soirée. Elle gagne Boston le dimanche 21 mai où elle fait de l'eau et répare ses avaries. La semaine qui suit la verra assurer les mêmes missions sans incident notable.

Le 27 mai, le commandant de *L'Hermione* reçoit enfin les instructions attendues du chevalier de La Luzerne, ministre de France à Philadelphie. Il en rend compte à M. de Sartine dans le courrier suivant.

À bord de L'Hermione, *dans le port de Boston*
ce 28 mai 1780

Monseigneur,

J'ai l'honneur de vous informer qu'ayant reçu de Philadelphie les instructions que j'attendais de M. le chevalier de La Luzerne pour la destination ultérieure, j'appareillerai demain de ce port pour les mettre à exécution.

Son Excellence, le général Washington m'a honoré d'une lettre et m'a fait passer par M. Hamilton, son premier aide de camp, des informations qui peuvent m'être de la plus grande utilité.

J'espère trouver bientôt une occasion de répondre à l'opinion qu'on a daigné prendre de moi dans ce pays-ci et acquérir de nouveaux droits à vos bontés et à votre estime.

J'ai fait faire un mât de hune à la place de celui qui a consenti dans ma dernière croisière. J'ai eu recours pour cela aux pièces de mâture appartenant au Roi qui sont dans le port. Je prends à ce sujet, Monseigneur, la liberté de vous représenter qu'il serait bien à souhaiter qu'on mette ces belles pièces à l'abri de la transition journalière qu'elles éprouvent de l'humide au chaud, et du chaud à l'humide, quelques-unes même ne sont jamais dans l'eau. Elles périclitent au point qu'il ne serait pas impossible que, dans le cours encore d'une année, elles ne fussent entièrement hors de service.

J'en ai parlé au Conseil et je lui ai conseillé de se faire autoriser la dépense nécessaire pour les tenir en tous temps sous l'eau, ce qui ne devrait pas être cher. J'ai l'honneur de joindre ici un état des mâts. Je n'ai pu m'empêcher, en les voyant et en considérant leur beauté, de souhaiter, Monseigneur, qu'il entrât dans vos projets d'envoyer ici une flûte du Roy pour les transporter à la Martinique où ils pourraient être, en la circonstance actuelle, d'un bien grand secours.

J'ai l'honneur de vous remettre ci-joint un aperçu de la dépense que j'ai été obligé de faire pour le service de la frégate. J'ai apporté le plus grand soin à la rendre la moins forte possible. Ce sera constamment ma règle dans le cours de cette campagne.

Je suis avec un profond respect votre très humble et très obéissant serviteur.

Signé : La Touche[1].

Ordre de chasser l'Anglais

Les nouveaux ordres expédiés à Louis René de La Touche par le chevalier de La Luzerne lui enjoignent d'appareiller de Boston et de gêner au maximum les mouvements des bâtiments anglais. *L'Hermione* quitte donc le port de Boston le mardi 29 mai pour s'acquitter de cette nouvelle mission.

Le vendredi 2 juin, à 5 heures du matin, par gros temps et vents tournants, *L'Hermione* a connaissance d'un brigantin. Elle le pourchasse bord sur bord, tenant le vent, après avoir pris des ris dans les huniers, sous les rafales et les avoir largués dans les accalmies, et enfin l'arraisonne. Il s'agit du brick *Thomas of Irwine* de cent tonneaux, commandé par le capitaine John, naviguant de Corke à New York. Il est chargé de

1. Archives nationales de la Marine – C 7 – 184.

beurre, de chandelles et de savon. *L'Hermione* détache huit hommes sur la prise, sous le commandement du lieutenant Charrier, officier volontaire.

Le lundi 5 juin, à 6 heures, la frégate a connaissance de la terre de l'île Longue et aperçoit dans le même temps une voile. Elle prend cette voile, un côtre, en chasse, toutefois, elle ne peut la mener à terme : le fond, remonté à quinze brasses d'eau, l'oblige à lever la chasse.

Le jour suivant, une nouvelle voile est signalée à 4 heures. C'est un bâtiment qui court au nord-est de Long Island. *L'Hermione* est sur lui à 5 heures et assure sa prise :

> *... il se nomme le* Ruover, *venant des Bermudes et allant à New York, chargé de cinq cent soixante-dix boisseaux de sel et commandé par le capitaine Georges Eavans, ayant cinq hommes d'équipage et deux nègres que j'ai tous fait passer à mon bord. J'ai envoyé deux hommes de mon équipage sous les ordres du sieur Noël...*
>
> Journal de *L'Hermione*.

Ces deux prises seront ramenées à Providence.

Combat contre *L'Iris* de trente-deux canons

Les Anglais n'ont certainement pas apprécié la perte de leurs bâtiments de commerce. Aussi, le mercredi 7 juin, alors que *L'Hermione* navigue nord, nord-ouest, au large de la pointe orientale de Long Island, la vigie signale quatre voiles au vent de la frégate, faisant route sud-est. Elles font donc une route parallèle mais en sens inverse. La distance entre *L'Hermione* et la formation diminue rapidement : « J'ai reconnu un Sloop de guerre, un Schooner, un Sennault et un bâtiment à trois mâts que j'ai jugé frégate. »

Ce sont, à coup sûr, des Anglais. La Touche relève immédiatement le défi. Branle-bas de combat ! le bord s'anime de toutes parts. La Touche, entouré de ses officiers et de sa maistrance, suit attentivement l'évolution des quatre voiles.

La frégate anglaise et ses bâtiments de découverte manœuvrent pour prendre les allures de *L'Hermione*. Ils suivent maintenant le même cap que la frégate française. Le doute n'est plus possible. Sur ordre, les gabiers se précipitent dans la mâture pour relever les basses voiles et les carguer sur les vergues. Ils doublent les manœuvres. Le pont de la batterie est dégagé de tout ce qui l'encombre. Les hamacs aux crochets sont roulés rapidement dans les bastingages (gros filets). Les canons, arrimés à la *serre* *, sont libérés et pointés par les sabords. Les bailles remplies d'eau sont disposées à côté de chaque affût. Elles serviront à rafraîchir les écouvillons destinés à nettoyer le canon.

Le maître canonnier a démonté les cloisons de la *sainte barbe* * et remet aux servants de l'artillerie les poires de poudre fine qui serviront à garnir la lumière des canons. Depuis la soute, une chaîne de matelots, en chemise sans col ni manches, fait passer de main en main les gargousses de toile remplies de poudre que l'on distribue aux servants. Du puits, débouchant à côté du grand mât, sont remontés les boulets que l'on dépose dans de petits parcs pour éviter qu'ils ne roulent. En cuisine, on a mis bas les feux pour éviter tout accident. Des filets verticaux sont placés dans la batterie pour parer les éclats de bois. Sur le pont, d'autres filets sont tendus horizontalement, ce sont les *casse-tête* * destinés à protéger l'équipage des chutes d'objets en provenance de la mâture. Les mousses ont répandu du sable sur le pont afin qu'il soit moins glissant. Les soldats et matelots non requis pour la manœuvre reçoivent leurs armes, fusils et escopettes. Tous prennent position sur les gaillards et le passe-avant derrière le pavois. Quelques marins grimpent dans les hunes pour pouvoir opérer des tirs plongeants, emportant aussi quelques grenades... au cas où !

Le chirurgien major a ouvert son *théâtre*[2] pour recevoir les blessés. Les deux frégates se rapprochent. Dans la batterie tribord, les canons sont chargés : on enfonce d'abord la gargousse, puis un premier *valet de canon* * fait de cordes et de chiffons que l'on tasse par deux ou trois coups de refouloir ; vient ensuite le boulet, lui-même calé par un deuxième *valet* et par deux autres coups de refouloir bien appliqués. Au commandement, les gargousses sont percées au dégorgeoir (poinçon) à travers la lumière que l'on garnit aussi de poudre. Prudemment, on place une plaque de plomb sur l'ouverture pour éviter toute mise à feu précoce. Le servant de tribord, le boute feu allumé, guette le signal du chef de pièce. Les autres s'allongent sur le plancher. Tous sont attentifs, tendus... rien n'est pire que l'attente ! Dernière sauvegarde, on grée un filin dit *ceinture de combat* à hauteur de la flottaison où pourraient s'accrocher ceux qui seraient précipités à l'eau.

J'ai viré sur la frégate. J'ai reconnu ce bâtiment pour une frégate de quinze sabords en batterie, dont quatorze étaient garnis de canons et elle en avait sur son gaillard, depuis l'extrémité de son arrière jusqu'au grand mât.

---

2. L'infirmerie est appelée « théâtre » parce qu'on y accède en ouvrant un double rideau que l'on referme lorsqu'un blessé y est admis.

Il s'agit de *L'Iris*, forte frégate de trente-deux !

L'Hermione et *L'Iris* sont maintenant à distance de combat par le travers l'une de l'autre. Sur chaque bord, le pavillon est hissé : « J'ai assuré le mien par toute ma bordée de tribord que je lui ai lâchée en la dépassant. Elle ne m'a riposté que par quelques coups. »

La faible réponse de *L'Iris* cache un piège mortel. En se laissant dépasser, l'Anglais a maintenant *L'Hermione* devant lui et il peut envisager, en prenant son sillage, puis en appuyant sur tribord, d'envoyer toute la bordée qu'il a retenue, dans la hanche, voire dans la poupe de *L'Hermione*. Une succession de tirs, en prenant en enfilade la frégate française de l'arrière vers l'avant, aurait ravagé ses ponts d'un bout à l'autre, culbutant les pièces et massacrant les hommes.

La Touche réagit vivement : « En conséquence, je suis arrivé vent arrière, et, par ce moyen, je me suis trouvé par son travers. » Les deux navires sont à nouveau bord à bord sur des routes parallèles. Cette manœuvre n'a pas demandé plus de cinq à sept minutes puisque la batterie de *L'Hermione* est déjà prête à tirer.

« Nous avons alors commencé un feu très vif de part et d'autre, à une demi-portée de fusil. » Sont-ils à cinquante ou cent mètres l'un de l'autre ? La portée utile d'un fusil ne dépasse pas cent cinquante mètres à cette époque. Il n'est d'ailleurs pas question de viser. La poudre noire dégage une telle fumée que l'on s'aperçoit à peine. Les émanations rougissent les yeux et brûlent les gorges. Après une demi-heure de combat, l'Anglais renouvelle sa manœuvre, mais La Touche le devance et rapporte : « Je me trouve à nouveau en position de le battre de tous mes canons, de l'avant à l'arrière, comme elle me battait de l'arrière à l'avant. Le combat a ainsi duré une heure avec vivacité de part et d'autre, mais mon feu étant supérieur au sien, elle saisit l'instant où je la dépassais pour mettre son petit hunier à culer... je lui ai envoyé trois coups de canon auxquels elle n'a pas riposté. »

L'Anglais s'éloigne. *L'Hermione* a perdu du monde. Sur le gaillard d'arrière, trois officiers sont blessés : M. Duquesne, le second, M. de Villemarais, la cuisse cassée par une balle, M. de Chadirac a eu la main droite emportée. La Touche n'a été blessé qu'au bras en fin de combat. Jean Tantin, un maître, a reçu une balle dans la poitrine. Sur le gaillard d'avant, Jean Diron, second-maître, est grièvement atteint. En tout, dix morts sont à déplorer et trente-sept blessés dont deux décéderont par la suite.

La Touche rapporte : « Ayant constamment tiré plein bois et peu de coups ayant été perdus, je l'ai, pour cette raison, peu dégréé. Le plus grand nombre de ses coups ont porté dans mes voiles et dans les manœuvres... j'ai tiré deux cent soixante coups de canon, cent quarante coups de pierrier et mille deux cent quatre-vingts coups d'espingole. »

Sur *L'Hermione*, les dégâts sont considérables. La grand voile a reçu trente boulets, la misaine quarante, le hunier seize et le petit hunier douze. Quatre boulets ont percé à la hauteur de la flottaison, un boulet a endommagé le grand mât, un autre a frappé l'écusson de la figure de proue. Dans la batterie, un affût de « 12 » est hors service.

L'Anglais s'éloigne toujours, tenant le vent, parfaitement manœuvrant. « J'ai jugé que son projet n'était pas d'en venir à un second engagement. »

L'Hermione, à cause de ses avaries, ne peut prendre que l'allure de vent arrière. Elle tente cependant de poursuivre le *senault* qui est resté à l'écart du combat mais abandonne la chasse près de la côte, l'eau venant à lui manquer. *L'Hermione* fait alors route sur Newport pour réparer ses avaries. Ce combat impressionnera grandement les Américains.

Le jeudi 8 juin, *L'Hermione* relève les clochers de Newport au nord, à trois lieues de distance. La frégate tire des bords après avoir embarqué un pilote. À 4 heures, un canot s'approche à bord duquel se trouve l'aide de camp du marquis de La Fayette, le chevalier de Fayolle, capitaine au régiment de Brie, qui est porteur d'un important message :

> *... chargé d'une commission importante de la part de ce général, il est venu à mon bord dans un petit canot de deux avirons. Par la faute des gens qui le conduisaient, il s'est engagé sous la bouteille*[3] *bâbord de la frégate, il s'est frappé la tempe. Il est tombé dans le canot et a expiré sur-le-champ. Tous les secours qu'on a cherché à lui donner ont été vains, il était expiré avant de monter à bord.*
>
> Journal de *L'Hermione*.

Après lecture de la prière des morts, faite à bord, le corps du chevalier de Fayolle est amené à terre et inhumé au cimetière de l'église de la Trinité à Newport. Les honneurs militaires sont rendus par un détachement, et trois salves de mousquetterie sont tirées selon l'usage. Le colonel Green, commandant à Newport, et tous les officiers américains ont assisté à cette cérémonie.

Le mardi 13 juin, un nouveau décès est enregistré : celui d'un soldat du corps royal de la Marine, mort du scorbut.

3. Bouteille : cf. « Lexique des termes maritimes », Annexe 3.

Polémique dans les gazettes

Ces tristes événements ne sont pas pour apaiser la colère du commandant de La Touche, lorsqu'il apprend, par un article publié dans la *Gazette de Newport*, que le commandant de la frégate anglaise qu'il avait engagée en combat le 7 juin l'accuse d'avoir rompu l'engagement et fui le combat ! Devant une telle mauvaise foi, de La Touche en avise d'abord ses autorités, en l'occurence M. de Sartine, mais expédie parallèlement une réponse cinglante au capitaine Hawker, destinée à faire le point de manière définitive sur la réalité du combat qui a opposé *L'Hermione* à *L'Iris*.

> *À bord de* L'Hermione, *Newport – Rhode Island*
> *le 22 juin 1780*
>
> *Monseigneur,*
>
> *J'ai l'honneur de vous rendre compte que je viens d'être informé par la* Gazette de New York, *que la frégate anglaise contre laquelle j'ai combattu le 7 de ce mois était* L'Iris *de trente-deux canons de « 12 » et six de « 9 » sur le gaillard, ayant distinctement compté quatorze canons en batterie. Je suppose qu'elle en avait fait passer un sur un bord ainsi que cela se pratique dans les frégates qui ont autant de largeur à l'avant...*
>
> *Le capitaine Hawker qui la commande, en convenant qu'il a été maltraité, a souffert cependant qu'on imprime sous ses yeux que j'avais fui quoiqu'en vue d'une frégate américaine et que je ne devais mon salut qu'à la perte qu'il avait faite d'un de ses deux mâts de hune.*
>
> *Je vous avoue, Monseigneur, que je n'ai pu tenir à l'impudence d'une pareille imposture, ce que j'ai écrit à ce capitaine dans une lettre dont je prends la liberté de vous envoyer copie.*

La Touche poursuit en donnant des nouvelles des blessés de son équipage :

> *... M. de Villemarais, officier auxiliaire, donne quelques espérances. S'il échappe à la mort, il sera estropié le reste de ses jours. J'ose vous supplier, Monseigneur, d'avoir égard à sa triste situation. Il mérite vos bontés et votre intérêt par le zèle qu'il a témoigné à toutes occasions...*
>
> *... M. de Chadirac, gentilhomme volontaire qui a eu le poignet droit coupé, est très bien. Je prend la liberté, Monseigneur, de vous écrire pour cet infortuné jeune homme qui n'a d'autres ressources que celles que je suis persuadé qu'il trouvera dans la bonté de votre cœur...*
>
> *La blessure de M. Duquesne, mon second, a eu des suites plus fâcheuses qu'elle ne paraissait l'annoncer, il est à craindre qu'il ne soit longtemps privé de son bras.*
>
> *J'ai souffert et je souffre encore violemment du coup de feu que j'ai*

reçu mais la certitude qui m'est donnée qu'il n'en résultera rien de fâcheux ne me laisse d'autre sentiment que le plaisir d'avoir versé mon sang pour le Roi.

Il me reste, Monseigneur, à implorer vos bontés pour mon second maître nommé Jean Diron, de Saint-Jean-de-Luz et établi à Rochefort. Je me contenterai de vous exposer la fermeté peu commune qu'il a montrée. Cela suffira pour lui obtenir de votre justice et de votre admiration pour une aussi grande bravoure, ce qu'il est en droit d'attendre.

Il eut, au commencement du combat, les deux cuisses percées d'une mitraille à la partie supérieure et postérieure et l'une d'elles emportée par un boulet. M. Duquesne le pressa de descendre. Il s'y refusa en disant que s'il n'était plus en état de se battre, il encouragerait l'équipage et leur donnerait l'exemple de la patience. Ce brave dut s'appuyer à une lisse de passe avant. À peine y fut-il qu'il eut le bras gauche emporté par un boulet. Sa patience l'a sauvé. Il a subi les opérations les plus cruelles mais il est hors de danger. Il fera un des meilleurs maîtres d'équipage que le Roi ait à son service et du meilleur exemple. Il a son bras droit et une bonne tête...

... Je ne puis donner trop d'éloges de l'habileté et des soins assidus de M. Fabre, mon chirurgien-major. J'ai l'honneur de le recommander à vos bontés.

J'ai mis dehors le 15 de ce mois et je suis rentré le 19. Je suis, avec un profond respect...

Signé : La Touche[4].

À son compte rendu exhaustif, de La Touche ne manque pas de joindre copie de sa lettre au Capitaine Hawker, commandant de *L'Iris*.

Le 22 juin 1780

M. de La Touche
Lieutenant de vaisseau de
S.M. le Roi de France

à Monsieur Hawker
Capitaine de vaisseau de S.M. le Roi d'Angleterre

Monsieur,

C'est avec autant de surprise que d'indignation que j'ai lu, dans la Gazette de New York *du 10, l'article qui parle du combat qui a eu lieu entre nous le 7 de ce mois.*

Je ne puis penser qu'un capitaine de vaisseau de Sa Majesté britannique oublie assez ce qu'il doit à la dignité de son caractère, à la vérité qui fait la base de toute vertu militaire, pour avoir recours à la plus

4. Archives nationales de la Marine – B4 153, folio 30.

grossière imposture et chercher par un aussi vil moyen à établir un avantage qu'il n'a pas eu sur son ennemi.

Je me plais à croire que le gazetier anglais a suivi en cette occasion le penchant naturel qui le porte à altérer tous les faits et à imprimer des mensonges pour des vérités. Si cela est ainsi, cette assertion ne mérite que mon mépris, mais j'attends de votre justice et de votre loyauté que vous le réprimerez de vous avoir ainsi compromis, car vous l'êtes, Monsieur, lorsqu'on avance un fait aussi faux que celui de ma prétendue fuite et de l'apparition d'une frégate américaine à la fin du combat.

Dans le compte que j'ai rendu à ma Cour, je me suis empressé de rendre justice à la manière dont vous vous êtes présenté au combat, elle était faite pour mériter mon estime. Je serais fâché d'avoir à me repentir de ce premier sentiment si vous ne me rendiez pas à votre tour la justice qui m'est due.

Du moment que j'ai eu connaissance de vous, Monsieur, je formai le projet de vous attaquer. Je virai de bord sur vous, vous m'épargnâtes la moitié du chemin en arrivant sur moi. Vous manœuvrâtes avant et pendant le combat comme un homme digne de commander la frégate que l'on vous a confiée. Mais si vous avez avancé que j'ai fui devant vous, vous en avez imposé et vous me connaissez mal. Je n'aurai jamais la honte de fuir devant un ennemi à force égale.

Vos coups m'ayant occasionné autant de dommages dans mon gréement que les miens vous en causé dans le corps de votre vaisseau, j'ai été dans l'impossibilité de tenir le vent pour recommencer le combat. Il dépendait de vous d'arriver sur moi pour l'engager à nouveau. Vous aviez infiniment plus de moyens de manœuvre (le terme est souligné) *que je n'en avais.*

Lorsque j'ai vu que vous teniez le vent, j'ai attribué votre retraite à la quantité de monde que vous aviez perdu. Ce qui aide à me le persuader, c'est le peu de vivacité de votre feu dans les dernières bordées.

D'après cette opinion, vous devez juger de ma surprise quand j'ai vu dans la Gazette *que vous n'aviez eu que sept hommes tués et neuf blessés. Je suis de meilleure foi que vous, Monsieur, j'avoue avoir eu dix tués et trente-sept blessés, deux de mes officiers et moi sommes du nombre des derniers. Vous voyez que je ne crains pas de parler vrai parce que je n'ai rien à me reprocher.*

Je terminerai cette lettre par une réflexion que tout militaire ne pourra s'empêcher de faire. Si vous avez perdu moins de monde que moi, et que vous ayez été moins maltraité, quelles raisons avez-vous eues de ne pas continuer le combat, voyant l'état de dégréement où j'étais et de l'impossibilité physique où je me trouvais de manœuvrer et de suivre une autre route que celle du vent arrière. Tandis que votre situation vous aurait permis de profiter de l'avantage du vent pour vous éloigner.

Vous manquez donc ou de vérité en n'accusant pas la vraie perte, ou d'énergie si, ayant perdu peu de monde, vous n'avez pas continué le combat avec les avantages que le hasard des coups vous a donnés sur moi.

Comme vous savez très bien qu'il n'existait pas de frégate américaine à notre vue, je vous prie de répondre à ce dilemme et vous me permettrez de suspendre mon jugement sur vos qualités jusqu'à ce que vous l'ayez satisfait ou qu'une circonstance de cette campagne me mette à portée, encore une fois, de tenter avec vous le sort des armes, ce que je désire avec bien de l'ardeur, je vous le jure[5].

Je suis, en attendant votre réponse, avec le sentiment que votre conduite première m'a inspiré, Monsieur, votre très humble et très obéissant serviteur.

Signé : La Touche[6].

Sa colère ainsi ventilée, de La Touche peut sereinement reprendre le cours de ses activités.

De la fiabilité des journaux de bord et des capitaines

En un siècle où l'honneur ne constituait pas encore une marchandise, des relations aussi contraires quant à un événement vécu en commun, bien qu'à partir de bords opposés, ne manquaient pas de poser question. Les deux capitaines, La Touche et Hawker étant, *a priori,* ce qu'il est convenu d'appeler des *gentlemen*, l'Anglais n'ayant, pour sa part, pas daigné répondre à la missive indignée de La Touche, le mystère sur ce combat demeurait.

Les recherches entreprises par les auteurs pour l'élucider n'ont fait qu'augmenter leur perplexité. Retrouvant, en effet, le journal de bord de *L'Iris*, tenu par la capitaine Hawker[7], ils ont recherché et trouvé les indications portées par le commandant britannique sur l'engagement dans lequel son bâtiment s'était trouvé impliqué ce 7 juin 1780. Les voici :

JOURNAL DE BORD HMS « Iris »

	Vent de	Cap	Distance	Latitude	Long.
Mercredi 7 juin 1780	S.W.	Est	3	40° 24'	1°49'

5. *L'Aigrette*, commandée par M. Jean-Baptiste de Traversay. Cf. Madeleine de Chastenet, *Traversay*, Tallandier, Paris, 1996, p. 106.

6. Archives nationales – Marine – C 7, folio 184.

7. Conservé à Kew, The National Archives, rassemblant les archives du Public Record Office et de la Historical Manuscripts Commission, sous la référence ADM51/482 – NA 115268.

At 7., I saw a Frigate bearing N.W., left off chasing the above Vessels and chased the Frigate. Soon after, she tacked and stood towards us. Cleared ship for action, at about a Muskett shot, she hoisted French colours. Proved to(be) the La Hermione *of 36 guns. At 9, we began a close action which continued and hour and 20 minutes. When the French Frigate made sail from us, with all the sail she could make, we followed her for 3 quarters of an hour. When another sail was seen ahead we were obliged to haul our wind, when our fore topsail went away of being very much damaged in our sails and rigging. We had 7 men* killed and 9 *wounded, among the latter is Lieutenant Bowine of the Marines*[8].

Apparemment, le gazetier de New York dont l'article avait si fort irrité La Touche s'est manifestement inspiré du compte rendu du capitaine Hawker et, en cette occasion, n'a pas « suivi le penchant naturel qui le porte à altérer tous les faits et à imprimer des mensonges pour des vérités », comme le supposait La Touche.

Il reste que, comparant les deux relations si contradictoires des deux officiers, il faut relever que le compte des pertes en hommes étant rapporté de manière identique par les deux protagonistes, l'argument de La Touche quant au manque de combativité de l'officier anglais semble donc conserver toute sa pertinence. Par ailleurs, l'état pitoyable du gréement de *L'Hermione* après le combat, étant dûment corroboré par les indications ultérieures des importantes réparations entreprises, vient renforcer l'argument de l'officier français quant à l'impossibilité dans laquelle il se trouvait de poursuivre un adversaire qui semble avoir imputé sa propre dérobade... à son adversaire !

Le 30 juin, *L'Hermione* est mouillée à Block Island. La frégate a réparé la plus grande partie des dégâts occasionnés à son gréement lors du combat du 7 juin contre *L'Iris*. À 5 h 30 du matin, un capitaine américain, M. Lichtfield, monte à bord pour instruire M. de La Touche de la présence de trois frégates anglaises proches de Long Island.

8. Traduction : « À 7 heures, aperçu une frégate faisant cap au N.W. J'abandonnai la chasse des vaisseaux mentionnés plus haut et chassai la frégate. Bientôt, elle vira de bord et fit route sur nous. J'appelai aux postes de combat. À environ une portée de mousquet, elle hissa les couleurs françaises. Il s'agissait de *L'Hermione*, de 36 canons. À 9 heures, commença un engagement serré qui se poursuivit pendant une heure et vingt minutes. C'est alors que la frégate française prit la fuite devant nous, en mettant toute la toile qu'elle pouvait mettre. Nous la poursuivîmes pendant trois quarts d'heure. Lorsque nous aperçûmes une autre voile devant nous, nous fûmes forcés de serrer au près, car notre grand voile à l'avant se dérobait, tant notre voilure et notre grément étaient offensés. Nous avons eu 7 hommes tués et 9 blessés. Parmi ces derniers se trouve le lieutenant Bowine des Marines. »

Représailles anglaises

L'Hermione appareille et repère deux des voiles. Elle se met en travers pour les attendre et les reconnaître sans être repérée. À 11 heures, elle met le cap à l'est pour se rendre à Marthas Vineyard prévenir un corsaire américain du danger le menaçant dans son mouillage, mais le bâtiment a déjà décampé.

Le samedi 1er juillet, *L'Hermione* apercevant les trois voiles au large de Block Island vire lof pour lof pour leur échapper et retourne en rade de Newport-Rhode Island. Le 3 juillet, La Touche est avisé que, dans la nuit du samedi à dimanche, un canot chargé de nombreux hommes, et dont les avirons étaient garnis de fourrures destinées à amortir les bruits de nage, s'est approché à moins de quatre encablures de sa frégate. Il en a été informé par des pêcheurs qui, ayant hélé le canot, l'ont, par ce moyen, forcé de prendre le large. En conséquence, il place des sentinelles dans des chaloupes qui patrouillent en avant de son bâtiment. Il suppose que les Anglais ont reconnu sa position. Le groupe adverse se compose d'un vaisseau de cinquante canons et de deux frégates, force très supérieure à la sienne. Par ailleurs, Newport étant alors dénué de tout moyen de défense, La Touche envisage de trouver un mouillage plus sûr.

Le mardi 4 juillet est le jour anniversaire de l'indépendance des treize États, *L'Hermione* tire trois salves de treize coups de canon à midi et au soleil couchant. Le jeudi 7, La Touche note deux événements très différents :

> *... J'ai fait donner la calle * au nommé Jacques Valet, aide-canonnier, que j'ai préalablement dégradé, qui a été convaincu d'avoir volé une grande quantité de hardes à l'équipage... J'ai perdu ce jour le nommé François Guillac, matelot, mort du scorbut.*
>
> Journal de *L'Hermione*.

Le samedi 8, ayant récupéré ses embarcations, *L'Hermione* appareille. Avertie par un canot venant de Block Island que le vaisseau de cinquante et son escorte de deux frégates paraissaient tous les jours devant l'île, *L'Hermione* se réfugie en rade de Newport où elle mouille à 8 heures du soir. Elle en repart pour le passage de Bristol après avoir touché sans dommage à vue de Long Island sur un fond très mou. À 3 heures de l'après-midi, *L'Hermione* s'ancre par le travers de deux quais. Le dimanche 9 juillet 1780, M. de La Touche rend compte à M. de Sartine :

À bord de L'Hermione *au ferry de Bristol,*
dans la baie de Narrangasett, le 10 juillet 1780

Monseigneur,

J'ai l'honneur de vous rendre compte que, depuis ma dernière du 22 juin, j'ai mis plusieurs fois dehors, mais j'ai été forcé de rentrer presque aussitôt, ayant été chassé par un vaisseau de cinquante canons et deux frégates qui ont établi leur croisière sur Block Island avec le double objet, sans doute, de m'interdire cette station et de s'assurer du moment de l'arrivée de la flotte française.

Ces bâtiments ont envoyé un canot pendant la nuit pour reconnaître ma position. J'ai été prévenu par des pêcheurs qui, l'ayant hélé, l'ont, par ce moyen forcé de gagner le large.

N'étant sous la protection d'une batterie, Newport étant donc en ce moment dénué de tous moyens de défense, j'ai cru devoir me mettre hors de portée d'être inquiété par des ennemis supérieurs.

J'ai remonté en conséquence jusqu'au ferry au passage de Bristol, position très avantageuse pour m'embosser et être à portée d'établir une partie de mes canons sur des pointes qui protégeraient efficacement la frégate, si, ce que je ne crois pas, les ennemis tentaient de remonter jusqu'ici.

J'ai établi une communication de signaux avec Newport par lequel je serai instruit du moment de l'apparition de la flotte. Je ferai route sur le champ pour m'y joindre, pouvant me rendre en deux heures, aidé par le courant, dans la rade de Connecticut. Je vais profiter du voisinage où je suis d'un hôpital formé près de Bristol par M. de Corni pour y placer mes blessés, l'air salin et marécageux qu'ils respirent sur la petite île où je les ai déposés nuit à leur guérison. Je leur fournirai, comme j'ai fait jusqu'ici de la frégate, tous leurs besoins pour éviter les frais d'un établissement qui ne doit avoir lieu qu'à l'arrivée des troupes de l'escadre.

Pour entretenir les gens de mon équipage dans une activité utile, je fais réparer le môle de ce passage en partie ruiné par les Anglais quand ils ont évacué celui-ci. La communication qui sera établie entre Providence et Newport à l'arrivée de la flotte exige qu'il soit mis en état. J'ai proposé à M. de Corni d'y mettre des travailleurs pour épargner au Roi la dépense que cela occasionnerait. J'ai cru devoir penser à l'économie et à l'utilité du service public.

M. de Villemarais donne peu d'espérance de guérison. M. Duquesne est beaucoup mieux ainsi que M. de Chadirac. Ma blessure n'est point encore fermée mais elle ne m'empêche pas de me livrer à tous mes devoirs du service. Les chaleurs excessives que nous éprouvons nuisent un peu au rétablissement des blessés en général.

Je suis avec un profond respect, Monseigneur, votre très humble et très obéissant serviteur.

Signé : La Touche[9].

9. Lettre jointe au Journal de *L'Hermione*, 1780-1782.

P.S. du 11 juillet à Newport : Reçu hier un express de Newport qui m'apporte que l'escadre française et la flotte étaient en vue. Je me suis rendu en rade de Newport avant qu'aucun bâtiment ne fut entré. Toute l'escadre vient de mouiller, et je viens, Monseigneur, de me ranger sous les ordres de M. le chevalier de Ternay ainsi que vous me l'avez prescrit dans votre dépêche du 4 mars.

VII

La Fayette, le comte de Broglie et le « Secret du Roi »

La traversée de Rochefort à Newport n'a guère laissé de temps à La Fayette pour méditer en profondeur sur les différents cercles dans lesquels son engagement déterminé en faveur des Insurgents l'a impliqué. La longue chevauchée vers son ami Washington va lui donner tout le loisir d'y réfléchir plus avant.

Le bien-fondé de sa prise de position pour une cause qui, fondamentalement, est celle d'une rébellion manifeste à l'encontre d'un pouvoir monarchique, fût-il anglais, ne suscite, de sa part, aucune réticence. Trop de raisons l'y poussaient. La mort de son père, tué par les Anglais à Minden alors qu'il avait deux ans, l'humiliation de la France au désastreux traité de Paris de 1763, consacrant l'arrogante domination de l'Angleterre. Tout cela justifierait amplement à ses yeux, sans qu'il soit besoin de ratiociner, la détestation sans appel qu'il ressent à l'égard de l'Angleterre. Il est convaincu que, si son existence a un but, c'est de faire payer, le plus cher possible, à la *perfide Albion*, tous les malheurs et les humiliations dont il n'a cessé de souffrir depuis sa plus tendre enfance. Parallèlement, lorsqu'il en examine les raisons profondes, il sait que son mal-être trouve aussi son explication dans l'éloignement précoce de sa mère qui, dès son veuvage, s'en est allée vivre à la Cour, le laissant aux soins, certes dévoués et attentifs, de ses tantes et de sa grand-mère, mais le privant de l'amour maternel si nécessaire à un être aussi sensible.

Toutefois, s'engager aux côtés de gens en rébellion contre leur souverain semble entrer en contradiction avec tout ce qu'il est. Ce geste ne s'inscrit-il pas au rebours de toute une tradition de fidélité au monarque de droit divin qui a marqué de son empreinte profonde les nombreuses générations d'aristocrates de sa lignée ?

C'est, comme s'en convainc le jeune homme au fil de son monologue intérieur, se tromper dans l'estimation de la nature de l'aristocratie. En soi, l'existence et les actions d'un aristocrate ne se justifient que par leur adéquation aux valeurs morales les plus hautes, et non par un comportement machinal hérité et vidé de toute signification.

C'est par sa conduite, par ses actes, par ses choix que l'aristocrate, au-delà des simples apparences, démontre au quotidien sa véritable, son authentique qualité. Ce n'est pas à la cour, mais sur le champ de bataille, au service d'une cause juste, que s'affirme et se démontre la véritable aristocratie. Par ailleurs, il va de soi qu'un tel devoir s'impose à chacun des membres de cet ordre, du plus modeste hobereau d'une province reculée jusqu'au monarque présidant aux fastes de la cour de Versailles. Pour La Fayette, ce sont les actes, le comportement d'un homme, qui fondent sa qualité, voire sa nature d'aristocrate, et non les jeux futiles et pervers des mondanités ostentatoires de la cour et de ses intrigues, lesquelles ne font que rabaisser les membres de la noblesse de sang au rang de singes savants.

Pour lui, l'aristocratie consiste à fonder son existence sur une morale naturelle immédiatement accessible à tout être humain, quelle que soit son origine sociale.

La découverte de ce principe est récente. Il la doit à son initiation à la franc-maçonnerie en 1779, où l'a entraîné son oncle et néanmoins contemporain, le vicomte de Ségur, Vénérable de la R. L. La Candeur. Là, il s'est familiarisé avec les principes de l'Ordre. Ils sont simples, mais d'une clarté et d'une force de conviction lumineuses. Tous les hommes sont égaux. Seul leur comportement en matière de morale peut les différencier et créer la seule authentique noblesse qui est, bien sûr, d'ordre éthique et spirituel. À ce compte, rejoindre les insurgents, c'est militer pour la justice et l'équité. C'est refuser les aberrations d'un pouvoir tant absolu que discrétionnaire. C'est rétablir la dignité humaine. *A fortiori*, lorsque ceux que l'on rejoint (Washington, Hancock, Franklin, Adams, Payne...) sont à peu près exclusivement des frères réglant leur conduite sur les valeurs authentiques de la franc-maçonnerie qui sont devenues les siennes.

Il y a aussi l'armée royale et son cher régiment des dragons de Noailles auquel son beau-père, le duc d'Ayen, l'a fait affecter. Ce corps est placé sous le commandement du maréchal, duc de Broglie, lequel est constamment flanqué de son frère, Charles, comte de Broglie [1], fascinant personnage. Au cours des périodes qu'il consacre à son unité, La Fayette a eu, maintes fois, l'occasion de rencontrer et de s'entretenir avec les deux frères. Leur culture, leurs connaissances approfondies de l'art militaire, mais aussi des raisons profondes et des détours de la science politique, l'ont ébloui.

1. Voir figure 24.

Voilà des hommes, des patriotes selon son cœur ! Tous deux, de manière différente, ressentent aussi profondément que lui la rage et l'humiliation d'avoir dû, en 1763, amener pavillon devant les Anglais. Seule, à leurs yeux, une revanche éclatante pourra effacer une telle amertume. Or, lors d'un de ses brefs passages à son régiment des dragons de Noailles, il est invité à un dîner donné par son commandant de corps, le maréchal duc de Broglie, flanqué de son frère, le comte Charles François de Broglie, en l'honneur du duc de Gloucester, frère du roi d'Angleterre George III. Le comte de Broglie, qui connaît La Fayette et l'apprécie, espère vivement que ce dîner suscitera son intérêt. Il a des vues sur lui, quel que soit le projet dans lequel il pense l'engager. Gloucester, opposé à la politique conduite par son frère à l'égard des colons d'Amérique, ne dissimule pas à ses hôtes qu'il considère l'insurrection d'Amérique comme étant, sinon légitime, du moins logique. Menés par le général Washington, dont il estime hautement les qualités militaires, les insurgents risquent fort de constituer un adversaire bien plus coriace qu'on affecte de le penser à la cour de Saint-James.

Ce n'est pas sans raison que Charles de Broglie, toujours à la tête du « Secret du Roi » qui, sous le règne de Louis XV, n'avait cessé de recommander au monarque une action décisive contre l'Angleterre, allant même jusqu'à faire effectuer par ses agents un relevé topographique exhaustif des côtes britanniques en vue d'un débarquement éventuel, a fait convier à ce dîner plusieurs jeunes officiers, dont La Fayette. Il pense en effet que les propos de Gloucester ne sauraient, chez certains de ces jeunes officiers avides d'en découdre, que conforter d'encore vagues idées d'aller offrir leurs services aux insurgents. Caractéristique d'un chef de service de renseignements, le comte de Broglie élabore, parallèlement, un autre grand dessein, celui de constituer un corps expéditionnaire français pour aller aider Washington à battre l'Anglais, et devenir, en quelque sorte, le *stathouder* français en Amérique. Ce projet ne vit pas le jour. Demeure cependant dormante une troisième option, celle du débarquement français en Angleterre qui, au fur et à mesure de l'engagement anglais en Amérique, acquiert chaque jour un peu plus de vraisemblance.

L'attrait de telles perspectives ne pouvait échapper à La Fayette. Fasciné par la personnalité et les qualités réelles de Charles de Broglie, le jeune marquis, insensiblement, fait de cet homme son mentor, tout à la fois politique et militaire. Il développe, à l'égard du comte, une estime, une tendresse comme on dit alors, et une confiance qui ne se démentiront pas. Cette relation privilégiée se marque dans une lettre [2] qu'il lui adresse le 27 septembre 1776 :

2. Archives privées de M. le marquis de Quinsonas-Oudinot, descendant du comte de Broglie.

Vos bontés animent ma confiance, monsieur le comte, et j'aime à m'adresser à vous dans le moment le plus intéressant pour moi. Je n'ai pas pu apprendre le départ de M. du Coudrai sans l'envie la plus forte de partager son bonheur. Vous avés approuvé autrefois mes désirs et mes projets, vous avés bien voulu me promettre vos conseils ; je viens vous les demander. Je souhaite bien vivement que vous me trouvié aussi raisonnable que quand je vous parlais de l'Espagne. Je m'en apporte uniquement à votre bonté pour moi, monsieur le comte, sur tout ce que je dois faire dans cette occasion ; elle me paroît bien avantageuse pour satisfaire la seule ambition qui flatte mon cœur. Le vicomte de Noailles est dans les mêmes sentiments, et a l'honneur de vous écrire. Nous nous sommes promis le plus profond secret sur ce que nous avons appris et sur ce que nous espérons entreprendre. J'attends tout de votre secours et de vos avis ; je vous devrai mon bonheur ; il est intimement lié avec l'envie que j'ai de me distinguer et les espérances dont je me flatte. Je suis prêt à partir sur-le-champ et pour autant de temps qu'il le faudra. En tout, les difficultés les plus exagérées me contrevoient moins que l'idée de manquer un moïen d'acquérir de la gloire. Je vous ouvre franchement mon cœur, monsieur le comte, vous y trouvrés aussi la plus vive reconnoissance de vos bontés et le respectueux attachement avec lequel j'ai l'honneur d'être votre très humble et très obéissant serviteur.

La Fayette.

Toute cette année 1776 va être consacrée à la réalisation de son projet. Pour n'être pas porté déserteur, en juin 1776, il demande, et obtient, sa mise au cadre de réserve. Prévenu par le comte de Broglie, il apprend que des envoyés des insurgents à Paris cherchent des combattants pour leur cause. Il se rend alors chez Silas Deane, représentant et recruteur des États-Unis à Paris, pour se porter volontaire. En dépit des obstacles de toutes sortes qu'il rencontre, il maintient l'engagement contracté au service du Congrès américain, ne soumettant celui-ci qu'à l'obligation où il se trouverait de regagner la France si celle-ci était entraînée dans une guerre avec l'Angleterre.

Cela fait, et usant, grâce à ses hommes d'affaires, des espérances de sa fortune considérable, il n'est pas encore majeur, il fait armer un navire, qu'il baptise *La Victoire,* sur lequel il passera en Amérique, le moment venu, avec les compagnons qu'il aura choisis et le matériel de guerre qu'il aura pu se procurer.

À ce stade, ce n'est plus à un jeune lieutenant de dix-neuf ans que l'on a affaire, mais à un homme qui s'est déjà très profondément pénétré des idées, sinon de l'enseignement informel, que lui a inspirées l'assidue fréquentation du comte de Broglie. Il est même hautement vraisemblable qu'il se soit lié à ce dernier de manière distante sans doute, mais très fidèlement, par une appartenance commune aux entreprises dépendant du « Secret du Roi ». Cette hypothèse s'appuie, dans les nombreuses correspondances ultérieures qu'il entretiendra avec le comte de Broglie, sur la référence quasi systématique qu'il y fera à M. du Boismartin. Cette référence n'est pas innocente.

En 1766, après sept ans de service au « Secret du Roi », en qualité de secrétaire du comte de Broglie pour lequel, en compagnie de Tercier, il gérait la correspondance du comte avec la Pologne et l'Angleterre, Jean Drouet, Nantais aventureux, ancien négociant aux Antilles, et conseiller commercial à Dresde, recruté par Charles de Broglie et initié au « Secret » en 1759, décidait de quitter le service pour se consacrer à ses affaires. Le comte de Broglie demandait alors au roi permission de lui donner congé, sollicitant au surplus une modeste pension de six cents livres pour « cet agent qui a travaillé depuis sept ans dans l'affaire secrète avec autant de zèle que d'assiduité[3] ». Son remplaçant serait Guy Dubois-Martin (ou du Boismartin), ancien employé de la Compagnie des Indes à Pondichéry, sur lequel le comte a fait les perquisitions nécessaires pour le jauger. En 1767, suite à la mort de Tercier, du Boismartin sera chargé des finances du service : tâche peu facile dans la mesure où la règle exige que la plus infime dépense soit approuvée de la main du roi. Plus tard, il protégera Charles de Broglie, son chef, contre les menées du duc d'Aiguillon, en sauvegardant des dossiers secrets de Favier, autre agent du comte, échappés aux sbires du duc. C'est un fidèle de Charles de Broglie. Il est, en outre, parfaitement au fait de l'ensemble de la diplomatie parallèle conduite au sein de ce fameux « Secret du Roi ».

Or, c'est à cet homme que La Fayette, dans la correspondance suivie qu'il entretient avec le comte de Broglie à partir de 1776, ne cessera de se référer, de demander conseil, d'adresser son meilleur souvenir. En témoigne, comme premier exemple, cet extrait d'une lettre[4] du jeune Lafayette au comte, en date du 28 septembre 1776 :

Paris, le 28 septembre 1776

Comme ma lettre n'est pas encore partie, monsieur le comte, et que j'attends votre réponse avec une vive impatience, je prends le parti de vous envoyer un courrier. J'ai demandé conseil à monsieur de Boismartin ; il m'a assuré qu'il n'y avait aucun inconvénient. J'avois craint d'abord que cette voïe extraordinaire ne vous déplût, mais depuis que je suis rassuré, je pense avec un grand plaisir que j'aurai plutôt une décision sur mon bonheur. Monsieur de Kalb et ces messieurs partent lundi,

3. Gilles Perrault, *Le Secret du Roi*, tome 2, p. 114, Librairie Arthème Fayard, 1993.

4. Archives privées de M. le marquis de Quinsonas-Oudinot, descendant du comte de Broglie.

je voudrais bien être à leur place, ou du moins je voudrais bien les suivre de près. C'est toujours à vous que j'ai recours, monsieur le comte, je m'en rapporte avec bien de la confiance à vos bontés pour moi sur la conduite que je tiendrai, et je vous devrai, j'espère, l'occasion de les mériter. Je devrais dire nous, car le vicomte de Noailles est de moitié dans toute mon entreprise, je ne peux pas vous donner de sa part l'assurance d'un attachement plus tendre, qu'en vous disant qu'il est aussi de moitié dans les sentiments respectueux avec lesquels j'ai l'honneur d'être, monsieur le comte, votre très humble et très obéissant serviteur.

La Fayette.

Je n'ai parlé à personne de nos projets même à M. le duc d'Ayen ; mais nous le connaissons assés pour pouvoir répondre qu'il donnera couragement de tout son cœur.

Précédemment, s'ouvrant au comte des détails de son projet de se rendre en Amérique pour son premier séjour, La Fayette se réfère encore à du Boismartin ainsi qu'au baron de Kalb, dont on sait, par ailleurs, qu'il était également l'un des agents du comte. Le passage où il mentionne ces deux noms est extrait d'une lettre[5] que La Fayette adresse au comte de Broglie, le 15 septembre 1776 :

... Les conséquences que j'ai tiré de tous ces raisonnements a (sic) été de faire de mon côté avec Monsieur Deane l'arrangement que je vous envoïe. J'ai trouvé dans Monsieur de Kalb tous les soins, tous les recours qu'on peut désirer de son meilleur ami. Nous avons communiqué nos démarches à Monsieur du Boismartin...

Dans le même courrier, La Fayette évoque un autre personnage, M. de Montroi, ou de Montroy, qui réapparaîtra plus tard dans les lettres qu'il enverra d'Amérique au comte de Broglie, évocation qu'accompagne presque immédiatement une seconde référence à M. du Boismartin :

Monsieur de Kalb est parti. Monsieur Deane m'a engagé à parler avec Monsieur de Montroi dans le vaisseau qui part de Nantes dans une quinzaine de jours. Je lui ai fait proposer d'emmener des officiers, des bas-officiers avec moi, il y a consenti. Je ne doute pas que vous n'en sentiés toute l'utilité : j'ai besoin de vos conseils, et les Américains ont besoin d'instruction. Monsieur du Boismartin m'a fait espérer que vous voudriés bien m'aider dans un choix aussi intéressant...

5. Archives privées de M. le marquis de Quinsonas-Oudinot, descendant du comte de Broglie.

Il poursuit :

Votre réponse va décider sur-le-champ de ma conduite. Je l'attends avec bien de l'impatience. Les détails dans lesquels je pense que vous voudrés bien entrer seront bien intéressants pour moi. Si vous me faites une réponse à montrer, si vous m'écrivés une lettre qui puisse être un titre ou vis-à-vis de mes parents ou vis-à-vis de Monsieur Deane, je vous en demanderai une particulière, que je brûlerai même si vous voulé, ou vous aurés la bonté de me dire de bien bonne foi ce que vous feriés à ma place...

Arrivé en Amérique, La Fayette poursuit une correspondance régulière avec le comte de Broglie. C'est dans une de ces lettres [6] du 11 septembre 1778, datée de Bristol, près de Rhode Island, que transparaissent de manière assez évidente certaines missions dont Charles de Broglie a pu l'investir dans le cadre du « Secret ». Au nombre de celles-ci, il est vraisemblable que, mis au fait par La Fayette des relations privilégiées qu'il entretenait avec Washington au titre de leur commune appartenance à la franc-maçonnerie, de Broglie ait souhaité utiliser cette proximité pour introduire des hommes à lui dans les divers postes de responsabilité du corps franco-américain en voie de création. Outre le baron de Kalb, déjà recruté, il apparaît assez nettement que le comte de Broglie comptait sur les services de deux autres personnes : le vicomte de Montroy, précédemment évoqué, et le chevalier de Fayolles.

Les bontés que vous voulez bien me témoigner me rendent heureux, je suis bien ambitieux de les conserver ; je le suis encore plus s'il est possible de les mériter, et toutes les fois que j'en recevrai des marques, je sentirai un plaisir au-dessus de toute expression : ce n'est pas seulement comme un gouverneur que je vous regarde, monsieur le comte, mais comme un père tendre...

Les termes soulignés dans ce premier paragraphe le sont par La Fayette lui-même qui, en l'occurrence, et nonobstant le ton filial et sentimental du texte, se comporte, à l'évidence, non comme un fils dévoué, mais bel et bien comme un soldat rendant compte à un supérieur.

Le deuxième paragraphe de ce courrier aborde la question de l'engagement des hommes du comte dans le corps franco-américain :

Vous me paraissez fâché de voir Monsieur de Montroy sans employ. J'en suis d'autant plus affligé moi-même que j'aime sa personne autant

6. Archives privées de M. le marquis de Quinsonas-Oudinot, dsecendant du comte de Broglie.

que j'admire son talent. Il m'est impossible de comprendre les impressions qu'ils ont pris contre lui, je n'ai jamais pu tirer raison, ni prétexte de cette indifférence. J'ai été assez heureux pour obtenir des commissions pour des Français, après quelques mois de connaissance avec l'Amérique. Je n'ai pas besoin de vous dire que j'ai souvent parlé du vicomte de Montroy et du chevalier de Fayolles. Il m'est même arrivé de me fâcher au sujet du premier dans une occasion où l'on croyait avoir besoin de moi ; mes tentatives ont été jusqu'ici inutiles. Je viens cependant d'écrire une nouvelle lettre au président du Congrès qui est fort de mes amis ; elle a été portée par Monsieur de Fayolles auquel Monsieur d'Estaing a confié des dépêches importantes pour Philadelphie. Monsieur de Montroy est venu me voir il y a quelques jours à Rhode Island ; nous n'y étions pas à notre avantage pour recevoir des visites, et je suis fâché que l'éloignement du général Washington ait rendu les opinions moins utiles qu'elles ne l'auraient été si j'avais pu communiquer avec notre généralissime. Pour Monsieur de Kalb, il est à l'armée et a été l'hiver dernier employé avec moi dans une expédition manquée au Canada dont je vous ai rendu compte...

Il est clair, à la lecture de ces extraits, que c'est en officier subalterne rendant compte de l'exécution de ses missions à un officier supérieur que La Fayette s'adresse à son correspondant. Il n'a pas encore pu obtenir de commissions pour Montroy et Fayolles, et assure le comte qu'il continue de déployer tous ses efforts pour réussir la mission qui lui a été confiée.

La même lettre, assez longue, apporte plus loin confirmation très nette de la familiarité de La Fayette avec le « Secret ». Elle se marque d'abord, dans l'approbation qu'il recherche auprès de son chef de sa décision de rester en Amérique pour le moment :

Enfin, monsieur le comte, moi qui avois fait le projet le plus décidé de ne pas rester un moment, je me trouve encore ici, sans me condamner moi-même, et j'espère que ma conduite et mes motifs auront votre approbation...

Ce projet de demeurer en Amérique, (pour y conduire certaines missions à bonne fin ?) est d'autant plus méritoire de sa part qu'il serait particulièrement désireux de participer activement à une autre entreprise dont seuls les initiés au « Secret » pouvaient avoir eu vent : celle de l'invasion de l'Angleterre préparée, de longue main, par le comte de Broglie :

Les gazettes anglaises m'apprennent cependant une nouvelle bien faite pour me donner des regrets ; on prétend qu'il y a beaucoup de troupes assemblées en Normandie sous les ordres de Monsieur le Maré-

chal de Broglie. Le bonheur de me trouver parmi ceux qu'il commande est trop bien senti par mon cœur pour ne pas gémir d'en être privé, même lorsqu'il n'est qu'à la tête d'une armée d'observation ; cette armée pourra, dit-on, agir plus activement l'année prochaine ; j'y préférerois si le grand projet a lieu le grade de soldat à tous les emplois militaires dans tout autre coin du monde...

Plus loin, La Fayette prouve au lecteur attentif qu'il est parfaitement au fait du réseau d'informateurs que l'habile Charles de Broglie a déjà réussi à infiltrer dans l'armée franco-américaine :

Vous recevez tant de journaux de ce pays-ci qu'il est inutile d'y joindre mon ennuyeuse gazette. Monsieur de Montroy, Monsieur de Kalb et tant d'autres vous écrivent des volumes. D'ailleurs, je vous ai rendu compte de toutes nos opérations, jusqu'à l'affaire de Monmouth inclusivement...

Cependant, l'avant-dernier paragraphe de cette missive est révélateur soit de la naïveté, soit de l'inexpérience de La Fayette à comprendre à demi-mot les missions qui lui sont confiées, ainsi que les attentes informulées – perceptibles seulement aux yeux d'agents confirmés – que l'on place sur lui. Dans un précédent courrier, malheureusement introuvable, le comte avait, de manière oblique, indiqué au jeune La Fayette les résultats pour le service qu'il pouvait espérer obtenir en cultivant son amitié avec Washington. Apparemment, La Fayette n'a pas déchiffré ce langage cryptique.

Vous avés la bonté de me dire, monsieur le comte, que l'amitié du général Washington doit me donner des occasions de faire quelque chose. Elles sont malheureusement bien rares ; il en a profité plus même que la prudence ne lui permettoit. Nous n'avons vu que deux détachements dans cette campagne...

Exemple type de quiproquo : là où Charles de Broglie pense, en raison de son amitié avec Washington, l'employer comme « agent d'influence », La Fayette n'envisage candidement que sa frustration de ne pas participer à davantage d'engagements militaires.

Sans y manquer, cela devient une habitude, la lettre s'achève par un post-scriptum concernant, entre autres, l'inévitable M. du Boismartin :

Daignés permettre que je barbouille encore un bout de lettre pour faire mes compliments à Monsieur du Boismartin. Messieurs de Gimat et Capitaine vous présentent leurs respects. Que d'excuses j'ai à vous faire pour l'impertinente et ridicule forme de mon épître.

À ce stade, commence à se dessiner le réseau que Charles de Broglie a mis en place. Outre le baron de Kalb, le vicomte de Montroy, le chevalier de Fayolles sont déjà apparus comme les correspondants réguliers du comte. « Et tant d'autres » ajoute La Fayette dans la lettre déjà citée. Parmi ces autres, on peut compter certains personnages, très vraisemblablement pressentis par le comte de Broglie, pour partir en qualité de volontaires dans un premier temps, et chargés ultérieurement d'accéder à une position de responsabilité, à un titre ou à un autre, soit dans l'armée, soit dans l'état-major des insurgents. Les aider et faciliter leur insertion faisaient, sans aucun doute, partie des missions incombant au marquis de La Fayette, en raison de son crédit personnel auprès du chef des insurgents et des raisons déjà évoquées.

Toutefois, les choses ne se déroulent pas de la manière dont le comte de Broglie les avait prévues. En dépit de son influence et de l'amitié qu'on lui porte :

Tous les étrangers de l'armée disent qu'ils y sont détestés ; moi, j'y suis fort aimé et j'en reçois les marques de tout le monde. Pour le général Washington, je peux le dire mon ami intime : c'est lui qui m'invite à prendre ce titre...

La Fayette désespère de maintenir en activité le réseau d'agents que le comte de Broglie lui avait très probablement promis de mettre à sa disposition pour mieux s'acquitter de ces missions. Dans ce même courrier au comte, en date du 27 septembre 1777, il fait part de sa déception à son correspondant attitré :

C'est un affreux malheur pour moi d'être privé de toutes les personnes sur lesquelles je pouvais compter. Je le sens bien vivement. Je vous ai mandé deux fois comment notre arrivée s'était passée, comment Messieurs de Kalb et de Montroy m'avoient forcé d'accepter avant que leur affaire fût décidée, comment ensuite ils n'ont pas été employés dans les grades de major général qui leur étoient promis, ni même Lester[7] *et de Valfort dans celui de brigadier général qu'ils demandaient ainsi des autres. Je ne veux pas vous ennuïer d'un troisième détail fait par la même main sur tous ces arrangements... Il n'y a pas jusqu'à mon pauvre Valfort qui m'aurait suivi sans rien et pour qui cependant j'obtiendroie, je crois, ce qu'il désire. Ne faut-il pas qu'une maladie cruelle qui le mine... nous force peut-être à nous séparer... Il a été faire un voyage avec Monsieur de Kalb, je les attends dans quinze jours. Le Congrès vient de proposer à celui-ci de tenir ses engagements et je ne crois pas*

7. Il s'agit de Lester du Buysson des Aix (1725-1786) – Commandant, puis lieutenant-colonel de l'armée de terre. Général de brigade dans la milice de Caroline du Nord.

qu'il accepte à présent. Me voilà donc menacé d'être privé de toutes les ressources que vous m'aviez données, il faut que j'aille les chercher au fond de ma mauvaise tête...

Comme l'indique cet extrait, le réseau d'agents prévu par le comte de Broglie comportait également au moins deux autres personnes : M. Lester du Buysson et le vicomte de Valfort.

Le post-scriptum, outre qu'il ne manque pas à l'habituelle référence à M. du Boismartin, précise l'éparpillement sur le territoire américain des agents que Charles de Broglie aurait très certainement voulu voir plus proches les uns des autres afin d'améliorer l'efficacité de leur travail :

Je n'écris pas à Monsieur du Boismartin parce que j'espère que vous aurés la bonté de lui montrer ma lettre et de permettre qu'il y trouve mille compliments et mille assurances d'amitié. J'ai été bien fâché que son frère n'ait pas été employé ici avec Monsieur de Montroy, comme ils le désiraient tous deux s'ils devoient rester dans ce païs-ci. Ils ont été vers le nord, du côté de Boston, car tous mes amis, camarades de voyage, se dispersent de tous côtés.

Ainsi, à en croire ces dernières lignes, le réseau prévoyait aussi de s'adjoindre un autre M. du Boismartin.

On ne sait exactement à quelle date, encore qu'on puisse l'inférer à partir des événements ayant suivi le dîner offert au duc de Gloucester par le maréchal de Broglie, auquel La Fayette avait été convié par les soins de Charles de Broglie, le jeune marquis avait été initié au « Secret ». Les extraits de correspondance, précédemment cités, ne laissent toutefois guère de doute quant à son appartenance. Où les convictions se renforcent, c'est lorsque, entre le retour de son premier séjour en Amérique (où il s'était rendu en bravant les consignes de la cour aussi bien que l'apparente désapprobation de sa famille) et son départ en mars 1780, chargé, cette fois, d'une mission officielle, bien que secrète, par le ministre Vergennes, La Fayette se trouve, pour la première fois, écartelé entre son désir sincère de s'acquitter simultanément de ses devoirs officiels et officieux. Ce déchirement procède de la contradiction existant entre les consignes officielles et secrètes du secrétaire d'État aux Affaires étrangères, le comte de Vergennes (pourtant initié, lui aussi, au « Secret »), et les exigences officieuses, et non moins secrètes du comte de Broglie, chef du « Secret du Roi ». C'est dans un billet[8] pré-

8. Archives privées de M. le marquis de Quinsonas-Oudinot, descendant du comte de Broglie.

cédant une rencontre avec Charles de Broglie que La Fayette expose son dilemme se rapportant à des affectations que lui impose son chef dans le cadre de sa future mission, alors qu'il s'était, par ailleurs, formellement engagé à les attribuer à des amis intimes, dont le vicomte de Ségur et le vicomte de Noailles.

Ce jeudi,

Quand on n'est pas plus cher que moi, monsieur le comte, on préserve son indépendance, et si la liberté m'est chère c'est surtout dans le rapport de mes amis. Je n'aurais donc pas pris un engagement que d'ailleurs on n'a pas pensé à me proposer ; et je ne partirais... dans aucun cas sans vous embrasser ; ma tendresse vous le doit et se le doit à elle-même plus encore qu'aucun autre des sentiments que je vous ai voués et je suis affligé que vous ayez pu en douter.

Votre proposition m'afflige aussi, monsieur le comte, parce que le hasard des circonstances me rend cet arrangement difficile sans de très graves inconvénients pour moi ; je vous les expliquerai vendredi, mais cependant si vous le voulés je ferai tout ce qui dépendra de moi parce que je sacrifierai de bon cœur mon intérêt à vos désirs ; j'avoüe cependant qu'il m'en coûterait pour faire cette peine à trois de mes amis très intimes qui m'ont demandé en grâce de ne prendre personne avant eux, et auxquels je l'ai même promis. Ensuite, il nous faudrait arranger la chose vis-à-vis du ministère ; mais je vous le répète avec toute la franchise de mon cœur, si vous le voulez, je risquerai tout (à ma parole près) pour vous obliger.

Acceptés, je vous prie, monsieur le comte, l'hommage des sentiments d'un homme qui ne prendra pas ce moment pour promettre au ministère qu'il partira sans vous embrasser et qui chés eux vous mettais avant hier à la tête de ses amis.

C'est probablement à la suite de cet entretien qu'une instruction sera adressée aux autorités du port de Rochefort, d'où doit partir *L'Hermione*, établissant avec minutie la liste des passagers autorisés dans la suite de La Fayette, et où une ligne en blanc signale de toute évidence l'une des personnes[9] ainsi imposée par le comte de Broglie à M. de La Fayette.

Ce léger nuage ne modifie pas toutefois le climat de confiance et d'estime liant les deux hommes. Le 11 mars 1780, en effet, La Fayette adresse ces lignes[10] à son correspondant :

9. Voir chapitre VI.
10. Archives privées de M. le marquis de Quinsonas-Oudinot, descendant du comte de Broglie.

À bord de L'Hermione, *en rade de l'île d'Aix,*
ce 11 mars 1780

Je ne veux pas quitter la France, monsieur le comte, sans venir vous faire mes adieux et vous répéter les assurances de mon tendre attachement. La reconnaissance est un sentiment fort doux quand c'est vous qui l'inspirez, et j'ai un grand désir de mériter l'amitié dont vous m'avez toujours honoré. Puis-je vous prier d'être l'interprète de mes sentiments auprès de Monsieur le maréchal de Broglie et de lui témoigner combien je souhaite me rendre digne de ses bontés, monsieur le comte.

Je suis un peu pressé par le temps et je vous prie d'excuser la brièveté de ma lettre que je termine par l'hommage de mon tendre et respectueux attachement.

La Fayette.

Mes compliments je vous prie à Monsieur du Boismartin.

Cependant, la chance ne favorise décidément pas le réseau américain du comte de Broglie. Dans un courrier[11] que lui adressera La Fayette, depuis le fort Lee, sur la rivière du Nord, le 7 octobre 1780, le comte apprendra la mort de deux de ses agents, disparitions que ne compensent pas les distinctions attribuées à un troisième :

Le pauvre baron de Kalb a été glorieusement tué à la défaite du général Gates dans le sud. Lester du Buisson s'y est conduit avec une bravoure brillante, et en a rapporté trois coups de fusil. On m'a même dit que pour le récompenser et pour honorer la mémoire du baron, l'État de Caroline lui a donné quelque titre sur la liste de leurs milices ; ce qui serait trop long à vous expliquer, mais est une marque de sa bonne conduite...

C'est l'habituel post-scriptum qui, en dehors de l'inévitable référence à M. du Boismartin, rappelle au comte de Broglie, la mort d'un autre de ses agents :

Trouvés bon que Monsieur du Boismartin trouve ici mille compliments pour moi. Gimat a un bataillon d'unfanterie légère dans le camp Adam de deux mille hommes choisis que le général Washington m'a toujours confiés. Monsieur Capitaine est avec moi et se porte fort bien. Vous aurés appris depuis longtemps la mort de notre malheureux chevalier de Fayolle, au moment où il allait recevoir à Rhode Island l'armée et l'escadre française.

11. *Idem.*

C'est ainsi, la tête bourdonnante des multiples implications qu'a entraînées son engagement en faveur des insurgents, qu'en juillet 1780 La Fayette chevauche vers Morristown, à la rencontre de son ami Washington, pour lui faire part de l'arrivée des renforts français.

VIII

La Fayette : un vent de liberté

Toujours attentif aux éventuelles embûches sur le chemin, méditant sur ses missions officielles et officieuses, Gilbert de La Fayette a tout le temps de continuer à réfléchir à l'étonnante et paradoxale aventure que constitue déjà sa jeune existence (il fêtera ses 23 ans le 6 septembre suivant). Étonnante, en ce qu'il vole au secours d'un peuple de colons rebelles à leur Roi et dont l'armée n'est, au fond, qu'un ramassis de milices populaires, indisciplinées, mal entraînées, mal équipées et souvent indociles à leur propre encadrement. Paradoxale, en ce que son ardeur pour la cause de ces colons l'a conduit, lors de son premier séjour en Amérique, il y a trois ans, au bord de la rupture avec sa famille. En effet, les puissants de Noailles avaient même obtenu du Roi une lettre de cachet le vouant à la Bastille, à laquelle il n'avait échappé que de justesse en s'embarquant précipitamment, grâce à M. de Broglie et ses amis, au port espagnol de Los Pasajes. C'est une longue histoire mais qui recouvre la quasi-totalité de sa brève existence.

La Fayette rejoint Washington. Raisons de son engagement

En premier lieu, La Fayette, issu d'une longue et noble lignée de soldats, est orphelin de père. Celui-ci, colonel des Grenadiers de France, est tombé à la bataille de Minden alors que son fils avait deux ans. Tué par les Anglais, certes, mais surtout exposé inutilement à la mort par un supérieur borné. Voici comment, plus tard, dans ses *Mémoires*, Gilbert de La Fayette décrira les faits :

> ... *Il fut tué à Minden, colonel des grenadiers de France. Ce corps, composé de grenadiers choisis dans l'armée, fut exposé bêtement par un animal de lieutenant-général, M. de Saint-Pern, commandant cette troupe. On l'avait posté dans un ravin ; il la plaça, par bravade, sur la crête de*

ce ravin. Elle fut abîmée, sans aucun fruit, par les batteries ennemies. Le prince de Chimay, ami intime de mon père, fut tué à la tête du premier bataillon. Mon père devait lui succéder. Il se mit à sa place et fut emporté d'un coup de canon tiré d'une batterie anglaise. Le général Phillips y était alors officier d'artillerie.

Justice immanente ? Ce même général Phillips sera bientôt tué, aux États-Unis, par les canons des régiments de La Fayette, vengeant ainsi la mort du père de leur chef.

Après la disparition de son père, le jeune La Fayette est élevé dans son Auvergne natale, par sa grand-mère maternelle, Marie-Catherine de Chavaniac, et ses tantes paternelles, Marguerite Madeleine du Motier et Louise Charlotte de Chavaniac. Elles lui parlent sans cesse de ses aïeux, de leurs hauts faits, de leur gloire et de leurs guerres. Et puis, on lui choisit un précepteur : un jésuite de la région. Ce dernier, habile pédagogue, sait très bien prendre l'enfant : il lui apprend essentiellement à raisonner.

C'est à travers La Fontaine, Fénelon et La Bruyère que le précepteur entreprend l'éducation de son pupille. Si l'enfant est séduit par l'innocence malicieuse des *Fables* de La Fontaine, la vérité corrosive des peintures de mœurs de La Bruyère, la verve et le ferment insidieux des écrits de Fénelon ne manquent pas de parvenir jusqu'à sa très vive et précoce intelligence, constamment excitée par son précepteur. *Télémaque* lui enseigne l'odieux du monarque, l'intraitable absolutisme royal (on sait les tracas que cet ouvrage attira à son auteur). Sous le récit au premier degré, se développe une virulente satire contre l'absolutisme de Louis XIV en particulier et de la monarchie en général. La Fayette reçoit de Fénelon des notions neuves pour lui et pour les gens de sa caste, mais tout à fait dans la ligne de la pensée véhiculée par la Compagnie de Jésus : tous les hommes sont frères, la guerre est le plus grand des maux, les conquêtes relèvent de l'injustice, le Roi est fait pour ses sujets et non les sujets pour le Roi, la liberté du commerce est une nécessité... Parallèlement, cette étude le persuade de ce que le despotisme est une faute gravissime, que la tyrannie est un crime et que toute organisation sociale ne doit reposer que sur la vertu. Enfin, il admet aisément, toujours avec Fénelon, que l'humanité est bonne, que la nature est bonne et que la grande leçon est d'aimer son prochain et d'être bon.

Son précepteur poursuit méthodiquement l'éducation de son pupille selon les idées nouvelles procédant du mouvement de libertinage érudit qui marque la fin du XVIIe et le début du XVIIIe siècle. Aspiration à la liberté, prise de conscience de l'unicité irremplaçable de l'individu, remise en cause du système social... tels sont les principes que non seulement la Société de Jésus, mais les encyclopédistes, les disciples d'Helvétius et, bien sûr, les francs-maçons s'attachent, alors, à propager. À l'évidence, il ne s'agit, en aucune manière de prêcher une quelconque révolution sanglante (la décapitation de Charles Ier d'Angleterre, à la fin, du siècle passé, a soulevé la réprobation unanime de l'Europe entière), mais, plus sobrement, de mettre en œuvre les principes énoncés par Montesquieu dans son *Esprit des lois*. L'objectif est d'instaurer, en France, une monarchie constitutionnelle, dans le sens et selon les critères de la raison.

De telles visées sont naturellement et logiquement exclusives de quelque despotisme que ce soit, fût-il *éclairé*. Aussi le précepteur ne perd-il aucune occasion de convaincre son pupille du caractère révoltant de la tyrannie, non seulement dans l'exercice du pouvoir, mais aussi dans ses aspects les plus apparemment futiles. Commentant un jour à son élève *La Princesse de Clèves*, œuvre de son aïeule, Mme de La Fayette, où se trouve décrite la fine fleur de l'aristocratie de la cour de Henri II, le jésuite profite de cette étude pour analyser de manière décapante les intrigues sulfureuses d'un milieu qui a perdu de vue les valeurs fondatrices de l'authentique aristocratie, et pour démontrer les conséquences destructrices auxquelles aboutissent la licence effrénée et les débordements de la passion.

C'est ainsi que le jeune marquis se trouve insensiblement et progressivement conduit à porter, de manière intuitive et quasi automatique, un jugement sévère et impitoyable sur les ambitions de sa classe, la noblesse. Par les soins et le zèle de son précepteur, il découvre qu'autour des rois sévissent la démesure de l'ambition, l'avidité, la bassesse morale, la coquetterie et le dérèglement des mœurs à la cour. Cette cour, auprès de laquelle, le laissant au soin de parentes vieillies, sa mère avait choisi d'aller résider, après la mort de son époux. En outre, obsédé des souvenirs de sa lignée, sans cesse rabâchés tant par les femmes de sa famille que par son précepteur, le jeune Gilbert est livré, en permanence, au souvenir lancinant de son père occis par l'Anglais. En conséquence, il tire gloire et honneur à la pensée que son aïeul, le maréchal, avait, assurait-on, exterminé lui-même de son épée le duc de Clarence à la bataille de Beaugé et pourfendu les troupes anglaises.

Dès son enfance, La Fayette est donc conditionné à redouter le pouvoir et à haïr l'Anglais. Il se convainc aisément que l'Angleterre est l'ennemie inexorable et héréditaire de la France, tant sur son sol que dans ses possessions d'outre-mer. En 1759, année de la mort de son père, Québec, assiégée, est tombée aux mains des Anglais, et le Canada est perdu pour la France. En 1761 c'est en Inde que la France est battue et perd Pondichéry. En 1763, c'est le traité honteux de Hubertsburg qui met fin à la guerre de Sept Ans, humiliation sans pareille pour la France.

Le jeune Gilbert est excédé. Sous quel souverain faible et corrompu est-il appelé à mener sa vie d'homme ? Le roi de France ne peut-il donc faire autre chose que subir et s'incliner ?

Toutefois, le jeune homme ne reste pas longtemps soumis à l'influence de son maître. En 1767, suite à l'arrêt sévère du 8 mai 1761 pris par le Parlement de Paris contre la Compagnie de Jésus, le roi ordonne le bannissement de tous les Jésuites. Gilbert a dix ans. Au départ de son maître, qui en profite pour lui expliquer qu'il est victime de l'absolutisme et de la méchanceté du roi, mais qu'il doit se soumettre, l'enfant pleure. Les conséquences arbitraires de cet arrêt le frappent dans la vénération qu'il entretient à l'égard de son précepteur, et gravent profondément deux axiomes dans l'esprit de l'enfant : le pouvoir royal est injuste, rien au monde ne vaut la liberté. De ces deux principes, jamais La Fayette ne se départira.

Cette phase initiale de l'éducation provinciale de La Fayette laissa ses marques dans l'esprit du futur adulte. La connaissance approfondie de sa lignée, le choc de la mort de son père, l'éducation du jésuite et la tendresse des vieilles parentes ont forgé son caractère. Ultérieurement, celui-ci se marquera par quelques traits dominants : en premier lieu, l'orgueil de sa naissance découlant du sentiment de la prédominance de la seigneurie, et des services qu'elle rend à la couronne pour le bien de la France. C'est là le symbole d'une vie d'aristocrate, pleine, enrichissante et totalement vouée au service. Elle a ses exigences : la plus haute consiste à œuvrer sans relâche à perpétuer l'exemple. Cette première nécessité en entraîne une autre : celle du devoir, de l'obligation traditionnelle de suivre, sans relâche, la voie tracée par la gloire des ancêtres. Pas d'autre vocation donc, pour le jeune homme, que de servir la France, se battre en soldat, pour ne pas démériter du glorieux héritage légué par les ancêtres. Le poids d'une telle lignée est certes lourd à porter, mais il a sa grandeur. La mission existe, on ne peut, on ne doit s'y soustraire. Être un aristocrate suppose que l'on est tenu, par naissance, de transmettre un message. C'est là une impérieuse obligation à laquelle on ne saurait faillir.

Néanmoins, la mise en œuvre de ces principes implique, impérativement, la liberté d'action. Sans répudier ses ancêtres, sans rien renier, il faut aller de l'avant, sans s'interdire de discuter, voire de remettre totalement en question les normes et les usages dépassés, révolus et absurdes. Enfin, une telle éthique ne peut rester un apanage individuel, elle doit s'imposer au plus grand nombre, et cette mission lui incombe. Dans ce but, il faudra se faire entendre, s'imposer, se dévouer, se consacrer. Voilà le devoir dont se juge investi ce jeune révolté provincial, privé de père et qui cherche sa voie dans le monde décadent qui va devenir son terrain d'action.

Les quelques années qui suivent vont le voir passer rapidement du collège du Plessis à l'état de mousquetaire du Roi (à treize ans !), puis de sous-lieutenant dans le régiment de Noailles, grâce à l'appui du duc d'Ayen qui vient de lui proposer sa fille Adrienne en mariage (la fortune que lui ont laissée la mort de sa mère et le décès de son grand-père paternel, le vieux marquis de Rivière, fait de lui un beau parti). Son mariage, le 11 avril 1774, le fait entrer dans une riche et puissante famille, celle des Noailles.

En conséquence, le jour de ses seize ans, jeune et fringant officier, riche, allié par mariage à l'une des plus puissantes familles du royaume, immédiatement présenté à la cour de Versailles, La Fayette pénètre dans le monde du pouvoir. La mort de Louis XV décuple l'entregent des Noailles qui, très en Cour, prennent de l'importance à Versailles. Ils y introduisent le jeune La Fayette et son épouse, encadrés du vicomte de Noailles, leur beau-frère, et du comte de Ségur, à peu près du même âge que La Fayette, qui, en 1774, est entré dans la famille en épousant la demi-sœur de la duchesse d'Ayen, devenant ainsi l'oncle d'Adrienne et de Gilbert de La Fayette.

Soucieux de l'avenir de son gendre, et du rang de sa fille, en 1774, le duc d'Ayen a obtenu pour lui, du nouveau souverain, le commandement d'une compagnie du régiment de Noailles. La Fayette passe une brève période à Metz et regagne bientôt Paris, auprès de sa femme enceinte.

Climat intellectuel de l'ère des « Lumières »

C'est à cette époque que notre jeune marquis va, vraiment, se lancer dans le monde. Jugé quelque peu provincial par le duc d'Ayen, son beau-père, et par le maréchal de Noailles, La Fayette est confié aux bons soins du comte de Ségur, son oncle par alliance, pour qu'il en fasse un homme du monde accompli. Bal de la reine une fois par semaine, soirées dans les cabarets, au Palais-Royal, à l'Opéra, les sorties se succèdent sous l'impulsion du vicomte de Noailles, son beau-frère, et du comte de Ségur. Ces deux parents de La Fayette, à peu de chose près ses contemporains, sont des disciples des idées nouvelles, en particulier de celles de Voltaire, mais ils vénèrent aussi Rousseau et Montesquieu. À leurs yeux, le régime est austère, inutilement tyrannique et dépassé, la Cour désuète et les mœurs soit sottement trop rigides, soit bêtement débridées. Ségur, familier des humanistes du temps, exerce sur La Fayette une profonde influence intellectuelle. Il l'introduit dans les salons, les cénacles et les réunions d'encyclopédistes.

Dans le même temps, le jeune La Fayette, probablement en raison de sa formation initiale, commence à s'insurger contre les mondanités et marque, à plusieurs reprises, son goût inné pour l'indépendance et son irrespect des idoles. Il retrouve, spontanément, devant la vie de Cour, les principes inculqués par son ancien précepteur. Plus tard, il écrira dans ses *Mémoires* : « ... Je vis avec mépris les grandeurs et les petitesses de la Cour, avec pitié, les fidélités et les insignifiances de la société, avec dégoût, les minutieuses pédanteries de l'armée, avec indignation, tous les genres d'oppression. »

En revanche, c'est avec passion qu'il fréquente les écrivains réformateurs, les pamphlétaires, les chroniqueurs du *Mercure de France* qui, à l'époque de l'affaire Calas se rangent, comme un seul homme, dans le camp de Voltaire, contre l'Église et le bon plaisir de la monarchie. La Fayette, conscient des lacunes de son éducation première, commence à lire avidement tous les ouvrages qui passent à sa portée. Il lit tous les grands classiques, tous les grands philosophes, et, fidèle aux leçons de son précepteur, il apprend à développer son esprit.

En 1775, il a dix-huit ans. C'est pour lui l'année de la grande rupture. Il fait désormais partie de cette jeunesse privilégiée, mais à la page, qui se reconnaît pour maîtres à penser Voltaire, Rousseau et Montesquieu. Quand, lassé par l'artifice des mondanités de la Cour, La Fayette rejoint, épisodiquement, son régiment à Metz, il retrouve dans l'armée de nombreux libres penseurs qui affichent un libéralisme des plus indépendants et que l'on trouve essentiellement dans les loges militaires.

À Paris, il fréquente les salons d'Helvétius, d'Holbach, de Mme Necker ou de Mme de Geoffrin, cénacles où se tiennent les propos les plus libres, les plus avancés, et aussi, les plus subversifs. C'est dans ce cadre qu'il lie connaissance avec l'abbé Raynal, bouillant contestataire, érudit éminent qui, à soixante-deux ans, a déjà connu, à cause de ses écrits, de nombreux démêlés avec les autorités. Homme d'église, historien, l'abbé Raynal, né en 1713, élevé et instruit par la Société de Jésus, avait été prédicateur jésuite et ordonné prêtre en 1742. Par la suite, il avait renoncé au sacerdoce pour devenir rédacteur au *Mercure de France*.

Cette revue constitue pour lui la tribune privilégiée d'où il propage ses idées réformatrices et contestataires. S'exprimant en philosophe, il prêche la réforme, dénonce les abus du régime et de l'Église. Ami de Diderot, il rejoint le groupe des encyclopédistes, très mal vus par la Cour. Puis il entreprend une *Histoire philosophique*, pour la rédaction de laquelle il ne recrute pas moins de vingt écrivains de son calibre. Avatar de Don Quichotte, l'abbé Raynal s'en prend à tous les travers connus du monde de son temps : il dénonce tout aussi bien la traite et l'esclavage des Noirs que l'Inquisition, la rapacité des fermiers généraux, le despotisme des monarques, la tyrannie des prêtres et de la haute hiérarchie catholique. Ayant été, au début de son existence, victime du sectarisme de l'Église, il voue une haine inexpiable au clergé, se fait le champion de la tolérance et l'avocat de la grande idée de fraternité universelle : tous les hommes sont frères.

Dans le Paris du XVIIIe siècle, capitale intellectuelle non seulement du royaume de France, mais de l'ancien continent tout entier, son audience et son autorité se situent au même étiage que celles de Voltaire, de Rousseau ou de Montesquieu. Or, les combats qu'il mène avec vigueur et alacrité en faveur des droits du citoyen, de la révolte contre les despotes (et, bien évidemment, de la révolte des colons américains contre le tyran britannique), de la nécessaire lutte contre le sectarisme clérical, n'empruntent pas le seul canal du *Mercure de France.* Franc-maçon de haut vol, il les diffuse avec la même fougue au sein des loges maçonniques [1].

L'abbé Raynal est membre de la loge des Neuf Sœurs, fondée par Helvétius. C'est à cette loge que sera initié Voltaire. Aux dires des contemporains, c'est « la plus philosophique » de toutes les loges. En 1779, elle aura Benjamin Franklin pour Vénérable. En 1773, année de la fondation du Grand Orient de France [2] à Paris, c'est le duc de Chartres qui est élu Grand Maître. C'est la même année où, en décembre, les frères de la loge de Saint-André, à Boston, attaquant les navires anglais, déclenchaient la guerre d'Indépendance américaine, au cours de laquelle, nous le verrons, la franc-maçonnerie jouera un rôle déterminant. En cette fin du XVIIIe siècle, la franc-maçonnerie est à son apogée, et l'abbé Raynal en est l'un des plus illustres représentants. C'est par cet homme, pour lequel il éprouve une déférente et profonde amitié, que La Fayette va découvrir la franc-maçonnerie spéculative. De fait, cette relation amicale lui permet avant tout de clarifier, pour lui-même, ses propres idées et ses positions intellectuelles et philosophiques. Il adhère chaleureusement aux idées libertaires de son ami, approuve pleinement, avec enthousiasme, l'insurrection américaine qui défraie les débats des salons et cénacles, et ne cache pas son admiration pour la franc-maçonnerie, dont les objectifs attirent les esprits éclairés, les jeunes aristocrates et bon nombre de religieux.

Or, en 1775, le Vénérable de la loge parisienne La Candeur est le comte de Ségur, son oncle. Officier d'honneur du Grand Orient de France, Ségur deviendra bientôt Souverain Commandeur du Suprême Conseil de France. Il initie son neveu, La Fayette, lorsque celui-ci a atteint ses dix-huit ans. Dans cette loge, La Fayette retrouve, outre ses parents et amis Ségur, Coigny, Guéménée, La Rochefoucauld, Dillon, son beau-frère le vicomte de Noailles, ainsi que les frères de Lameth, neveux du comte de Broglie.

Dès son entrée en loge [3], La Fayette se complaît dans cette atmosphère qu'il avait pressentie lors de ses entretiens avec l'abbé Raynal. Il

1. Voir figure 25.
2. Voir figure 26.
3. Voir figure 27.

s'enthousiasme pour l'atmosphère idéaliste et mystérieuse marquant les réunions rituelles. Avec ses amis aristocrates acquis aux idées des Lumières, il saisit très vite que le temps des privilèges nobiliaires est révolu. Ils ne fondent pas l'aristocratie, ils n'en sont qu'un néfaste et inutile appendice qu'il faudra, tôt ou tard, abandonner. En loge, « les métaux étant laissés à la porte du Temple », c'est la dignité humaine qui prévaut. La règle d'or en est le bien, on y pratique la vertu, on y « creuse des cachots pour le vice ». On y apprend à se conduire autrement que dans le monde : on est humble comme Rousseau, acerbement et superbement critique comme Voltaire. On fait confiance à la vie, au bonheur par le progrès social et surtout à la science. C'est une époque où science et tradition font bon ménage, croire en l'une n'implique pas d'abandonner la spiritualité de l'autre. Tout cela se fonde totalement et harmonieusement dans ce concept génial du Grand Architecte de l'Univers qui, sans sectarisme ni artifice, indique à ces nouvelles élites, ainsi que se considèrent les francs-maçons, la voie vers l'espoir, le renouveau, le retour au bonheur édénique. Somme toute, le chemin vers une nouvelle Renaissance.

C'est dans cette exultation du cœur et de l'esprit que, deux ans plus tard, après de nombreuses soirées passées en loge à débattre de la société, de l'état du monde et d'harmonie philosophique, La Fayette fera un pas décisif appelé à marquer son existence et sa carrière.

De passage à Metz, pour l'un des brefs séjours périodiques qu'il consacre à son régiment, La Fayette est invité à un dîner donné par son commandant de corps, le maréchal duc de Broglie, flanqué de son frère, le comte Charles François de Broglie, qui dirige le « Secret du Roi [4] », en l'honneur du duc de Gloucester, frère de George III, roi d'Angleterre. C'est le comte de Broglie [5] qui a suggéré à son frère, le maréchal, d'inviter à ce dîner plusieurs jeunes officiers dont La Fayette. Il est persuadé que ce dîner suscitera non seulement leur intérêt, mais peut-être aussi leur vocation de « volontaire ». De fait, Gloucester, opposé à la politique de son frère, ne cache pas à ses commensaux que l'insurrection d'Amérique n'est pas pour lui déplaire, que les insurgents se battent courageusement et que leur chef, George Washington, s'avère un excellent général.

Charles de Broglie qui, tout le temps où il avait servi Louis XV, n'avait cessé de recommander au monarque une action décisive contre l'Angleterre (allant même jusqu'à faire effectuer par ses agents un relevé topographique exhaustif des côtes britanniques en vue d'un débarque-

4. Nous dirions de nos jours service de renseignements. Le « Secret du Roi » est l'ancêtre de la DGSE.

5. Cf. chapitre précédent.

ment éventuel[6], reprit, plus tard en les développant, les propos du duc, exprimant son estime et sa haute approbation des officiers français qui projetaient d'aller offrir leurs services aux insurgents. Ajoutons que le comte nourrissait un grand projet ne consistant pas moins qu'à constituer un corps expéditionnaire français où il prendrait la tête des opérations comme commandant en chef, pour aller aider Washington à battre l'Anglais. Dans son état-major, il inscrivait déjà de nombreux officiers comme le baron allemand von Kalb et le vicomte de Montroy. Pour des raisons diverses, toutefois, ce projet demeura dans les cartons. En fait, le bruit s'en était si largement répandu qu'interdiction lui fut adressée d'y donner suite, et que l'ordre impérieux d'annuler son plan, signé du roi, lui parvint le 6 décembre 1776.

Cependant, on mesure l'impact que de tels propos purent avoir sur le jeune marquis. Elle était donc enfin arrivée, cette occasion unique de venger son père tout en donnant corps aux idées qui illuminaient sa vie. Jouer un mauvais tour à l'Angleterre, venger son père, tout en accomplissant son devoir de franc-maçon, rien ne pouvait être plus désirable.

La Fayette emploie l'année 1776 à réfléchir aux meilleurs moyens de passer de l'idée à la réalisation. Le 4 juin 1776, il demande sa mise au cadre de réserve, qui lui est accordée le 7 juin. Le 4 juillet de la même année, la publication de la *Déclaration d'Indépendance*[7], inspirée et quasiment totalement rédigée par des francs-maçons, dont Thomas Jefferson, attise les ardeurs et les enthousiasmes des esprits éclairés et des encyclopédistes qui applaudissent à l'unanimité le courage des insurgents ainsi que leur volonté manifestée de créer une république incarnant enfin, dans un État moderne, les idées et les principes de Montesquieu et la philosophie des loges maçonniques. Cette *Déclaration d'Indépendance*, affirmant que toute autorité, toute souveraineté, émane du peuple et de lui seul, qu'il ne saurait exister de droit héréditaire à diriger une nation, et qu'enfin les pouvoirs exécutif, législatif et judiciaire doivent être nécessairement séparés, apparaît aux yeux de La Fayette, de ses amis et de ses frères francs-maçons comme la simple et concrète mise en œuvre des idées constamment reprises et explorées dans les travaux des loges. Cela n'avait rien d'étonnant, si l'on considère que les rédacteurs de ce texte : Thomas Jefferson, et les autres contributeurs George Washington, Thomas Paine, Richard Henry Lee, Benjamin Franklin, Alexandre Hamilton... étaient tous francs-maçons, comme l'étaient d'ailleurs les officiers généraux[8] et tous les officiers américains de l'entourage de

6. Voir chapitre XVI.
7. Voir figure 60.
8. Outre La Fayette, cinq officiers généraux français membres de l'ordre des Francs-maçons encadraient l'armée continentale américaine lors de la guerre d'Indépendance.

Washington, lors de la guerre d'Indépendance : John Hancock, Alexandre Hamilton, James Otis, Joseph Warren, William Allen et John Marshall.

La Fayette et les « insurgents »

La Fayette, apprenant, par le comte de Broglie, que des envoyés des « insurgents » à Paris cherchent des volontaires pour aller combattre au Nouveau Monde, se rend chez Silas Deane, représentant et recruteur des États-Unis à Paris. Il n'a besoin que de renseignements pratiques, car son siège est déjà fait : il va partir. Sa haine de l'Anglais, son dégoût de la Cour à Paris, la sublime cause des Américains dont le chef, le général Washington, est, en outre, franc-maçon, à la tête d'un état-major de maçons. Tout l'appelle. Il volera au secours de ses frères en danger : c'est une obligation de la franc-maçonnerie. C'est aussi ce qu'il souhaite le plus au monde.

Dès que sa décision est connue, les obstacles se multiplient. En dépit de l'opposition officielle de la Cour, et de sa famille, La Fayette maintient son engagement contracté auprès de Silas Deane. Ce document est révélateur de l'état d'esprit, et de la générosité du jeune homme. La Fayette s'y voit octroyé le titre flatteur de major général de l'armée américaine, en contrepartie :

> *Sous les conditions exprimées ci-dessus, j'offre et je promets de partir quand et comment M. Deane jugera convenable, pour servir les États-Unis avec tout le zèle possible, sans aucune pension ou indemnité particulière, me réservant la liberté de revenir en Europe quand ma famille ou mon Roi me rappelleront...*

Suite au déploiement des activités de Silas Deane, député des États-Unis, commissaire près de la Cour de France, conseillé secrètement par le comte de Broglie, une liste d'officiers prêts à servir les armées des États-Unis est dressée, approuvée et signée par Deane, von Kalb et La Fayette. Elle est intéressante, en ce que l'on y retrouve un certain nombre des familiers du comte de Broglie. Elle comprend, en effet, les personnes suivantes :

Il s'agissait de Charles T. Armand, marquis de la Roueire, Prud'homme De Borre, Matthias Alexis Roche de Fermoy, Louis Lebique. Cf. Annexe 2. Source : *Masonic membership of the general officers of the continental army*, de Ronald E. Heaton, publié par The Masonic Service Association, Washington, 1960.

Marquis de La Fayette, major général, 7 décembre 1776[9] ;
Baron von Kalb, major général, 7 novembre 1776 ;
De Lessere, colonel, 7 décembre 1776 ;
De Valfort, colonel, 7 décembre 1776 ;
De Fayols, lieutenant-colonel, 20 novembre 1776 ;
De Franval, lieutenant-colonel, 1er novembre 1776 ;
Dubois-Martin François, major, 7 novembre 1776 ;
De Gimat, Major, 1er novembre 1776 ;
Du Boiseau ;
De Vrigny, capitaine, 1er novembre 1776 ;
De La Colombe (Louis Saint-Ange), lieutenant. Aide de camp de La Fayette.

La Fayette fait armer, en son nom et à ses frais, un navire qu'il baptise, symboliquement, *La Victoire*, qui sera prêt au départ en mars 1777. Bravant les interdictions de toutes sortes (de son beau-père, le duc d'Ayen, du Roi et de la Cour), rusant pour déjouer la lettre de cachet que sa famille s'est résolue à lancer contre lui, La Fayette s'embarque le 20 avril 1777, du port espagnol de Los Pasajes, pour son premier séjour en Amérique. Le cahier de bord de *La Victoire* comporte le nom des compagnons d'embarquement de La Fayette qui voyage, quant à lui, sous le nom de Gilbert du Mottié, chevalier de Chavaniac. Il s'agit de :

« Jean, baron de Kalb, François-Augustin Dubois-Martin, (frère du secrétaire du comte de Broglie), Louis Saint-Ange de La Colombe, Charles de Bedaulx, Philippe Louis Candou, Jacques de Franval, Louis de Gimat, Léonard Price », à destination de Saint-Domingue (!).

« Louis de Vrigny, Jean-Pierre Rousseau de Fayolle, Guillaume de Lessere, Charles Antoine de Valfort », embarqués pour l'Afrique du Sud, destination Le Cap (!).

« Jean Capitaine, le chevalier Dubuysson, Jean Lepas », embarqués pour l'Afrique du Sud, destination Le Cap (!).

Si les destinations – portées sur le cahier de bord par le baron von Kalb – sont des plus fantaisistes, on constate, en revanche, que le service du comte de Broglie est fort bien représenté dans ce premier voyage.

Le 13 juillet 1777, La Fayette aborde à South Inlet, en Caroline du Sud, puis se rend à Georgetown. Le premier contact avec l'Amérique et les Américains est idyllique. La cordialité, la simplicité de mœurs de ses hôtes, la beauté des paysages l'enchantent. Tout y reflète, en effet, une

9. Les dates suivant les noms des officiers correspondent à la date de leur engagement auprès de Silas Deane.

vision rousseauiste de l'existence. Toutefois, les premiers moments de son séjour à Charleston, où il est parvenu après trois jours de marche, le déçoivent de prime abord. Le Congrès, lassé de l'afflux de volontaires de tout poil, de qualité indécise et de moralité douteuse, ne se presse pas d'accueillir La Fayette comme il s'y était attendu, en dépit des nombreuses lettres de recommandation de Silas Deane et de Benjamin Franklin dont il s'était fait précéder. Excédé de cette situation, La Fayette écrit en conséquence aux membres du Congrès :

> *... J'ai le droit d'exiger deux grâces : l'une est de servir à mes dépens, l'autre, de commencer à servir comme volontaire...*

Ce langage altier impressionne, il s'ajoute à la multiplication des témoignages favorables. Révisant son attitude, le Congrès prend alors une résolution :

> *Le Congrès...*
> *Attendu que :*
> *le marquis de La Fayette, par suite de son grand zèle pour la cause de la liberté, dans laquelle les États-Unis sont engagés, a quitté sa famille et les siens, est venu à ses frais offrir ses services aux États-Unis, sans réclamer un traitement ni indemnité particulière, et qu'il a à cœur d'exposer sa vie pour notre cause,*
> *décide :*
> *ses services sont acceptés et, en considération de son zèle, de l'illustration de sa famille et de ses alliances, il aura le rang et la commission de major général de l'armée des États-Unis*[10].

Il incombait, toutefois, au général Washington de l'affecter à un commandement. Le 1er août, lors d'un dîner rassemblant plusieurs membres du Congrès, La Fayette rencontre enfin Washington. Ce dernier le prend à part. Les mots de reconnaissance sont échangés et Washington décide de s'attacher le jeune volontaire. Il le prie de l'accompagner, dès le lendemain, dans une inspection. De ce jour, va naître entre eux une indéfectible amitié à laquelle seule la mort mettra un terme.

Le 13 août, La Fayette adresse une lettre au Congrès, le priant de le laisser à la disposition du général Washington. Requête accordée. Il garde près de lui deux aides de camp, La Colombe et Gimat, deux officiers qui l'avaient suivi depuis la France. Les autres, volontaires pressentis par Charles de Broglie, doivent regagner l'Europe. La plupart d'entre

10. La Fayette, numéro spécial : *Informations et documents*, 1957, n° 51, p. 4-41.

eux demeureront néanmoins en divers points du territoire pour s'acquitter de leurs missions secrètes.

La Fayette accompagne Washington dans ces débuts très difficiles de la guerre d'Indépendance. En dépit d'une supériorité technique et numérique des forces anglaises, Washington poursuit le combat avec adresse et ténacité, se gardant seulement de se laisser contraindre à un choc frontal qui serait désastreux pour ses troupes encore insuffisamment aguerries. Il arrive à battre Burgoyne à Freeman's Farm, et puis, c'est le triomphe de la prise de Saratoga.

Le Congrès accorde, alors, pleine confiance à La Fayette, dont la récente affiliation à la franc-maçonnerie militaire américaine est une recommandation supplémentaire aux yeux des chefs des insurgents. Le 20 août 1777, La Fayette est affecté à l'état-major. Le 11 septembre, à la bataille de Brandywine, il se bat comme un lion. Il est blessé à la jambe et doit garder le lit pendant six semaines. Cette immobilité l'exaspère. Il en profite, néanmoins, pour mettre à jour sa correspondance. De son chef, Washington, il écrit : « ... Cet homme respectable, dont j'admirais les talents, les vertus, que je vénère au fur et à mesure que je le connais davantage, a bien voulu être mon ami intime... je suis établi chez lui, nous vivons comme deux frères dans une intimité et une confiance réciproques »...

Pendant ses trois semaines de convalescence, il ne cesse de harceler ses correspondants : Vergennes, ministre français des Affaires étrangères, Maurepas, Premier ministre, son cousin de Bouillé, gouverneur des îles du Vent, exhalant sa haine viscérale des Anglais, multipliant les incitations à l'engagement officiel de la France dans le conflit, et proposant projet sur projet afin d'en découdre avec le tyran britannique.

Enfin remis sur pied, La Fayette reprend le combat aux côtés de son chef. Débordant d'enthousiasme, il bouillonne d'idées et de suggestions pour la campagne en cours. L'une de ces dernières, monter une expédition contre les Anglais au Canada, reçoit cependant un accueil mitigé de la part de Washington qui, fraternellement et diplomatiquement toutefois, lui fait comprendre qu'une telle initiative émanant d'un Français risque d'être diversement appréciée. À cet égard, il faut bien comprendre, quelles qu'aient pu être, par ailleurs, la sincérité et la profondeur de l'amitié entre les deux hommes, que l'entreprise de La Fayette en Amérique auprès de Washington, pour spontanée et directe qu'elle se soit constamment manifestée, ne tenait aucun compte des caractéristiques fondamentales marquant les deux protagonistes. En effet, même si l'idéal des Lumières, fondant sur la raison les comportements individuels et collectifs et s'incarnant dans l'idéal maçonnique, attachait sincèrement George Washington au marquis de La Fayette, il demeure que, tant au plan individuel qu'à celui des destins de leurs nations respectives, de bien plus nombreux critères ne pouvaient que les opposer en détournant les deux hommes et les nations qu'ils représentaient du cours apparemment prévisible des événements résultant de la conjonction de leurs efforts.

George Washington, fondamentalement aristocrate, anglophone et protestant, incarnait à tous égards ce que les analystes du XXIe siècle définissent comme l'esprit de l'Europe protestante du Nord, tout à la fois pragmatique et naturellement hostile au principe d'autorité. Cette personnalité le conduisit à introduire sur le Nouveau Continent un nouveau système de gouvernement des hommes, lequel, écartant *a priori* le principe d'autorité (qu'il soit spirituel ou temporel) postulera, par le biais de la Constitution américaine, le principe de la tolérance religieuse, en totale contradiction avec le principe fondateur de l'Église catholique romaine (« Hors de l'Église, point de salut ! »), ainsi que celui d'une démocratie fédérale qui, s'appuyant sur la volonté des citoyens, renvoie aux oubliettes de l'histoire le principe jusqu'alors intangible de la monarchie de droit divin.

Par contraste, et même s'il partage avec Washington les idéaux de la franc-maçonnerie, le marquis de La Fayette, quant à lui, symbolise, par excellence, l'esprit et les valeurs séculaires de l'Europe latine du Sud, profondément imprégnée des enseignements de l'Église catholique romaine. Pour La Fayette, la tolérance, principe maçonnique fondé sur la raison, n'exclut en aucune façon l'indubitable primat de la tradition catholique romaine. Comme la plupart des hauts dignitaires de l'Église catholique de France qui, en cette fin du XVIIIe siècle, sont également ses frères au sein de la franc-maçonnerie française, il ne revendique qu'une attitude indulgente de la part de Rome à l'égard des « frères séparés » que constituent les tenants des divers courants du protestantisme. Ce faisant, La Fayette, dans l'esprit de l'ordre maçonnique, se montre simplement partisan, avant l'heure, de l'œcuménisme chrétien préconisé et promulgué par le concile de Vatican II, sans pour autant remettre en cause la primauté *inter pares* de l'Église de Rome. Il en va de même en ce qui concerne le pouvoir temporel. Rien dans l'éducation et les principes de La Fayette ne le porte naturellement vers la révolution ou la remise en cause de la monarchie. La limite de sa volonté de novation en ce domaine consiste à se faire l'avocat d'une monarchie constitutionnelle, mais il n'ira jamais jusqu'à se faire l'apôtre des régicides.

On verra plus tard, à l'issue de la guerre d'Indépendance, combien pèseront ces divergences entre les deux figures de proue de ce conflit. Elles les conduiront, en effet, à engager leurs nations respectives sur des chemins géopolitiques et vers des politiques étrangères dont les conséquences ultimes contrasteront singulièrement avec les résultats qu'on pouvait raisonnablement attendre de la temporaire conjonction de l'action et des idéaux communs de ces deux héros.

Quoi qu'il en soit, le Congrès finit par donner carte blanche à La

Fayette. En février 1778, il part de Yorktown pour le Canada, mais comprend rapidement que la faiblesse de ses moyens en hommes et en matériel voue l'expédition à l'échec. Sagement, il met un terme à l'aventure, profitant de l'occasion pour lier connaissance avec les populations indiennes.

Et puis, ce même mois de février 1778, la nouvelle tant attendue explose : la France a signé le traité de commerce et d'alliance avec les États-Unis. La Fayette rayonne. Toute son action passée, tous les défis lancés à ses pairs, à sa famille, à ses critiques, à la Cour, se trouvent *ipso facto* justifiés. Idéal et réalité sont enfin confondus. Il exulte. Comble de bonheur, Washington, excipant des lettres d'introduction de Silas Deane et de Benjamin Franklin, le fera recevoir dans la loge militaire « L'Union américaine », à l'Orient de Morriston qui accueille ainsi, fraternellement, le frère général Marie Jean Paul Roch Gilbert de Motier, marquis de La Fayette, transporté de joie.

Lorsque, le 27 décembre 1778, Washington célébrera la reprise de Philadelphie, ce sera par un immense cortège maçonnique qui défilera dans les rues de la ville, avec bannières de loges, cordons, tabliers brodés et gants blancs. Le défilé sera conduit par Washington en personne, décoré de son écharpe et de son tablier de soie blanc, bleu et or, épée au côté, et la poitrine barrée de bijoux symboliques. La Fayette y participera, en qualité de Maître maçon, affilié à la loge « L'Union américaine ».

Le 8 juillet 1778, La Fayette apprend que les navires français sont enfin arrivés. Il écrit au chef d'escadre, donnant libre cours à son anglophobie coutumière : « ... C'est avec un plaisir bien vif que j'apprends l'arrivée d'une flotte française sur les côtes d'Amérique... J'aime à penser que vous porterez les premiers coups sur une insolente nation, parce que je sais que vous appréciez le plaisir de les humilier et que vous la connaissez assez pour la haïr... »

Dans sa réponse, l'amiral d'Estaing[11] manifeste, pour l'action de La Fayette, une admiration sans fard : « ... Je vous attends, Monsieur le marquis, avec la plus extrême impatience ; c'est vous qui aurez entraîné l'opinion et le secours ; il était de première nécessité. Vous avez tout vivifié ! Vous aurez acquis une grande portion de gloire de plus, lorsque j'aurai l'honneur de vous embrasser. »

Cependant, même si l'escadre de l'amiral d'Estaing témoigne de la réalité de l'engagement et du soutien français, la situation concrète, sur le théâtre des opérations, est loin d'être enthousiasmante. Washington manque d'hommes et de moyens financiers. Par ailleurs, deux de ses généraux, Lee et Gates, ne cessent de lui conseiller de traiter avec

11. Voir figure 34.

l'Angleterre tant la situation des forces américaines leur paraît préoccupante. Ils finiront, d'ailleurs, par trahir les États-Unis en passant dans le camp adverse.

La Fayette se trouve, à ce stade, investi d'un rôle de liaison déterminant entre Washington et l'amiral français. Toutefois, même si les trois protagonistes deviennent rapidement d'excellents amis, probablement eu égard à leur appartenance maçonnique commune (Charles-Henri Théodat, comte d'Estaing est membre de la loge « L'Olympique de la Parfaite Estime » à l'Orient de Paris), la préparation des opérations combinées n'est pas chose aisée. Les ordres de l'amiral comportent, en effet, une interdiction formelle du roi Louis XVI de créer une base à terre. Or, sans appui logistique sérieux, il serait particulièrement imprudent de risquer la flotte française de douze vaisseaux et de quatorze frégates contre l'escadre anglaise, supérieure en nombre, bien armée et disposant, en outre, de nombreux ports sur la côte américaine.

Néanmoins, les trois amis font de leur mieux. L'ambassadeur de France, Conrad, Alexandre Gérard, que Louis XVI avait dépêché aux États-Unis, dès le mois de mars 1778, comprend très vite la situation, remarque le rôle éminent joué par La Fayette et en fait un fidèle compte rendu à Vergennes, secrétaire d'État aux Affaires étrangères. En de telles circonstances, la tâche de l'amiral devient quasi impossible, d'autant que le roi lui a fait récemment parvenir de nouvelles instructions lui intimant l'ordre d'éviter tout affrontement avec la nombreuse flotte anglaise qui se dirige vers les côtes américaines et d'éviter tout désastre. D'Estaing se voit alors contraint de chercher refuge dans le port de Boston. L'état-major américain est consterné, La Fayette, fou de rage. Après quelques péripéties, la flotte de d'Estaing regagne Brest.

Exaspéré par la situation, rongé par l'inaction, La Fayette décide de rentrer en France pour convaincre les autorités d'envoyer un corps expéditionnaire à la rescousse. Pour ce faire, il demande et obtient un congé du Congrès qui, averti des circonstances fâcheuses qui avaient entouré son départ de France quelques mois plus tôt, rédige et adresse la lettre suivante à Louis XVI :

À notre grand, fidèle et cher allié et ami Louis XVI, roi de France et de Navarre,

Le marquis de La Fayette, ayant obtenu notre permission de retourner dans sa patrie, nous ne pouvons le laisser partir sans lui témoigner les profonds sentiments que nous inspirent son zèle, son courage et son dévouement.

Nous l'avons élevé au rang de major général de nos armées ; avancement manifestement mérité par sa prudente et courageuse conduite.

Nous recommandons ce jeune homme à l'attention de Votre Majesté parce que nous l'avons vu sage dans le conseil, brave sur le champ de bataille, patient au milieu des fatigues de la guerre. Le dévouement à son Souverain a toujours dirigé sa conduite, conforme à tous les devoirs d'un Américain ; et c'est ainsi qu'il a acquis la confiance des États-Unis, vos bons et fidèles amis et alliés, et l'affection de leurs concitoyens.

Nous prions Dieu de tenir Votre Majesté dans sa Sainte garde.

Fait à Philadelphie, le 22 octobre 1778, par le Congrès des États-Unis de l'Amérique du Nord, vos bons amis et alliés.

Henri Laurens, Président.

Le Congrès avait été sage. Son message fut si bien reçu par Louis XVI qu'il décida d'abroger la lettre de cachet concernant La Fayette, et de réserver bon accueil, après les réprimandes d'usage pour son indocilité, au jeune héros.

À Boston, ce dernier embarque le 11 janvier 1779 sur la frégate américaine *L'Alliance,* de trente-six canons et cent trente-cinq hommes d'équipage, commandée par un Français engagé au service de l'Amérique. La traversée est rude, elle est marquée par un début de mutinerie provoquée par des prisonniers anglais présents sur le navire. Enfin, La Fayette débarque à Brest, le 6 février 1779. Le 12, il est à Versailles, et se présente aussitôt au cabinet de Maurepas, le Premier ministre, puis à celui de Vergennes. Le soir, il retrouve sa femme et ses enfants. Les jours suivants, il se réconcilie avec son beau-père et avec le roi. L'esprit libre, il commence alors les innombrables démarches préalables à l'envoi du corps expéditionnaire français qu'il s'est juré d'obtenir pour l'emporter enfin, contre le tyran anglais, dans cette guerre d'Indépendance.

Il lui faudra attendre janvier 1780 pour que le roi donne l'ordre de réaliser l'expédition. Elle se composera d'une armée de six mille hommes, placée sous le commandement du comte de Rochambeau, également franc-maçon et membre de la loge « La Parfaite Estime ». La Fayette partira en éclaireur sur *L'Hermione*, qu'on appellera ultérieurement la « frégate de la liberté ». Il a pour mission d'aller annoncer à Washington la venue d'une armée de France et d'en informer le Congrès.

Ainsi donc, ce 11 juillet 1780, La Fayette chevauchait-il vers Washington pour lui porter la bonne nouvelle. Il fut accueilli dans la liesse, et très vite on se mit à préparer la suite des opérations. Washington chargea La Fayette de rejoindre les généraux français et de leur communiquer les plans qu'il avait dressés pour la suite des opérations. Il n'allait pas tarder à retrouver Newport, *L'Hermione* et les secours français.

IX

L'Hermione : campagne américaine de 1781

Arrivée de l'escadre du chevalier de Ternay

Après avoir affronté des vents contraires, le mardi 11 juillet, *L'Hermione* cingle entre les îles Prudence et Rhode Island, pour mouiller en début d'après-midi près de l'île de Connecticut, par le travers du passage. C'est alors que l'événement tant attendu se produit :

> *[...] en même temps que moi, a mouillé à l'entrée du goulet* L'Amazone, *de trente-deux canons, commandée par Monsieur de La Pérouse, capitaine de vaisseau, et le cutter* La Guespe *de douze, par le chevalier de Maulevrier, enseigne de vaisseaux. Le premier de ces bâtiments portait Monsieur le comte de Rochambeau, lieutenant-général des armées du Roi, Grand Croix de l'ordre de Saint-Louis, et commandant de l'armée de terre. À trois heures de l'après-midi, la brise étant venue du large, la flotte de transport est entrée au nombre de trente voiles... à six heures du soir, sont entrés les vaisseaux de guerre... le* Duc de Bourgogne *de quatre-vingts canons, commandé par le chevalier de Ternay, chef d'escadre. J'ai salué le Général de trois « Vive le Roi » et je me suis mis à ses ordres.*
>
> Journal de *L'Hermione*.

À bord de *L'Hermione*, Louis-René de La Touche, spectateur privilégié, regarde l'escadre de France défiler en rade de Newport et relève l'entrée des bâtiments et vaisseaux qui la composent :

En tête :
- *La frégate* L'Amazone *de trente-deux canons, commandée par Monsieur de La Pérouse, capitaine de vaisseau.*

À son bord, le comte de Rochambeau, lieutenant-général des armées du Roi, commandant l'armée de terre.
- *Le cutter* La Guespe, *commandé par le chevalier de Maulévrier, enseigne de vaisseaux.*

Puis, la flotte de transport, comprenant trente voiles, précédées par :
- *La frégate* La Surveillante *de trente-deux canons, commandée par le chevalier de Cillars, capitaine de vaisseau.*
- *Le vaisseau* Le Fantasque *de soixante-quatre canons, armé en flûte, commandé par un officier auxiliaire.*
- *Les bâtiments de charge portant les régiments de : Bourbonnais, Soissonais, Saintonge, Deux-Ponts, la légion de Lauzun, cinq cent trente hommes d'artillerie et des officiers ingénieurs.*

Puis, la flotte de guerre :
- *Le* Duc de Bourgogne *quatre-vingts canons, commandés par le chevalier de Ternay, chef d'escadre.*
- Le Neptune *soixante-quatorze canons, commandé par Monsieur Destouches.*
- Le Conquérant *de soixante-quatorze canons, commandé par Monsieur de la Grandière, capitaine de vaisseau.*
- L'Éveillé *de soixante-quatre canons, commandé par Monsieur de Tilly, capitaine de vaisseaux.*
- La Provence *de soixante-quatre canons, commandé par Monsieur de Lombard, capitaine de vaisseau.*
- Le Jazon *de soixante-quatre canons, commandé par Monsieur de la Clochèterie, capitaine de vaisseau.*
- L'Ardent *de soixante-quatre canons, commandé par Monsieur de Marigny, capitaine de vaisseau.*
- *Une flûte,* L'Isle de France, *manque à l'appel, elle a perdu le convoi trois jours plus tôt. Elle porte trois cent cinquante hommes.*

Journal de *L'Hermione*.

Après soixante-dix jours de mer, à une vitesse de cinq nœuds, les hommes sont éprouvés. Tant par la corruption de l'eau que par le scorbut, six cents à sept cents soldats et une centaine de marins sont malades. Un petit nombre décédera. *La Surveillante* s'est distinguée en capturant, pendant la traversée, un corsaire anglais qui s'était un peu trop approché du convoi. C'est par lui que le comte de Rochambeau apprendra la reddition de Lincoln et la chute de Charleston. Les affaires des Américains vont mal !

Ainsi qu'il le notait dans son journal de bord, le 11 juillet 1780, La Touche, dès l'arrivée de l'escadre française, met fin à la mission temporaire qu'il accomplissait au service du Conseil de l'État du Massachusetts. Il se place, comme il convient, aux ordres du chef d'escadre, le chevalier de Ternay.

Dès le lendemain 12 juillet, il reçoit de ce dernier les lignes principales de sa nouvelle mission. Celle-ci ne peut se concevoir que dans le respect des instructions générales du roi de France au chef de l'escadre française comportant, entre autres, l'interdiction formelle de créer une base à terre sur le sol américain.

Cette consigne, pour diplomatiquement fondée qu'elle ait pu être, prive toutefois de tout appui terrestre logistique une escadre somme toute modeste et loin de ses bases. Elle inspire, dès lors, les instructions communiquées par le chevalier de Ternay au commandant de *L'Hermione*, frégate éclaireur de la flotte française.

Veille au large de Newport

En conséquence, la première mission de celle-ci sera une mission de veille. Elle consiste à déceler au plus tôt toute approche d'éventuels bâtiments anglais et à en prévenir la convergence en une force maritime conséquente. Dans ce cadre, consigne est impérativement donnée à *L'Hermione* d'intercepter, de capturer ou d'envoyer par le fond, selon le cas, toute unité de la flotte anglaise approchant la côte américaine. Concrètement, cette mission implique, pour *L'Hermione*, de consacrer l'essentiel de son temps à la surveillance des côtes américaines et de toute éventuelle apparition de bâtiments anglais, et de transmettre aussitôt, par les signaux visuels en usage dans la marine du temps, la composition, l'armement et les caractéristiques spécifiques de toute flottille ennemie.

Par ordre décroissant d'importance, la deuxième mission confiée à *L'Hermione*, eu égard à ses qualités nautiques, est une mission de communication et de transmission des renseignements entre l'escadre au large de la côte et le contingent français stationné à terre.

La troisième consigne, découlant des deux premières, consiste à empêcher, par tous les moyens à disposition de la frégate, l'acheminement de tout approvisionnement et de tout soutien logistique : armes, vivres, munitions... vers les forces armées anglaises engagées dans le conflit.

Ses instructions ainsi passées à La Touche, le mercredi 12 juillet 1780, M. de Ternay ordonne à *L'Hermione* d'appareiller pour rechercher la flûte *L'Isle de France* présumée égarée. La quête de *L'Hermione* qui durera plusieurs jours sera vaine. La frégate est de retour à Newport le samedi 15 juillet.

Débarquement des régiments de Rochambeau

C'est donc le 11 juillet 1780 que débarquaient à Newport les premiers éléments du corps expéditionnaire français. Ces premiers contingents devaient être considérablement renforcés dans les mois à venir. Pour l'heure, cette avant-garde est placée sous le commandement du comte de Rochambeau, assisté d'un état-major de quatre officiers :

- le baron de Vioménil, maréchal de camp, commandeur de l'ordre de Saint-Louis ;
- le chevalier de Vioménil, maréchal de camp ;
- le chevalier de Chastelux, maréchal de camp ;
- M. de Béville, brigadier maréchal général des logis.

Les troupes présentes sur le sol américain se composent de quatre régiments de tradition :

- Régiment de Bourbonnais :
  Colonel : M. de Laval
  Colonel en second : comte de Rochambeau
- Régiment de Soissonnais :
  Colonel : M. de Félix
  Colonel en second : vicomte de Noailles
- Régiment de Saintonge :
  Colonel : marquis de Custine
  Colonel en second : marquis de Chaslu
- Régiment des Deux-Ponts :
  Colonel : comte des Deux-Ponts
  Colonel en second : chevalier des Deux-Ponts
  ainsi que de la légion de Lauzun, corps de hussards dont le colonel est le duc de Lauzun.

Ces cinq unités sont des régiments d'élite. Il s'y ajoute cinq cent trente hommes d'artillerie et un corps d'officiers ingénieurs qui appartiennent au corps royal du génie organisé par l'ordonnance du 31 décembre 1776.

Le commandant en chef des armées de terre, Jean-Baptiste, Donatien de Vimeur, comte de Rochambeau, est âgé de cinquante-cinq ans. Il a sept ans de plus que Washington. Dans sa jeunesse, Rochambeau avait été destiné à la prêtrise. Son frère aîné étant décédé, il le remplacera dans la carrière des armes. Il est colonel à vingt-deux ans. Il a parfaitement connu le père de La Fayette. À la seconde bataille de Minden, celle où il fut tué stupidement, Rochambeau avait été volontaire pour couvrir la retraite à la tête du prestigieux *Royal Auvergne,* lequel est entré dans la légende avec la mort héroïque du chevalier d'Assas. Il a côtoyé à la même époque un certain chevalier de La Luzerne, qui n'était pas encore diplomate mais tout bonnement officier de cavalerie.

Le lieutenant général de Rochambeau a une idée très précise sur les raisons de sa mission : « La cause des insurgés était populaire parce qu'elle était associée à celle de la liberté [...] les gens n'ont pas regardé au-delà [1]. »

Dans son esprit, le principal n'est pas tellement de se battre contre les Anglais, mais pour les Américains. Il sera toujours dans cet état d'esprit lors de la bataille de Yorktown.

Les régiments de France sont accueillis avec le plus grand enthousiasme. La ville de Newport a fait tirer treize grandes fusées. Les fenêtres ont été illuminées. Le président de Yale, Ezra Stiles, a laissé un rapport sur cet événement qui est cité par Jusserand. Les cloches ont sonné ! Les Whigs ont mis treize feux à leurs fenêtres. Les Tories, plus modestes, en ont placé trois ou quatre. Quant aux Quakers, réticents, ils n'en placèrent que quelques-uns pour éviter que leurs fenêtres ne soient brisées.

Le comte de Rochambeau et ses forces dressent leur camp, s'organisent, et mettent en place les liaisons nécessaires avec Washington et les forces américaines par l'intermédiaire de La Fayette.

En six jours, le corps expéditionnaire français est opérationnel et parfaitement prêt à soutenir une contre-attaque anglaise. Des batteries sont positionnées le long du canal de la baie de Newport, ainsi que des mortiers, afin d'en interdire l'entrée. Des fours sont montés pour fondre des balles. Rochambeau écrit ironiquement : « En deux mots, M. Clinton [2] et moi sommes très pointilleux et la question entre nous est : qui de nous rendra visite à l'autre ? »

L'escadre française, que *L'Hermione* a rejointe, monte la garde au large de Newport. Flanquée de *La Surveillante* et de *L'Amazone, L'Hermione* repère bientôt une escadre anglaise, et les trois navires forment une chaîne pour donner l'alerte aux troupes stationnées à terre.

Le mardi 18 juillet, les vents du sud-ouest au sud-sud-ouest empêchent tout mouvement. Départs et mouillages se succèdent à cause des vents contraires, jusqu'au vendredi 21 juillet où les trois frégates peuvent enfin chasser de conserve.

En fin de matinée, La Touche prend connaissance de huit voiles reconnues ennemies et courant au vent de son bâtiment. Il les signale à *La*

1. Passage des mémoires militaires, historiques et politiques de Rochambeau, ancien maréchal de France et Grand Officier de la Légion d'honneur. Paris 1809, p. 235. Cité par Jean-Jules Jusserand (1855-1932), ancien ambassadeur de France aux États-Unis de 1903 à 1916.

2. Clinton : général anglais tenant New York et sa région.

Surveillante qui lui ordonne de rallier et transmet l'information à *L'Amazone.* Les trois frégates françaises prennent alors position en ligne, à égale distance les unes des autres, de façon à former une chaîne capable de transmettre immédiatement leurs observations jusqu'à la terre par signaux visuels. *L'Hermione* repère ensuite dix-huit autres voiles et note le passage d'un corsaire américain qui fait force de voiles pour se mettre à l'abri. L'escadre anglaise, commandée par de Graves, étant reconnue, ordre est donné aux trois frégates de s'éloigner. À 6 h 30 du soir, *L'Hermione* se met à l'ancre près de l'île de Connecticut. Les Anglais s'approchent de Newport où la flotte française s'est enfermée.

Newport bloqué par l'Anglais

À peine a-t-il mouillé l'ancre que La Touche reçoit l'ordre d'envoyer trente hommes de son équipage sur le vaisseau *Le Conquérant*, ordre auquel il obtempère immédiatement. Le dimanche 22 juillet, il note sur son journal de bord :

> *Au jour où on a eu connaissance, très au large, de l'escadre anglaise, les vents étant de la partie de l'est nord-est, très faibles, le général*[3] *m'a ordonné d'armer et de prendre le commandement du fort Daufin, opération sur laquelle j'ai fait monter quatre pièces de « 18 » et une de « 24 ».* Les vaisseaux Le Neptune *et* L'Éveillé *m'ayant fourni trente hommes chacun pour cette opération. J'ai fait établir une tente à terre, près du fort, pour y loger les quarante hommes que j'ai destinés à servir la batterie.*
>
> *Dans l'après-midi, l'escadre ennemie s'est approchée et on a distingué dix-sept voiles. Les vaisseaux de l'escadre se sont embossés et on a travaillé avec vivacité à monter des canons et des mortiers sur la côte... à sept heures, les ennemis ont mouillé à deux lieues sur le point sud du Connecticut.*
>
> Journal de *L'Hermione*.

La Touche observe les manœuvres des Anglais, note la force des frégates et des vaisseaux et constate que les ennemis ont réussi à mouiller sous Block Island.

Le jeudi 27 juillet, ordre est donné d'évacuer l'île de Connecticut. *L'Hermione* rembarque son équipage et se met au mouillage dans la

3. On désigne sous le nom de « général » le chef d'escadre, mais aussi le navire qui le porte.

partie nord de la rade de Newport le mardi 1er août. Ses canots ont reçu mission de surveiller la passe.

L'escadre française s'est donc enfermée dans Newport, mais les Anglais ne paraissent pas désireux d'engager le combat, bien que les forces réunies de Graves, d'Arbuthnot et de Rodney soient très supérieures à celles de Ternay.

Des canots parlementaires vont et viennent et il est procédé à des échanges de prisonniers. Les canots de *L'Hermione* escortent les chaloupes parlementaires jusqu'au camp des Hussards de Lauzun, après avoir effectué les signaux réglementaires. Curieusement, on n'a pas l'impression d'être au contact de la flotte ennemie. Les journées sont marquées du train-train de la vie en garnison. Ainsi, le jeudi 31 août, un conseil de guerre a lieu sur le vaisseau *Le Neptune* : on y juge un caporal convaincu d'avoir assassiné un chirurgien. Selon le droit maritime en vigueur, le criminel aurait dû être rompu vif. Faute de bourreau, il est tout bonnement passé par les armes. Le même jour, l'état-major des forces françaises reçoit :

> [...] *dix-neuf guerriers sauvages de la Nation des Oneïdas qui sont venus complimenter les Généraux de Terre et de Mer.*
>
> Journal de *L'Hermione*.

De même, on retrouve la banalité des incidents habituels de la vie quotidienne des unités navales. C'est ainsi que, le 3 septembre 1780 :

> *Le vent ayant forcé au nord,* L'Amazone *qui est mouillé à l'avant de moi a chassé sur ses ancres et m'a abordé par l'avant. Encore une fois, la vergue de civadière est brisée.*
>
> Journal de *L'Hermione*.

Tout ce mois de septembre 1780 se partage entre le service du bord et les opérations à terre. Dès que le commandement pense que les Anglais vont se risquer à débarquer, les officiers et l'équipage de *L'Hermione* fournissent un contingent destiné à servir les batteries des fortifications.

Patrouilles en haute mer

Entre-temps, ils se livrent à une lutte incessante contre le vent et la mer qui se font de plus en plus durs. Les avaries sont nombreuses et *L'Hermione* chasse sur ses ancres, ce qui oblige les hommes à effectuer des manœuvres souvent périlleuses.

Un mois plus tard, *L'Hermione* reçoit enfin l'ordre de mettre sous voile. Une ancre qui n'a pu être relevée oblige La Touche à faire couper le câble. Accompagnée de *La Surveillante* et de *L'Amazone,* elle croise entre le cap Cod et les côtes d'Acadie par un temps détestable.

Le dimanche 29 octobre, alors que *L'Amazone* a brisé son petit mât de hune et manqué de chavirer, *L'Hermione* a connaissance d'une voile qu'elle reconnaît comme un bâtiment à trois mâts. Elle prépare sa batterie et serre *L'Amazone* en difficulté qui tire trois coups de canon. Sur l'ordre de *La Surveillante, L'Hermione* arraisonne l'Anglais. Il s'agit du *Philippe* qui venait de Porto et se dirigeait sur New York. Ce bâtiment chargé de vin et de fruits, portant seize canons, armé par vingt-huit hommes d'équipage, est immédiatement pris en charge par onze matelots de *L'Hermione,* et huit autres de *La Surveillante.*

La Touche note : « Je suis resté en travers[4] pour amariner cette prise »... Le vent fraîchissant très fort, la prise est larguée le 31 octobre avec ordre de rentrer à Boston.

Après quinze jours de mer, *L'Hermione* mouille en rade de Nantasket, et le jeudi 16 novembre, alors qu'elle vient d'appareiller sous ses huniers :

> *[...] pour passer entre l'île George et l'île Galop, en doublant la pointe de la dernière de ces îles, le vent étant faible, la frégate n'ayant pas obéi à son gouvernail, a échoué sur cette pointe qui s'est trouvée de vase molle.*
>
> Journal de *L'Hermione.*

L'Hermione se dégage à marée montante et revient s'ancrer au port de Boston. Toutefois, en dépit des conditions atmosphériques de plus en plus rudes, la croisière n'est pas interrompue. Il reste que la mer est dure. *L'Hermione* prend des ris pour réduire sa toile et cargue ses hautes voiles. La grand voile se déchire. Trois bâtiments de guerre ennemis donnent malgré tout la chasse aux frégates françaises. Un matelot, Jean Pujol, tombe de la grand vergue sur un des canots du bord et se brise les deux cuisses. La tempête augmentant, les frégates mettent à la cape et se perdent de vue. Un jeune officier de l'escadre, Scipion de Castries, qui s'est embarqué comme volontaire à bord de la frégate, relate cette nuit de cauchemar : « Nous ne pouvions pas nous maintenir à la cape, à sec de voiles. Une lame énorme se déploya sous notre poupe, enleva la bouteille de tribord et enfonça deux des panneaux de la grand chambre, malgré les faux sabords qui avaient été fixés. Ce coup de mer jeta plus

---

4. En travers : se dit d'un vaisseau qui n'avance plus et se laisse dériver sur la côte. Quelques voiles reçoivent le vent, les autres sont brassées sur le mât. Réf. *Encyclopédie méthodique de la Marine*, tome III.

de cent tonneaux d'eau, il n'était plus possible de tenir. *L'Hermione* fait face à une mer de plus en plus grosse. Elle *dérive en travers, sans courir le risque d'être submergée*[5]. » Toute la nuit, La Touche constate la remontée des fonds sous sa quille jusqu'à vingt-deux brasses. Il s'estime être au milieu du banc George, un haut fond très dangereux.

En ces jours, la mer est démontée. Nombre de manœuvres et de vergues sont brisées. Le matelot Pujol décède des suites de ses blessures. *L'Hermione* n'a plus connaissance de *La Surveillante.* Les grains succèdent aux grains et le samedi 4 novembre n'apporte aucun changement. Les vents violents tournent du nord-ouest au sud-ouest, constamment grand frais, avec mer très grosse. Le jeudi 9 novembre, La Touche s'estime proche de la côte d'Acadie. Le samedi 11, alors que la frégate, malgré le gros temps, chasse une voile supposée ennemie, La Touche reconnaît le cap Cod. Il envoie quand même son pavillon qu'il assure d'un coup de canon.

Le 13 novembre, sans aucune nouvelle de *La Surveillante*, *L'Hermione* revient enfin mouiller à Boston. Elle appareille le lendemain pour la rechercher et la reconnaît dans la passe, où elle accompagne un corsaire américain. Elle se hâte de regagner le port, car les conditions climatiques ne cessent d'empirer. Cela va durer jusque vers la mi-décembre.

Comme le temps s'éclaircit quelque peu vers la mi-décembre, *L'Hermione* et *La Surveillante* peuvent enfin reprendre leur croisière. Le 16, alors que *L'Hermione* est en rade, lui parvient une triste nouvelle :

> *... J'ai appris, ce matin, par un aide de camp dépêché par M. le comte de Rochambeau, la mort de M. le chevalier de Ternay, commandant l'escadre du Roy à Newport, qui a succombé à une fièvre putride*[6]*, dont il n'a été malade que quatre jours. Il est mort hier le 15, à quatre heures du matin à Newport, où il s'était fait transporter de son bord.*
>
> Journal de *L'Hermione*.

Les conditions atmosphériques demeurent désastreuses, une aurore boréale très brillante est même aperçue. Le samedi 23, la neige tombe. Le 26 décembre, La Touche note dans son journal :

---

5. Scipion de Castries, *Souvenirs maritimes*, Mercure de France, édition établie par Gérard Turgis, p. 184-185.

6. Fièvre putride : les symptômes décrits à l'époque sont ceux d'une violente entérite diarrhéique avec maux de tête intenses, déshydratation sévère et un état d'abattement allant jusqu'au délire. On peut penser à une salmonellose ou à une typhoïde. D'après : *Traité de la vraie cause des maladies et de la manière de les guérir par un seul remède*, par Messire Jean Gaspart d'Ailhaud, agrégé de médecine de la faculté d'Aix.

... Je me tiens prêt à appareiller au premier signal. Ce jour, j'ai perdu le nommé Soubrie... soldat au Corps Royal de la Marine, embarqué comme matelot canonnier, mort d'une fièvre putride 34...

Journal de *L'Hermione*.

Après Noël, le temps est très froid. On rencontre désormais des bancs de glace considérables et il est à craindre que la rade ne prenne. La Touche fait protéger ses câbles et ses manœuvres. En outre, tout l'équipage de *L'Hermione* est consigné à bord à la suite d'une rixe qui a éclaté entre les canotiers de la frégate américaine *L'Alliance* et ceux de *La Surveillante.* Un Américain avait voulu se saisir de la chaîne d'argent du patron français. Un matelot de *L'Alliance* a été tué et un autre gravement blessé. C'est pour empêcher toute escalade de la violence que La Touche a consigné son équipage.

Le premier trimestre de la nouvelle année voit appareiller *L'Hermione* en compagnie de *La Surveillante.* Les deux frégates vont poursuivre leurs patrouilles par un temps particulièrement éprouvant, au milieu des vents très forts, de la neige et des glaces qui rendent la navigation extrêmement périlleuse. Le 10 janvier, une alerte est donnée : *L'Hermione* a connaissance d'une voile puis d'un bâtiment venant à son vent, qu'elle signale à *La Surveillante.*

... J'ai demandé à Monsieur de Cillard la permission de la chasser. Il m'a répondu par le signal d'attention, ce qui n'est pas une réponse... j'ai rehissé le même signal... je l'ai accompagné d'un coup de canon ; il a mis pavillon d'attention et peu après il a refusé ma demande...

Journal de *L'Hermione*.

La Touche est très déçu, et même irrité par ce manque de combativité.

Peu après, un fort coup de vent d'est, virant au nord-ouest, cause une avarie grave à vue de Block Island :

... À quatre heures, mon maître charpentier est venu me rendre compte que le mât de beaupré avait consenti au ras des liures... j'ai fait signal d'incommodité...

Journal de *L'Hermione*.

Washington visite l'escadre de Newport

Les mouillages succèdent aux départs. De Martha Vineyards à Rhode Island et de retour à Newport. Le seul événement marquant est l'arrivée dans le port de cette ville du général Washington qui se rend à bord du vaisseau *Le Duc de Bourgogne* :

> *[...] où il a reçu les honneurs du Maréchal de France. À sa sortie du vaisseau, il a été salué de treize coups de canon ; il a été reçu à terre à Newport avec les mêmes honneurs, les troupes bordant la baie depuis le lieu de son débarquement jusqu'à l'hôtel de Monsieur le comte de Rochambeau...*
>
> Journal de *L'Hermione*.

Le soir, toute la ville a été illuminée et les vaisseaux et frégates de l'escadre ont tiré treize fusées.

Cette visite est le prélude à la sortie de l'escadre française de la rade de Newport. Les troupes embarquent à bord des vaisseaux : deux cent cinquante hommes de chacun des régiments et cent vingt hommes d'artillerie, sous les ordres du baron de Vioménil, maréchal de camp.

La neige retarde, toutefois, l'appareillage des vaisseaux vers la Chesapeake. La visite de Washington avait pour but d'en finir avec l'occupation de la ville de Portsmouth, située à l'entrée de la rivière James, à son confluent avec la Chesapeake, par une armée anglaise forte de mille cinq cents hommes. Une précédente expédition, menée par quelques bâtiments seulement, avait, en effet, échoué en février 1781.

Première bataille de la Chesapeake

L'Hermione éclaire l'escadre. Le dimanche 11 mars, elle reçoit l'ordre de chasser en avant de la force navale française qu'elle dépasse très vite, pour n'apercevoir bientôt plus que l'extrémité des mâts des vaisseaux les plus avancés. Elle diminue ses voiles et poursuit sa mission de découverte. Le vendredi suivant, elle reconnaît un bâtiment ennemi qu'elle signale au chef d'escadre qui le fait chasser par *L'Éveillé*. La Touche signale ensuite sept voiles, renseignement confirmé par *L'Ardent* qui renforce le signal par celui d'escadre. Les éclaireurs, dont *L'Hermione*, reçoivent l'ordre de rallier et les vaisseaux de se mettre en ordre de bataille. Le temps est sombre et brumeux. Le vent d'ouest, nord-ouest, vire brutalement au nord, bon frais, déchirant le brouillard, et *L'Hermione,* dans une éclaircie, découvre onze voiles :

> *[...] dont huit vaisseaux à deux batteries et trois frégates, se formant en ligne sur celle du plus près babord... à huit heures un quart, notre ligne de bataille était presque formée...*
>
> Journal de *L'Hermione*.

L'escadre de Destouches va livrer bataille à celle d'Arbuthnot, qui, bien renseignée, est arrivée avant lui à l'embouchure de la Chesapeake. La mission de *L'Hermione* est de rendre compte des avaries en venant au plus près des vaisseaux français endommagés. *Le Conquérant* a son gouvernail arraché, le vaisseau *L'Ardent* ainsi que *L'Éveillé* et *Le Romulus* sont endommagés.

Le samedi 17 mars, à 7 h 45, *L'Hermione* reprend son poste par le travers du *Général.* L'escadre française défile sur trois colonnes. À la fin de l'engagement, Destouches n'a pu déloger Arbuthnot.

Pour une fois, *L'Hermione* n'a pas tiré un seul coup de canon.

La routine reprend son cours. Le lundi 19 mars, *L'Hermione,* par mer belle, repère une voile qu'elle signale au chef d'escadre qui l'autorise à ouvrir la chasse, escortée de *L'Éveillé.* Les deux frégates mettent toutes voiles dehors. *L'Hermione*, plus rapide, gagne sur le bâtiment en fuite et reconnaît un navire à trois mâts. Il s'agit d'un navire marchand anglais qui arbore son pavillon. La houle s'est levée et La Touche fait face à de très forts courants. Vers 2 h 30, il est en vue de sa proie. *L'Hermione* hisse ses couleurs et tire un coup de canon de chasse. L'Anglais met aussitôt pavillon bas. Un canot est détaché pour amariner la prise. *L'Éveillé* se place sur son arrière pour surveiller la manœuvre. Il s'agit de *L'Union,* de deux cent dix tonneaux, douze canons et quelques pierriers, ayant dix-sept hommes d'équipage, neuf Américains prisonniers, quatre officiers anglais à titre de passagers, quatre soldats et trois femmes, chargé de mélasse. Il est commandé par le capitaine Liberal qui venait des Bermudes pour se rendre à New York[7]. *L'Éveillé,* qui s'est mis en travers, envoie un capitaine et dix hommes à bord de *L'Union* pour le convoyer. *L'Hermione* embarque les prisonniers et rallie l'escadre à 6 heures. Sur l'ordre de Destouches de se rendre à son bord, La Touche rend compte de sa prise, puis transborde l'équipage anglais. À cette occasion, il apprend que l'Angleterre a déclaré la guerre à la Hollande.

Mission en rivière Delaware

L'Hermione doit alors quitter l'escadre pour une mission particulière. Le lundi 19 mars, la frégate met le cap à l'ouest-nord-ouest, sous ses quatre voiles majeures, par très gros frais, les vents de sud-sud-ouest soufflant en rafales. Bientôt, elle mouille au large du cap James, à l'entrée de la rivière Delaware. La Touche se signale par un coup de canon et

---

7. La mélasse servant à la distillation du rhum était l'objet d'un trafic intense dans toute la zone des Caraïbes.

arbore le pavillon blanc en tête de mât de misaine pour réclamer un pilote. Il expédie un canot puis se rapproche de terre. Il relève très sérieusement toutes les données permettant d'entrer sans danger dans la rivière, les amers remarquables et les courants. La brume, qui s'est levée, l'oblige à mouiller entre les bancs de Brandywine et de Brown.

Quelques jours plus tard, *L'Hermione* s'ancre à Chester, dans la Delaware, à environ quinze milles de Philadelphie. Elle embarque des effets destinés à l'État de Virginie que La Touche remet à un colonel américain mandaté par le Congrès. En retour, un navire venant de Philadelphie suivi de deux autres bateaux apportent une cargaison de farine. Ce fret, soit neuf cent trente barils de farine et deux cent cinquante de biscuits, sera embarqué jusqu'au samedi 31 mars. L'eau est également complétée, mais à partir d'un robinet de cale, la rivière Delaware à Chester s'étant avérée très douce.

Le 2 avril, La Touche se rend à Philadelphie pour :

> *[...] obtenir du Congrès trente et un Français embarqués sur la frégate* L'Ariel, *commandée par le capitaine américain Paul Jones qui s'est prêté de la meilleure grâce à les rendre pour les faire passer sur l'escadre du Roi à Newport...*
>
> Journal de *L'Hermione*.

Il y a également rencontré le chevalier de La Luzerne[8], ministre plénipotentiaire du Roi, auprès des États-Unis, et a ensuite pris contact avec La Fayette, à Head of Elk, pour affaire de service. *L'Hermione* appareille alors pour mouiller à Marcus Hook, puis devant New Castle. La Fayette se rend à son bord, un an presque jour pour jour après avoir débarqué à Boston. Pour l'occasion, note La Touche :

> *Je l'ai fait saluer du canon et de la voix comme commandant en chef d'un corps de troupe...*
>
> Journal de *L'Hermione*.

---

8. César, Henri, comte de La Luzerne (1737-1799), lieutenant-général des armées en 1784. Gouverneur aux Isles sous le Vent, puis ministre de la Marine et des Colonies. Émigré malgré lui, termine sa vie en Autriche. Source : *Historique des troubles survenus à la Martinique pendant la Révolution*, par Pierre-François-Régis Dessales (1755-1808). Société d'histoire de la Martinique, Fort-de-France, 1982.

Un accident tragique

De retour en rade de Newport, *L'Hermione* s'affourche entre *Le Duc de Bourgogne* et la frégate *La Surveillante.* L'équipage commence à décharger les trois cent quarante-cinq barils de farine qui sont stockés sur ses chaloupes. À 9 heures du soir, l'une d'elles coule bas, entre le vaisseau *Le Fantasque* et un brick américain :

> *Elle était chargée de vivres et de vingt-huit hommes dont douze ont péri, malgré les secours qui leur ont été portés du* Fantasque. *Les noms de ces malheureux sont :*
>
> | | |
> |---|---|
> | *Jean ROUANNE* | *Aide-canonnier, de Bordeaux* |
> | *Joseph ELNES* | *Matelot canonnier* |
> | *Arnaud TAUDIAU* | *Matelot, de Nérac* |
> | *Étienne du COUREAU* | *Matelot, de Bayonne* |
> | *G. LANGLADE* | *Matelot, de Toulouse* |
> | *Julien PASCAUD* | *Matelot, de Saint-Jean-de-Luz* |
> | *Gratien DETCHEGARAYE* | *Matelot, de Saint-Jean-de-Luz* |
> | *Joannis HARISMENDY* | *Matelot, de Saint-Jean-de-Luz* |
> | *Jean COUVENAUT* | *Matelot, de Brest* |
> | *Pierre BOISSEAU* | *Matelot, de l'Ile de Ré* |
> | *René HILLAIRE* | *Boucher* |
> | *BATART* | *mon domestique.* |
>
> *Le dimanche 15, plusieurs canots ont continué de rechercher ceux qui auraient pu gagner quelques îles à la nage, mais j'ai eu le chagrin de voir leur perte confirmée. N'en ayant eu aucune connaissance dans la journée, j'ai débarqué cinq cent cinquante-cinq barils de farine.*
>
> Journal de *L'Hermione.*

Toutefois, même si la mort frappe lourdement, le devoir continue d'être exigeant. *L'Hermione,* en compagnie de *La Surveillante,* poursuit ses missions d'escorte et de veille entre la rade de Newport et le banc de Nantucket. C'est à la mi-avril que La Touche reçoit l'ordre du chef d'escadre de se tenir prêt à mettre sous voile pour une autre mission particulière.

On embarque deux cent quarante barils de sable pour servir de lest et, le lendemain, *L'Hermione* se sépare du convoi qu'elle escorte après avoir averti M. de Cillars, commandant de *La Surveillante.* Ordre est de faire diligence, cap sur la Delaware.

En chemin, la frégate repère une voile. C'est un petit corsaire pris aux Américains qui venait de New York, monté par trois hommes et portant deux canons. En l'absence de cargaison, La Touche l'incendie.

Le dimanche 22 avril, *L'Hermione* double le cap James et, alors qu'elle mouille entre le banc de Brown et Brandywine, un timonier, patron de canot, Pierre Sellier décède d'une péripneumonie putride. Le dimanche suivant, conformément aux ordres reçus, La Touche accueille à son bord le chevalier de Maulevrier, commandant le cutter *La Guêpe*, portant quatre-vingt-cinq hommes, qui s'était perdu le 20 février à l'entrée de la baie de Chesapeake. Enfin, après avoir relâché à la pointe de l'île de League, puis près de Gloucester, *L'Hermione* jette l'ancre devant Philadelphie, par le travers de la place du marché de Drassbridge, à une encablure de la terre.

Le Congrès reçu à bord

Avec la belle saison, après avoir été à la peine, *L'Hermione* va être à l'honneur. Le 2 mai 1781, en effet, le commandant de la frégate reçoit à son bord, le chevalier de La Luzerne, ministre plénipotentiaire de France auquel les honneurs protocolaires sont rendus. Après avoir été salué de trois « Vive le Roy » et de treize coups de canon, il dîne à la table de M. de La Touche.

Le vendredi suivant, le commandant de *L'Hermione* accueille, cette fois, le Congrès américain :

> *Ce jour, j'ai à dîner à mon bord, le Président du Congrès Américain, Monsieur Samuel Huntington de l'État du Connecticut, et tous les membres du Congrès, ainsi que le Conseil de l'État de Pennsylvanie et les gens les plus notables, tant civils que militaires. J'ai fait pavoiser la frégate. Le Président du Congrès, à son entrée et à sa sortie de la frégate, a reçu les honneurs de Maréchal de France, suivant l'ordre que j'en ai reçu de la Cour....*
>
> Journal de *L'Hermione*.

Le mercredi 9 mai, nouvelle réception :

> *Dans l'après-midi, j'ai donné ce jour une fête à bord de ma frégate, aux dames les plus notables de la ville. Les membres du Congrès y ont assisté. La frégate a été pavoisée pendant le jour et illuminée pendant la nuit. J'ai fait tirer un feu d'artifice sur l'eau, vis-à-vis de la frégate.*
>
> Journal de *L'Hermione*.

Le mardi 29 mai, *L'Hermione* est de retour à Newport où elle salue le pavillon du comte de Barras, nouveau chef d'escadre, de trois fois « Vive le Roy ». Recevant l'ordre de rejoindre *L'Astrée* à Boston, la frégate fait ses vivres, les 1er et 2 juin. Elle embarque de l'eau, des salaisons et cinquante boisseaux de légumes, dont une partie est destinée à *L'Astrée.* Montent à bord cinquante hommes de la légion de Lauzun ainsi que deux mineurs. On transborde également de l'outillage et des caisses d'artifice. L'appareillage a lieu. La frégate met le cap sur Boston.

Reprise des patrouilles

Toujours dans le cadre de sa mission de surveillance des côtes, tant pour effectuer le blocus des forces anglaises à terre que pour prévenir toute arrivée de la flotte ennemie, *L'Hermione* est plus que jamais mise à contribution pour empêcher toute surprise tactique susceptible de contrarier des forces combinées franco-américaines.

La frégate repère plusieurs voiles auxquelles elle donne la chasse successivement. Il s'agit de corsaires américains, lesquels semblent souvent ignorer les signaux que leur adresse La Touche. Le même scénario se renouvelle à chaque fois : chasse, tir de semonce et envoi d'un canot pour visiter le bâtiment. L'un d'eux, qui a refusé d'arborer son pavillon, reçoit une canonnade qui l'amène très vite à composition. Ce brick récalcitrant était parti la veille de Boston et se rendait au cap Français. Comme la plupart des corsaires américains, il porte six canons et une vingtaine d'hommes.

Enfin, *L'Hermione* mouille en travers de la passe, près du fanal, à l'entrée de Boston, ce qui permet à La Touche de se rendre immédiatement à bord de *L'Astrée* de quarante canons, commandée par M. de La Pérouse, capitaine de vaisseau, et de se ranger sous ses ordres, conformément aux ordres du chef d'escadre Barras. Dans la rade, sont mouillés le vaisseau *Le Sagittaire* de cinquante-six canons, commandé par M. de Monluc et la frégate *La Concorde,* sister-ship de *L'Hermione.* Une nouvelle mission se prépare pour *L'Hermione* et *L'Astrée.*

Le dernier raid

Fin juin, ordre est donné de désaffourcher. Les deux bâtiments mettent à la voile. Après avoir escorté un convoi de six navires marchands, avec *La Gentille,* ils mettent cap au nord.

Quelques jours plus tard, la terre est aperçue et reconnue pour le cap de Sale de l'Acadie. Alors qu'elles croisent une barque de pêche, pour ne pas donner l'éveil, *L'Astrée* arbore le pavillon anglais et *L'Hermione* met en panne. Le lendemain, la mer est calme, mais une brume épaisse oblige à une veille attentive, afin d'éviter de se perdre de vue.

Le jeudi 5 juillet, en vue d'un bâtiment qui n'est qu'un corsaire américain de 18 canons, *L'Hermione* et *L'Astrée* arborent encore pavillon anglais. Le corsaire prend chasse, ce qui rassure totalement les deux commandants sur l'identité du curieux.

Les jours suivants, les deux navires n'ont connaissance que de la terre. Le 11 juillet, toutefois, ils aperçoivent deux bâtiments à trois mâts et un brick qui tentent de se dérober à la faveur de la nuit. La Touche rapporte :

> *[...] malgré tous leurs efforts, nous les avions conservés à l'aide des lunettes de nuit...*
>
> Journal de *L'Hermione*.

Le 12 juillet, dès les premières heures de la matinée, la chasse est ouverte en vue de l'île Saint-Paul. Les deux navires arborent, cette fois, les couleurs françaises qu'elles assurent par un coup de canon tiré par *L'Hermione.* La journée va être faste pour les deux frégates.

Ayant relevé le cap Rayle de l'île de Terre-Neuve, ainsi que la pointe sud de l'île de Saint-Paul, *L'Astrée* arrive à portée d'un des bâtiments chassés, qui arbore pavillon anglais. Deux coups de canon le font amener immédiatement. *L'Astrée* l'amarine. Il s'agit de la corvette *Le Thorn* de dix-huit canons de « 6 », percée à vingt. C'est une prise de la frégate *La Biche* de vingt-six canons, que *L'Hermione* poursuit désormais, toutes voiles dehors. À 5 h 30, *L'Hermione* rejoint l'Anglais qui serre la côte au plus près pour se mettre à l'abri.

> *[...] à portée de fusil, j'ai commencé à lui tirer des coups de canon de chasse, il a riposté avec ceux de retraite, de très près, en s'élevant au vent pour doubler le cap George...*
>
> Journal de *L'Hermione*.

L'Anglais vire lof pour lof, *L'Hermione* fait de même. Elle envoie sa bordée qui est sans effet. L'adversaire se dérobe dans la baie. La Touche, ignorant des dangers qu'elle recèle, abandonne par prudence et rallie *L'Astrée.* La frégate anglaise qui s'est réfugiée en baie de Saint-George était stationnée depuis deux ans à Québec, croisant en protection du golfe du fleuve Saint-Laurent, pour escorter les bâtiments de commerce.

Pluies, vents, orages se succèdent. *L'Astrée* et *L'Hermione* allument des feux pour ne pas se perdre de vue. Toutes les minutes, de chaque bord, on tire au fusil.

Puis, le mardi 17 juillet, *L'Hermione* signale une voile et donne la chasse. La Touche, pour approcher le brick qui fuit, hisse pavillon anglais. Le bâtiment chassé arbore le même.

[...] À neuf heures trois quarts, étant à portée de canon de lui, je lui ai tiré deux coups de canon de chasse, il a amené son pavillon. L'Astrée *m'ayant fait signal d'arraisonner la prise, j'ai mis au travers au vent à elle, et j'ai envoyé les canots...*

Journal de *L'Hermione.*

Cette prise est un brick de cent vingt tonneaux, *Le Friendship,* allant de la Barbade à l'île Saint-Jean. Percé pour seize canons, il n'en porte que douze. Armé par douze hommes et en route depuis vingt-cinq jours, il est commandé par lecCapitaine Thompson qui a chargé du sucre, du rhum et du café. L'équipage de prise va le conduire à Boston.

Le mercredi 18 juillet, c'est le tour d'un sloop de soixante-dix tonneaux, *Le Phœnix* de huit canons percé pour quatorze, qui s'est approché de *L'Astrée* arborant pavillon anglais. Attiré à portée de voix, il est lui aussi amariné. Il venait de New York et se dirigeait vers Québec.

Le jeudi 19 juillet, le *Lockard Roof*, allant de Québec à Saint-Jean-de-Terre-Neuve, armé par dix-neuf hommes, baisse pavillon sous les canons de *L'Hermione.* Ce trois-mâts de deux cents tonneaux ayant onze hommes à bord était chargé de bois de construction. La frégate est en vue de la baie d'Aspe.

Ayant, pour l'essentiel, consisté en prises de navires marchands ou peu combatifs, cette récente partie de leur croisière commune commençait à paraître quelque peu fastidieuse aux commandants des deux frégates. Heureusement (ou malheureusement, selon les points de vue), les choses ne vont pas tarder à changer.

Combat de Louisbourg

Alors que les deux frégates sont en vue de l'île de Sacatari, le 21 juillet 1781, la vigie du haut du mât découvre plusieurs voiles. À dix heures, on reconnaît une flotte de dix-huit à vingt voiles dont trois se détachent immédiatement du convoi.

Le bâtiment le plus près de nous, étant venu en travers, nous avons reconnu une frégate percée à douze sabords en batterie et les deux autres pour de vingt à vingt-deux, et de quatorze à seize. M. de La Pérouse a cherché à les induire en erreur par des signaux de reconnaissance...

Journal de *L'Hermione.*

Les trois frégates ne s'en laissent pas conter et font face à vue de la baie des Espagnols, alors que les navires marchands s'éloignent. *L'Hermione* et *L'Astrée* font force de voile pour gagner le vent des anglais.

Les ayant dépassés, elles virent de bord, imitées par leurs adversaires. Il s'agit de :

– *L'Allégeance*	24 canons de « 9 »	
– *Le Vernon*	24 canons de « 9 »	
– *Le Charlestown*	28 canons de « 9 »	– Capitaine Evens
– *Le Vulture*	20 canons de « 9 »	– Capitaine George
– *Le Jack*	14 canons de « 9 »	– Capitaine Thorn
– *Le Thompson*	18 canons de « 9 »	

Ce dernier se tient au vent, à portée de canon, mais ne s'engage pas.

Le combat dure deux heures et se déroule à hauteur de Louisbourg (île Royale). *L'Astrée* et *L'Hermione* ouvrent le feu sur les bâtiments marchands. *L'Hermione,* plus rapide, double *L'Astrée* et arrive sur le *Charlestown,* déjà sous le feu de La Pérouse et qui tente de se faire soutenir par *L'Allégeance* et *Le Vernon.*

La Touche est à son affaire. Pendant plus d'une demi-heure, il va battre le *Charlestown* de son feu, ce qui oblige ce dernier à mettre tout à culer. Toutefois, pendant cette attaque, *L'Hermione* n'est pas épargnée et reçoit, tant de la part de son adversaire immédiat que des autres bâtiments, *L'Allégeance* et le *Vernon,* un feu nourri de boulets rouges qui contribuent fortement à la dégréer, non sans créer un peu partout sur le pont supérieur de nombreux départs d'incendie que l'équipage doit étouffer en un temps record en demeurant constamment exposé au feu ennemi. Dans le pont de la batterie, là où les canonniers vivent le combat dans une atmosphère surchauffée, que n'améliore guère l'âcre odeur de la poudre, le bruit des départs de canon est infernal. La gîte du navire menace constamment l'équilibre des hommes. Or, tomber lorsqu'on porte une gargousse de poudre peut signifier la mort immédiate, non seulement pour soi, mais pour les camarades et pour tout le bâtiment. On tient par esprit de corps, pour l'honneur du navire et du commandant, mais aussi à coup de copieuses rasades de rhum dont le *bosco* * n'est pas avare quand on est au combat. Et pour tenir, on tient ! Qu'importent les blessures multiples, les contusions contre les affûts de canon, voire contre l'encadrement des sabords. Qu'importent les cuisantes brûlures que certains encourent pour ramasser les boulets ennemis chauffés au rouge et les jeter à la mer, par les sabords, de peur que, roulant dans tous les sens ils ne mettent le feu aux réserves de poudre et aux gargousses qu'on a hissées de la cale pour être prêts au combat. En outre, nul, dans l'entrepont, n'est à même de savoir comment évolue l'engagement. Seuls les officiers, du gaillard d'arrière, peuvent avoir une vue d'ensemble, quand ils ne sont pas débordés par les constantes interventions que nécessitent l'extinction des incendies qui se déclarent, l'évacuation des blessés et les ordres du commandant à relayer à l'équipage. Pourtant, la chance sourit à *L'Hermione* qui, après quelques coups de canon tirés de près au

Jack, contraint ce vaisseau, plus petit, à amener son pavillon. Peu après, le *Charlestown* suit l'exemple du *Jack* mais cette fois contre *L'Astrée* qui venait de lui abattre son grand mât de hune. Toutefois, il est impossible d'amariner *Le Charlestown* qui est soutenu par le feu de trois bâtiments ennemis. *L'Hermione* continue donc de combattre contre *L'Allégeance* et *Le Vernon* qui tiennent le vent avec toute la voile qu'ils peuvent mettre dehors.

L'Hermione vire ensuite pour rallier *L'Astrée.* La nuit est venue. La Pérouse demande à La Touche, à portée de voix, de poursuivre *Le Charlestown,* pendant qu'il amarine *Le Jack.* Malheureusement, *L'Hermione,* après ce combat, n'a plus aucune manœuvre intacte et se trouve dans l'impossibilité de faire toute la voile nécessaire pour remplir cette mission, sa mâture ayant également subi de sérieux dégâts. Aussi, *L'Hermione* perd-elle le contact avec les frégates anglaises qu'elle chassait, et rejoint *L'Astrée* un peu plus tard. La Touche regrette amèrement que le manque de visibilité ait permis à l'Anglais de prendre la fuite, alors que, leur feu étant presque éteint, il est persuadé que les Anglais ont dû perdre beaucoup de monde dans l'engagement, tout particulièrement *Le Charlestown.* Cependant, même frustré dans son instinct de chasseur, La Touche éprouve néanmoins un grand réconfort en constatant qu'il avait retrouvé dans ses officiers et dans tout son équipage la même ardeur guerrière dont ils avaient fait preuve, l'année précédente, contre cette maudite frégate anglaise *L'Iris,* et son fichu commandant, le capitaine Hawker.

Pour exaltant qu'il ait pu être, ce combat a toutefois eu son prix. *L'Hermione* a encaissé cent trente-sept boulets, dix d'entre eux ont percé la frégate dont trois de part en part. La seule grand-voile a reçu trente-six boulets. Son gréement et sa voilure sont très endommagés. Le feu a pris deux fois à bord mais a été éteint dans l'instant. Il y a trois morts à la fin du combat, trois blessés décéderont ultérieurement.

La frégate a tiré cinq cent neuf coups de canon, cent coups de pierriers et mille sept cents coups d'espingole. Les pertes s'élèvent à six morts et seize blessés. Parmi les morts, on compte deux gabiers, un matelot tué raide au combat, un bosseman, un canonnier et un timonier. Le bosseman a eu le bras emporté, le timonier le crâne fracturé par une balle et le canonnier le poignet droit arraché. Tous trois décéderont de leurs blessures. Les blessés souffrent de contusions, de brûlures, de plaies, parmi lesquelles on note : une dent cassée, une cuisse percée, un bras fracturé par balle, une hanche emportée par un boulet, une oreille coupée. Nombre de matelots ont les mains brûlées.

La Touche passe la journée du lendemain à réparer les avaries de ses manœuvres. Le grand mât de hune est remplacé, la grand-voile et le grand hunier changés. *L'Astrée* obture les trous de sa carène. Elle ordonne à *L'Hermione* de se hâter d'expédier *Le Jack* à Boston. La

Touche envoie à bord de la prise son second pilote et six hommes d'équipage. *L'Astrée* détache sept hommes. Enfin, La Pérouse fait passer trente prisonniers et trois officiers à bord de *L'Hermione.*

Le lundi 23 juillet, les deux bâtiments français reprennent la chasse n'abandonnant leur proie qu'à la nuit tombée. Sur le chemin du retour, un aide-canonnier, Louis Gazeau, originaire des Sables-d'Olonne, décède d'une hydropisie de poitrine.

Le 17 août, à 1 heure du matin, le cap Anne est relevé par *L'Astrée* qui marche devant *L'Hermione. L'Astrée* mouille dans la baie de Nantasket et M. de La Pérouse signifie à La Touche : « qu'il était le maître de remonter jusqu'à Boston, qu'il n'avait pu le faire lui-même parce que son pilote ne connaissait pas assez bien la passe »...

L'Hermione s'ancre à 7 heures du soir dans le port de Boston. La frégate a salué le fort William de treize coups de canon. « Il m'en a été rendu le même nombre », précise La Touche.

Alors que *L'Hermione* répare ses avaries à Boston, La Touche note l'arrivée des deux corvettes anglaises, *Le Jack* et *Le Thorn*, prises lors de son combat du 21 juillet. Il apprend que le brick *Le Friendship* a été repris par un corsaire des Bermudes sous le cap Anne et que *Le Lockard Roof,* repris lui aussi, a été conduit à Halifax. Il n'a aucune nouvelle du *Phœnix.*

Les jours passent. *L'Hermione* débarque cinquante malades. La Touche établit une tente à terre, sur l'île de Woodle. Un matelot de l'île d'Oléron, nommé Nadeau, meurt du scorbut à l'hôpital. À bord, les charpentiers s'activent sur la carène et dans la mâture. Les mâts de hune sont remplacés.

Le jeudi 24 août, dans l'après-midi, en l'honneur du Roy, la frégate salue de vingt et un coups de canon. Le vaisseau *Le Sagittaire* et les frégates *L'Astrée, La Magicienne* et *La Résolue* tirent également. Un *Te Deum* est chanté à bord de *La Magicienne.*

Le samedi 1er septembre, c'est le drame. Très tôt dans la matinée, le canon tonne au large : *La Magicienne* subit le feu du *Chatham*, vaisseau anglais de cinquante-six à soixante canons, à portée de pistolet. *L'Hermione*, en pleine révision suite à ses précédents engagements, n'est pas en mesure de prendre la mer. En raison d'un vent trop faible, *L'Astrée* et *Le Sagitaire,* pourtant en état de marche, ne peuvent appareiller. Une heure plus tard, *La Magicienne* cesse le feu et met pavillon bas. Elle déplore cent trente hommes, tués et blessés.

Bien que sachant sa frégate quasiment hors d'état de prendre la mer, La Touche décide pourtant de mettre dehors pour rejoindre *L'Astrée* et *Le Sagitaire*. Il complète son équipage en empruntant cinq hommes à *La Cybelle*, flûte du Roy, cinq autres au *Duguétrouin*, vingt hommes et officiers à *La Résolue* et en raflant à l'hôpital tous les volontaires qui veulent embarquer. Il n'en manque pas et La Touche est contraint d'en refuser. S'adjoignant un pilote de terre et plusieurs officiers français et américains, volontaires pour la sortie, il appareille.

Le courant très fort et le vent faible empêchent *L'Hermione* de prendre le large. Très vite, La Touche a perdu de vue les mâts du *Chatham* et de sa prise *La Magicienne.* La brise se lève et lui permet de mouiller en rade de Nantasket. Dès le lendemain, *L'Hermione* reprend la chasse, mais elle n'a connaissance d'aucune voile et n'est plus en état de tenir la mer, La Peyrouse autorise alors La Touche à retourner à Boston. Sitôt à quai, la frégate est investie par tous les charpentiers disponibles.

Pour l'exemple, et en mémoire de tous ceux qui se sont sacrifiés, La Touche fait donner la calle * à un matelot déserteur du vaisseau *Le Duguétrouin* : le pavillon rouge est arboré et un coup de canon est tiré pour que chacun en rade soit témoin de la punition.

Le 7 septembre 1781, La Touche apprend, par la frégate *L'Engageante,* venue de France en trente-quatre jours, qu'il a été nommé au grade de capitaine de vaisseau à la fin du mois de juin 1781.

X

La bataille de Yorktown : première opération combinée « terre-mer »

État critique des forces américaines

Si l'année 1780 a été riche en événements et en mouvements pour *L'Hermione,* la situation a été beaucoup plus calme pour l'escadre de M. de Ternay et pour les régiments du lieutenant-général, comte de Rochambeau. Une escadre anglaise a bloqué Newport mais sans oser tenter un assaut contre la ville, malgré sa supériorité numérique. Les défenses dressées par le général français interdisent toute intrusion par mer et toute surprise par voie de terre. Les troupes françaises se sont d'abord reposées de leur long voyage, les malades ont été soignés et chaque unité a repris un entraînement intensif. Leur discipline a étonné les Américains et leur sens aigu des affaires s'est fort bien accommodé d'avoir à nourrir et héberger ces Français sur lesquels les opinions sont toujours partagées.

Rochambeau n'a trouvé à se loger qu'à prix d'or, comme tous les officiers. Chacun s'est habitué au sacro saint rituel du thé qu'il serait indélicat de refuser, même si, au bout de plusieurs tasses, d'aucuns ont bel et bien envie de crier grâce. La façon de se saluer à l'anglaise par un serrement de main que l'on secoue vigoureusement n'étonne maintenant plus personne.

La mort du chevalier de Ternay, chef d'escadre, a assombri les esprits. Si les soldats ont le calme des vieilles troupes, les jeunes officiers trépignent sur place. Nulle part, les Français ne sont en position de prêter main-forte à leurs alliés américains, ni à La Fayette dont la situation en Virginie est de plus en plus délicate. Quant aux troupes continentales du général Washington, leurs effectifs très fluctuants sont faibles, leur armement bien léger, et faute de solde, beaucoup de ces citoyens-soldats ont regagné leurs pénates. Les réflexions émises sur l'armée de France sont parfois désobligeantes. Rochambeau est taxé d'immobilisme par certains jeunes nobles qui ont, certes, beaucoup d'ardeur, mais qui en sont à leur première expérience de la guerre.

Un besoin urgent de renforts

Ce calme n'est qu'apparent. Le 3 septembre, la frégate *La Gentille* a rallié Newport avec un petit nombre d'hommes que conduisent le brigadier de Choisy et les deux frères Berthier. C'est peu, mais c'est encourageant.

À la fin de l'année 1780, le 29 octobre, le vicomte de Rochambeau, le propre fils du général commandant le corps expéditionnaire français, s'est embarqué sur ordre, à bord de la frégate *L'Amazone* de trente-deux canons, commandée par M. de La Pérouse, destination la France pour tenter d'obtenir l'envoi de la deuxième division du général, son père, ou, à tout le moins, de bons renforts, ainsi que des subsides pour solder les soldats français et américains. La Pérouse déjoue la surveillance anglaise et mène à bien sa mission.

C'est à Charles-Eugène Delacroix, maréchal de Castries, nouveau ministre de la Marine depuis le 14 octobre 1780, qu'il pourra remettre ses courriers confidentiels et évoquer de vive voix avec lui les difficultés de nos affaires d'Amérique. Un pli très confidentiel est destiné à M. de Necker, requérant, de manière urgente, le versement de fonds importants. Necker, officiellement, dit toujours non, mais acquiesce à cette demande en comité restreint. Toutefois, les renforts de troupes seront loin d'atteindre les effectifs escomptés.

Les généraux Washington et Rochambeau se sont rencontrés à Hartford dans le Connecticut, le 20 septembre 1780. Le lieu choisi traduit la rigidité du début de leurs relations. Il est à peu près situé à mi-chemin des deux quartiers généraux. On ne peut faire plus protocolaire ! Chaque général est assisté d'éminents collaborateurs. Du côté français, on note la présence du chevalier de Ternay, du comte de Fersen, de Chastellux, de Mathieu Dumas et de M. Desandroins, spécialiste des fortifications. Du côté américain, Washington est flanqué de quelques ingénieurs, de La Fayette et du général Knox, commandant l'artillerie. Glacée au départ, la rencontre s'achève par une sincère fraternisation. Chacun a apprécié ses partenaires à leur juste valeur. Le punch, vieille coutume du Sud, qui a abondamment circulé, a certainement participé au réchauffement de l'atmosphère et à l'ouverture des cœurs. La Fayette est fort enflammé et veut en découdre illico. On lui fait connaître qu'il serait sage de calmer ses ardeurs.

L'analyse de la situation démontre que l'Anglais est fort partout, tant à New York que dans le Sud, en Virginie. Toutefois, l'armée américaine voit ses effectifs se stabiliser et reprendre du mordant. En bref, chacun est d'accord pour se renforcer et n'envisager d'action qu'après une concertation et une coordination sérieuse. Rien donc avant le printemps !

Dans le Sud, les Anglais, après les prises de Charleston et de Camden, mettent le pays à feu et à sang. La trahison du général Bénédict Arnold, ancien compagnon de Washington, aggrave encore la situation. Bon soldat, cet officier est aussi un soudard brutal, sans foi ni loi, à la moralité plus que douteuse. D'une cruauté incroyable, il opère par razzias, usant de tous les raffinements les plus sanglants à l'encontre d'une population désespérée. C'est le lot des guerres civiles !

L'espoir renaît

Washington, désormais, estime Rochambeau et lui fait confiance. Ce denier partage ces sentiments : « Je n'ai jamais cessé d'aimer la justesse de son jugement et le charme de son style », écrit-il dans ses mémoires.

Le 8 mars 1781, Washington a rendu visite à la flotte française mouillée dans la rade de Newport, et à la division de Rochambeau. Cet événement témoigne, de manière éclatante, de l'accord profond entre les deux chefs d'armée. L'escadre a pavoisé et le général américain a été reçu avec les honneurs réservés à un maréchal de France. Une double haie, parfaitement alignée, de soldats des régiments de France en uniforme de parade, l'a accompagné jusqu'à la résidence de Rochambeau. Le déploiement militaire français a de quoi impressionner. Cette rencontre a encouragé Destouches à tenter une première sortie avec son escadre, le 16 mars. Ce premier affrontement avec la flotte anglaise, à vue des caps de Virginie, pour tenter de débarquer des troupes destinées à renforcer La Fayette, n'aboutira pas, bien que les vaisseaux français soient restés maîtres de leur position. Il aura néanmoins un retentissement important dans la population. Soixante-douze marins de la flotte y ont laissé la vie, mais les Anglais ont cédé la place. Le Congrès a voté de vifs remerciements. Il n'empêche que La Fayette, privé des renforts attendus à la Chesapeake, est réduit à la défensive. Une défensive active qu'il fait payer très cher aux troupes anglaises et aux miliciens loyalistes.

Autre bonne nouvelle, le 10 mai, la frégate de trente-deux canons, *La Concorde*, sœur aînée de *L'Hermione*, va ramener le vicomte de Rochambeau, mais aussi le nouveau chef d'escadre, Barras de Saint-Laurent, qui vient remplacer Destouches à la tête de la flotte de Newport. Les fonds demandés sont arrivés à bon port et le convoi marchand, escorté par *Le Romulus,* pris aux Anglais, et la frégate *La Sagittaire*, débarquent aussi six cent cinquante hommes de troupe et du matériel d'artillerie. Le plus important, toutefois, est le message dont est porteur Barras : « L'escadre de François-Joseph, Paul de Grasse, marquis de Tilly, sera disponible pour des opérations sur la côte américaine, à partir de juillet ou août 1781. » Une lettre de l'amiral de Grasse est destinée à Rochambeau. De Grasse l'a remise à Barras avant qu'ils ne fassent route séparée, Barras vers Newport, de Grasse, en direction des Antilles [1]. Elle indique : « Après être arrivé aux Antilles, je me porterai sur la côte de la Nouvelle-Angleterre et je demande que l'on m'instruise, quand je serai au cap français où je me rends, de vos vues et de vos projets. »

La décision a été prise dès le mois de janvier de l'année. M. de Suffren [2] doit se rendre aux Indes occidentales, M. de Barras à Newport, et M. de Grasse, après avoir ravitaillé les Antilles, est autorisé à rallier les côtes de l'Amérique du Nord.

Cette grande manœuvre de toutes les escadres françaises a aussi pour but de fragmenter et disperser les forces navales anglaises. L'information est capitale. « Rien sans suprématie navale », ne cessait d'affirmer Rochambeau. Celle-ci peut être raisonnablement espérée si de Grasse est au rendez-vous. Il s'agit d'en tirer le plus grand profit.

Une activité intense se déploie, nombre d'informations sont échangées. Entre avril et mai 1781, *L'Hermione* jouera son rôle de courrier privilégié. On se souvient de ses allées et venues en rivière Delaware jusqu'à Philadelphie, des contacts fréquents pris avec M. de La Luzerne, ambassadeur de France, avec La Fayette et le Congrès américain. Le journal de bord de la frégate, tenu par M. de La Touche, signale toujours très laconiquement la raison de ses déplacements : « pour affaire de service ». Les voies de terre étaient longues et hasardeuses. Rapide et bien commandée, la frégate a rempli son office de messager zélé. Ces affaires de service sont d'importance.

Le 19 mai, dans un mémoire adressé à Rochambeau [3] et dont copie a été adressée à Washington, M. de La Luzerne insiste sur la nécessité d'une action immédiate et concertée : « C'est dans la baie de la Chesapeake qu'il semble urgent que les forces de terre et de mer se déploient. Si l'Anglais nous suit et peut atteindre la base seulement après nous, leur situation sera inconfortable. » On ne peut qu'admirer la prescience et la perspicacité du chevalier de La Luzerne. Avec un remarquable esprit de synthèse, il a la vision précise d'une intervention combinée par terre et par mer dans la baie de la Chesapeake. Mais sa proposition, pour admirable qu'elle soit, est loin d'être comprise par tous. Critiqué, il main-

1. Madeleine du Chatenet-Traversay, *Un Français ministre de la Marine des Tzars*, Tallandier, 1996, p. 9.
2. Voir figure 52.
3. Jean-Jules Jusserand, *Avec les Américains passés et présents*, 1916.

tient son point de vue : « Ceux qui ont pour objet le soulèvement des États du Sud doivent être préférés et aucun temps ne doit être perdu pour leur exécution. »

Première réunion de Barras et de Rochambeau

La conférence des généraux Barras et Rochambeau qui s'est tenue à Newport, le 13 mai, n'a pas été déterminante. Barras n'est pas favorable à une action navale en direction de la Chesapeake. Le précédent du 16 mars lui donne peut-être à réfléchir. Rochambeau est d'un avis différent. Il est impressionné et juge particulièrement intéressante l'action de La Fayette en Virginie. « Trop faible pour être battu », selon sa formule, l'officier idéaliste, fougueux, et parfois emporté dans ses paroles et ses jugements, fait preuve d'un sens tactique étonnant. Il a inventé une nouvelle façon de faire la guerre. Lui, officier du Roi de France, se livre à une véritable guérilla moderne. Il harcèle les convois anglais, s'appropriant vivres et armes. Il harasse les troupes régulières anglaises, attaque ici, puis se retire rapidement en dispersant ses hommes. C'est pour mieux les regrouper et surprendre à nouveau les colonnes britanniques par des actions brutales et rapides. Impossible de le fixer et de l'accrocher en rase campagne. Il n'est jamais là où l'on peut l'attendre. Il a galvanisé ses miliciens. Il dispose d'une cavalerie très mobile qui en fait voir de rudes au traître Arnold et aux troupes courageuses, mais lourdes et lentes, du général Cornwallis.

Les loyalistes, pour beaucoup, ont changé leur fusil d'épaule. Les opportunistes se rapprochent. Les succès de La Fayette et les exactions d'Arnold les y encouragent. La Fayette s'impose chaque jour un peu plus en Virginie, c'est indéniable. Pour Rochambeau, c'est là qu'il faut porter l'effort. Ce n'est pas l'avis du général Washington. C'est dans ce sens qu'il a répondu à La Luzerne : « Je vous dois assez de respect et de confiance pour ne pas vous cacher que notre objet est New York. » Il ne faut pas s'en étonner. Le général américain est aussi un homme politique. New York, première ville des États-Unis, encore tenue et bien tenue par les Anglais, présente une haute valeur symbolique.

Conférence interalliée à Watersfield

Le 24 mai 1781, une conférence réunit le général Washington, accompagné du général Knox, chef de son artillerie, et du général du Portail, officier français patron des sapeurs américains dont l'expérience est unique. L'officier est haut en couleur, il a le langage cru et un caractère intraitable. Il est en Amérique depuis 1777. Il remplace La Fayette qui n'a pu les rejoindre. Du côté français, Barras est resté à Newport car la ville est toujours sous la menace de la flotte anglaise. Rochambeau représente l'ensemble des forces françaises de terre et de mer. Washington affirme en tenir toujours pour New York. Rochambeau sait que le général lord Cornwallis se renforce face à La Fayette, Greene et Wayne. L'Anglais songe à envahir le Maryland et la Pennsylvanie à partir de la Virginie. Il frapperait alors Washington au cœur.

New York ou la Virginie ? On continue de débattre. La Luzerne intervient à nouveau dans un courrier daté du 1er juin adressé à Rochambeau : « La situation des États du Sud est critique... la situation du marquis de La Fayette et du général Greene est la plus embarrassante puisque lord Cornwallis a rejoint la division anglaise de la Chesapeake. »

Le compromis de Rochambeau

Rochambeau est à présent convaincu de la justesse des vues de La Luzerne. Pour ne point offenser Washington, il propose un compromis. Il déplacera son corps d'armée sur l'Hudson pour le réunir au sien. De là, ils seront en situation d'opter pour New York ou la Virginie. Barras et sa flotte resteront pour l'heure à Newport, la ville étant sous la protection de plus de cent miliciens et d'un détachement de quatre cents soldats français. Dans le même temps, Rochambeau répond à l'amiral de Grasse pour lui décrire la situation, lui demander son avis et ses options éventuelles, tout en lui suggérant adroitement d'aller dans le même sens que lui : « Telle est la situation et la très grave crise où se trouve l'Amérique... Les vents du sud-ouest et l'état de détresse de la Virginie vous feront sans doute préférer la baie de la Chesapeake. » On ne peut être plus habilement persuasif.

Dans sa dernière lettre en date du 11 juin, il expose à de Grasse la nécessité absolue de l'intervention de son escadre mais aussi celle d'un renfort de quatre à cinq mille hommes. Rochambeau regrette amèrement qu'on ne lui ait pas accordé le transfert de sa deuxième division restée en France. Il réclame aussi des fonds pour pouvoir solder les troupes françaises et américaines, au moins jusqu'en août. Ce n'est pas moins d'un million deux cent mille livres qui lui sont nécessaires. Il précise la situation des alliés en noircissant volontairement le tableau : « Washington n'a pas six mille hommes... La Fayette moins de mille réguliers en plus de sa milice. » C'est *La Concorde* qui portera ce courrier à de Grasse qu'elle atteint le 26 juillet au Cap-Français, capitale de Saint-Domingue.

La longue marche des régiments de Rochambeau

Le départ de Newport, le 12 juin, s'effectue après constitution de quatre divisions. En tête, celle du général Rochambeau avec son état-major. Puis celles de Vioménil, Custine et de Lameth[4]. Le long convoi pique vers le nord. Les vivres, les munitions, les tentes sont transportés par des chariots tirés le plus souvent par des bœufs. Les chevaux ont été réservés pour la traction des pièces d'artillerie. Il faut abattre chaque jour trente à trente-cinq kilomètres par une chaleur torride. Les chemins sont poussiéreux, défoncés et franchissent une succession de collines et de vallées. Chaque homme doit porter son barda qui frise les trente kilos. Le moral est au beau fixe. Les officiers, pour donner l'exemple et encourager la troupe, marchent aussi à pied, à l'exemple du vicomte de Noailles qui conduit son cheval par la bride. Dans les rares villages traversés, les drapeaux sont déployés, les rangs alignés, le pas cadencé et les têtes droites pour défiler. La population est stupéfaite par l'impression de puissance qui se dégage de cette armée venue de France. La légion de Lauzun, avec ses hussards, couvre le flanc gauche d'où peut venir une attaque anglaise.

Jonction franco-américaine

Le 6 juillet, le corps de Rochambeau rejoint l'armée continentale du général Washington à Phillipsburg, au lieu-dit Dobbs'Ferry, à deux pas de King's Bridge, le premier poste anglais, à environ huit lieues de New York.

À présent, Français et Américains se découvrent vraiment. Face aux uniformes rutilants des unités françaises, les Américains ne paient guère de mine. Les régiments provinciaux français arborent leurs meilleures tenues : habit, gilet et culotte blanche, parements verts pour *Saintonge*. *Soissonais* se distingue par ses parements et revers amarante. *Royal Deux-Ponts* porte l'habit bleu clair, culotte et gilet blancs, revers et parements jaunes. *Bourbonnais* est habillé de blanc, souligné de parements lie-de-vin. Ils sont équipés du fusil modèle 1777 choisi par Gribeauval. La plupart des miliciens volontaires de l'Union sont vêtus de tenues de toile marron ou verdâtre[5]. On distingue les *riflemen* et les *minutemen* qui ne sont pas enrégimentés mais toujours disponibles. Leurs vêtements sont pratiques et ressemblent à certaines tenues camouflées des troupes

4. Voir figure 36.
5. Liliane et Fred Funcken, *L'Uniforme des soldats des États-Unis*, tome 1, Paris, Casterman, 1979, p. 22-24.

contemporaines. C'est le *buckskin*, ou costume de chasseur, recommandé par Washington. L'armement est hétéroclite, mais beaucoup d'hommes portent le fusil Kentucky, fabriqué en Pennsylvanie, datant de 1735. On le surnommait le *widow-maker*, le faiseur de veuves. À deux cents mètres, il faisait sauter une tête. Jusserand[6] a noté la réflexion de Closen quand il les découvre : « [...] des gens courageux... c'est peine de les voir, presque nus, avec de simples gilets et pantalons de lin... le croiriez-vous, la plupart d'entre eux, le croiriez-vous, sans bas ! » Voilà quelque chose de surprenant pour un officier comme il faut !

L'eau, vecteur de maladies, est coupée de tafia ou de rhum, ce qui rend la fraternisation plus rapide, même si les têtes s'échauffent un peu. Il n'empêche que les malades sont rares.

La nouvelle de la victoire de La Motte-Picquet sur l'amiral Rodney, survenue le 2 mai 1781 à Saint-Eustatius, qui vient de parvenir, renforce le moral des combattants.

Attaquer à New York ou sur la Chesapeake ?

La question n'est toujours pas tranchée. New York, en rompant toutes communications directes entre le nord et le sud, revêt une indéniable importance stratégique. La ville recèle d'importantes réserves. Elle présente des fortifications échelonnées en profondeur, avec de nombreux points d'appui maçonnés et bien organisés. La garnison est au moins égale en nombre à la totalité des troupes alliées. Le général Clinton qui la commande est perplexe et pourtant sûr de lui. De tous ses vœux, il appelle à l'assaut de la ville. Il en observe les préparatifs qui lui paraissent trop lents.

Dans le camp allié, la querelle a repris. Chastellux appuie Washington qui ne veut pas renoncer à New York. Rochambeau doit rappeler à l'ordre, courtoisement mais fermement, certains officiers trop ardents qui le critiquent ouvertement.

Le plus grave est qu'un de ses courriers a été intercepté par Clinton qui s'est empressé d'en faire connaître la teneur au général Washington. Il espérait semer la zizanie. Il n'en fut rien. Il avait également tablé sur une mésentente entre troupes américaines et françaises, en raison de leurs différences de mentalité et de formation. Ses espoirs furent, là encore, totalement déçus. Sûr de lui, Clinton fait toutefois renforcer New York par deux mille hommes qui auraient dû rejoindre le général Cornwallis.

---

6. Jean-Jules Jusserand, *op. cit.*

Manœuvres de diversion

Rochambeau s'emploie à conforter Clinton dans sa conviction d'être l'unique cible des coalisés. On s'escarmouche, non sans pertes, ce qui a pour avantage de persuader les plus intrépides de la solidité du dispositif défensif qui protège la ville. Les Français donnent corps à l'illusion en construisant des fours à pain en briques, comme si l'on voulait se donner les moyens de nourrir des troupes pendant toute la durée d'un long siège.

De Grasse annonce son arrivée prochaine

La nouvelle parvient le 28 juillet. La lettre de l'amiral est citée par Raymond Bourgerie et Pierre Lesouef[7] :

> *Le comte de Grasse, lieutenant des armées navales, présente ses compliments à M. le comte de Rochambeau et l'informe qu'il sera obligé d'utiliser rapidement la flotte à bon escient dès que le moment sera opportun... toute cette expédition ayant été organisée seulement à votre demande et sans être approuvée par les ministres français et espagnols,* j'ai pris moi-même *la responsabilité pour la cause commune.*

La frégate *La Concorde* transmettra à Rochambeau les dernières précisions utiles. De Grasse a mis à la voile le 5 août 1781 : « [...] pour atteindre la baie de Chesapeake, le lieu qui m'a été indiqué par Washington, La Luzerne, Barras et vous-même, comme le plus sûr pour opérer, le mieux connu comme vous le proposez. » Rochambeau en a connaissance le 15 août. Les dés sont jetés. Le 18 août, les alliés franco-américains pivotent et piquent vers le nord, tout en laissant quelques troupes et miliciens pour occuper Clinton et le conforter dans ses illusions. Le temps très chaud rend cette marche rapide, pénible. Ordre est donné aux hommes de laisser leurs bagages à l'arrière pour s'alléger. Clinton interprète ce mouvement insolite comme un leurre et se félicite hautement de n'en être point dupe. Il n'empêche que le corps allié a franchi la rivière Hudson, au lieu-dit le Bac du Roy avec tous ses fourgons, sans être contrarié par l'armée de Clinton toujours enfermée à New York. Une attaque de flanc sur une troupe se déplaçant en longues colonnes étirées aurait eu un effet ravageur.

Rochambeau entre dans l'État de Jersey, pays de cocagne, où l'on peut s'approvisionner abondamment. La troupe regrette moins les sacs abandonnés à l'arrière. L'entrée à Philadelphie est triomphale. L'amal-

---

7. R. Bourgerie et P. Lesouef, *Yorktown 1781*, Paris, 1992.

game des éléments français et américains s'est parfaitement réalisé. Rochambeau et Washington, tous deux de nature réservée, tombent pourtant dans les bras l'un de l'autre. Les *Life Guards* de Washington, en culotte et habit blanc à parements bleu, et une compagnie indépendante, où chaque homme porte un habit bleu, gilet et culotte jaunes, font très bonne figure. Voilà qui déjoue les prévisions pessimistes du général Clinton et du représentant de la Couronne britannique, lord George Germain, sur les mésententes supposées des alliés. Une lettre de La Fayette parvient alors que les festivités battent leur plein. N'en retenons que cet appel : « Venez vite, mon général ! » Il craint un renforcement des défenses de Yorktown ou une percée, alors qu'il ne dispose que d'un mince cordon de troupes équipées à la légère.

Le général Cornwallis s'enferme à Yorktown

Le général anglais, dérouté par les ordres contradictoires de Clinton et par les interventions hasardeuses de lord Germain, décide de consolider sa position dans le Sud. Envahir la Virginie aurait, certes, atteint Washington dans son fief, au point le plus sensible. Il rassemble une force de cinq mille trois cents hommes en comptant la British Legion de Tarleton[8].

Clinton, bien qu'ayant observé le départ des troupes françaises vers le nord, demeure persuadé qu'il s'agit d'une manœuvre de diversion, d'autant que le général américain Heath, avec quelques maigres troupes, joue le jeu à merveille, en faisant beaucoup de bruit, à vue de ses lignes de défense. Il donne l'ordre à Cornwallis de « s'installer en position défensive, en tous lieux sûrs qu'il préférerait ». Quand Clinton prend enfin conscience du vaste mouvement en boucle des Franco-Américains, ils sont bien trop loin pour qu'il puisse intervenir et couper leurs lignes. Cornwallis, après avoir quelque peu malmené les maigres troupes de La Fayette sur la rivière James, jette son dévolu sur les agglomérations de Yorktown et de Gloucester. La Fayette en profitera pour occuper le terrain. La première bourgade est modeste. Une soixantaine de familles y vit du commerce du tabac. Elle donne sur la rivière York qui coule parallèlement à la rivière James à l'est. La position est stratégique, car de la pointe de la péninsule, on peut assurer la protection des navires dont les Anglais peuvent avoir besoin, soit pour se ravitailler, soit pour débarquer des troupes de renfort en cas de nécessité. C'est une bonne

8. Cyril Falls, *Les Grandes Batailles terrestres, Yorktown, 1781*, traduction de France-Marie Watkins, Reginald Hargreaves, p. 101-102.

décision, tant que la *Royal Navy* est maîtresse sur mer. Un Anglais ne peut avoir aucun doute là-dessus !

Avec les matelots des navires mouillés en baie de la Chesapeake et ceux de la marine marchande, Cornwallis dispose à présent de plus de neuf mille hommes, dont sept régiments de bonne infanterie anglaise, un contingent de Hessois à quatre régiments, troupe solide, courageuse mais lente. Il faut y ajouter deux régiments d'Anspach-Bayreuth. L'élite est représentée par un bataillon de Gardes du Roy, quatre bataillons écossais et quatre régiments de Grenadiers de la Reine. Six mille Anglais et Écossais, trois mille Allemands, cela représente entre le quart et le tiers des troupes britanniques d'occupation opérationnelles en Amérique. Quelques miliciens loyalistes américains complètent les effectifs.

L'odyssée du lieutenant-général de Grasse

Parti de Brest le jeudi 22 mars 1781 avec toutes les escadres du Ponant, il a fait sa route vers les Antilles où il a recueilli un convoi de deux cents voiles. Il a touché Saint-Domingue le 15 avril, puis a cinglé vers la Guadeloupe et la Martinique où il est arrivé le 28 avril. Le 5 juillet, il est à Tobago, et de retour à Saint-Domingue le 16[9]. Ayant reçu les dépêches de M. de Rochambeau par la frégate *La Concorde,* il y a répondu par le même canal en s'engageant à être au rendez-vous de la Chesapeake. Mais il lui faut trouver un renfort de troupes et de nouveaux fonds.

Des troupes et de l'argent

Pour le contingent supplémentaire, M. de Lilliancourt, gouverneur de Saint-Domingue, est d'une efficacité parfaite. Il met à sa disposition trois régiments de troupes réglées d'infanterie : *Agenais, Gâtinais* et *Touraine,* rassemblant trois mille hommes, commandés par le lieutenant-général de Saint-Simon. À cela, il faut ajouter un escadron de trois cents dragons montés[10] des batteries d'artillerie de campagne et leurs servants, des pièces de mortier et des canons de siège. Cet apport s'avérera déterminant. Pour ce qui est des douze cent mille livres réclamées par le général Rochambeau, ce sera plus difficile. Le commissaire ordonnateur, un sieur Le Brasseur, ne veut rien entendre. Les commerçants, malgré les affaires

---

9. Pierre Guiot, capitaine de vaisseau (e.r.), *Transcription des notes de campagne du comte, Rigaud de Vaudreuil*, 1781-1782.

10. Raymond Bourgerie et Pierre Lesouef, *Yorktown 1781*, *op. cit.*, p. 39.

fructueuses qu'ils font avec l'escadre, demeurent bourses liées, se refusant à tout prêt, fût-il garanti sur les biens de l'amiral de Grasse et ceux de ses officiers les plus proches qui s'engagent à fond. Il faut pourtant appareiller au plus vite.

De Grasse décide d'envoyer en mission particulière [11] le jeune lieutenant de vaisseau Jean-Baptiste de Traversay afin de quérir des fonds à La Havane auprès de nos alliés espagnols. Ces derniers sont peu enclins à s'engager directement dans les opérations militaires, mais sont mieux disposés à fournir un éventuel financement.

La mission de *L'Aigrette*

Le 6 août au soir, la corvette *L'Aigrette* est détachée de l'escadre. Elle longe les côtes pendant huit cents kilomètres suivant une route très périlleuse, semée de récifs et de hauts fonds mouvants.

Après bien des aventures dont une poursuite par trois frégates anglaises qui l'oblige à s'échouer, le lieutenant de Traversay donne l'ordre de balancer quelques canons à la mer pour s'alléger et les gagner de vitesse. Il ne manquera pas de les récupérer par la suite. Ayant atteint son but, il obtient, sur la recommandation de M. Salavedra, chargé des projets de campagne en Amérique par la Cour d'Espagne, la somme nécessaire auprès de l'intendant de La Havane.

Mission accomplie, *L'Aigrette*, chargée d'or, fait route de nuit par le canal de Bahama, entre Cuba et la Floride, zone étroitement surveillée par les Anglais. Cette petite aventure en dit long sur la trempe et l'habileté des jeunes officiers de la Royale.

De Grasse emprunte une voie inhabituelle

Les vingt-huit vaisseaux de l'escadre du lieutenant-général de Grasse mettent à la voile le 5 août 1781. La décision de l'amiral est de faire sa route par le vieux canal. C'est le chemin semé d'embûches qu'a déjà parcouru *L'Aigrette*. Mais les vaisseaux de ligne sont moins maniables. Il a l'obligation de récupérer *L'Aigrette* et son précieux chargement. Le 13 août, il donne dans le vieux canal et longe l'île de Cuba. Le 17, à midi, il relève la pointe d'Icaque de Cuba, à vue de Mantazas, puis met en panne pour attendre M. de Traversay. Ce dernier rallie l'escadre à 7 heures du soir, le même jour. Les coffres, pleins d'or espagnol, sont transférés à bord du vaisseau amiral, *Le Ville de Paris*, trois-ponts de

---

11. Madeleine du Chatenet, *Traversay*, *op. cit.*, p. 101.

cent dix canons. À son bord, M. de Grasse est pleinement satisfait. Pour marcher plus rapidement, l'escadre française, forte de ses vingt-huit vaisseaux de guerre, n'a pas emmené de bâtiments de charge. Troupes et matériels ont été embarqués sur les navires de guerre. Le 19 août, à 10 heures, la flotte a connaissance des Martyrs. Elle débouque [12] ensuite par le canal de Bahama. De Grasse réunit ses commandants pour les instruire de son plan. Sans arrêter sa marche, la flotte navale française capture deux corvettes anglaises qui ne pourront ainsi transmettre leurs renseignements. Elle gouverne ensuite au nord, au large des côtes de Floride.

Malgré toutes ces précautions, l'Anglais a eu vent de cette avancée. Ce n'est peut-être qu'une rumeur, mais elle doit être vérifiée. Les escadres de Sa Majesté britannique patrouillent régulièrement entre les Caraïbes et New York [13]. Aussi, l'amiral Hood, venant d'Antigua d'où il a appareillé le 10 août, pique sur la baie de la Chesapeake, où il surgit le 25 août avec une flotte de vingt-cinq vaisseaux de combat et sept frégates de découverte. La baie est vide, hormis les bâtiments anglais qui y montent la garde. Il repart l'âme en paix vers New York où il rejoint l'amiral Graves, ignorant totalement que, six jours plus tard, de Grasse est derrière lui alors qu'il se porte en avant plus au nord, dans l'espoir de l'intercepter. Il craint que de Grasse rejoigne Barras de Saint-Laurent à Newport ou que ces deux escadres apparaissent devant New York. Le raid rapide et dévastateur de La Touche et de La Pérouse vers le Canada, avec seulement deux frégates, *L'Hermione* et *L'Astrée*, incite les Anglais à ne pas dégarnir les abords du Saint-Laurent. La bataille de Louisbourg du 21 juillet 1781 a eu un retentissement considérable. Une autre rumeur prétend qu'un coup de main français, par voie de mer, sur le Canada, est dans l'air. Cette hypothèse avait été envisagée, mais, sagement, la France avait renoncé à une reconquête qui n'aurait pas eu la faveur de l'allié américain. Par ailleurs, la Royal Navy doit aussi se défendre contre les attaques meurtrières du bailli de Suffren aux Indes. La stratégie de dispersion des forces navales anglaises, imaginée par Delacroix, maréchal de Castries, secrétaire d'État à la Marine, est couronnée de succès.

Le 29 août, le signal « terre » est envoyé par les frégates voltigeant en tête d'escadre. Elles l'ont repérée dans l'ouest, sud-ouest, à 15 heures. À 18 heures, toute la flotte de l'amiral de Grasse mouille en ligne de bataille, à vue du cap Henry, à l'entrée de la baie de Chesapeake. Elle a navigué vingt-sept jours. De Grasse est ponctuel. Le renfort tant espéré par le chevalier de La Luzerne, puis par les généraux Rocham-

12. Débouquer : sortir d'entre les terres pour entrer en pleine mer.

13. Voir figure 39.

beau, Washington et La Fayette, est au rendez-vous. L'ambassadeur peut se féliciter de sa clairvoyance ainsi que d'avoir réussi à convaincre les trois généraux de la justesse de ses vues.

Jonction des régiments de Saint-Simon et des troupes de La Fayette

Le 30 août, au grand effarement des Anglais, de Grasse entre en Chesapeake et jette l'ancre à Lynn Haven dans la baie même.

Le lendemain, une prise de contact a lieu avec les officiers tenant les positions du marquis de La Fayette et, le 1er septembre, commence le débarquement des troupes sur des canots qui se dirigent vers la rivière James, à proximité de la zone tenue par le jeune major général des armées américaines. Pour éviter toute surprise, l'entrée de la rivière est fermée par deux bâtiments de guerre, *L'Expériment* et *L'Andromaque*. Même manœuvre pour la rivière York, où *Le Glorieux* et *La Diligente,* renforcées du *Triton* et du *Vaillant*, se positionnent pour éviter toute intrusion.

Les régiments royaux du lieutenant-général de Saint-Simon, *Agenais, Gâtinais* et *Touraine*, avec leur artillerie, débarquent sans obstacle à Jamestown et font leur jonction, le 3 septembre, avec le corps de La Fayette. Ils se portent en direction de Williamsburg qui n'est qu'à cinq lieues de Yorktown. La presqu'île, située à douze lieues de la rivière d'York et de la rivière James, est investie.

Le régiment de dragons et le régiment du Barrois sont débarqués du *Scipion* et du *Citoyen*, puis transportés sur des embarcations légères. À Jamestown, ils rejoignent aussi Saint-Simon qui, bien que d'un grade supérieur à celui de La Fayette, a l'élégance de se placer sous ses ordres. Priorité est donnée à l'officier commandant ayant la meilleure connaissance du terrain.

De Grasse a également mis à disposition des alliés huit cents hommes de la garnison de ses vaisseaux commandés par M. de Choisy, sans compter ceux qui dirigent et participent aux opérations de débarquement. Il a même fait mettre à terre quelques canons avec leurs affûts de marine.

La légion de Lauzun, qui a rallié la première la tête de pont des troupes à terre, fait corps avec la milice américaine du général Weedon.

Seconde bataille navale de la Chesapeake

Le mercredi 5 septembre, à 8 heures, le lieutenant de vaisseau de Traversay, sur sa corvette *L'Aigrette*, patrouille au large du cap Henry. Il voit *Le Marseillais*, de soixante-quatorze canons, afficher un signal. Il se porte immédiatement au nord-est où il distingue vingt vaisseaux de guerre anglais et six frégates d'accompagnement courant dans l'est et faisant route sur la Chesapeake. On attendait Barras de Saint-Laurent, et c'est l'escadre anglaise de l'amiral de Graves qui tient la mer.

De Grasse engage le combat

François-Joseph de Grasse-Tilly, malgré l'absence de mille huit cents hommes débarqués ou occupés au transbordement des troupes et du matériel, met immédiatement à la voile et prend sa ligne de bataille à midi [14]. À 2 heures, l'ennemi défile sur tribord au vent, puis met à la même amure que l'escadre française de façon à l'avoir par son travers [15].

L'amiral Thomas Graves monte le *London* de cent dix canons. Il a, sous ses ordres, le vice-amiral Samuel Hood sur le *Barfleur* de cent huit canons. Le contre-amiral Drake a mis son pavillon sur le *Princess*.

Sur son *Ville de Paris* de cent huit canons commandé par le capitaine de Saint-Cézaire, de Grasse est à son poste sur le gaillard d'arrière en grand uniforme, la poitrine barrée par l'écharpe de Commandeur de l'Ordre de Saint-Louis. À cinquante-neuf ans, il a fière allure, du haut de son mètre quatre-vingt-dix, il domine tout son monde. Il fait ouvrir le feu à 4 heures et ne l'arrête qu'à la nuit tombée. En fait, seules les avant-gardes se sont véritablement engagées. Le chef d'escadre Bougainville, lui aussi de belle taille, est un habile manœuvrier. Il se distingue en offensant gravement plusieurs vaisseaux anglais. Les bâtiments s'affrontent à portée de mousquet, à moins de deux cents mètres.

À cette distance, la plupart des coups portent, et le feu est particulièrement meurtrier. Nombre d'officiers et de marins français vont y laisser la vie, comme les capitaines Brun de Boades, de la Villeon et d'Orvault. La formation anglaise, dont l'avantage du vent lui permettait d'opposer quinze de leurs vaisseaux à quatorze de la flotte française, est pourtant très malmenée. Cinq bâtiments ne gouvernent plus, leur mâture ravagée, leur carène percée. L'un d'eux préfère se brûler pour éviter d'être capturé.

L'amiral de Graves est resté à l'arrière-garde, tenant le vent, et bien

---

14. Cf. Ordre de bataille de l'amiral de Grasse en annexe 8.

15. Travers : flanc du navire où sont ouverts les sabords de batterie. Cf. Ordre de bataille de l'amiral de Grasse en annexe 8.

qu'il lui soit offert par de Grasse, il refuse un second engagement. Pendant quatre jours, les Français renouvellent leurs manœuvres sans que les Anglais acceptent de revenir au combat.

Le 7 septembre, craignant d'être devancé, de Grasse pique sur la baie de la Chesapeake et se met en position d'en interdire définitivement l'accès. Au cours de cet affrontement, les frégates *La Diligente* et *L'Aigrette* se sont emparées du *Richmond* ainsi que de *L'Iris* que *L'Hermione* avait affrontée avec bonheur le 7 juin 1780.

Arrivée de la flotte de Barras et du corps franco-américain

Le même jour, la présence de la flotte de Newport commandée par Barras de Saint-Laurent, est signalée au cap Henry. Il a mis à la voile le 23 août. Pour échapper aux reconnaissances anglaises et aux forces navales de Hood et de Graves, l'escadre française a gouverné très au large avant de cingler vers la Chesapeake. Ayant l'avantage du vent, il se rapproche de nuit et rejoint l'escadre de l'amiral de Grasse. Les deux formations conservent l'avantage du vent, ce qui embarrasse les Anglais. Tant et si bien que la flotte britannique, le 9 septembre, s'éclipse... à l'anglaise !

Dans le même temps, les corps d'armée de Washington et de Rochambeau ont effectué leur jonction, du 6 au 8 septembre, à Head of Helk, au fond de la baie de la Chesapeake.

Le 9, l'armée fait route vers Baltimore, puis se dirige sur Annapolis où elle campe, le 18. L'avant-garde, qui comprend le corps du comte de Custine, celui du général américain Lincoln et la légion de Lauzun, est transportée sur des bâtiments légers qui descendent le fleuve. Le gros du corps franco-américain s'embarque à Annapolis pour Jamestown. Il ne fut pas le plus chanceux car un coup de vent le malmena fortement. Les troupes sont en place le 24 septembre sur la rivière James.

Washington et Rochambeau restent à la tête du convoi d'artillerie, de munitions et de vivres, avec une forte escorte. À partir d'Annapolis, ils poursuivent leur approche par voie de terre. Ils traversent le fleuve Potomac le 14 septembre, franchissent la rivière d'York, puis obliquent plein sud entre les rivières York et James, pour se concentrer à Williamsburg. L'étape suivante est Yorktown et Gloucester.

Les frégates *La Diligente, La Gentille* et *L'Alouette*, de conserve avec les prises anglaises *Richmond* et *L'Iris,* sous le commandement du chevalier de Villebresme, à bord du *Romulus* de quarante-quatre canons, escortent des navires de charge. Ils vont transporter et amener à pied d'œuvre *Le Royal Deux-Ponts* qui sèche sur pied depuis quinze jours, sur le versant nord de la baie. La troupe d'Antoine-Charles de Vioménil, adjoint du général Rochambeau, fait aussi route sur Yorktown. Par la terre, la mer et la rivière, le corps expéditionnaire français, parfaitement coordonné, se concentre.

Une des dernières offensives des escadres anglaises a échoué. Quatre brûlots ont été lancés contre les bâtiments français pour tenter de les incendier. Ces engins flottants, bourrés d'explosifs, de mitraille et de bombes sont redoutables. Bien plus tard, en 1809, l'escadre de Rochefort, qui se croyait en sécurité sous l'île d'Aix, sera dispersée et mise à mal par ce procédé ancien, remis au goût du jour.

Ce sont deux vieilles connaissances, Jean-Baptiste et Augustin de Traversay, le premier montant *L'Iris,* sa nouvelle prise, et l'autre *La Médée,* qui ont donné l'alerte, évitant la surprise.

L'Hermione rejoint l'escadre de M. de Barras

Le lundi 10 septembre, *L'Hermione*, qui a réparé les avaries considérables qui lui ont été infligées au cours de la bataille de Louisbourg, fait route vers le cap Cod. Grains et calmes plats se succèdent. Le 12, les vents devenant très forts, le récent capitaine de vaisseau fait carguer la grand-voile dès 3 heures, à 6 heures c'est au tour des huniers. Le capitaine consigne dans son journal de bord : « À sept heures, le dénommé Antoine Négro, matelot de Marseille, en travaillant dans les porte haubans, travaillant à rider un des haubans, a été emporté à la mer par une lame. J'ai diminué de voiles à l'instant et j'ai reviré de bord mais il m'a été impossible de le sauver... » Le vendredi 28 septembre, à midi, La Touche repère deux voiles qu'il identifie à deux heures pour deux frégates. Il porte sur elles et reconnaît les frégates *La Concorde* et *La Surveillante*. Il apprend que l'escadre de M. de Barras s'était réunie à celle de l'amiral de Grasse et que les Anglais avaient été défaits. *L'Hermione* met immédiatement le cap sur la Chesapeake en direction de la baie d'York. Le lendemain, elle gagne son mouillage et salue son chef d'escadre de cinq vigoureux « Vive le Roy ». Le surlendemain, elle participe aux missions de ravitaillement des armées. Elle se rend à Lynnhaven avec les frégates *L'Iris, La Diligente*, *Le Richmond* et la corvette *Le Loyaliste,* pour y charger des bœufs. Entre deux expéditions elle mouille en Chesapeake. À son bord, le garde de la marine, le jeune Auguste de Traversay, avec La Touche et son état-major, a parfaitement observé l'embrasement des brûlots, dernier atout des Anglais, qui sont touchés de plein fouet par les canons des vaisseaux français. Les explosions sont assourdissantes et les départs des fusées illuminent la baie d'éclairs fulgurants. Tous sont impressionnés par la violence des déflagrations. Auguste ne sait pas encore ce qu'il doit à la vigilance de ses deux frères[16]. Quelques jours auparavant, Jean-Baptiste, lui avait fait les honneurs de *L'Iris*, son nouveau bâtiment. Il l'avait visité en compagnie du second de *L'Hermione*, M. Duquesne, qui se remet à peine de ses blessures. Ce n'est pas sans émotion qu'il a pénétré à bord de l'ex-frégate ennemie. C'est aussi lors de ces retrouvailles qu'Auguste apprendra à ses frères aînés la mort accidentelle de Jean-Pierre Rousseau, chevalier de Fayolle, leur cousin commun, blessé mortellement sous la bouteille de *L'Hermione* le 8 juin 1780, alors qu'il l'abordait pour remettre à M. de La Touche un important message du marquis de La Fayette concernant la prise de contact avec la flotte et les régiments de France qui arriveront le 11 juillet 1780 à Newport. Il leur fait aussi savoir que son corps repose dans le cimetière de La Trinité à Newport, près de la tombe du chef d'escadre de Ternay.

Cette deuxième bataille navale de la Chesapeake a été brève mais violente. Elle a causé la mort de cinq officiers français, dix-huit ont été grièvement blessés et plus de deux cents marins ont été mis hors de combat. La Touche a relevé dans son journal la ligne de bataille des escadres de la marine royale.

Prélude à la bataille terrestre

Le 11 septembre 1781, en fin d'après-midi, M. de Barras, qui a réussi à glisser sa formation entre les belligérants, mouille à Lynnhaven avec ses huit vaisseaux et ses transports. Il débarque l'artillerie, les munitions et les bagages des régiments français de M. de Rochambeau. Le 19, l'avant-garde de l'infanterie, aux ordres de M. de Custine, arrive à Williamsbourg.

Le 21 septembre, toute l'armée continentale de Washington, la division légère et les miliciens de La Fayette, les régiments de Saint-Simon et de Rochambeau prennent leurs quartiers. Les derniers éléments transportés par la rivière, sur les bâtiments légers de l'escadre de Barras, sont repartis d'Annapolis et ont débarqué les soldats le 24 septembre à Hog's Ferry. Ils rejoignent les armées coalisées le 26 septembre.

Ce sont seize mille hommes qui sont maintenant réunis pour investir Yorktown. Les fantassins de Rochambeau ont marché pendant cinq cents kilomètres, depuis leur cantonnement de New York, auxquels il faut ajouter quatre cents kilomètres depuis celui-ci et Newport. Ceux de Saint-Simon ont parcouru près de deux mille kilomètres par voie de mer. Les renforts arrivant de Newport avec Barras ont fait une route de cinq cents kilomètres environ.

---

16. Madeleine du Chatenet, *Traversay*, *op. cit.*, p. 107.

Washington, Rochambeau et Barras se sont retrouvés à bord du trois-ponts *Le Ville de Paris,* pour s'entretenir avec le lieutenant-général de Grasse-Tilly de la meilleure façon de mener leurs opérations. Un impératif s'impose, l'action doit être rapide, l'escadre ne pouvant occuper la Chesapeake que pour un temps limité.

La rencontre entre de Grasse et Washington, dont aucun des deux ne le cédait à l'autre en hauteur de la taille, fut émouvante, leur accolade spontanée. Raymond Bourgerie et Pierre Lesouef rapportent l'accueil surprenant de l'amiral [17] qui s'écria en lui ouvrant ses bras : « Comme je suis content de vous voir, mon petit général [18] ! » Cette saillie ne rata pas son effet et déclencha une hilarité difficilement contenue dans l'état-major au grand complet.

Le siège de Yorktown, aboutissement de la campagne combinée sur terre et sur mer allait pouvoir commencer.

Le siège de Yorktown

La presqu'île d'York

La bourgade de Yorktown est adossée à la rivière York qui a donné son nom à l'agglomération. Elle fait face, sur l'autre rive, à un promontoire sur lequel est implanté Gloucester. De nombreux navires britanniques sont ancrés, proches des rives. Yorktown occupe un plateau descendant en pente douce jusqu'à la rivière.

À l'ouest et à l'est, enserrant le plateau, se trouvent des marais semés de fondrières où il est exclu de pouvoir s'aventurer en grand nombre. Deux routes convergent vers la cité, celle de Williamsburg à l'ouest et celle de Hampton qui traverse le plateau de façon médiane.

C'est en fonction du terrain que le général Cornwallis a organisé sa défense en fortifiant le plateau, mais aussi Gloucester. Il entend rester maître de la rivière qui donne dans la baie de la Chesapeake. Cette position lui permet de pouvoir recevoir des renforts ou, à la rigueur, ce qui n'est pas envisagé, de procéder à une évacuation.

Le 12 septembre, lord George Germain, représentant la Couronne britannique en Amérique, lui faisait part de son optimisme :

> *C'est une grande satisfaction pour moi que le plan que vous aviez concerté pour conduire les opérations militaires sur la Chesapeake corresponde à celui que j'avais suggéré* [19].

17. Voir figure 41.
18. Jusserand, *op. cit.*
19. R. Bourgerie et P. Lesouef, *Yorktown, 1781*, Paris, 1992, p. 85-91.

Le 28 septembre[20], Washington, Rochambeau, Louis du Portail, au service de l'armée continentale, et Quérenet de La Combe, l'ingénieur militaire français, font leurs reconnaissances et observent le dispositif défensif du général anglais.

L'encerclement de Yorktown et de Gloucester

Immédiatement, toute l'armée franco-américaine fait mouvement pour encercler totalement Yorktown par un demi-cercle dont les deux extrémités s'appuient sur la rivière York.

À l'ouest, les trois régiments provinciaux de Saint-Simon. Proche de la rive, le régiment de Touraine, de part et d'autre de la route Williamsbourg, à gauche le régiment de Gâtinais, à droite celui d'Agenais ferment toute issue par cette voie.

En retrait, tournés vers les premières défenses des Anglais, le régiment de Saintonge, le Royal Deux-Ponts et les deux autres régiments provinciaux, Bourbonnais et Soissonais. C'est toute la division de Newport, venue de France avec Rochambeau[21] le 11 juillet 1780.

À l'est, les troupes de La Fayette et du général von Steuben.

Au centre, Washington et Rochambeau ont établi leur quartier général derrière le parc d'artillerie français, commandé par M. d'Aboville. Sur leur droite, les détachements des généraux Lincoln, Clinton, l'homonyme de celui qui tient toujours New York et à gauche de la route de Hampton, à vue de von Stuben, la troupe du général Nelson.

Derrière eux, le parc d'artillerie américain du général Knox. Yorktown est totalement investie.

À son tour, Gloucester est encerclée. Le général anglais Tarleton a, lui aussi, le dos au fleuve. Derrière ses fortifications, il peut apercevoir trois unités qui s'installent, placées sous le commandement de M. de Choisy. Ce sont les milices américaines, les hussards de Lauzun et les soldats de marine appartenant aux garnisons des vaisseaux.

Malgré ce déploiement important et systématique, le général Cornwallis ne manifeste pas d'inquiétude : « J'ai constaté que le général Washington a pénétré nos forces dans la partie extérieure de mes travaux et j'ai le plaisir d'adresser à Votre Excellence qu'il n'y a qu'un désir partout dans l'armée entière, qui est que l'ennemi s'avance... » Voilà qui doit pleinement rassurer lord Germain !

20. Réginal Hargreaves, *Les Grandes Batailles terrestres*, éd. du Pont Royal (Del Duca/Laffont), Paris 1964, p. 104 à 111.

21. Voir figure 42.

Le dispositif défensif de Cornwallis

En pointe du dispositif anglais, s'élèvent deux redoutes, bien fortifiées de palissades et de pieux. Elles sont placées un peu comme des brise-lames. Derrière et au centre, on note trois fortes redoutes, surélevées, entourées de parapets où sont ménagées des fenêtres de tir pour les fusiliers et des embrasures pour la volée des canons. Elles se flanquent les unes les autres, et peuvent croiser leurs feux. Elles bénéficient d'un large champ bien dégagé. Ce dispositif permet des feux roulants et continus susceptibles de constituer un véritable mur de projectiles, propre à décourager tout assaut frontal. À découvert, les poitrines seraient percées par la grêle de balles et les éclats de bombes.

Les abords des marais, qui pourraient être infiltrés, sont battus par des retranchements. C'est une bonne précaution car les Virginiens de La Fayette sont à l'aise sur ce type de terrain.

Enfin, proche de la ville, formant une série de courtines, sont implantées des palissades renforcées de points d'appui échelonnés.

C'est un dispositif bien conçu mais qui présente un défaut majeur. Il ne mesure que douze cents mètres de large et un peu plus de cinq cents mètres en profondeur, ce qui autorise son traitement par une bonne concentration d'artillerie. Or, Cornwallis n'a gardé que soixante pièces de canons, certes bien protégées, et en a fait placer vingt-cinq sur la position haute de Gloucester qui ne peuvent en aucun cas l'appuyer.

Le 1er octobre, le général anglais peut juger de la force des armées coalisées. Il ne s'attendait manifestement pas à devoir faire face à un si grand nombre d'assaillants. Craignant un assaut à la française, baïonnettes au canon, qui pourrait enlever de vive force ses deux redoutes d'avant-garde, qu'il juge trop avancées, il avait donné, la veille, l'ordre de les abandonner. Immédiatement, d'un seul bond, les Français les occupent. Pigeon's Hill voit ses défenses renforcées et réorganisées par les sapeurs alliés. On remplit force gabions, de bonne terre bien tassée. C'est une tête de pont tout à fait intéressante !

Surprise à Gloucester

Le premier accrochage sérieux se produit, bien évidemment, là où on ne l'attendait pas, sur les hauteurs de Gloucester. Face au colonel Tarleton, qui, avec Arnold le traître, n'avait laissé en Virginie que désolation et terreur, s'installent des miliciens américains, des fusiliers de la marine française et la légion de Lauzun. Ces trois unités qui entourent Gloucester n'ont aucune habitude de la guerre de siège. Aussi ont-elles dressé rapidement et sans grande conviction quelques défenses bien légères.

Cela n'a pas échappé à Tarleton qui, le 3 octobre, fait brusquement irruption hors les murs à la tête de ses troupes.

Au premier assaut, totalement inattendu, les hommes des régiments de marine et les miliciens de l'Union sont emportés. C'est alors que Lauzun, à la tête de ses hussards, charge de façon épique. Le choc des cavaliers français, coiffés de leurs hauts mirlitons rouges, ornés d'une longue flamme de la même couleur, sanglés dans leurs dolmans bleu ciel, contre les dragons anglais aux larges plastrons rouges et aux casques de cuir ornés d'une crinière écarlate, est d'une violence inouïe.

« Tarleton me distingua, vint à moi le pistolet haut. Nous allions nous battre entre nos deux troupes, lorsque mon cheval fut renversé... je couru sur lui pour le prendre, une troupe de dragons anglais se jeta entre nous... son cheval me resta... » Lauzun[22] mènera trois charges successives contre les cavaliers anglais. Il les enfonce, les culbute et les reconduit à coups de sabre jusqu'à leur retranchement. Les alliés déplorent trois tués et onze blessés, les Anglais ont perdu un officier et au moins cinquante hommes. La guerre de mouvement s'achève avec ce dernier combat de cavalerie. Le siège, avec ses travaux de terrassement, ses tranchées, ses sapes, et toutes ses techniques spécifiques, devient le théâtre d'opération principal. Place au savoir-faire des ingénieurs militaires !

Ouverture de la première tranchée d'investissement

Elle est ouverte le 6 octobre 1781 et court parallèlement aux défenses anglaises, à moins de six cents mètres de leurs lignes. Pour protéger les exécutants qui creusent la terre, aménagent des postes de tir et des plateformes pour les batteries et aussi pour masquer le bruit de tels travaux, le régiment du Gâtinais lance une diversion à l'extrême ouest du dispositif. Il procède à un simulacre d'attaque, avec des tirs de mousqueterie très nourris. L'attention des Anglais est ainsi fixée. À l'ouest, la tranchée ou *parallèle* ouverte par les Français avance vite. Celle que les Américains ont entreprise depuis l'est la rejoint rapidement. L'ouvrage s'appuie à l'est sur le bord abrupt de la rivière York et, à l'ouest, sur un ravinement profond, dit le « Fossé des Français ». La tranchée, bien pourvue en vivres, munitions et abris étayés, est longue d'un kilomètre et demi. Elle est achevée, articulée sur quatre redoutes, bien palissadées le 8 octobre au matin. Les régiments de *Bourbonnais* et de *Soissonais*, qui ont fait mouvement de nuit, d'ouest en est, l'occupent immédiatement.

---

22. Hargreaves, *op. cit.*, p. 104-105.

L'artillerie alliée ouvre le feu

Le 9 octobre, l'artillerie française ouvre le feu à 9 heures à partir du « Fossé des Français », visant la redoute des fusiliers. Les salves successives sont serrées et chaque coup porte. Dans le même temps, des pièces tirant à boulets rouges visent les bâtiments anglais mouillés sous Yorktown. *La Guadeloupe* et trois transports sont gravement touchés, ainsi que *Le Charon* de quarante-quatre canons. Seul le premier en réchappe, les autres s'embrasent.

À 17 heures, l'artillerie américaine donne de toutes ses batteries. On dit que c'est le général Washington lui-même qui fit partir, au boute-feu, le premier tir !

Toute contre-batterie anglaise est impitoyablement sanctionnée par les tirs français qui éventrent les défenses et culbutent les pièces. Cornwallis n'avait pas pu apprécier à sa juste mesure la puissance de l'artillerie qui menace sa ville. Les alliés disposent de cent vingt-cinq canons, dont au moins quatre-vingts pièces françaises. Ce sont les plus modernes de l'époque. Conçus par l'ingénieur général Jean-Baptiste Vaquette de Gribeauval, elles sont dirigées avec maestria par le général comte d'Aboville. Précises, robustes, quoique pesant deux tonnes pour celles de « 12 », ces pièces feront merveille pendant les guerres de l'Empire. Les mortiers de « 10 », à grande portée, qui pèsent une tonne, envoient des projectiles creux de quarante-neuf kilos chargés de sept livres de poudre, à plus de deux mille mètres.

Les Américains possèdent des engins anciens mais de très forts calibres bien adaptés à la guerre de siège. Le général Knox les sert avec une grande efficacité.

À bord de *L'Hermione*, ancrée proche du cap Charles, La Touche consigne dans son journal : « Dans la nuit, on a vu un incendie considérable à York, occasionné, sans doute, par l'effet des bombes ou boulets rouges des assiégeants, dont le feu a été très vif, depuis avant-hier que l'on a ouvert la tranchée. »

Le 11 octobre, le général Cornwallis a pris toute la mesure de sa situation. Il écrit : « Je ne peux seulement que répéter qu'un mouvement direct vers la rivière d'York, incluant une action navale couronnée de succès, peut me sauver... beaucoup de travaux sont considérablement endommagés. »

Ouverture de la seconde tranchée d'investissement

La seconde tranchée est entreprise le même jour, parallèlement à la première, mais bien en avant, mettant les ouvrages ennemis à moins de trois cents mètres de l'artillerie alliée. Or, la portée des pièces françaises de calibre « 8 » et « 12 » est respectivement de sept cents et de neuf cents mètres. L'ouvrage est bien structuré, comme le premier. Le début des travaux s'est effectué sous la protection d'une véritable voûte de tirs d'artillerie, établissant un barrage de feu et d'éclats infranchissables. La fumée masque toutes ses vues à l'ennemi. Le fracas des explosions étouffe le bruit des travaux. Cette seconde parallèle est reliée à la précédente par des bretelles de circulation en zigzag, pour parer à toute possibilité de tir en enfilade. Il a fallu plus de mille hommes pour achever ce dispositif protecteur permettant d'assurer l'offensive à moindre coût. Beaucoup d'officiers, très jeunes, voudraient en finir par un assaut général frontal. Ils émettent des critiques à l'égard du « vieux ». Rochambeau, avare de la vie de chacun de ses hommes, les fait taire, toujours courtoisement mais avec une grande fermeté. Imperturbable, il poursuit systématiquement une avancée prudente mais inexorable.

L'affaire des deux redoutes

Deux fortes redoutes anglaises tiennent depuis trois jours sous les tirs rapprochés des Français. Par leur emplacement, elles commandent le plateau où les Anglais espèrent encore un assaut qu'ils pourraient briser des feux roulants dont ils ont le secret. Rochambeau le sait, c'est pourquoi il a tancé ses officiers trop ardents. Ces deux redoutes menacent le flanc ouest de sa deuxième tranchée. Qui en a eu l'idée ? Rochambeau ou Washington ? Français et Américains sont mis en concurrence. La première sera dévolue aux Américains, la seconde aux Français. Elles doivent être conquises quel qu'en soit le prix pour la sûreté de tous. L'action est déclenchée dans la nuit du 14 octobre. Pour l'Union, c'est La Fayette et le colonel Alexander Hamilton qui conduisent l'assaut. Les volontaires américains sont étranges, avec leurs tenues disparates, leurs armes hétéroclites où l'on remarque jusqu'à des *tomahawks*. Certains ont gardé leurs fusils Kentucky auxquels ils ont adapté une baïonnette. On note la présence d'Indiens dont quelques Blancs ont adopté les peintures de guerre. Ils se glissent, furtifs, se confondant avec le sol, rampant, progressant silencieusement par bonds jusqu'au pied des palissades. Ils les écartent, les franchissent ou les escaladent. Ils se coulent contre les madriers, se lovent autour des pieux, s'y agrippent pour atteindre le sommet et se laissent tomber comme des chats. Ils surgissent brusquement dans l'ouvrage, hurlant, déchargeant leurs armes sur chaque homme entrevu. On assomme à coup de crosse, on perce du sabre ou à la baïonnette, on fracasse à coup de hache et l'on s'éventre au couteau dans un furieux corps à corps. En trois minutes l'affaire est réglée. Les prisonniers, terrorisés, sont expulsés brutalement sous bonne garde, et les défenses retournées.

Les Français sont plus classiques. Les quatre cents grenadiers des régiments de Gâtinais et de Royal Deux-Ponts s'avancent posément, commandés par le baron de Vioménil. Les charpentiers et sapeurs ouvrent la route en abattant les palissades, couchant les pieux, basculant les gabions pour ouvrir une brèche. Ils mettent en place des échelles par lesquelles les soldats s'élancent en hurlant « Vive le Roy ». Les premiers assaillants sont fusillés à bout touchant par le feu anglais. Les autres emportent la fortification d'un seul élan. Le combat a été chaud. Les Français ont perdu quarante-six hommes et déplorent soixante-deux blessés. Les Anglais n'ont que vingt et un morts et quarante-trois prisonniers, dont trois officiers. Guillaume, comte de Deux-Ponts, est blessé. Deux officiers du régiment de Gâtinais succombent à leurs blessures. L'assaut a duré plus de dix minutes ! La Fayette ne manque pas de lancer quelques remarques ironiques qui sont peu appréciées. M. de Gimat est gravement atteint et M. de Lameth manque d'y perdre les deux jambes.

Les deux redoutes sont rapidement aménagées. Les canons sont retournés et pointés vers York. Le régiment du Gâtinais, qui est monté à l'assaut, en tête, avec ses grenadiers, verra une requête qui lui tient à cœur enfin exaucée. En récompense de sa bravoure il pourra reprendre son vieux nom de *Royal-Auvergne* et sa fière devise : « Auvergne sans tache. » Rochambeau l'a promis. Louis XVI y souscrira.

L'artillerie donne à plein, tous calibres mêlés, réduisant en ruines la ville de Yorktown. Chaque maison est ouverte, les toitures percées, portes et fenêtres arrachées. C'est une innovation, on tire non seulement le jour, mais aussi toute la nuit.

Ultime contre-attaque anglaise

Dans la nuit du 15 au 16 octobre, dans une contre-attaque désespérée, l'élite des Guards, trois cent cinquante hommes, donne l'assaut aux deux redoutes et s'en rende à nouveau maître. Les réserves françaises sont regroupées avec une rapidité foudroyante par Rochambeau. Placées sous le commandement du vicomte de Noailles, beau-frère de La Fayette, elles les enlèvent à nouveau, au pas de charge. Elles les occupent, désenclouent les canons, les retournent et poursuivent l'ennemi, l'épée dans les reins jusque sous les palissades de la ville. Le marquis de Saint-Simon a été blessé dans la tranchée.

Il n'y a plus d'espoir pour lord Cornwallis, d'autant que le général Clinton, en réponse à son courrier qui réclamait un secours immédiat, lui fait connaître qu'il ne pourrait arriver que dans deux à trois semaines ! Ayant épuisé ses dernières réserves, le général anglais, avec quelques éléments d'élite, tente de passer à Gloucester qui n'est investie que du côté de la terre. En traversant la rivière York, il pourrait gagner ce réduit et rejoindre Tarleton. Une partie de l'escorte passe la rivière sur des embarcations légères. Quand arrive son tour d'embarquer, lord Cornwallis est victime d'un caprice de la nature. Un vent violent se lève, les eaux roulent de façon tumultueuse. Il lui faut renoncer ! Les détachements qui sont arrivés sur l'autre rive ne peuvent même plus repasser la rivière et restent isolés.

La reddition de Yorktown

Le matin du 17 octobre, à 10 heures, un tambour battant la chamade précède un officier en habit rouge. Le parlementaire est envoyé par Rochambeau au quartier général de Washington. C'est avec les Américains que les Anglais doivent discuter d'une éventuelle trêve. Washington ne veut pas d'une suspension d'armes. C'est la reddition ou l'assaut ultime. Les Anglais ont épuisé leurs munitions d'artillerie et toutes leurs fortifications ont été mises à bas par les batteries franco-américaines. Ironie du sort, le même matin, sir Henry Clinton, appareille de New York avec vingt-six vaisseaux de guerre et plus de six mille hommes de troupe, pour la Chesapeake. Il ignore qu'il est déjà trop tard.

Cornwallis, dans le souci d'épargner la vie de ses hommes et pour pouvoir enfin soigner ses blessés, accepte la reddition. Elle sera signée le 19 octobre.

C'est dans un silence total que les habits rouges, en rang, sortent de Yorktown, leurs drapeaux roulés. Washington et Rochambeau ont strictement interdit toute manifestation d'hostilité. L'esprit des Lumières, c'est aussi respecter le malheur des vaincus, compatir à la souffrance des hommes et ne pas en rajouter par de dérisoires humiliations. La musique des Anglais joue *The Word Turned Upside Down,* soit, le monde tourne à l'envers, trait d'humour tout à fait britannique.

Lord Cornwallis est souffrant et se fait représenter par son second, le général O'Hara. Il présente son épée au comte de Rochambeau qui, courtoisement, la refuse et le fait conduire auprès du général Washington par son aide de camp. C'est un geste politique. C'est aux Américains que les Anglais doivent se rendre. Le lieutenant général de Grasse-Tilly est, lui aussi, absent. On le dit indisposé par une méchante goutte qui le tourmente. Il est certainement très préoccupé par un retour offensif de la flotte anglaise. C'est le chef d'escadre Barras de Saint-Laurent qui le représente. On peut y voir aussi une courtoise attention à l'égard de celui qui l'avait précédé en Amérique.

Les prisonniers anglais sont au nombre de huit mille dont deux mille sont soignés dans les hôpitaux de campagne français. Il faut y ajouter les huit cents marins prélevés sur les bâtiments ancrés dans la baie. Les pertes s'élèvent à près de huit cents soldats. Vingt-deux drapeaux seront déposés. On évalue les pertes françaises et américaines à six cents hommes environ. Quarante bâtiments de transport ont été endommagés ou coulés. *La Guadeloupe*, frégate de vingt-huit canons, a été ravagée par l'incendie. Une seule, *La Fowley,* est indemne. En outre, cent soixante-quinze canons et huit mortiers ont été rendus. Les forces vives des Anglais sont brisées.

Un tableau symbolique de John Trumbull[23] illustre cet événement majeur. Remettant son épée au major général Benjamin Lincoln, sous l'œil attentif de Georges Washington, lord Cornwallis fait face à l'état-major combiné franco-américain. Ce dernier, et cela ne peut échapper au général anglais, lui-même membre de l'Ordre, est – sans aucune exception – composé de francs-maçons. Il ne peut échapper, alors, au général vaincu que cette reddition va beaucoup plus loin que la simple cessation des combats entre deux armées. À cet instant, au-delà des conséquences politiques et stratégiques, il assiste au triomphe d'un idéal, celui de la franc-maçonnerie, auquel les membres de cet état-major qui lui fait face ont tout sacrifié pour le faire triompher.

Cette bataille, très moderne par ses actions combinées, terre-mer, par l'emploi systématique du feu d'artillerie précédant et couvrant le mouvement des troupes, l'est aussi par le souci constant des deux chefs d'armée d'être économes de la vie de leurs soldats. Dans chaque camp, on a évité les massacres inutiles. Le général Rochambeau, dont le blason est renforcé d'une devise éloquente : « Vivre en preux et mourir », s'est toujours refusé à sacrifier la vie d'un seul homme pour sa propre gloire. Il a souvent dû le rappeler à ses jeunes officiers enivrés par l'ambiance des combats.

Rochambeau, Washington, La Fayette, Saint-Simon, et même le général Cornwallis, en préférant la reddition à un massacre inutile, constituent un exemple symbolique et révélateur de l'esprit du siècle des Lumières. Dans le même ordre d'idées, il convient de signaler l'importance accordée par ces mêmes généraux à l'existence d'un véritable corps de santé qui suit le déplacement des troupes, organise des hôpitaux à

23. Voir figure 43.

terre, et qui est également présent sur chaque frégate et vaisseau des escadres. Ce souci humanitaire était une exigence de Louis XVI, scrupuleusement respectée par ses chefs militaires. Il faut y voir une autre avancée que l'on doit à l'esprit des Lumières !

Le droit des gens et le respect des hommes s'imposent désormais en France comme en Amérique. Du moins pour un temps, car la Révolution française viendra y mettre un terme aussi brutal que sanglant pendant la Terreur. Les guerres du premier Empire s'éloignent définitivement de ces conceptions. Ne parlons pas de celles qui marquèrent à jamais d'infamie le XXe siècle.

Quelques jours après la victoire de Yorktown, le général de Rochambeau et l'amiral de Grasse recevaient un message, particulièrement chaleureux, du Congrès des treize États de l'Union. Le Congrès faisait même l'hommage de quatre canons de bronze à l'amiral de Grasse. Ces quatre pièces d'artillerie portaient l'inscription : « Pris à l'armée anglaise par les forces combinées de la France, de l'Amérique, à Yorktown en Virginie, le 19 octobre 1781. »

Le 24 octobre, à 10 heures, le canot de *L'Hermione* est affalé. Il est chargé du courrier qui doit être porté à bord de *La Surveillante* où s'est embarqué le duc de Lauzun chargé d'informer le Roi de cette grande victoire.

Le comte de Deux-Ponts est monté à bord d'une autre frégate, pour la même mission. Ainsi écartait-on toute possibilité d'une interception anglaise susceptible de retarder le message à la Cour de France.

Lorsqu'il apprit la nouvelle, Louis XVI eut cette phrase modeste : « Monsieur le comte de Rochambeau, le succès de mes armes me flatte, seulement comme contribuant à la paix. »

Un *Te Deum* fut célébré dans toutes les églises de France. Bien plus qu'une revanche, c'est la paix que l'on glorifiait !

Dernières missions de *L'Hermione*

Le jour de la prise de Yorktown, le 19 octobre 1781, tournant décisif de la guerre d'Indépendance, ordre est donné à *L'Hermione* de rallier la flotte. Le samedi 20, la frégate appareille pour le cap Henry où elle mouille à 18 h 30. Elle repart le dimanche 21. Elle patrouille tout le jour et toute la nuit, ainsi que les journées suivantes, en mission de découverte.

Le mercredi 24, elle repère un bâtiment portant le pavillon parlementaire : « J'ai arrivé dessus pour le héler, il m'a dit aller à New York ayant à bord Lord Cornwallis et plusieurs officiers anglais de la garnison d'Yorktown. »

Le 27, le vent a soufflé toute la nuit avec violence. Il se calme au matin mais la mer reste grosse. La Touche note dans son Journal :

> *... À une heure de l'après-midi, la vigie a découvert une voile venant au vent. À deux heures, j'ai reconnu le bâtiment pour être un trois-mâts ayant cargué sa grand-voile et ses perroquets. J'ai jugé que ce pouvait être une découverte de l'escadre ennemie. L'ayant vu virer de bord, j'ai coupé mon câble et j'ai fait porter sur lui toutes voiles dehors. Il a pris chasse... en appareillant, j'ai eu connaissance de deux autres voiles, un peu au vent... j'ai reconnu le bâtiment de dessous le vent pour un vaisseau de quarante-quatre, ayant pavillon anglais à sa corne, qu'il a assuré d'un coup de canon. J'ai signalé ces trois voiles à* La Concorde *mouillée dans la baie de Lynnhaven. À trois heures, on a eu connaissance de trente et une voiles... j'ai mis en panne en tirant des coups de canon de distance en distance, pour faire remarquer mes signaux...*

Ne pouvant transmettre son message à *L'Andromaque* qui rentre en rivière, La Touche arme un canot pour porter son rapport au chef d'escadre. Pendant ce temps, les frégates *L'Andromaque* et *La Concorde* répètent les signaux d'alarme de *L'Hermione.* L'escadre anglaise est découverte. Elle est forte de vingt-sept vaisseaux et de six mille hommes de troupe, avec, à leur tête, William Henry, fils du roi d'Angleterre. Mais ce puissant secours arrive après la bataille et fait demi-tour sans tenter d'intervenir. Le sort des armes a définitivement tourné. L'intervention massive de la flotte et des régiments français, dans une opération parfaitement réglée, a été décisive.

M. de La Fayette, grâce à *L'Hermione*, a bien rempli sa mission.

La fin de l'année 1781 n'est pas meilleure que la précédente. *L'Hermione,* souffrant des séquelles de ses combats, doit affronter un temps rigoureux. Elle effectue des patrouilles incessantes au large du cap Henry, contrôle des bâtiments suspects et assure des missions de transport pour l'armée franco-américaine. Le 29 octobre, alors qu'elle surveille des éléments de l'escadre anglaise, un coup de vent violent l'oblige à faire face, en culant. Pendant cette manœuvre, la frégate heurte le canot qu'elle avait en remorque et le coule. Les deux hommes qui le montaient sont heureusement sauvés.

Le dimanche 4 novembre, La Touche a connaissance du mouvement de l'escadre française, *L'Hermione* recueille les pilotes américains dès que ceux-ci ont effectué leur mission. Elle mouille, le jeudi 8, dans la rivière York, à partir de laquelle elle poursuit ses patrouilles. Le 14, elle renforce son artillerie par six canons de « 6 » et transporte des pièces de Gloucester à York. Le 1er décembre, elle s'ancre à la pointe de Lookout. Appareillages et mises à la voile se succèdent sans arrêt. Le 15, en vue de la rivière Elk, la frégate rencontre des glaces, et La Touche fait placer des bâches sur l'étrave pour éviter que le doublage en cuivre soit endommagé. Le 16, deux hommes de l'équipage désertent. Plusieurs coups de canon sont tirés pour donner l'alerte. Les fugitifs sont rattrapés dans la nuit. À la veille de Noël, *L'Hermione* embarque de nombreux effets destinés à l'armée de M. de Rochambeau. L'année 1781 s'achève.

Le 1er janvier 1782, le vent s'est enfin calmé. Mais la brume, le vent et la neige sont vite de retour. Le mardi 15 janvier, la frégate mouille à North Point. Puis elle croise sans discontinuer et, le lundi 21, mouille devant la ville d'York où elle débarque des effets destinés à l'armée. Elle y retrouve le vaisseau *Le Romulus*, la frégate *La Diligente* et *La Sybille* qui est arrivée de France depuis huit jours. On apprend à La Touche la nouvelle de la naissance du Dauphin et l'intention qu'a M. de Rochambeau de le faire retourner en France.

Le 26 janvier, nouveau décès, celui de César Nègre, domestique du commandant de *L'Hermione,* mort de petite vérole. Le 30, c'est un mousse, Pierre Berger, originaire de Bordeaux, qui meurt lui aussi du même mal.

Retour au port de Rochefort

Conformément aux ordres de M. de Rochambeau, La Touche se met en demeure de préparer son retour à son port d'attache. Tout étant paré, *L'Hermione* va appareiller de la Chesapeake, le 2 février 1782.

> *... À huit heures du matin, les vents étant de la partie nord-ouest, bon frais, j'ai fait signal à* La Diligente *de désaffourcher à neuf heures, M. le baron de Vioménil, maréchal de camp, Commandeur de l'Ordre de Saint-Louis, que j'étais chargé de ramener en France, s'étant rendu à mon bord avec ses aides de camp et plusieurs officiers français de l'armée de M. le comte de Rochambeau, au nombre de dix-sept, j'ai appareillé, faisant petite voile pour attendre* La Diligente...
>
> Journal de *L'Hermione*.

En effet, *L'Hermione* a une marche beaucoup plus rapide que la plupart des autres frégates. La Touche perd patience. Son navire dispose d'une plus grande supériorité de marche que *La Diligente*, et il se voit contraint à mettre en travers et à attendre M. de Clonard pour lui demander de pouvoir enfin faire voile sans encombre. Celui-ci le rejoint enfin, laisse La Touche poursuivre sa route et regagne son mouillage.

À 5 heures du soir, *L'Hermione* relève son point de départ du cap Henry par 37° de latitude et 77° 28' du méridien de Paris. Dès le mercredi 6 février, les vents variables sud, sud-est, sont en gros frais et la mer très creuse. Ils se renforcent le vendredi 8. Accalmie, puis calme plat le lundi 11, mais dès le lendemain, la houle devient violente par gros frais. Le 13, les ris sont pris dans les huniers et le petit hunier se déchire. Le grand mât de hune casse et brise le grand mât de perroquet dans sa chute. Un très fort coup de vent d'ouest s'installe. Le dimanche 17, la grand vergue se rompt en son milieu et le jeudi 21, la grande voile éclate. *L'Hermione* est contrainte de se mettre à la cape sous grand voile d'étai. La frégate fatigue de plus en plus dans le gros temps. Elle se plaint. Ce n'est que le vendredi 22 février que les vents mollissent enfin. Le mât de beaupré qui a joué doit être renforcé immédiatement. Enfin, le samedi 23, La Touche estime *L'Hermione* à vingt-deux ou vingt-trois lieues dans l'ouest de l'île d'Yeu qu'il reconnaît le dimanche 24 à 10 h 30.

Le lundi 25 février 1782, La Touche mentionne, dans son Journal :

> *... Aujourd'hui, j'ai eu connaissance de la tour des Baleines à l'est, sud-est. J'ai gouverné au sud-est, peu après, j'ai vu la tour de Chassiron... étant en dedans, les vents ont passé au sud, ce qui m'a forcé de courir plusieurs bordées pour gagner le mouillage de l'île d'Aix où j'ai laissé tomber l'ancre par dix brasses de fond de vase. J'ai débarqué tout de suite pour me rendre à la Cour.*

La traversée entre la Chesapeake et l'île d'Aix s'est effectuée en vingt-trois jours. La campagne américaine de *L'Hermione* a duré un an, onze mois et quinze jours.

XI

La marine royale sous Louis XVI

Évolution des politiques de la marine au XVIIIe siècle

De 1661 à 1708, grâce à Colbert, la France a réellement disposé de l'armée et de la marine les plus puissantes de l'époque. Un court moment, entre 1688 et 1692, après la mort de Colbert, Louis XIV et Louvois élaborèrent une stratégie défensive sur terre et résolument offensive sur mer. La conjonction des marines hollandaise et anglaise devint donc urgence absolue pour les puissances maritimes. Le rêve maritime français ne reviendra que plus tard, avec Louis XVI.

De 1715 à 1740, soucieuse de l'alliance avec l'Angleterre et souffrant d'un déficit chronique, la France, comme expliqué plus haut, renonce pratiquement à reconstruire une grande flotte.

Cependant, nécessité faisant loi, après 1740, elle tente de recréer une marine, par petits groupes successifs de bâtiments, immédiatement engagés au combat, malgré de nombreuses faiblesses, dont notamment celle des effectifs de matelots. Cette force maritime reste cependant, jusqu'après le milieu du siècle, inférieure à celle de l'Espagne. En dépit d'une qualité technique supérieure et d'une standardisation progressive, cette flotte se fait battre, en raison des épidémies comme par la force des adversaires, aussi bien pendant la guerre de la succession d'Autriche que durant celle de Sept Ans. Elle prendra sa revanche dans la guerre d'Indépendance américaine.

Situation des flottes européennes à la moitié du XVIIIe siècle [1]

Quant aux puissances maritimes, il y a d'abord l'Angleterre : le rapport des vaisseaux de ligne oscille de un à trois jusque vers 1750, puis

1. Voir, à ce sujet, l'annexe 4 : Situation de la marine royale et des flottes européennes au XVIIIe siècle.

de deux à trois au détriment de la France, et il est moins favorable encore pour les frégates.

De 1720 à 1755, l'Espagne possède davantage de gros navires que la France, qui la rattrape et la dépasse même légèrement par la suite.

La Hollande, en revanche, a irrémédiablement perdu sa première place : elle rétrograde à la quatrième, puis, avec les progrès de la Russie, à la cinquième position. À la fin du siècle, avec les marines de la mer Noire et de la Baltique, la Russie supplante numériquement la marine française.

Quant à l'expansion coloniale, c'est une affaire de commerce. Louis XV, ici encore, est sceptique et semble n'avoir jamais cru aux chances de la marine française. Il a pourtant laissé Choiseul prendre diverses initiatives, quitte à l'arrêter dès que la guerre semblait se rapprocher. Seul Louis XVI a cru sinon à une possible maîtrise de la mer, du moins à un équilibre relatif qui s'est établi entre 1783 et 1789.

Sous la Régence, les terres que baigne le Mississippi deviennent, dans l'opinion publique, un pays de légende dont ne subsistera que la seule ville de la Nouvelle-Orléans. Il s'établit, à l'époque, un immense empire terrien s'étendant du golfe du Mexique à celui du Saint-Laurent, sur un axe balisé par le Saint-Laurent, les grands lacs, la vallée de l'Ohio et le Mississippi. La protection en est longtemps assurée par une mince ligne de petits fortins relais, mais surtout par une connivence certaine avec les populations indiennes.

Voici donc un noyau de vrai peuplement, le Canada, et un embryon de colonie, la Louisiane. À ce stade, la naissance d'une Amérique parlant français demeurait encore dans le domaine du possible. Mais, dans leur poussée vers l'ouest, longtemps arrêtée par les Appalaches, les colons anglais des Treize Colonies disposent, très tôt, de l'avantage du nombre, la population y double tous les vingt ans. Au moment de la guerre de Sept Ans, ils sont un demi-million contre moins de cent mille Français. Pourtant, les Canadiens l'emportent longtemps : les guerres de la fin du règne de Louis XIV sont marquées par une série de victoires. Hélas ! le traité d'Utrecht (1713) prive le Canada d'une partie de ses débouchés maritimes (Terre-Neuve, Acadie). Après 1715, les contacts aux frontières deviennent de plus en plus fréquents et plus durs. Longtemps, la tactique de la guérilla, l'endurance et les qualités militaires des Français leur permettent de tenir, et cela jusqu'au début de la guerre de Sept Ans. Le recours aux tactiques européennes, le commandement de Montcalm et les zizanies internes auront enfin raison de la colonie qui est obligée de capituler. Et en 1763, le traité de Paris consacre un état de fait qui, aux yeux de Choiseul, ne réserve que l'unique avantage de permettre la future explosion, contre les Anglais, du mécontentement des colons des treize colonies britanniques qui, ultimement, selon lui, déclenchera les événements conduisant à l'indépendance américaine.

Dès son accession au trône, Louis XVI entend marquer que son principal objectif, celui auquel il s'attache personnellement, est le renouveau de la marine, instrument d'une politique de présence et d'intervention de la France sur les océans.

Le 24 août 1774, après un bref intermède assuré par Turgot, le nouveau roi nomme à la tête de la marine Antoine, Gabriel de Sartine[2], un homme auquel il accorde sa confiance, mais qui n'avait jusqu'alors servi que comme lieutenant-général de police à Paris. Sartine restera secrétaire d'État de la Marine et des Colonies pendant plus de six ans, jusqu'au 14 octobre 1780 : il sera la cheville ouvrière de la restauration de la puissance maritime du royaume. Pour comprendre l'importance de la fonction, il faut se souvenir que le *ministère*, depuis Louis XIII et surtout Louis XIV, était très réduit, et ne comportait, outre le chancelier ou garde des sceaux et le contrôleur général des finances, que quatre *secrétaires d'État* : aux Affaires étrangères, à la Guerre, à la Marine, et à la Maison du Roi, chaque secrétaire d'État étant, en outre, responsable pour les affaires intérieures d'un secteur géographique du royaume, par exemple les Colonies pour la Marine.

Aux yeux du plus marin de nos rois, la marine constitue, en effet, l'un des quatre grands départements ministériels. Toute sa vie, il devait conserver cette passion de la mer, suscitant la naissance de la superbe flotte qui allait permettre, par le contrôle du théâtre maritime, la victoire des insurgents américains. Pour mieux saisir l'étendue des attributions de ce secrétariat d'État, il faut se référer à l'Almanach Royal qui en définissait ainsi les compétences :

> *La Marine, les Galères, toutes les colonies françaises, les Isles de France et de Bourbon, et tous les établissements français au-delà du cap de Bonne-Espérance, les pêches de la morue, du hareng, de la baleine et autres, les Consulats, la Chambre de Commerce de Marseille, le commerce maritime.*

Certes, les prédécesseurs de Sartine n'avaient guère utilisé cette structure de manière effective, sauf Choiseul qui cumulait les Affaires étrangères, la Guerre et la Marine ; mais le cadre existait et il suffisait au secrétaire d'État d'y inscrire ses décisions. En réalité, tout dépendait du souverain.

Or, pour la première fois, peut-être la seule dans l'histoire de notre pays, ce dernier était plus tourné par goût personnel vers la mer que vers l'intérieur : « C'est probablement le seul roi de France qui se soit

2. Voir figure 51.

occupé de nos forces navales par goût personnel et non pas par simple obligation[3]. »

D'autres rois, comme Charles V et son amiral de la flotte, Jean de Vienne, véritable fondé de pouvoir universel de la royauté pour le fait de la mer, avaient compris le rôle de la marine, mais chez Louis XVI il y aura quelque chose de plus : le goût de la mer, avec le sens de ce que représente l'outre-mer dans les destinées du pays.

L'effort maritime du royaume

Le premier mérite du nouveau souverain fut de soutenir Sartine, puis son successeur, de Castries, et de leur fournir les moyens législatifs et financiers d'une politique maritime.

L'œuvre de Sartine s'apprécie en comparant l'état de la flotte laissé par de Boynes et Turgot, et la situation lorsqu'il s'en ira en 1780, au moment de la guerre d'Indépendance d'Amérique et du nouveau conflit avec l'Angleterre. Malgré les efforts de Choiseul, il ne restait, à l'arrivée de Sartine, qu'une soixantaine de vaisseaux en très mauvais état. À son départ, la flotte française sera forte de quatre-vingt-deux[4] vaisseaux, auxquels s'ajoutaient soixante et onze frégates et cent soixante-quatorze autres unités, « la plus grande puissance armée que la marine à voile ait jamais rassemblée ». En outre, par ses ordonnances de 1776, Sartine avait réagi contre l'assimilation de la marine à l'armée de terre et contre la prééminence, instaurée par Colbert, des administrateurs sur les combattants. À la veille des opérations contre l'Angleterre, ces ordonnances dotaient la marine de structures modernes en lui fournissant les moyens d'une réelle efficacité. Par ailleurs, le royaume accentuait la formation des médecins et pharmaciens de marine. Et, signe des temps et de la tendance, l'Académie de Marine, fondée à Brest en 1752 se voyait conférer le rang d'Académie royale.

En 1789, la situation de la marine de Louis XVI, à l'ouverture des États généraux, est la suivante :

Quantitativement d'abord, le roi s'était fixé comme objectif de porter le nombre des vaisseaux de ligne à neuf par escadre, ce qui donnait un total de quatre-vingt un. Nous avions, au 1er janvier 1789, soixante et onze vaisseaux à la mer, plus douze en construction, soixante-quatorze

3. Ch. de La Roncière et G. Clerc-Rampal, *Histoire de la Marine française*, Larousse, 1934, p. 160.

4. Les chiffres varient. Ainsi, selon Henri Legoheren dans son ouvrage *Histoire de la Marine française*, Que sais-je ?, PUF nº 342, Paris, 1999, il s'agirait de 79 vaisseaux, de 86 frégates et d'une centaine de petits bâtiments.

frégates, sans compter les bâtiments de moindre importance. Jamais la France n'avait disposé d'une telle force. Au même moment la Grande-Bretagne alignait cent trente vaisseaux, cent deux frégates, cent trente-trois *navires inférieurs*, en tout, trois cent soixante-dix bâtiments contre un total de deux cent quatre-vingts chez nous. L'écart se trouvait donc en passe d'être comblé : d'autant que l'Espagne bourbonienne, alliée de la France par le pacte de famille, disposait de deux cent trente-huit bâtiments dont soixante et onze vaisseaux et quarante-deux frégates.

Qualitativement, la flotte militaire française avait fait beaucoup de progrès grâce au talent et à la science de l'ingénieur Sané : l'arrière des navires s'était abaissé, l'ensemble était beaucoup moins orné que sous Louis XIV et Louis XV, les mâts assuraient une meilleure tenue. En 1778, un premier navire, la frégate *Iphigénie*, était doublé en cuivre à la manière des bateaux anglais, ce qui évitait l'atteinte des carènes par les éléments (algues, coquillages) et permettait d'augmenter la vitesse en facilitant la pénétration dans le milieu marin. Trois autres bateaux (dont la frégate *L'Hermione*) le seront en 1779 et Suffren ne cessera de réclamer cette amélioration : mais la Révolution interrompit une évolution technique qui ne reprendra qu'à la chute de Napoléon. Par ailleurs, cette flotte était servie par un personnel de valeur tant en ce qui concerne les équipages, dont le mode de recrutement, certes imparfait, était moins mauvais qu'ailleurs, que les officiers, d'un haut niveau technique et d'une grande conscience professionnelle, qui s'ouvraient à une conception nouvelle de la guerre après la « merveilleuse leçon de choses qui avait été la campagne de Suffren [5] dans les Indes ». Comme l'écrit Étienne Taillemite : « Cet effort de réflexion novateur fut compromis par la Révolution qui, en désorganisant profondément le personnel de la marine, rendit impossible l'application des principes suffréniens. »

Selon les termes de l'historien Philippe Masson [6] : « Lors de la guerre d'Indépendance, la marine française est, sans aucun doute, la première du monde. Par la qualité de ses navires, la science manœuvrière de ses officiers et de ses équipages, elle surclasse la flotte anglaise... Elle décidera du sort des treize colonies. Cette splendide marine disparaîtra dans la crise révolutionnaire et ne s'en relèvera jamais complètement. »

Cet *éclat* que la France des années 1780 recevait de la marine ne provenait pas seulement des succès navals remportés à travers le monde et de la puissance de nos flottes. En réalité, la mer se trouvait au centre

5. Suffren, âgé de 51 ans en 1780, n'a que mépris pour l'enseignement théorique du combat des escadres en ligne. Il faut, pour lui, manœuvrer et concentrer le feu sur une partie de l'escadre ennemie pour être victorieux. « Pour être utile, il faut détruire la flotte ennemie. » Les Anglais l'avaient surnommé « l'amiral Satan ».

6. Philippe Masson, *De la mer et de sa stratégie*, Paris, 1986, Tallandier, p. 37.

d'une vaste ambition ainsi que le montre la création, en 1785, de la Nouvelle Compagnie des Indes, dont le siège principal est à Lorient et qui doit assurer le développement du commerce avec les possessions françaises situées à l'est du cap de Bonne-Espérance : la Convention la supprimera huit ans plus tard.

Expansion du commerce maritime

Au XVIIIe siècle, le commerce maritime est partout en expansion, ce qui se traduit par le développement des villes du littoral, Nantes, d'une prospérité remarquable, dont la flotte de commerce a presque doublé de 1750 à la Révolution, atteignant encore deux cent quatorze vaisseaux de haute mer en 1792, Marseille, deux cent soixante navires, Bordeaux, trois cent quatre-vingt-neuf navires de commerce, où la population a été multipliée par deux en moins de quarante ans : le centre de gravité économique du pays se trouve alors sur la façade atlantique.

Cette extraordinaire expansion se marque par le quintuplement du volume des échanges extérieurs de la France entre 1716-1720 et 1784-1788, période pendant laquelle la valeur moyenne du commerce extérieur français passe de 215 [7] à 1 062 [8] millions de livres tournois. Dans le même temps, le commerce extérieur britannique passe, lui, de 325 [9] à 775 [10] millions de livres tournois. Pour spectaculaire que soit cette croissance, elle n'a fait néanmoins que seulement tripler de volume.

L'extension du trafic avec les îles françaises d'Amérique est, quant à elle, nettement plus surprenante. En 1716, ces îles fournissent à la métropole la valeur de 4,4 [11] millions de livres tournois de denrées coloniales, essentiellement du sucre et de l'indigo. Trente-huit ans après, soit en 1754, elles produisent la contre-valeur de 77 millions de livres de tournois [12] de ces mêmes denrées. Le volume des transactions a été multiplié par un facteur de dix-sept. En outre, ces mêmes territoires sont également devenus un important marché de consommation des productions françaises, marché qui, lui aussi, a connu un envol impressionnant. En 1716, les îles achetaient pour 2 millions de livres [13] d'exportations françaises, en 1754, elles en étaient à 43 millions [14].

---

7. Équivalant à 806 millions de francs de 1987.
8. Équivalant à 8 920 800 000 millions de francs de 1987.
9. Équivalant à 2 730 millions de francs de 1987.
10. Équivalant à 6 510 millions de francs de 1987.
11. Soit 35 960 000 francs de 1987.
12. Soit 35 960 000 francs de 1987.
13. Soit 16 800 000 francs de 1987.
14. Équivalant à 361 200 000 francs de 1987.

On considère que, vers la moitié du XVIIIe siècle, après l'Espagne, les Antilles étaient devenues le deuxième marché pour les exportations de France. En 1789, le commerce colonial représente 250 millions de livres (= 2 milliards 100 millions de francs 1987), soit presque la moitié de la valeur des recettes du budget du royaume en 1788 ! En 1780, la France, à égalité avec l'Angleterre, pratique 12 % du commerce mondial et exporte plus de 10 % de son produit national.

On constate que la place de l'Amérique dans le jeu des échanges extérieurs mondiaux occupait une importance de plus en plus grande. Or, dans la féroce concurrence que se livraient commerçants britanniques et français, et, pour une moindre part, espagnols, l'Amérique continentale dont les besoins étaient en progression constante et accélérée, eu égard au doublement de sa population tous les vingt ans, constituait un *marché captif* pour les exportateurs britanniques. Marché lucratif, s'il en était, puisque entre 1700 et 1750 le volume des exportations britanniques vers les treize colonies était passé de 262 000 £ à 1 175 000 £ ! Et les perspectives fructueuses, que laissait entrevoir, à moyen et long terme, l'évolution démographique de la population américaine, ne faisaient qu'aiguiser l'appétit des négociants anglais. À tel point que, proximité aidant, l'Amérique espagnole leur semblait revêtir toutes les apparences désirables d'un deuxième *marché captif*, tout aussi juteux et florissant que le premier.

De telles visées se heurtaient toutefois aux ambitions, non moins dévorantes, des négociants français qui, au vu des évolutions fructueuses de leur commerce avec les Antilles, s'assignaient, à peu de chose près, les mêmes objectifs.

Lorsqu'un raz-de-marée irrésistible s'affronte à un roc inébranlable, le conflit ne se résout que très rarement de manière pacifique. Et, lorsqu'en 1778, la France signe un traité d'amitié, de commerce et d'alliance défensive avec les treize colonies insurgées, la guerre que l'Angleterre déclare à la France dans les mois qui suivent procède, certes, de causes politiques, militaires et d'un souci d'équilibre international, mais est, avant tout, déclenchée pour des raisons économiques. Le commerce extérieur est vital pour l'Angleterre. Il est la source, par les impôts indirects que constituent les droits de douane, de 79 % des recettes de son budget, et par extension, de sa capacité d'emprunt à l'extérieur, donc de son crédit international.

En conséquence, les buts, tant tactiques que stratégiques, du gouvernement anglais vont se conformer aux objectifs de guerre des commerçants britanniques. Ceux-ci se résument en deux points essentiels :

- atteindre, et si possible annihiler la production de sucre, denrée majeure exportée vers le continent européen, en détruisant les plantations, en brûlant les champs de canne à sucre, en confisquant ou en détruisant les machines, et surtout, en tuant ou capturant les

esclaves qui représentent l'élément essentiel du capital des planteurs ;
- couper les voies maritimes de commerce afin d'empêcher la reconstitution du capital des planteurs par l'importation de nouveaux esclaves, et limiter aussi étroitement que possible le ravitaillement de la métropole européenne en bois de construction destiné à la construction navale de la France, de l'Espagne, des villes hanséatiques et de la Hollande.

La réalisation de ces objectifs est, de toute évidence, confiée aux bons soins de la Royal Navy qui, en 1745, est la plus forte du monde. À cette date, elle aligne, en effet, cent dix gros navires, tandis que la France en a quarante-sept et les Espagnols trente-deux. La Navy est donc, à ce moment, quasiment trois fois supérieure à la flotte française, facteur que les négociants britanniques intègrent évidemment dans leurs calculs prévisionnels.

Tombés à 325 millions de livres tournois [15] après la guerre de Sept Ans (1763), les échanges maritimes français sont remontés à 2 153 [16] millions en 1787. Les ports civils et militaires sont l'objet de grands travaux, qu'il s'agisse de Bayonne, de Brest, de Dieppe, La Rochelle, Le Havre, Lorient, Marseille, Port-de-Bouc, Port-Vendres, Rochefort ou Toulon. Près de Nantes, dans l'île d'Indret, Sartine crée un arsenal pour fabriquer les armes navales à partir d'un type de four utilisant la houille et non plus le charbon de bois.

À Lorient, il s'agit surtout d'améliorations et de réparations, mais à Marseille c'est une véritable reconversion. L'arsenal des galères n'avait plus de raison d'être. Il fut aliéné, avec ses terrains et dépendances, pour permettre de construire les quais et les dégagements nécessaires à un port de commerce moderne : un arrêt du conseil du roi, daté du 14 mai 1784, maintenait officiellement son statut de port franc, jusqu'ici un privilège, qui contribuera à faire de Marseille l'entrepôt et le centre du commerce français en Méditerranée.

C'est toutefois à Cherbourg que furent entrepris les travaux maritimes les plus importants de l'époque pour en faire le port de guerre de la Manche. Louis XVI viendra lui-même en juin 1786, au milieu d'une foule enthousiaste, afin de se rendre compte de l'état des aménagements et inspecter la construction d'une digue en eau profonde. Il commandera personnellement les évolutions d'un vaisseau de ligne. Dans ce même voyage, il assistera au lancement d'un navire marchand au Havre : marine militaire et marine de commerce connaissent alors un développement parallèle.

15. Soit 2 730 000 francs de 1987.
16. Soit 18 085 200 000 francs de 1987.

Obéissant à une stratégie diplomatique et politique du royaume, ce développement spectaculaire de la marine royale et de la flotte commerciale dès le début du règne de Louis XVI est aussi la conséquence d'une prise de conscience tardive, mais réelle, de la nécessité d'une importante restructuration des recettes fiscales de la nation. Il s'agit, dès que possible, de doubler, sinon de tripler l'apport fiscal de l'impôt indirect (essentiellement représenté par les droits de douane). Pour ce faire, l'expansion du commerce extérieur du royaume est une ardente obligation qui ne peut être garantie que par l'incontestable supériorité des escadres de la flotte royale.

Situation financière

Au début du XVIIIe siècle, l'État se trouve aux prises avec le problème financier issu des guerres. La longue accalmie des années 1715 à 1740 permet un rétablissement de type colbertien sous la direction du contrôleur général Philibert Orry : équilibre du budget courant, compression de certaines dépenses, révision et diminution de la dette de 2 milliards de livres héritée de Louis XIV.

À cette époque, la France travaille, en de nombreux secteurs, plus efficacement ; sa population s'accroît comme ses productions ; les affaires marchent, la rente foncière se gonfle, après 1730, grâce à la hausse des prix. Les rentiers, aristocrates et bourgeois, n'ont jamais connu autant d'aisance. En dépit des nostalgies, la mobilité sociale s'accentue, et par-dessus les barrières qui, autrefois, cantonnaient les ordres dans la société, les passerelles déjà nombreuses se multiplient pour ceux qui ont de l'argent, du talent ou de l'esprit. Une civilisation éblouissante (dont les masses restent largement exclues), celle des détenteurs de la richesse, de l'influence et des loisirs, si elle exprime bien le dynamisme et le goût des classes fortunées et de leurs clientèles, dissimule pourtant sous ses fastes les lézardes qui, graduellement, vont ébranler ce bel édifice politique et social.

En effet, cet ordre des choses, intact en apparence, auquel préside la monarchie absolue à partir d'un Versailles plus prestigieux que jamais, est affecté dans ses profondeurs par des changements qui, transformant peu à peu les rapports des forces économiques et sociales, suscitent des tensions et des déséquilibres dont le régime ne comprendra que trop tard la gravité et auxquels sa nature même et son style n'auraient pu porter remède qu'en reniant un passé vieux de deux siècles.

De la prospérité du commerce et de celle des rentiers, qui expliquent le brillant de la civilisation aristocratique, l'État ne bénéficie pas à juste proportion. Constamment gêné, puis finalement ébranlé par une situation financière jamais radicalement assainie, déconsidéré par une politique étrangère marquée par l'échec, sa faiblesse et l'incohérence de ses combinaisons politiques le rendent incapable d'arbitrer, sinon en dernier ressort en faveur des aristocrates qui le contrôlent, les antagonismes qui ont grandi avec l'essor de la richesse et l'inégalité dans sa répartition. L'État n'écoute guère, non plus, les ressentiments d'une paysannerie dont la participation à la hausse des prix reste minimale ou précaire, qui se sent menacée par les appétits des seigneurs détestés et de leurs métayers complices. Ainsi s'accentuent les oppositions entre la campagne et les villes, dans lesquelles les rentiers déploient leur luxe et jouissent d'un confort nouveau. La ville est le foyer de la civilisation aristocratique ou bourgeoise ; elle est aussi le creuset où se cristallisent les idées d'abord critiques, puis létales pour l'ordre traditionnel. Les courants de pensée constituent l'arsenal où puisent des ambitions contradictoires : *celles de l'aristocratie nobiliaire*, nostalgique de la société préabsolutiste dont elle avait autrefois été la charpente ; *celles de la noblesse de robe*, son alliée, dont les appétits politiques se développent en même temps qu'elle consolide les situations acquises, et d'abord les siennes ; *celles des bourgeoisies nanties, cultivées et ambitieuses*, cantonnées, cependant, au physique et au moral, dans leur situation subalterne.

De toutes parts, l'État absolutiste devient la cible des intérêts frustrés ou en passe de l'être, des ambitions négligées ou méconnues, de la *philosophie* nouvelle qui conteste les bases surnaturelles (le droit divin) de sa justification, l'efficacité et la justice du fonctionnement de ses mécanismes sociaux et économiques.

Avant que ne se manifestent les clivages qui les opposent irrémédiablement, les ambitions nobiliaires et bourgeoises se coalisent contre le système politique qui préside, orgueilleux et incertain, à ces mouvements dont il comprend mal la signification et la portée. L'aristocratie l'attaque au nom de la tradition, au nom du droit de propriété ; le tiers état, au nom d'une réforme fondamentale, dont la philosophie des lumières propose les méthodes et désigne les champs d'application. Dans ce climat d'insatisfaction généralisé, l'esprit des Lumières, en dévoilant les plaies sociales ou politiques, accentue les irritations, dénonce les injustices, donne une voix et des armes aux rancœurs et aux colères, en même temps qu'il réclame des réformes.

La reprise des guerres, après 1740, entraîne les mêmes conséquences qu'au XVIIe siècle : l'insuffisance des ressources ordinaires conduit l'État à contracter des emprunts de plus en plus massifs. On y fait face comme on peut ; mais, en dépit d'évidentes améliorations, la France ne peut réaliser une révolution financière analogue à celle que l'Angleterre poursuit méthodiquement depuis longtemps. Tout au long de la seconde moitié du XVIIIe siècle, l'essentiel des dépenses normales de l'État est absorbé par le service de la dette.

En 1774, les intérêts de la dette représentent le tiers du budget : autant que l'armée, la marine, et les colonies réunies. La Cour (Maison du Roi, avec la police) ne dépasse pas les 10 % fixés par Louis XIV ; les pensions, qu'elles soient fondées, comme celles des serviteurs de l'État, ou discutables, comme celles de la haute noblesse (mais c'est à ce prix que s'achète la tranquillité intérieure), comptent pour 6 %.

Archétype des budgets de la décennie, celui de 1774 se répartit ainsi :

Intérêts de la dette	33 %
Maison du Roi – Police	10 %
Pensions	6 %
Fonctionnement	51 %

Le coût d'une marine « forte et grande »

Lorsqu'on recense les dépenses mises en œuvre pour la construction et l'armement de la flotte, on peut dire que la Marine fut *la danseuse* de Louis XVI et que, par le déficit budgétaire qu'elle creusa, de conserve avec l'engagement français en Amérique, elle fut l'une des causes essentielles de la réunion des états généraux et, par voie de conséquence, de la Révolution.

Pour mieux comprendre l'importance des investissements engagés, il suffit de relever le coût de quelques bâtiments de guerre. Ainsi, en 1788, un vaisseau de cent dix-huit canons revient à 1 923 402 livres (soit 16 156 577 francs de 1987), un vaisseau de soixante-quatorze canons, qui est le modèle le plus construit, à 1 225 792 livres (soit 10 296 653 francs de 1987). La construction d'une frégate de « 12 », telle *L'Hermione*, coûte 476 932 livres (soit 4 006 229 francs de 1987). Ces prix comprennent la coque doublée en cuivre, qui représente entre 40 et 60 % du total, la mâture, le gréement, l'artillerie et l'équipement complet. Il faut savoir que le seul port de Brest construit quatorze vaisseaux de soixante-quatorze canons entre 1778 et 1788, soit une dépense de plus de 17 millions de livres (équivalant à 142 800 000 francs de 1987). À cette somme s'ajoutent les autres constructions, l'armement des navires et leur entretien, dont on estime qu'il revient annuellement en moyenne à 15 % du prix de la construction. Vers la même période, un navire négrier de trois cents tonneaux coûte de 20 000 à 50 000 livres (soit de 168 000 à 420 000 francs de 1987) gréé mais non armé, un bateau de pêche de deux ou trois tonneaux de 800 à 2 000 livres (de 6 720 à 16 800 francs de 1987)[17].

L'évolution du budget de la Marine est, à cet égard, caractéristique de la tendance. De 1774 à 1778, il s'établit à :

17,7 millions de livres[18]	en 1774
32,05 millions de livres[19]	en 1775
27,2 millions de livres[20]	en 1776
Puis, considérant le risque de guerre :	
41,1 millions de livres[21]	en 1777
74 millions de livres[22]	en 1778

En 1774, Turgot, secrétaire d'État à la Marine, remet au roi un mémoire des dettes de son département : 11 millions de livres[23], dont 6,8[24] pour la Marine[25] et 4,2 pour les colonies.

Dès le début de la guerre d'Indépendance, l'une des premières conséquences du conflit se marqua par une saignée funeste faite à un Trésor déjà malade. Louis XVI, non content de supporter les frais de la guerre, qui seront énormes, avançait 6 millions aux Américains et se portait caution pour un emprunt de 16 millions conclu par eux en Hollande. On s'était tourné vers Necker comme vers un alchimiste capable de faire de l'or. Il avait répondu à l'attente générale. Un nouvel emprunt de 1 200 millions avait été lancé, auquel la banque Necker avait, pour son compte, souscrit pour 300 millions. L'emprunt fut couvert et les frais de la guerre parurent assurés pour des années. Necker, toutefois, était préoccupé : sur les 1 200 millions destinés en principe aux dépenses de la guerre, il était obligé d'en consacrer, indûment, la moitié aux dépenses ordinaires pour dissimuler le déficit, et déjà il ne savait plus où il allait.

En 1780, la guerre durant depuis deux ans, le budget de la Marine s'était encore gonflé. Sartine, pour faire face à des échéances pressantes,

17. Source : Alain Boulaire, *La France maritime au temps de Louis XV et Louis XVI*, éd. du Layeyr, 2001.
18. Équivalant à 148,68 millions de francs de 1987.
19. Équivalant à 269,22 millions de francs de 1987.
20. Équivalant à 228,48 millions de francs de 1987.
21. Équivalant à 345,24 millions de francs de 1987.
22. Équivalant à 621,6 millions de francs de 1987.
23. Équivalant à 92,4 millions de francs de 1987.
24. Équivalant à 57,12 millions de francs de 1987.
25. Cette dette de la Marine s'élèvera, en septembre 1784, à 200 millions de livres (soit 1 milliard 680 millions de francs de 1987) ! Plus personne ne maîtrise un système financier périmé, le crédit de la Marine ne repose que sur celui du Trésorier général.

émit des billets sans en prévenir Necker. Le 11 octobre, Louis XVI arbitra en faveur de Necker et renvoya Sartine.

En 1781, le Conseil du Roi accordait à l'escadre de Newport un subside de 6 millions de livres [26] au moment où il nommait Barras de Saint-Laurent comme commandant de l'escadre à la place du lieutenant-général de Ternay, décédé le 15 décembre 1780 à Newport. Barras, qui avait embarqué à bord de *La Concorde*, touchait Boston le 8 mai. Il était accompagné du jeune colonel, vicomte de Rochambeau, qui faisait savoir à son père que la Cour refusait de lui expédier sa deuxième division en renfort. Le général avait toutefois reçu un million et demi de livres avec une lettre de Necker qui l'assurait : « ... Tout ce que vous demanderez au Département des Finances pour votre année sera préparé sur l'instant. » Un peu plus tard, 7 millions supplémentaires [27] seront apportés par *L'Astrée* venant de France.

Il existe toutefois d'autres motifs de dépenses, à côté du budget officiel. Le « Secret du Roi » a aussi ses exigences. Ainsi, Beaumarchais reçoit-il 1 million de livres (soit 8,4 millions de 1987) de la France, et la même somme d'Espagne, pour créer la maison Rodrigue Hortalès et Cie qu'il administre. Le 10 juin 1776, chargé par Vergennes de commencer l'approvisionnement officieux en armes des insurgents, Beaumarchais reçoit les premiers fonds secrets du Royaume (qui devaient être doublés par une contribution de même montant par Silas Deane, nommé en France correspondant agent du Congrès américain). En témoigne le document suivant :

> *J'ai reçu de M. Duvergier, conformément aux ordres de M. le comte de Vergennes, en date du 5 courant, que je lui ai remis, la somme d'un million dont je rendrai compte à mon dit sieur comte de Vergennes.*
>
> *Caron de Beaumarchais*
> *Bon pour un million de livres tournois*
> *À Paris, ce 10 juin 1776*

Le 19 juillet 1776, Beaumarchais rencontre Silas Deane. Il a déjà en caisse le premier million de la France Le lendemain, Deane lui écrit la lettre suivante fondant leur accord sur la plus parfaite équivoque puisque tout repose sur la bonne foi mutuelle.

> *À l'égard du crédit que nous vous demanderons pour les fournitures et les munitions que je compte obtenir de vous, j'espère qu'un long crédit*

26. Soit 50,4 millions de francs de 1987.
27. Soit 58,8 millions de francs de 1987.

ne sera pas nécessaire. Un an est le crédit le plus long que mes compatriotes sont habitués à prendre, et le Congrès ayant engagé une grande quantité de tabac dans la Virginie et dans le Maryland, ainsi que d'autres articles qui seront embarqués aussitôt qu'on pourra se procurer des navires, je ne doute pas que des retours considérables en nature vous seront faits d'ici à six mois, et que le tout sera soldé d'ici un an. C'est ce dont je presserai le Congrès dans mes lettres...

Un Congrès qui ne s'était donc, si l'on sait lire, engagé à rien et pourrait feindre avoir cru que les marchandises envoyées par Beaumarchais étaient des dons du Roi de France !

Le 17 novembre 1776, Diderot annonce, avec un mois de retard, à Grimm, alors à Saint-Pétersbourg :

Il est arrivé, dans nos affaires publiques, une révolution... C'est que le contrôleur général de Clugny est mort, et qu'on lui a donné pour successeur un M. Taboureau, avec M. Necker : celui-ci, étranger, ministre étranger et protestant ne pouvait occuper ce titre... Le public a vu l'élévation de M. Necker avec la plus grande satisfaction...

À mesure que la Cour se laisse traîner par l'oreille vers une guerre pour l'Amérique, on comprend, ainsi que l'avait prédit Turgot, que « le premier coup de canon pourrait donner le signal de la banqueroute », cette banqueroute dont la menace avait empêché Clugny de mourir tranquille. Qui trouver de mieux pour y parer que Necker, l'un des hommes les plus riches d'Europe ? Le ministère de ce dernier a donné lieu à des appréciations diverses. Quoi qu'il en ait été, la situation des finances du royaume dont il héritait était désormais quasiment ingérable. Et l'aventure américaine, dans laquelle s'était peut-être imprudemment engagée la France, n'allait certes pas lui faciliter les choses. Banquier, homme de spéculations, Necker, dont l'entourage immédiat partageait l'enthousiasme du jeune marquis de La Fayette pour la cause américaine, se berçait d'illusions quant aux retours espérés d'une victoire outre-mer, à l'instar des futurs négociateurs du traité de Versailles.

Les forces franco-américaines devaient, certes, l'emporter sur l'ennemi commun, l'Angleterre. Toutefois, les avantages obtenus par la France à la signature du traité de Versailles du 3 septembre 1783, mettant fin à la guerre d'Indépendance, étaient médiocres en comparaison de l'énorme effort financier : « Prêt de 12 millions aux États-Unis, don de 12 autres, garantie d'un prêt hollandais de 10 millions, avance de 6 millions pour la reconstruction du pays en 1783, sans parler des budgets de l'armée et de la marine [28]. Les dépenses de la guerre proprement dite étant évaluées à 2 milliards ou 2 milliards et demi. »

28. Selon Calonne, le déficit budgétaire était dû aux besoins exclusifs de la Marine.

Pour se borner aux seuls embarras du Trésor, la guerre avait coûté 2 milliards de livres [29], occasionnant, intérêts compris, un service annuel de la dette de plusieurs millions de livres. Dans ce chiffre, n'entraient même pas les avances faites à la jeune république. Lorsque, peu après le traité de paix, celle-ci, embarrassée, semblait incapable de s'acquitter à l'échéance prévue, Louis XVI, royalement, trop royalement peut-être, avait fait savoir à George Washington qu'il tenait son pays quitte de sa dette. « Ô généreuse nation ! » écrivait, dans son journal, le président américain !

Dire que ces résultats déclenchèrent un fol enthousiasme dans l'opinion publique serait très nettement exagéré. Néanmoins, l'humiliation du traité de Paris de 1763 s'effaçait, la revanche sur l'Angleterre était prise, et la France s'était acquis un nouvel allié, la jeune république américaine.

29. Soit 16 milliards huit cents millions de francs de 1987.

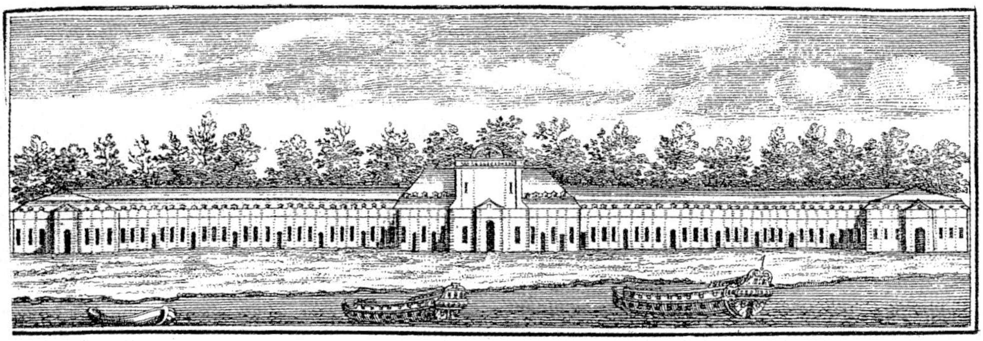

Figure 5 - La Corderie Royale au XVIIIe siècle (Théodore de Blois).

Figure 6 - Frégate du XVIIIe siècle dans la tempête.

Figure 7 - Machine à mâter avec la "bigue"

Figure 8 - Louis-René Vassor de la Touche

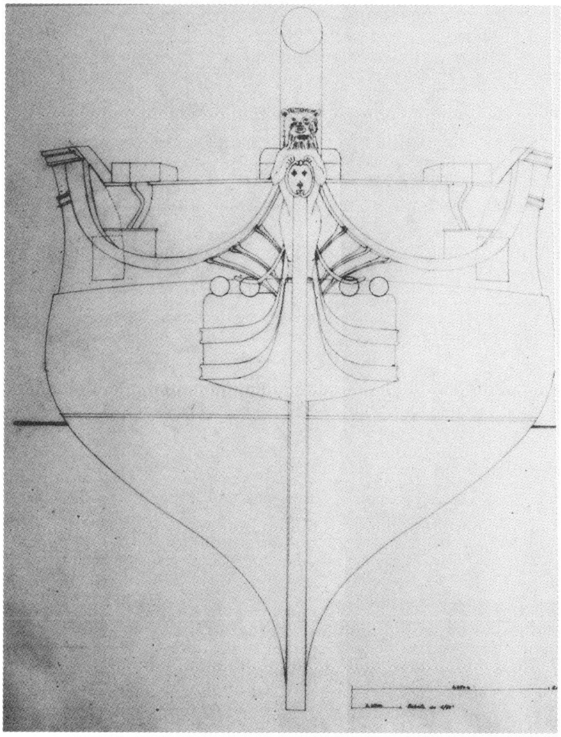

Figure 9 - Vue de face de l'étrave de l'hermione avec figure de proue, soit un lion portant l'écu de France, l'emplacement du sabord de chasse sous le bossoir d'avant et le taille-mer

Figure 10 - Etrave de L'Hermione présentant le mât de beaupré, la figure de proue, le taille-mer

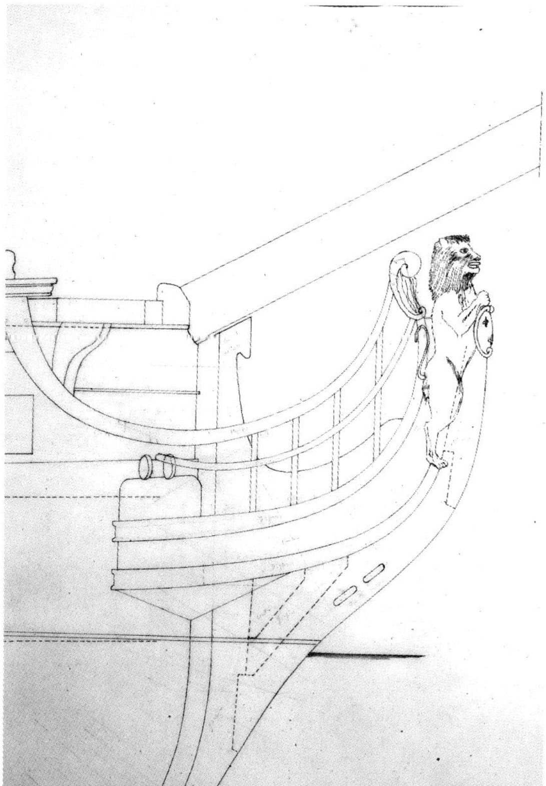

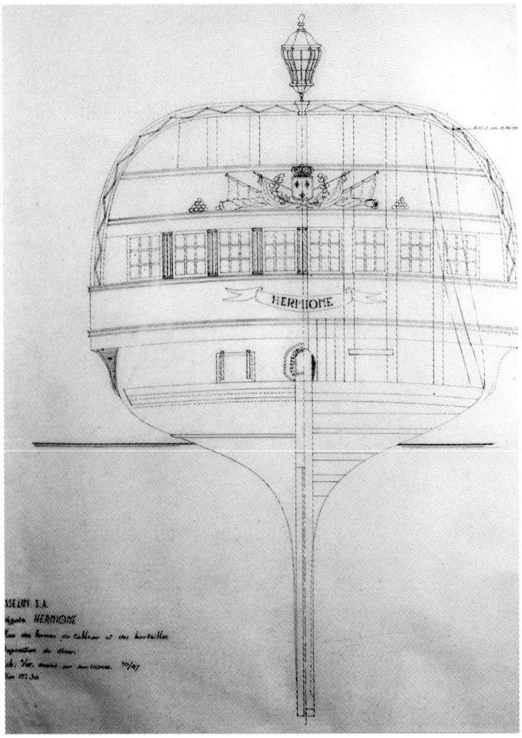

Figure 11 - Tableau arrière de *L'Hermione.* Poupe (étude présentant la lanterne, le décor : dessin provisoire inspiré du fronton de la fonderie de Rochefort, le nom, les sabords de chasse et le safran.

Figure 12 - Bouteille tribord de *L'Hermione.* On remarquera la lanterne, la fenêtre de bouteille et le faux sabord.

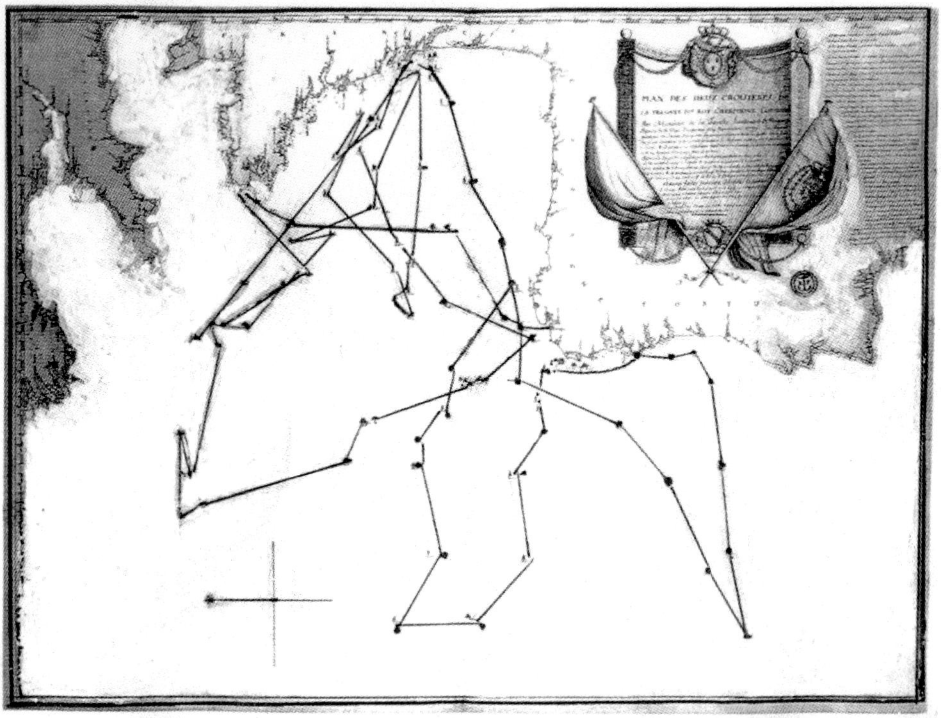

Figure 13 - Relevé des divers points de la campagne 1779 de *L'Hermione,* effectué à bord par l'officier auxiliaire Mullon.

Figure 14 - Frégate naviguant sous la misaine, le petit et le grand huniers par temps joli frais, par vent arrière.

Figure 15 - Frégate du XVIIIe siècle en mer, grand largue.

Figure 16 - Le comte de Vergennes, secrétaire d'État aux affaires étrangères de Louis XVI.

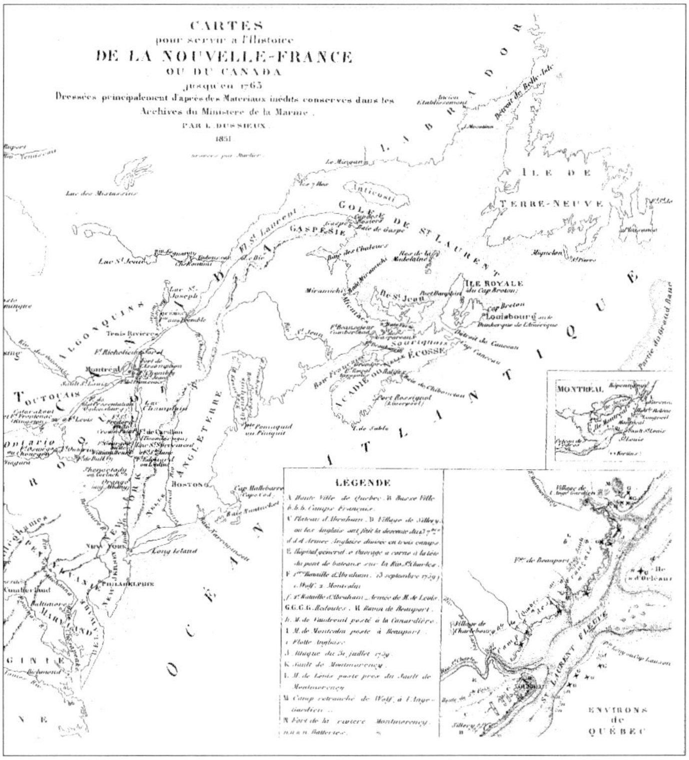

Figure 17 - Carte d'Amérique : la NouvelleFrance et les Treize colonies en 1765.

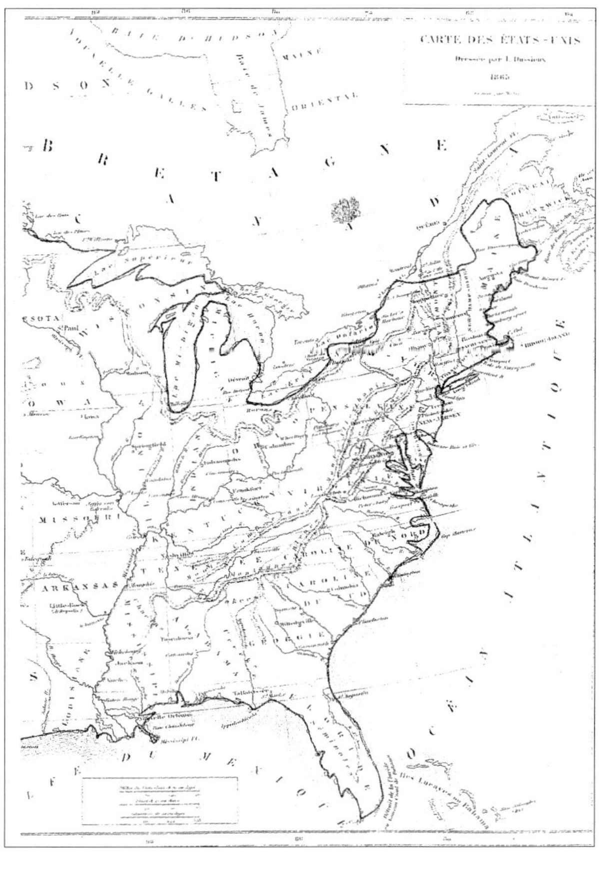

Figure 18 - Carte des États-Unis en 1865.

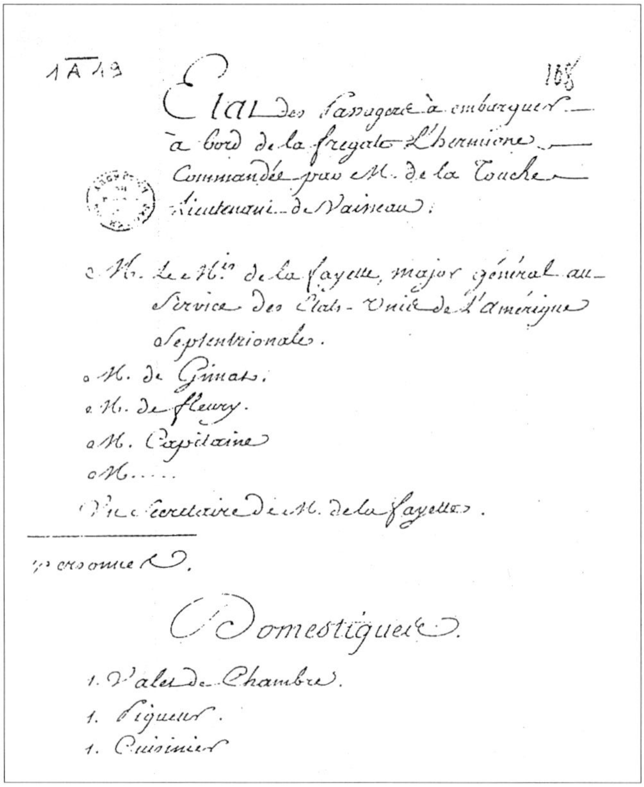

1 A 19 108

Etat des passagers à embarquer
à bord de la fregate L'hermione
Commandée par M. de la Touche
Lieutenant de Vaisseau ;

M. Le M.is de la fayette, major général au service des Etats-Unis de l'amérique septentrionale.
M. de Gimat.
M. de fleury.
M. Capitaine
M.....
Un secretaire de M. de la fayette.

personnes.

Domestiques.

1. Valet de Chambre.
1. Piqueur.
1. Cuisinier

Figure 19 - Liste des passagers embarqués sur *L'Hermione.*

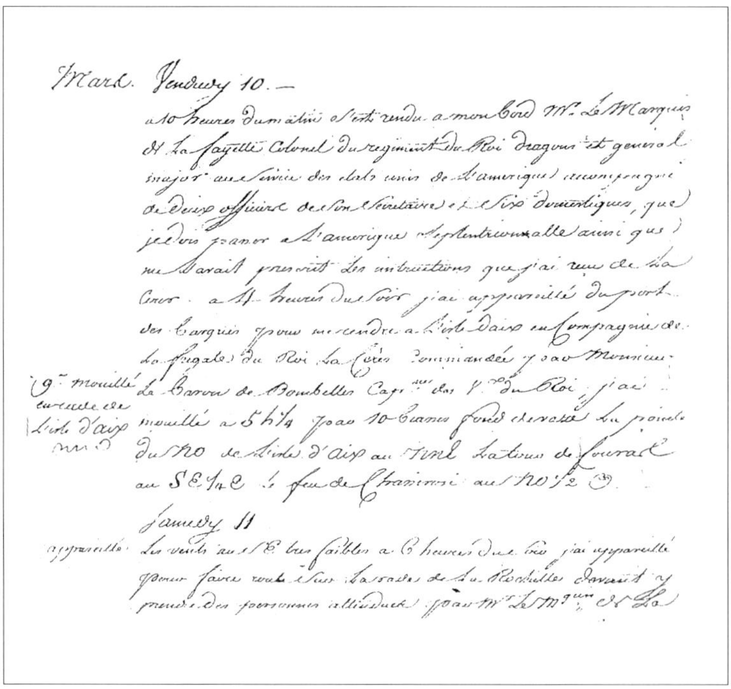

Mars. Vendredy 10.

a 10 heures du matin s'est rendu a mon bord M. Le Marquis de La fayette Colonel du regiment du Roi dragons et general major au service des etats unis de l'amerique accompagné de deux officiers de son secretaire et de six domestiques, que je dois passer a l'amerique septentrionalle ainsi que me l'avait prescrit les instructions que j'ai reçu de la Cour. a 11 heures du soir j'ai appareillé du port des Barques pour me rendre a l'isle d'aix en compagnie de la fregate du Roi La Ceres commandée par Monsieur le Baron de Bombelles Cap.ne des V.x du Roi, j'ai mouillé a 5h1/4 par 10 brasses fond de vase la pointe du NO de l'isle d'aix au NE La tour de fouras au SE1/4E le feu de Chassiron au NO1/2 O.

9 mouillé en rade de l'isle d'aix

Samedy 11

appareillé. Les vents au SE. bien faibles a 6 heures du ... j'ai appareillé pour faire route sur la rade de la Rochelle devant y prendre des personnes attendues pour M. le M.quis de La

Figure 20 - Journal de bord de *L'Hermione*.
Entrées des 10 et 11 mars 1780.

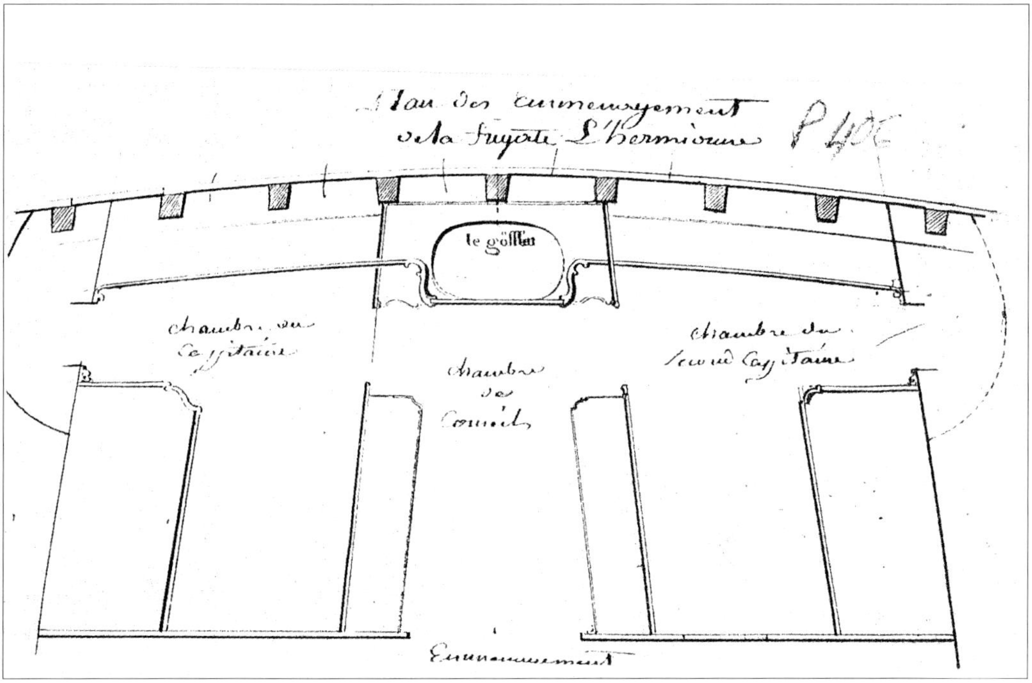

Figure 21 - Aménagement de *L'Hermione* pour y loger le marquis de La Fayette.

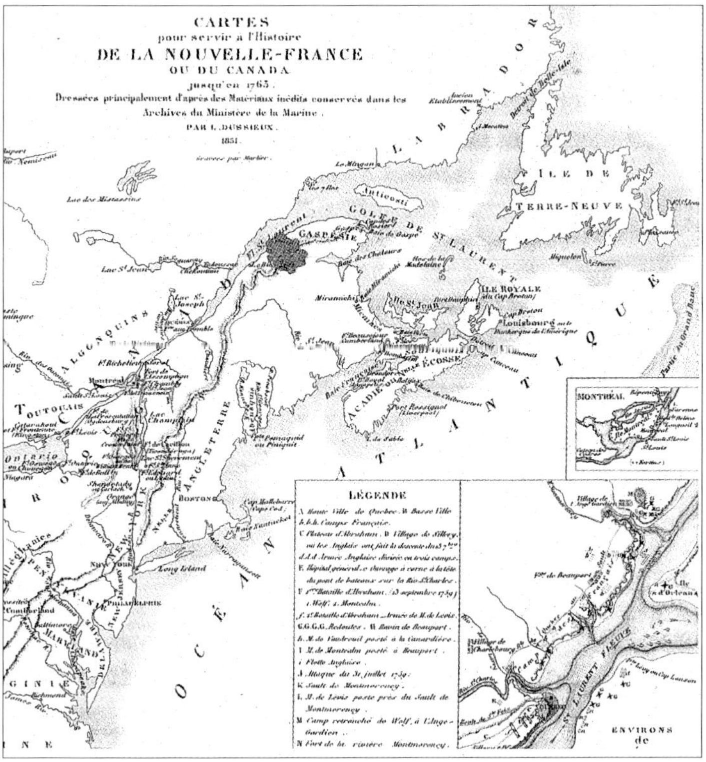

Figure 22 - Carte des côtes d'Amérique et de la Nouvelle France (réduite).

Figure 23 - Combat naval entre *La Concorde* et *HMS. Minerva,* le 22 août 1778.

Figure 24 - Charles-François, comte de Broglie, chef du *«Secret du Roi»*

Figure 25 - Tablier de franc-maçon brodé par Adrienne de La Fayette offert à George Washington.

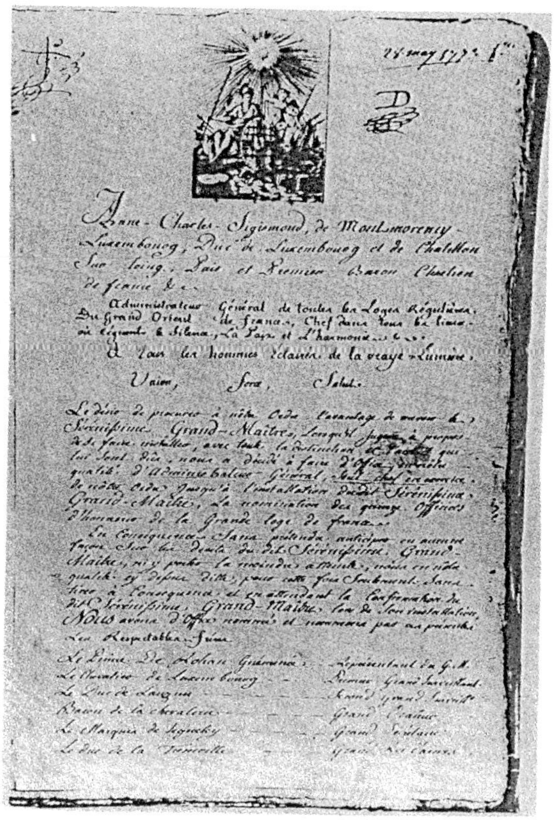

25 may 1773

Anne-Charles-Sigismond, de Montmorency-Luxembourg, Duc de Luxembourg et de Chatillon sur loing, Pair et Premier Baron Chretien de france &c.

Administrateur Général de toutes les Loges Régulières du Grand Orient de france, Chef dans tous les lieux où règnent le Silence, La Paix et L'harmonie &c.

A tous les hommes éclairés de la vraye Lumière.

Union, Force, Salut.

Le désir de procurer à notre Ordre l'avantage de nommer le Sérénissime Grand-Maître, Lorsqu'il jugera à propos de se faire installer, avec toute la distinction [illegible] qui lui sont dûes, nous a décidé à faire d'office, en notre qualité d'Administrateur Général, [illegible] de notre Ordre jusqu'à l'installation dudit Sérénissime Grand-Maître, la nomination des [illegible] Officiers d'honneur de la Grande loge de france.

En Conséquence Sans prétendre anticiper en aucune façon sur les droits du dit Sérénissime Grand-Maître, ni y porter la moindre atteinte, mais en notre qualité cy dessus ditte, pour cette fois Seulement Sans tirer à Conséquence et en attendant la Confirmation du dit Sérénissime Grand-Maître lors de son installation, Nous avons d'office nommé et nommons par ces présentes les Respectables Frères

Le Prince De Rohan Guémené	Représentant du G. M.
Le Chevalier de Luxembourg	Premier Grand Surveillant
Le Duc de Lauzun	Second grand Surveillant
Baron de la chevalerie	Grand Orateur
Le Marquis de [illegible]	Grand Secrétaire
Le duc de la Trémoille	Grand [illegible]

Figure 26 - Procès-verbal de la nomination des officiers d'honneur du Grand Orient de France.

Figure 27 - Assemblée de francs-maçons pour la reception des maîtres.

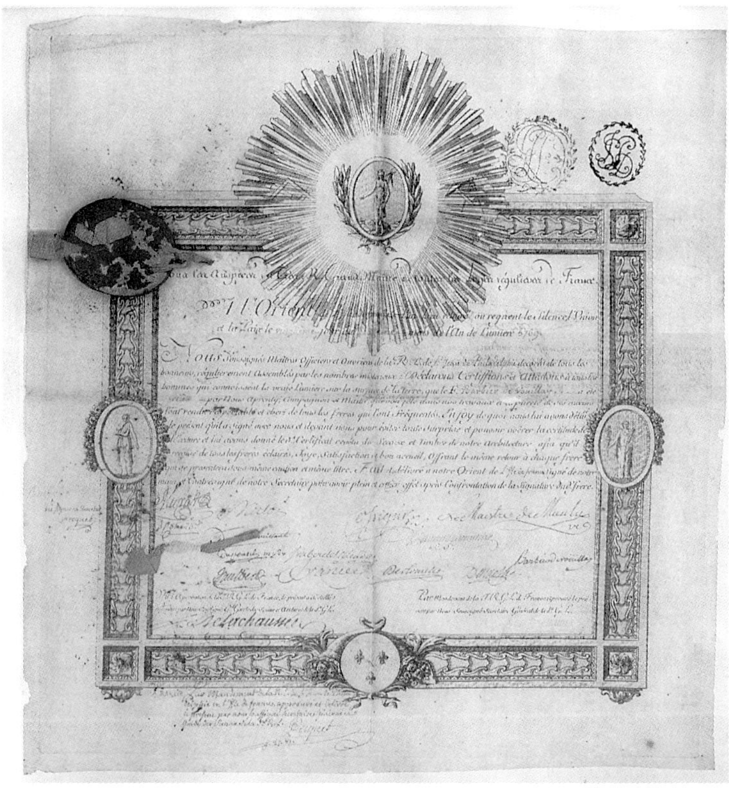

Figure 28 - Diplôme de maître-maçon du XVIIIè siècle.

Figure 29 - Affiche de Corbin pour commémorer le bi-centenaire du départ de La Fayette du port de Rochefort vers l'Amérique septentrionale.

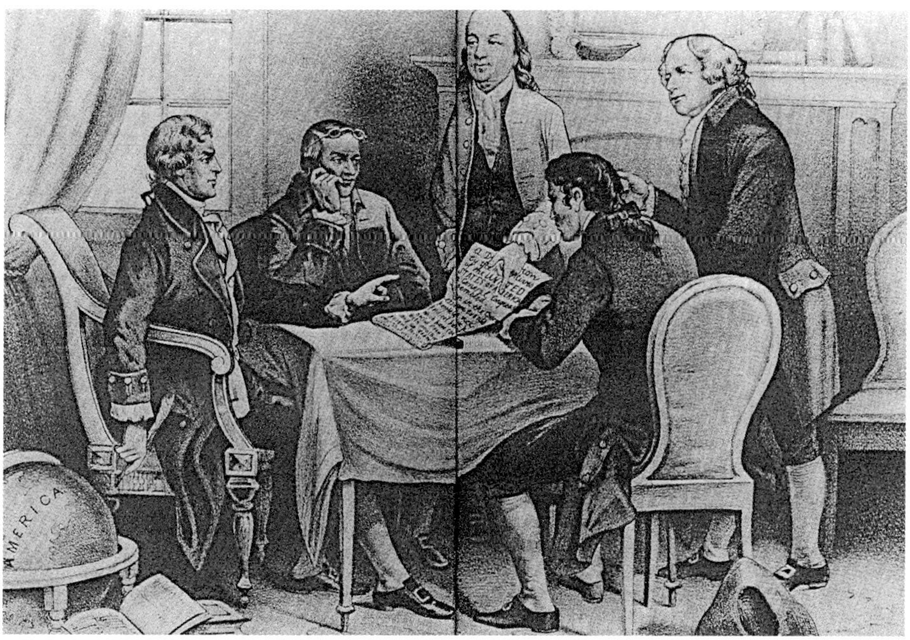

Figure 30 - La déclaration de l'indépendance américaine à Philadelphie.

Figure 31 - Médaille de plomb à l'argent de Raymond Corbin préfigurant la médaille de bronze commémorant le départ de La Fayette de Rochefort pour l'Amérique septentrionale, le 10 mars 1780.

Figure 32 - Combat de louisbourg. Gravure en noir et blanc.

Figure 33 - Première bataille de la Chespeake ou bataille des caps de Virginie, le 16 mars 1781.

Figure 34 - Vice-amiral d'Estaing 1778-79. Légende : à la tête des grenadiers lors de la prise des hauteurs de l'Ile de la grenade en juin 1779.

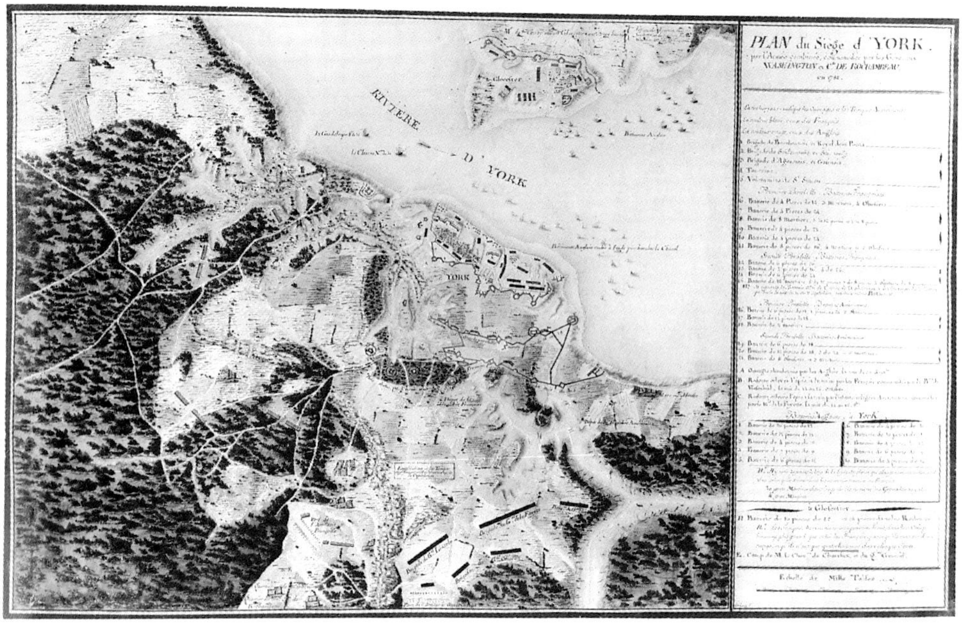

Figure 35 - Plan du siège de Yorktown.

Figure 36 - Marquis de Lameth, neveu du comte de Broglie, en uniforme de colonel de régiment de la couronne (1784-1791). Grièvement blessé à Yorktown, il faillit être amputé des deux jambes. Il fut remis sur pied grâce aux soins d'un chirurgien du service des armées.

baron Von Steuben

général Anthony Wayne

marquis de La Fayette

Figure 37 - Membre de l'état-major de George Washington lors de la bataille de Yorktown : général Anthony Wayne, baron Von Steuben, marquis de La Fayette.

REDDITION DE L'ARMÉE ANGLAISE COMMANDÉE PAR MYLORD Cte DE CORNWALLIS AUX ARMÉES COMBINÉES DES ÉTATS-UNIS DE L'AMÉRIQUE ET DE FRANCE AUX ORDRES DES GÉNÉRAUX WASHINGTON ET DE ROCHAMBEAU. 30 OCTOBRE 1781

Figure 38 - Action combinée du siège de Yorktown.

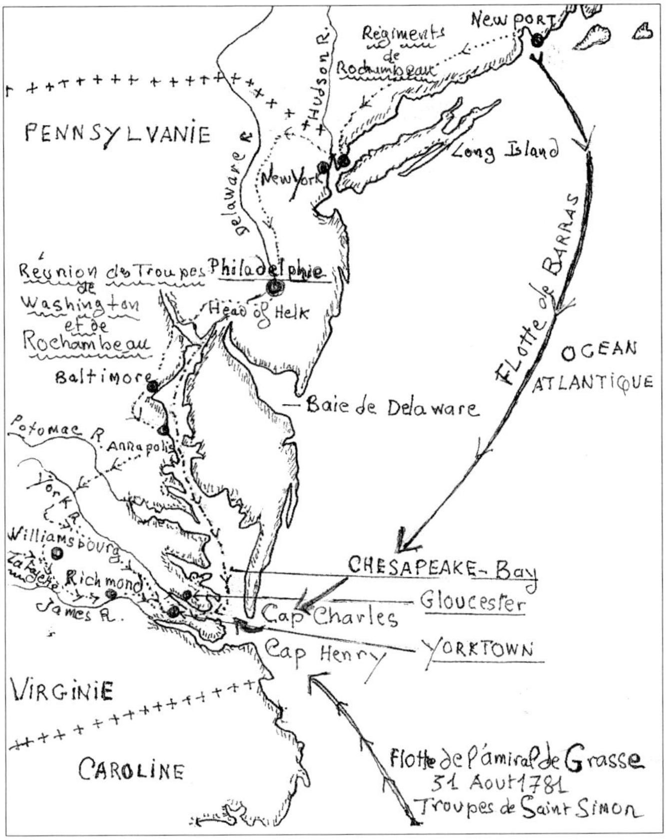

Figure 39 - Carte de l'opération combinée terre-mer de Yorktown. Concentration de troupes par terre, mer et rivières.

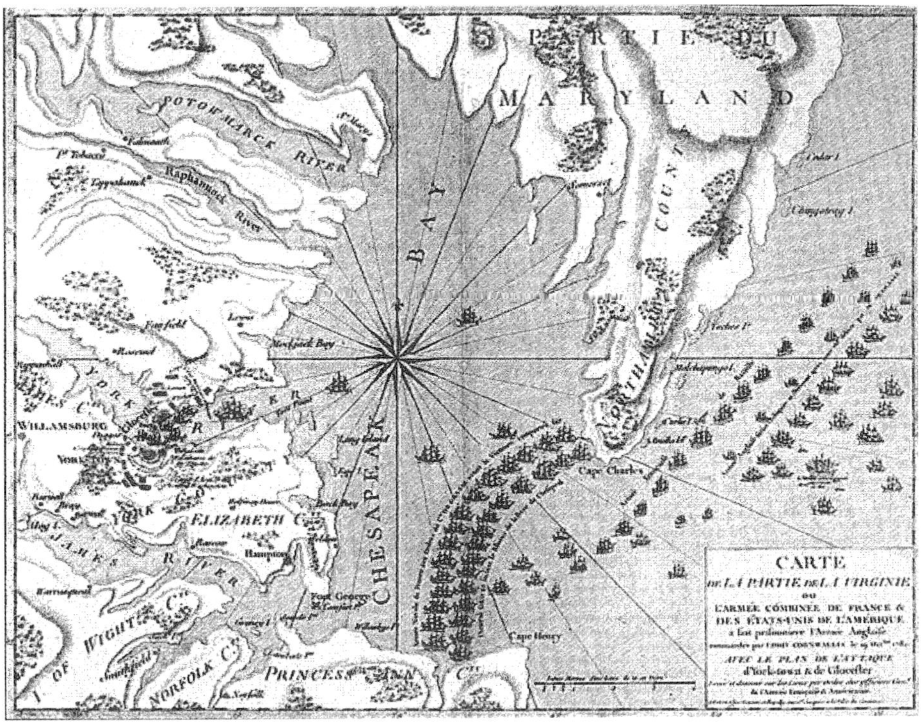

Figure 40 - Investissement de la baie de Chesapeake par la flotte de l'amiral de Grasse.

Figure 41 - L'amiral de Grasse, portant le cordon de l'Ordre du Saint-Esprit, reçoit Washington à son bord : «Soyez le bienvenu, mon petit général».

Figure 42 - Le comte de Rochambeau.

Figure 43 - Reddition de Lord Cornwallis.

THE SURRENDER AT YORKTOWN
From the painting by John Trumbull in the Yale School of Fine Arts

Figure 44 - La reddition de Yorktown, d'après le tableau de John Trumbull.

Figure 45 - Le marquis de Cornwallis, commandant la granison anglaise de Yorktown.

73
rte-drapeau du Régiment de Rochefort créé en 1722 pour le service des Ports et des Colonies (Dessin Robert ireaud).

Figure 46 - Soldat et étendard du régiment de marine à Rochefort.

Le général Washington tirant le premier coup de canon contre les ouvrages anglais (9 oct.)

La frégate anglaise *Charon* incendiée par le feu des batteries américaines (10 oct.)

La colonne française sous Viomênil prend d'assaut la redoute anglaise (14 oct.)

Les Anglais envoient un parlementaire avec tambour pour demander une suspension d'hostilités afin de traiter (17 oct.)

Figure 47 - Siège de Yorktown, vu par «Le Monde illustré» de 1881.

Figure 48 - Louis-René Vassor de la Touche, député à l'Assemblée nationale en 1789.

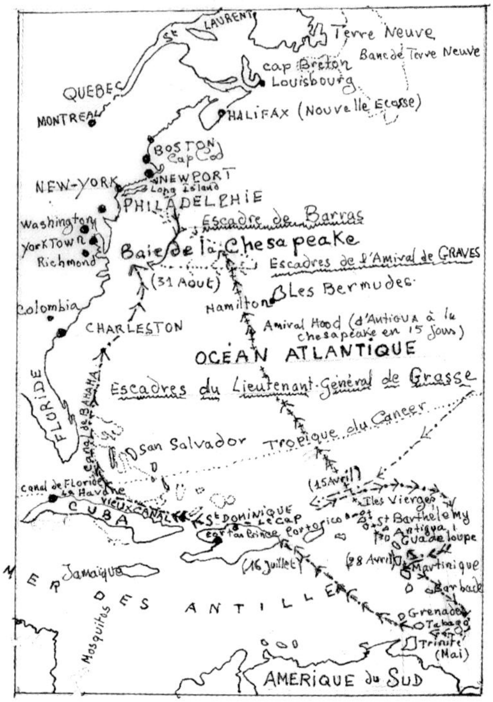

D'après l'Atlas Général de L. Dussieux - Paris -pl. 154

- **Amiral de Grasse** → . — . → . — . →
  De France le 22 mars à Saint- Domingue 15 avril
  De Saint-Domingue à la Martinique 28 avril
  De la Martinique à Tobago 5 juillet
  De Tobago à Saint-Domingue 16 juillet
  De Saint-Domingue le 4 août à Chesapeake 31 août
- **Chef d'escadre Barras** ——→——→
  De Newport le 23 août à Chesapeake 9 septembre
- **Amiral Anglais Hood** + + > + +> + +>
  D'Antigua le 10 août -
  New-York via la Chesapeake 25 août
- **Amiral Anglais de Graves** . . .> . . .> . . >
  De New-York, de conserve avec Hood, vers Chesapeake

Figure 49 - Carte des déplacements des escadres anglaises et françaises pour la Chesapeake, 1781.

Figure 50 - Carte renseignée du siège de Yorktown.

Figure 51 - Antoine, Raymond, Jean-Gualbert-Gabriel, comte de Sartine, secrétaire d'État à la marine de Louis XVI.

Figure 52 - Le bailli de Suffren, vice-amiral de France. Le combat de Negapatam.

Figure 53 - Le combat de Negapatam

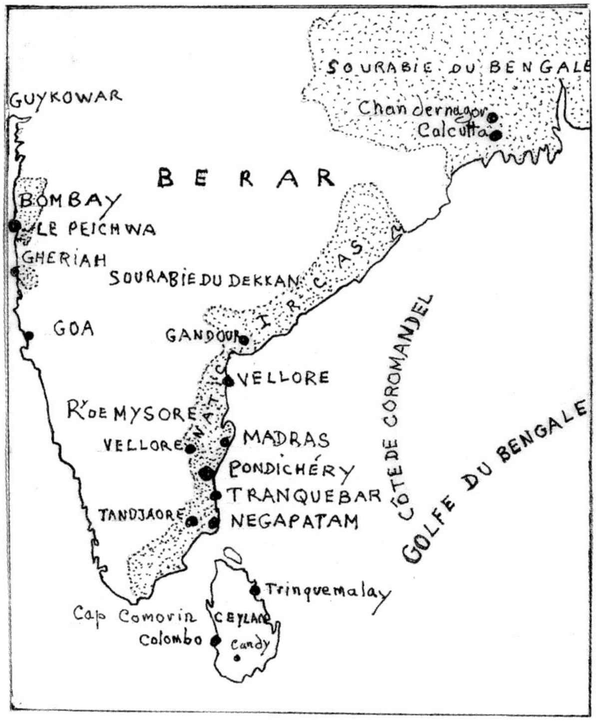

Territoire sous occupation ou alliance anglaise

Figure 54 - Théâtre des opérations de *L'Hermione* en Inde.

Figure 55 - Le citoyen-capitaine Martin devenu amiral.

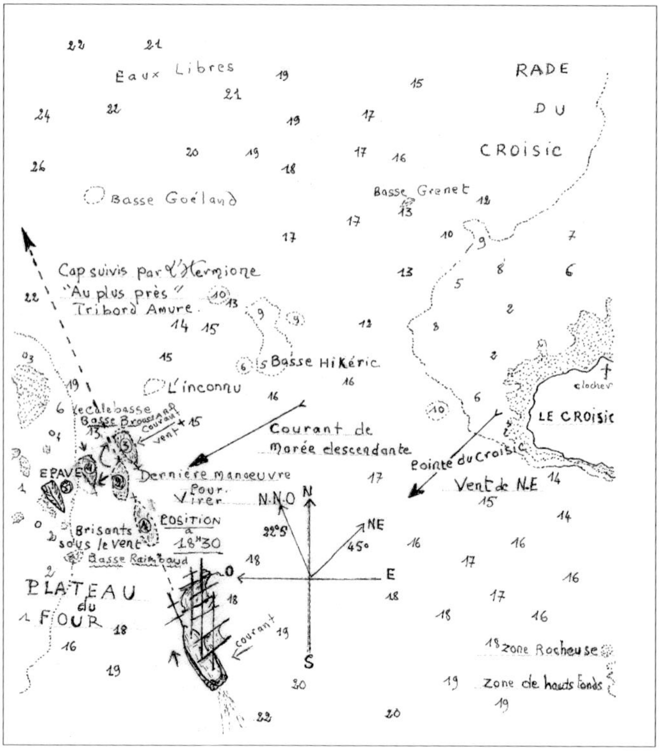

Figure 56 - Dernier itinéraire de *L'Hermione* vers le plateau du Four, au large du Croisic.

Figure 57 - King Park à Newport. A gauche du kiosque dominant le hâvre de Newport on distingue la pyramide portant la plaque commémorative dédiée aux combattants français tombés pour l'Indépendance Américaine, et à droite, la statue de Rochambeau.

Figure 58 - Statue de Rochambeau à King Park, Newport, indiquant la direction du nord, dominant le hâvre de Newport.

Figure 59 - Épée flamboyante de La Fayette

Figure 60 - Indépendance des États-Unis.

Figure 61 - En 1793, entouré de maîtres-maçons, George Washington, portant tous ses décors maçonniques, pose la première pierre du Capitole.

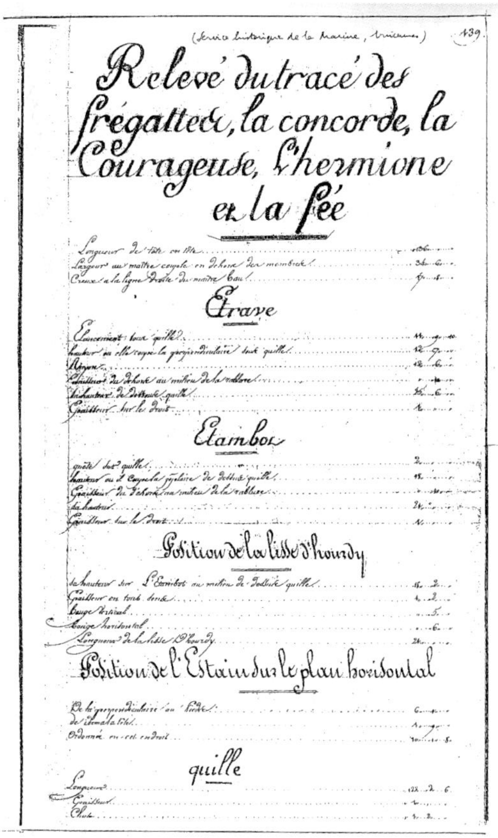

Figure 1 - Relevé du tracé des frégates :
"La Concorde", La Courageuse", "La fée" et *"L'Hermione".*

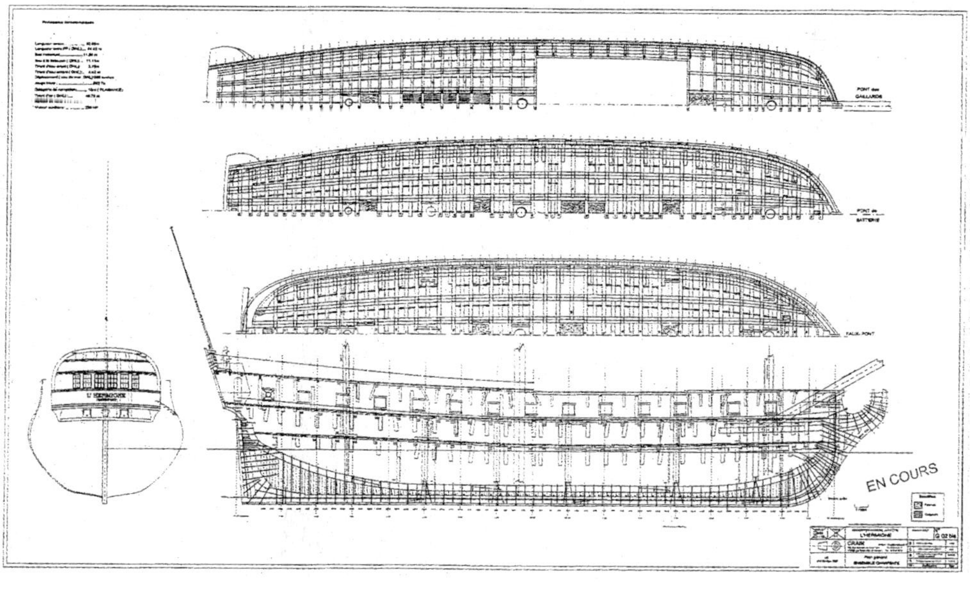

Figure 2 - Plan de reconstruction de la frégate *"L'Hermione"* tracé par Jean Thomas pour la firme Asselin.

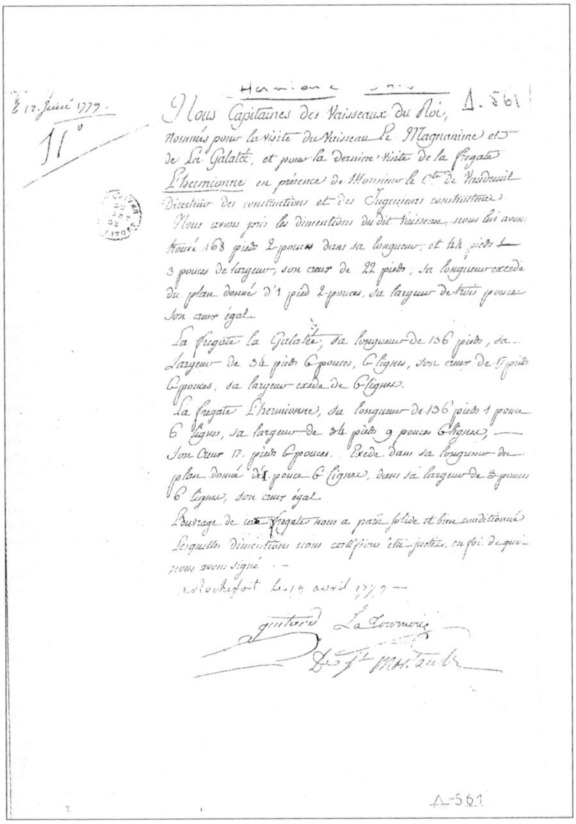

12. Juin 1779.

11°

Δ. 561

Nous Capitaines des Vaisseaux du Roi,
nommés pour la visite du Vaisseau le Magnanime et
de la Galatée, et pour la derniere visite de la frégate
L'hermionne en présence de Monsieur le Cte de Vaudreuil
Directeur des constructions et des Ingenieurs constructeurs.
Nous avons pris les dimentions du dit vaisseau, nous lui avons
trouvé 168 pieds 2 pouces dans sa longueur, et 44 pieds
3 pouces de largeur, son creux de 22 pieds, sa longueur excede
du plan donné d'1 pied 2 pouces, sa largeur de trois pouces
son creux égal.
La frégate la Galatée, sa longueur de 136 pieds, sa
largeur de 34 pieds 6 pouces, 6 lignes, son creux de 17 pieds
6 pouces, sa largeur exede de 6 lignes.
La frégate L'hermionne, sa longueur de 136 pieds 1 pouce
6 lignes, sa largeur de 34 pieds 9 pouces 6 lignes,
son creux 17 pieds 6 pouces. Exede dans sa longueur du
plan donné de 1 pouce 6 lignes, dans sa largeur de 3 pouces
6 lignes, son creux égal.
L'ouvrage de ces frégates nous a paru solide et bien conditionné
Lesquelles dimentions nous certifions être justes, en foi de quoi
nous avons signé
Rochefort le 19 avril 1779

Guiteau La Touvnerie

Δ-561

Figure 3 - Document de certification de *"L'Hermione"*.

Figure 4 - Voilure d'une frégate

XII

La fin d'un conflit

Après la reddition de lord Cornwallis à Yorktown devant les forces franco-américaines, il devenait impossible à la Grande-Bretagne de maintenir ses prétentions coloniales, et l'indépendance des États-Unis, proclamée le 4 juillet 1776, se trouvait confirmée par la force des armes. Il restait à établir, par la voie diplomatique cette fois, la naissance de la nouvelle nation.

Du traité d'Amitié au traité de Versailles

Le 6 février 1778, suite à la Déclaration d'Indépendance de 1776, le royaume de France, premier allié des nouveaux États-Unis, avait ouvert la voie à l'existence diplomatique et à la reconnaissance internationale de la jeune nation en contractant avec elle un *traité de commerce, d'amitié et d'alliance défensive*. Signé par le nouvel ambassadeur de France aux États-Unis, Conrad-Alexandre Gérard de Rayneval, proche collaborateur de Vergennes, et les trois délégués américains, Benjamin Franklin, Silas Deane et Arthur Lee, dans l'appartement loué par Deane, hôtel de Coislin, 4, place de la Concorde, au coin de la rue Royale et de la place de la Concorde, ce traité comportait, dans un premier volet, la reconnaissance officielle des États-Unis par la France et encourageait le développement des relations commerciales entre les deux pays. Aux termes du second volet de cet accord, une alliance défensive était conclue au cas où l'Angleterre déclarerait la guerre à la France ou bien occasionnerait un conflit en cherchant à entraver la liberté du commerce. Il était stipulé qu'en cas de guerre une trêve ou une paix séparée ne pourrait être conclue par l'un des deux États sans le consentement de l'autre. Ce traité devait être évidemment ratifié par le Congrès américain.

Les clauses principales du traité prévoyaient :

- l'engagement de la France d'aider les États-Unis à obtenir leur indépendance ;
- cause commune en cas de guerre franco-anglaise ;
- pas de paix séparée avant ratification de l'indépendance par un traité ;
- clauses commerciales préférentielles ;
- l'accès libre aux ports français et américains.

Suite à la négociation de ce traité, Londres rappelait Stormont, son ambassadeur à Paris, et Noailles, ambassadeur de France à Londres, rentrait à Paris. La réception officielle des diplomates américains par le roi de France, le 20 mars 1778, jour où Stormont quittait Paris, fut très mal accueillie à Londres où l'on parla d'un geste de belligérance, d'autant que le 19 mars, depuis Versailles, le prince de Montbarey avait prié le commissaire anglais à Dunkerque, sir Frazer, de mettre fin à ses activités.

Le 17 juin 1778, au large de Roscoff, la frégate française *La Belle Poule* était attaquée, sans préavis, par la frégate anglaise *L'Aréthuse*. Le combat, très vif, devait durer toute la journée, à l'issue de laquelle la frégate française, bien que très mal en point, pouvait cependant regagner Brest soulevant un grand enthousiasme dans le pays. Cette agression devait conduire à l'état de guerre entre les deux nations.

Dès la ratification du traité de 1778, Vergennes avait chargé l'ambassadeur Gérard de veiller strictement au respect de la clause du traité, essentielle à ses yeux, stipulant qu'il ne saurait y avoir de paix séparée.

Tout naturellement, lorsque la situation évolua en 1778, en défaveur des insurgents, un parti apparut au sein du Congrès qui, sans être résolument proanglais, était prêt à écouter les sirènes tentatrices du Royaume-Uni. Ses chefs de file étaient Samuel Adams (Massachusetts) et Richard Lee (Virginie). Le premier était le plus extrémiste des colons, le second était le frère d'Arthur Lee, le personnage le plus atrabilaire de la mission américaine en France. Tous deux pensaient que le moment était venu de conclure au mieux un conflit apparemment sans issue. Ils obtinrent que les offres anglaises fussent débattues au Congrès qui, loyalement, estima que « abandonner le roi de France, Louis XVI, protecteur des droits du genre humain, serait attenter à l'honneur des États-Unis ».

Lorsque John Adams arriva à Paris en avril 1779, chargé avec pleins pouvoirs de traiter de la paix, Vergennes lui rappela haut et fort que l'alliance gardait toute sa valeur. Et parvint à limiter l'action du plénipotentiaire.

Conséquences de la défaite anglaise à Yorktown

Après l'annonce de la capitulation de Cornwallis à Yorktown, Joseph II, empereur d'Autriche, et Catherine II, impératrice de Russie proposèrent à Londres et à Versailles de jouer les médiateurs. Par des manœuvres dilatoires, Vergennes réussit toutefois à les décourager : il voulait traiter à son heure, et directement avec l'Angleterre.

Les Anglais finirent par se décider. Le 13 janvier 1782, un émissaire, Alleine Fitz-Herbert, écrivait de Londres à Vergennes pour demander audience. Le 23 janvier, l'historien Horace Walpole se présentait à Versailles chez Castries, ministre de la Marine, pour discuter d'un accord sur le ravitaillement en vivres des colonies française et anglaise d'Amérique.

Par ailleurs, en mars, Vergennes apprenait que trois agents secrets, mandatés par Joseph II, Catherine II et Gustave III de Suède, étaient arrivés à Londres pour parler de paix. Un Anglais, Richard Oswald, marchand d'armes et d'esclaves, se présentait à Versailles pour sonder les intentions de Vergennes, puis à Passy pour tâter Franklin.

Enfin, le 1er mai, Charles Fox, secrétaire au Foreign Office, écrivait à Vergennes pour annoncer une mission officieuse confiée à Thomas Grenville. La lettre était remise à Vergennes par Grenville, venu en personne chez le Premier ministre, car Vergennes avait succédé *de facto* à Maurepas et se trouvait être maintenant le premier après le roi.

On constatera aisément que le processus d'ouverture de négociations n'était pas d'une grande simplicité. Vergennes, toutefois, répondait le 11 mai : « Je désire infiniment que Sa Majesté britannique mette M. Grenville en état d'entamer la négociation dont il vient de jeter les premiers fondements. »

Les négociations de paix eurent lieu du 9 mai au 9 juillet 1782. Grenville s'avéra un habile diplomate, et lorsque la nouvelle parvint, le 23 mai par le Courrier de l'Europe, de la victoire anglaise de l'amiral Rodney à la bataille des Saintes [1], il ne manqua point d'alourdir ses prétentions.

De leur côté, tout en étant parfaitement conscients de la manœuvre des Anglais, les Américains discutaient avec Grenville à Paris en l'hôtel d'York. Sans toutefois en informer Vergennes qui fut blessé d'apprendre que le 30 novembre 1782 la délégation américaine, composée de John Adams, Benjamin Franklin, John Jay et Henry Laurens, avait signé des préliminaires de paix avec la Grande-Bretagne.

Jay et Adams étaient les auteurs de cette hypocrite dérobade par méfiance envers la France et en contradiction avec les ordres formels

1. Bataille navale livrée aux Antilles et conclue par une importante victoire britannique.

du Congrès qui avait précisé que les délégués devaient se conformer aux avis du roi de France.

Marquant le coup, Vergennes adressa cette lettre, à Franklin : « Je ne m'explique pas, monsieur, votre conduite et celle de vos collègues à cette occasion. Vous avez conclu votre paix sans vous en référer à nous. Vous allez être le messager d'un grand espoir de paix aux États-Unis sans savoir vous-même à quel stade sont les négociations en ce qui nous concerne. Vous êtes un homme sage, monsieur, vous connaissez la valeur de la propriété ; toute votre vie, vous avez respecté ces devoirs. Je vous demande de méditer – comment assumer ces devoirs maintenant. »

Franklin, gêné, répondit cependant avec habileté. Il admit que les Américains avaient commis une faute de bienséance sans jamais « manquer de respect au roi que nous aimons et que nous honorons ». Il ajoutait *in fine* : « Les Anglais, je l'apprends à l'instant, se flattent déjà de nous avoir divisés. J'espère que ce petit malentendu restera un secret entre nous et que les Anglais se trouveront pris à leur propre jeu. »

Il ignorait toutefois que le Dr Bancroft, secrétaire de la délégation qu'avait recrutée Arthur Lee avant son retour aux États-Unis, était un agent à la solde du service secret britannique et qu'à son insu il faisait parvenir copie de cette correspondance à lord Shelburne, Premier ministre du Royaume-Uni, dans les trois jours. Cette trahison ne devait cependant se découvrir qu'environ un siècle plus tard.

Vergennes fut magnanime et voulut bien recevoir Franklin, qui, rasséréné, lui demanda un nouveau prêt de 6 millions de livres, lequel fut aussitôt accordé pour calmer l'atmosphère.

Les Américains, ayant agi avec quelque précipitation, eurent néanmoins l'élégance de déclarer le 20 janvier 1783 que la signature de novembre ne changeait rien à la situation des États-Unis vis-à-vis de l'Angleterre tant que la paix avec la France ne serait pas conclue. Ce même jour, aux Affaires étrangères à Versailles, était signé le traité de paix préliminaire entre la France, l'Espagne et la Grande-Bretagne.

Convention secrète franco-espagnole – avril 1779

Par le traité d'Aranjuez, l'Espagne avait promis son aide militaire à la France, qui, elle-même, s'engageait à ne pas conclure de paix séparée et à se battre jusqu'à ce que Gibraltar fût rendu à l'Espagne. La France devait également aider l'Espagne à obtenir Minorque et Mobile. Madrid promettait de contribuer aux efforts de la France en vue d'acquérir des avantages territoriaux et commerciaux à Terre-Neuve, au Sénégal et aux Indes. Dans cette affaire, l'Espagne était l'alliée de la France et de la

France seulement, ce qui ne facilitait pas la politique de Vergennes à l'égard des États-Unis que l'Espagne ne daignait pas reconnaître.

Voilà quels étaient donc les préalables aux négociations qui devaient déboucher sur les accords finalisant l'issue du conflit entre l'Angleterre et ses ex-colonies, d'une part, et régler les nouvelles conditions présidant aux futures relations diplomatiques entre la Grande-Bretagne, la France, l'Espagne et la Hollande d'autre part. En effet, en 1778, l'intervention de la France dans le conflit opposant les treize colonies anglaises d'Amérique à leur métropole avait entraîné, dans son sillage, l'Espagne, puis les Provinces unies.

Après la capitulation de Yorktown (octobre 1781), les succès du bailli de Suffren dans l'océan Indien et les opérations espagnoles contre les positions anglaises en Méditerranée, un courant favorable s'était dessiné en Angleterre où les communes pressaient le roi George III de traiter. Les pourparlers s'engageaient en mai 1782 avec les négociateurs américains, Benjamin Franklin, John Adams et John Jay. L'Angleterre, misant sur les divergences d'intérêts entre ses adversaires, se fixait pour objectif de les séparer.

La chute de Yorktown avait entraîné en Angleterre, en mars 1782, la démission de lord North, instrument de la politique personnelle de George III. Un cabinet Whig, plus conciliant, avec Shelbourne et Fox, entreprit de négocier la paix. L'effort des ministres britanniques consistait essentiellement, malgré la convention d'alliance franco-américaine de 1778, à traiter séparément avec les insurgents. Cette manœuvre fut rendue possible en raison de l'attitude des délégués américains venus à Paris, notamment de J. Jay, descendant de huguenots français, très méfiant à l'égard de la France catholique et inquiet de l'attitude de Vergennes qu'il accusait de soutenir l'Espagne dans ses revendications en Amérique du Nord. Contournant Franklin, Jay fit des propositions à l'Angleterre, qui, en contrepartie de lourdes concessions, put signer avec les délégués du Congrès les préliminaires du 30 novembre 1782. Ces concessions étaient les suivantes :

- l'Angleterre reconnaissait l'indépendance des treize colonies ;
- la frontière était fixée du nord au sud à la rivière Sainte-Croix, aux Grands Lacs et au Mississippi ;
- les colons loyalistes, abandonnés à leur sort, n'avaient que la solution d'émigrer au Canada ;
- les pêcheurs britanniques conservaient le droit de pêcher dans les eaux territoriales de l'Amérique du Nord.

Les concessions des Britanniques surprirent les contemporains et particulièrement Vergennes. Certes, la France aurait pu alors continuer la guerre, mais il y avait peu de chances d'aboutir à un résultat décisif, et les charges financières augmentaient chaque jour. La Grande-Bretagne, qui avait sauvé l'honneur sur mer à la bataille des Saintes et craignait l'hostilité de la Ligue des Neutres, négocia avec la France et l'Espagne.

Le traité de Versailles a pour titre *Traité de Paix entre le Roi et le Roi de Grande-Bretagne, conclu à Versailles, le 3 septembre 1783.* Il est signé Vergennes pour la France et Manchester, pour le Royaume-Uni. Le même jour, l'Angleterre et les États-Unis signaient un traité par lequel était reconnue l'indépendance des États-Unis. Les deux traités avaient été négociés séparément, mais dans le même but et avec les mêmes conditions. L'Espagne et la Hollande y ajoutèrent leurs signatures.

Au final, ce Traité comprenait quatre accords.

- *Une convention anglo-américaine* confirmant les préliminaires de novembre 1782. L'Angleterre reconnaît l'indépendance des treize « États-Unis » et leur cède, en outre, tout le territoire situé entre les Appalaches et le Mississippi, mais elle conserve le Canada.
- *Une convention anglo-hollandaise* fixant la restitution réciproque des conquêtes sauf Négapatam, dernier comptoir hollandais aux Indes qui restait aux Anglais.
- *Une convention anglo-espagnole* prévoyant la restitution aux Espagnols de Minorque et d'une grande partie de la Floride, dont la frontière était fixée au Mississippi, mais Gibraltar restait aux Anglais.
- *Une convention anglo-française*, enfin, donnant à la France quelques satisfactions : la restitution de ses établissements du Sénégal, quelques Antilles (Tobago, Sainte-Lucie), Saint-Pierre-et-Miquelon, la sauvegarde de ses pêcheries à Terre-Neuve, le droit de fortifier Dunkerque ainsi que ses comptoirs aux Indes.

Les avantages obtenus par la France étaient médiocres en comparaison de l'énorme effort financier : « Prêt de 12 millions aux États-Unis, don de 12 autres, garantie d'un prêt hollandais de 10 millions, avance de 6 millions pour la reconstruction du pays en 1783, sans parler des budgets de l'armée et de la marine. Les dépenses de la guerre étant évaluées à 2 milliards ou 2,5 milliards. »

En dépit des faibles compensations obtenues, l'opinion publique se réjouissait toutefois de la restauration du prestige de la France, de la revanche obtenue contre l'Angleterre, et de l'acquisition d'un nouvel allié, les États-Unis.

Bilan de l'intervention française

Le 3 septembre 1783, la paix de Versailles améliorait la position de la France à Terre-Neuve, libérait Dunkerque de toute servitude et surtout confirmait l'indépendance des États-Unis. Le prestige était rétabli, mais les profits économiques étaient minces ; l'Angleterre demeurait puissante et gardait contre les Français une animosité très vive. D'autre part, les idées libérales se propageaient en France, avec le retour des troupes d'Amérique. La Fayette en était le champion, son immense popularité leur donnait une puissance considérable. Enfin la situation financière s'était dangereusement détériorée, de sorte que le succès de la guerre d'Amérique, loin de faire oublier les difficultés intérieures, n'avait fait que les aggraver.

L'Angleterre de 1783 demeurait une puissance redoutable. Beaucoup mieux que la France, elle saura ultérieurement tirer profit de l'indépendance américaine, pourtant acquise et conquise avec nous et contre elle. En réalité, la nouvelle république d'outre-Atlantique n'avait que faire des exportations françaises, et ce sont les Anglais qui, après avoir perdu la guerre, gagneront finalement la bataille du marché américain avec leurs produits fabriqués et leurs techniques commerciales et financières. Il en résultera pour l'économie britannique une expansion générale, un développement considérable des exportations, une croissance emballée pouvant se comparer à certains égards et toutes choses égales à celle de nos récentes Trente Glorieuses : croissance que connaîtront certes tous les pays maritimes à la fin du XVIIIe siècle, mais qui prendra en Angleterre le maximum d'ampleur et marquera désormais la vie du pays pour un siècle et demi.

En France, soucieux de se montrer un allié fidèle, le royaume n'avait pas hésité à soutenir les insurgents militairement sur terre et sur mer, mais aussi financièrement, afin de leur permettre de créer, à partir d'à peu près rien, des forces armées capables de tenir devant les troupes aguerries de Grande-Bretagne. Les archives des Affaires étrangères comportent un document intéressant de ce point de vue qui laisse paraître l'énormité de l'effort financier consenti à une époque où la raison, pourtant dominante en cette ère des Lumières, aurait dû conseiller une réserve plus grande quant à l'engagement de dépenses si importantes en un temps où la rigueur eût dû prévaloir. Il s'agit de l'état des avances françaises aux États-Unis.

État des avances faites par le roi dans le département des Affaires étrangères pour secourir les États-Unis, dressé en mars 1782 à la demande du comte de Vergennes[2].

(*Archives Affaires étrangères, États-Unis, volume 20.*)

Avances sur reçus, sans obligation de rembourser :

1776, à M. de Beaumarchais	1 million de livres[3]
1777, aux délégués d'Amérique	2 millions de livres
Total : 3 millions de livres ou	*25 200 000 F de 1987*

Avances portant intérêt à rembourser le 1er janvier 1788.

Reconnaissances et obligations de M. Franklin

1776, 3 millions de livres ou	*25 200 000 F de 1987*
1779, 1 million de livres ou	*8 400 000 F*
1780, 4 millions de livres ou	*33 600 000 F*
1781, 4 millions de livres ou	*33 600 000 F*
Total : 12 millions de livres ou	*100 800 000 F*

Emprunt de Hollande

10 millions de livres ou 84 000 000 F

Avance de 1782

6 millions de livres ou 50 400 000 F

À l'issue de la guerre d'Indépendance, la dette américaine, vis-à-vis de la France s'élevait donc à 28 millions de livres, soit 135 200 000 F de 1987, si l'on néglige les avances sur reçus de 3 millions de livres (25 200 000 F de 1987) non soumises à obligation de remboursement.

Coût du conflit :

On estime que ce conflit de la guerre d'Indépendance a coûté :

À l'Angleterre	2 500 millions de dollars actuels
À la France	1 750 millions de dollars
À l'Espagne	1 milliard de dollars
À la Hollande	250 millions de dollars

Conséquences

Sous le règne de Louis XVI, et plus généralement entre 1750 et 1815, l'une des lignes de force de la politique française, s'appuyant sur la

2. Cité par Jacques de Launay dans *La Croisade européenne pour l'indépendance des États-Unis*, Paris, Albin Michel, 1988.

3. Soit 8 400 000 F de 1987.

comparaison entre la composition des recettes fiscales en France et en Angleterre, consistait, comme décrit plus haut, à s'en prendre au commerce extérieur britannique. En effet, un tableau sommaire de l'origine des recettes fiscales dans les deux royaumes démontrait combien l'Angleterre dépendait des impôts indirects qu'elle percevait.

Répartition des recettes fiscales

	FRANCE	ROYAUME-UNI
Impôts directs	48,8 %	24 %
Revenus domaine royal	12 %	2 %
Impôts indirects	39,2 %	74 %

L'essentiel des impôts indirects en Angleterre provenant des droits de douane perçus sur les marchandises de son commerce extérieur, réduire ce commerce équivalait à rabaisser la puissance fiscale et donc militaire de l'Angleterre en portant atteinte à son crédit et, par là, à sa capacité d'emprunt.

Or, vers le milieu du XVIIIe siècle, ce commerce extérieur de l'Angleterre reposait sur quatre « piliers » :

- le commerce avec les treize colonies d'Amérique ;
- le commerce « en droiture » avec les Antilles, complété par le commerce « triangulaire » de traite négrière ;
- le commerce avec l'Amérique du Sud : le Brésil portugais dominé par les Anglais, et l'immense Empire hispanique ;
- le commerce lointain avec ce que l'on dénomme aujourd'hui très largement comme le Sud-Est asiatique.

À partir de 1750, le commerce anglais avec les treize colonies augmente de manière très significative, et, c'est là le paradoxe apparent, ni la guerre d'Indépendance, ni la défaite britannique à Yorktown, ni d'ailleurs le traité de Versailles ne sauront freiner ce développement qui va devenir exponentiel.

Martine Acerra et Jean Meyer[4] établissent magistralement le bilan de ce que fut, pour le royaume de France, cette aventure de la guerre d'Indépendance américaine :

> *... Le commerce de l'Angleterre avec ses « treize colonies » est en voie d'augmentation ultra-rapide, avec une forme et un rythme de croissance*

4. Martine Acerra et Jean Meyer, *Marines et révolution*, éd. Ouest-France, 1988, p. 18-19.

de type contemporain. C'est là que réside le grand échec de la guerre d'Indépendance américaine. Cette guerre a été commencée dans l'espoir de substituer le négoce français au négoce anglais. La visée était juste, puisque c'est le commerce d'avenir, preuve que Versailles était, en la matière, parfaitement informé. Or, à la grande déception des milieux politiques français, la guerre d'Indépendance américaine, loin de couper les relations entre les États-Unis et l'Angleterre, les renforce de manière accrue, sous l'effet d'un développement quasi exponentiel. Insistons lourdement : le développement de ce commerce est bien la preuve de l'échec total français de la guerre d'Indépendance. Cette guerre n'a été qu'une victoire morale, de prestige, relevant « l'honneur du nom » et de la « noblesse » de la France. Ses gains matériels sont, au traité de Versailles, médiocres : Tabago et Gorée, pour l'essentiel. La partie est nulle, contre un coût fantastique dont l'Ancien Régime ne se relèvera jamais. Or, les négociateurs du traité de Versailles étaient parfaitement au courant de la situation. Bien sûr, l'indépendance des États-Unis concrétisait la grande visée de Choiseul : la bombe à retardement placée dans le traité de Paris à l'intérieur de l'empire colonial anglais avait bien explosé, et même un peu plus rapidement qu'on ne le prévoyait à Paris. Apparaissait ainsi une marine de commerce indépendante, puissante, avec des chantiers navals performants et compétitifs qui avaient fourni le tiers de la marine anglaise avant 1774. Car la nouvelle nation est essentiellement perçue, par tout le monde, comme une puissance maritime : et le fait est qu'elle le restera jusqu'en 1840. Mais le Canada restait anglais, et sa population française n'avait pas bougé. Si donc on accepte à Versailles le fait accompli, c'est dans l'espoir de contreparties. Or, le commerce américain, libre et indépendant, ne pouvait que renforcer encore la puissante contrebande qui attache économiquement les Antilles (tant anglaises que françaises) autant à l'Amérique naissante qu'à la France, ou à l'Angleterre. L'on espérait dans la croissance rapide du trafic direct entre les États-Unis et la France. Ce fut, sinon un échec total, du moins un espoir immense presque totalement déçu : il resta de dimensions modestes, alors que, statistiquement, les exportations anglaises vers l'Amérique du Nord démontrent un envol spectaculaire...

Inspiré par le louable souci de Louis XVI de replacer la France à la place qui lui revenait, visant à effacer l'humiliation du traité de Paris de 1763, l'engagement du royaume dans le conflit opposant les treize colonies anglaises au royaume d'Angleterre, même s'il se concluait avec succès, s'avérait, en réalité, une victoire à la Pyrrhus. Il avait en effet contraint la France à redoubler d'efforts financiers pour se doter d'une marine susceptible de tenir tête avec honneur à la Royal Navy, creusant un peu plus le déficit, déjà très lourd, du budget de la nation. Son aide généreuse envers ses nouveaux alliés avait contribué au grave déséquilibre budgétaire du royaume, et rien ne laissait présager d'importantes compensations financières futures à une telle aventure au-delà des mers. Au total, on peut s'interroger pour déterminer si un tel engagement ne fut pas, entre autres facteurs, l'une des causes déterminantes de la chute de la monarchie française.

Apostille amusante à ce règlement, en 1920, ainsi que le relate Pierre-Jean Rémy[5] :

Au lendemain de la guerre, alors qu'une partie de l'Europe mettait tous ses espoirs en la création bien utopique, de la Société des Nations, le Sénat américain rejetait le traité de Versailles après avoir demandé en vain la suppression de l'article 10 du pacte de la S.D.N. garantissant l'intégrité territoriale et l'indépendance politique de ses membres. Du coup, un anti-américanisme latent va bel et bien éclater au grand jour. Et l'un des arguments sur lequel s'appuie ce sentiment est que les États-Unis n'ont jamais remboursé à la France les emprunts faits par l'Amérique pendant la guerre d'Indépendance ! D'où la demande de la sous-direction d'Amérique à la direction des Archives de mener une enquête sur le remboursement de ces emprunts... Quelques semaines auparavant, le département du Trésor américain a déjà répondu par avance à la question posée. Quatre ans plus tard... les Archives remettent à la sous-direction d'Amérique une « Note sur l'assistance financière gratuitement portée par la France aux États-Unis pendant la guerre d'Indépendance ». Le document conclut que toutes les créances françaises sur le gouvernement des États-Unis sont aujourd'hui et depuis longtemps éteintes.

Il reste que les deux documents méritent d'être mentionnés au cours du présent examen de la fin du conflit. Ces deux notes, la demande de la sous-direction d'Amérique à la direction des archives du Quai d'Orsay, et le mémorandum communiqué officieusement par l'ambassade des États-Unis figurent aux archives du Quai d'Orsay sous le titre : *Note historique n° 216.*

Paris le 17 mai 1920

NOTE pour la Direction des Archives.

La sous-direction d'Amérique a l'honneur de communiquer ci-joint à la direction des Archives la traduction d'une note du département américain du Trésor relative au remboursement des emprunts faits par les États-Unis à la France pendant la guerre d'Indépendance.

M. Lanel serait très obligé à M. Piccioni de bien vouloir faire vérifier,

---

5. Pierre-Jean Rémy, *Une histoire inédite de la diplomatie française. Trésors et secrets du Quai d'Orsay*, Paris, 2001, éditions J.-C. Lattès, p. 750.

à l'aide des documents français, l'exactitude des indications contenues dans cette note et de lui faire part des résultats de cette enquête.

Il y aurait en effet intérêt à les utiliser, le cas échéant, afin de mettre un terme à une campagne de presse qui cherche à représenter les États-Unis comme étant restés débiteurs de la France depuis plus de cent ans.

La note américaine a été communiquée au Département, à titre officieux, par l'ambassade des États-Unis à Paris.

Extrait d'un document communiqué officieusement par l'ambassade des États-Unis à Paris, le 12 mai 1920.

16 mars 1920

Mémorandum pour M. Moseley.

A.s. des emprunts faits par les États-Unis à la France pendant la guerre d'Indépendance.

Pendant la période révolutionnaire le gouvernement des États-Unis négocia de nombreux emprunts en Europe. Certains, dont les emprunts français, furent contractés directement avec les gouvernements étrangers. Les sommes reçues furent pour la plus grande partie consacrées au paiement des fournitures achetées à l'étranger. Voici la liste des emprunts français :

1777 – Emprunt aux fermiers généraux de France autorisé le 23 décembre 1776	*181 500 dollars*
1778-1782 – Emprunt au gouvernement français autorisé le 3 décembre 1777, 18 000 000 livres[6]	3 267 000 dollars
1781-1782 – Emprunt au gouvernement français, autorisé le 26 octobre 1779, 10 000 000 livres[7]	1 815 000 dollars
1783 – Emprunt au gouvernement français, autorisé le 14 septembre 1782, 6 000 000 livres[8]	1 089 000 dollars
Total	6 352 500 dollars

Divers paiements furent faits au moyen de ces emprunts. Ce qui restait fut englobé dans les emprunts de 1795 (4,5 et 5,5 %). La dette envers la France fut finalement remboursée en 1808 et 1815.

Deways, dans son *Histoire financière des États-Unis*, page 47, montre que la France prêta en tout 6 352 500 dollars qui furent remboursés avec

6. Équivalant à 1 512 000 000 de francs de 1987.
7. Équivalant à 84 000 000 de francs de 1987.
8. Équivalant à 50 400 000 de francs de 1987.

intérêt, mais qu'un don de 1 996 500 dollars fut également reçu du gouvernement français. Un accord intervint à Versailles, le 25 février 1783, entre les deux gouvernements, pour le remboursement des emprunts, le gouvernement français confirmant par cet instrument le don gratuit fait au congrès des treize États-Unis de la dite somme de 1 996 500 dollars à titre d'aide et subside. En conséquence elle ne fut pas remboursée, cependant que tous les autres emprunts faits à la France pendant la guerre d'Indépendance ont été acquittés.

XIII

L'Hermione en service en mer Indienne

... J'ai pris sur moi de donner le commandement à la frégate L'Hermione avec mes instructions et mes paquets.

Lettre de M. de La Bretonnière
à M. de Castries, le 16 juillet 1782.

Vers le cap de Bonne-Espérance

L'Hermione est radoubée à Rochefort de mai à juin 1782. À cette époque la grand rade connaît une intense activité. Des convois arrivent, d'autres se forment et l'on compte souvent plus de cent voiles de commerce prêtes à partir. L'Anglais est régulièrement en embuscade au débouché des pertuis. En juillet 1782, *L'Hermione* réarmée, est placée sous le commandement du lieutenant de vaisseau du Pérou [1], chevalier de Saint-Louis depuis 1777. Il vient de *La Cérès* où il était second de 1780 à 1781. C'est justement cette frégate qu'elle doit rallier, commandée par M. de La Bretonnière, capitaine de vaisseau. La formation comprend aussi *L'Aigle* dont La Touche est devenu capitaine, *La Gloire*, *L'Andromaque,* et *L'Aigrette.* C'est *L'Hermione* qui prendra la tête, *La Cérès* et *L'Aigle* s'étant abordés lors d'une saute brutale de vent. Elle reçoit les paquets scellés contenant les instructions de route à n'ouvrir que sous voile.

Le 19 juillet, le Roi a donné ordre « de faire rassembler en rade de l'île d'Aix les convois qu'elle a fait armer dans les différents ports, afin de n'en former qu'un seul ». Le comte de Soulange, capitaine de vais-

1. Du Pérou ou du Péron, les N et les U sont difficiles à distinguer dans les textes manuscrits.

seau à bord du *Protecteur* de soixante-quatorze canons, est responsable de l'escorte. *L'Hermione* se joint aux frégates *L'Atalante*, *La Nymphe*, *L'Andromaque*, toutes de vingt-six canons de « 12 », aux corvettes *Le Tourtereau*, *Le Harriot, Le Triomphe* et au cutter *Le Malin* de dix-huit canons de « 6 ». M. de Soulange a complimenté *L'Hermione* pour ses qualités manœuvrières. Mais la frégate n'est avitaillée en vivres et armements que pour six mois et n'a reçu que trois mois d'eau. Elle manque de rafraîchissement venant de terre. Le biscuit dans les cales est infesté par des insectes. Le pain n'est donc plus acceptable pour le long cours. Le 7 août 1782, l'immense convoi de plus de cent quatre-vingts voiles est toujours en rade de Rochefort, et sa sortie est contrariée par des vents violents et instables. Ce n'est que le 2 septembre, *La Cérès* ayant rallié, que le départ se fera.

À vingt lieues au sud du cap Finisterre, au large des côtes d'Espagne, le second paquet scellé est ouvert. *L'Hermione*, qui devait aller avec *La Cérès* et *Le Malin* aux Antilles, doit remplacer *L'Andromaque.* Ce sont les ordres du comte de Tréville en date du 14 septembre. Du Pérou qui manque de vivres, d'autant qu'il en a consommé beaucoup en rade de l'île d'Aix et qu'il comptait se refaire aux îles, n'accueille pas ce contrordre avec satisfaction. Il s'autorise même à demander une augmentation de solde.

Une lettre du 28 septembre 1782 du comte de Soulange au maréchal de Castries, ministre de la Marine, rend compte de cette situation.

Route sur l'Inde – Retour à Rochefort

À Bonne-Espérance, *L'Hermione* compte sur un peu de ravitaillement. Il n'y a pas, hélas, de magasin du Roi en rade. Elle obtient cependant du commissaire de la marine, le sieur Percheron, six mois de vivres et deux mois de bois. On risque fort de manger froid à bord ! Pour ne rien arranger, la frégate écope d'une corvée. Ordre lui est donné de surveiller *Le Fier* dont le commandant est poursuivi en justice pour avoir contrevenu à la « charte-partie » (monopole de commerce) lors de l'embarquement de denrées. Du Pérou envoie plusieurs soldats à bord, remplacés assez vite par un détachement du régiment de Pondichéry.

Libre de convoyer ses bâtiments de commerce vers l'Inde, elle peut enfin mettre à la voile, le convoi est alors placé sous l'autorité du marquis de Soulliac[2]. Elle appareille le 13 mars 1783. Trois jours après, elle a perdu de vue deux brigantins *Le George* et *Le Comtesse de Maillé.* Comme elle est le seul escorteur, elle renonce à les rechercher. *L'Her-*

2. Voir figure 54.

mione touche l'Isle-de-France (île Maurice) à Port-Louis, sur la côte nord-ouest, le 18 avril. Une lettre adressée à M. le maréchal de Castries, ministre de la Marine, datée du 22 avril, à bord, rend compte de la bonne issue de la mission. Tous les navires sont arrivés à bon port, y compris les deux égarés.

La frégate reste à Port-Louis jusqu'à ce que le vicomte de Souillac reçoive l'ordre du bailli de Suffren de la détacher pour Trinquemalay. Pierre-André de Suffren de Saint-Tropez fut successivement chevalier de Malte, puis commandeur et bailli. Parti de Brest avec de Grasse le 22 mars 1781, il se met aux ordres de Jean-Baptiste Barthélémy comte Thomas d'Orves, chef d'escadre, à l'île-de-France. À cinquante-cinq ans, le bailli de Suffren n'est encore que capitaine de vaisseau. La France ne dispose, dans cette région, que de quatre bâtiments de guerre en état de marche. La division du bailli comprend : *Le Héros* dont il est le commandant, *L'Annibal, Le Vengeur*, *Le Sphinx* et *L'Artésien.* À la mort du comte d'Orves, en février 1782, il a été nommé chef d'escadre par le secrétaire d'État à la Marine, le maréchal de Castries.

Lorsque *L'Hermione* rallie l'escadre, la guerre est pratiquement achevée. Le marquis de Suffren a engagé son cinquième et dernier combat contre son vieil adversaire anglais, le contre-amiral Hughes.

Depuis 1782, avec la prise de Trinquemalay, le port hollandais de Ceylan, qui avait suivi celle de Négapatam, la France ne possède plus un pouce carré de terre en Inde. Qu'importe ! La flotte française ne se basera pas en Isle-de-France, mais tiendra la mer en combattant. Alors que nos troupes fort modestes, récemment débarquées, sont assiégées dans Goudelour, les 17 et 18 juin 1783, le chef d'escadre français complète ses équipages en prélevant un contingent sur les hommes de la garnison de la ville.

Le 19, Hughes paraît. Le 20 juin, Suffren prend l'initiative du combat. Ce diable d'homme n'a qu'un credo : l'attaque. il ne se bat pas classiquement, mais enveloppe ou fragmente la ligne des vaisseaux adverses. Il combat pour détruire la flotte anglaise. Quinze vaisseaux français, très offensés par les derniers affrontements, vont s'opposer à l'escadre britannique forte de dix-huit bâtiments. Les commandants français font preuve d'une détermination inouïe. La canonnade dure de 6 à 8 heures du soir, les deux escadres courant du même bord, à demi-portée de canon. Le contre-amiral Hughes, surpris, sa formation très maltraitée a perdu beaucoup d'hommes et fait retraite. Le bailli de Suffren, le 25 juin 1783, entre dans Goudelour, porté par les soldats dans un magnifique palanquin. Il a arraché définitivement la victoire de la France en Inde. Sur sa lancée, il prendra Madras. L'Empire français des Indes renaît, réalisant le vieux rêve de Dupleix.

Le 29 du même mois, une frégate anglaise, *La Médée*, expédiée par Hughes, annonce que la paix est signée depuis le 20 mai 1783. La nouvelle est confirmée par la frégate française *La Surveillante*. Après la victoire en Amérique, c'est aussi une victoire complète aux Indes. Elle fait oublier la malheureuse affaire des Saintes[3] du 12 avril 1782 qui avait, un moment, éclipsé les victoires de Cheapeake et de Yorktown. Les armes se sont tues sur tous les océans.

L'Hermione a donc ordre de retourner à Rochefort. Elle mouille à l'île d'Aix le 8 avril 1784 après une traversée sans histoire, sans un seul malade à déclarer. Elle entre au port le 17 avril pour être désarmée, mais les fonds manqueront pour cette opération. Du Pérou doit même prêter de l'argent aux officiers de terre qu'il a embarqués pour leur permettre de rejoindre leur garnison. Une lettre du 17 avril du capitaine du Pérou au ministre relate ses embarras. L'état de la Marine royale de France en 1785 enregistre *L'Hermione* présente à Rochefort. Au 1er janvier 1788, la liste des « États des forces maritimes françaises en vaisseaux et frégates », porte *L'Hermione* intégrée à la quatrième escadre de Suffren, qui commande à bord du *Téméraire*. Elle fait partie d'une escadrille de six frégates. *L'Hermione* n'a aucune activité en 1789 où elle entre en refonte. Commencent alors, il est vrai, des événements qui vont absorber les forces vives de la France et les détruire.

OUVRAGES À CONSULTER

A.N.M : B4. Sous-séries de 35 à 307 – Campagnes – Commandant Du Pérou au Ministre – Recherches de Virginie Lemerle pour le compte de l'association « Hermione-La Fayette », février 1997.

Pierre Bassot, *En chasse pour le Roy*, Imprimerie de la Marine en 1994, p. 53 à 59.

3. Dite aussi l'affaire de la Dominique, où l'escadre de l'amiral de Grasse fut écrasée par celles de Rodney et de Hood.

XIV

L'Hermione au service de la République

Je vous prie de croire citoyen Ministre qu'il n'y a aucune faute de ma part dans l'événement malheureux qui vient d'arriver à la frégate...

Lettre du citoyen capitaine de vaisseau Martin
au citoyen ministre Dalbarade, le 27 septembre 1793
l'an II de la République.

Les embarras du capitaine Martin

Souvenons-nous du mot malheureux de Mirabeau en 1790 : « [...] qu'il fallait licencier le corps des officiers de mer. » On fit bien pis : les tracasseries, les incarcérations, les lynchages, la guillotine et pour les rescapés, l'exil, accomplirent largement son vœu. Alors que les insurrections se multiplient dans les ports et les colonies, l'Angleterre, sous la férule de Pitt, renforce sa marine et intensifie son commerce. Elle attend son heure.

En 1792, l'Assemblée nationale a été remplacée par la Convention. Le Roi est exécuté le 21 janvier 1793. La prestigieuse marine de Louis XVI a vécu. En février de la même année on se propose de faire désigner dans les départements « ... les plus dignes d'être capitaine de vaisseau parmi les citoyens marins ». C'est dans ce contexte ahurissant que le tout nouveau commandant de *L'Hermione*, Pierre Martin, âgé de quarante et un ans, va présider aux destinées de la frégate [1].

À douze ans, il était mousse sur la flûte *Le Saint-Esprit*. En 1769, il navigue comme pilotin sur une autre flûte *La Nourrice*. Nommé officier

1. Voir figure 55.

auxiliaire en 1786, il est sur les côtes d'Afrique en 1791 lorsque la révolution survient. Il navigue à bord de *La Cousine,* une goélette. Il perd un œil pendant ses campagnes. C'est sans doute le seul point commun que ce futur amiral eut avec Nelson. Il n'a servi qu'un an comme lieutenant de vaisseau avant d'accéder au grade de capitaine. Il est né le 29 janvier 1752 à Louisbourg, au Canada.

Dès 1792, les nouvelles autorités se préoccupent de l'armement des unités navales pour la guerre qui menace à nouveau. *L'Hermione* est évidemment concernée. Copie de la lettre de M. Lacoste à M. Charloz, le 25 mai 1792, l'an IV de la Liberté, réglée le 2 juin : « L'intention du Roi est, Monsieur, que vous vous occupiez, sans délai, de l'armement sur le pied de guerre, des vaisseaux *Le Généreux, L'Aquilon* et des frégates *La Gracieuse* et *L'Hermione*... il leur sera donné quatre mois de vivres. J'en préviens le Régisseur. M. Charloz ne perdra pas un moment pour ordonner la levée des équipages et il commencera par les quartiers les plus éloignés... il va être pris des mesures pour faire passer des fonds à Rochefort, tant en espèces qu'en assignats. » Signé Lacoste, pour copie à Charloz (SHMR. Réf. 561).

Depuis le 1er février 1793, la France est à nouveau en guerre contre l'Angleterre. Les convois de commerce sont attaqués, la Vendée s'est révoltée le 10 mars et l'on craint le débarquement des brigands [2]. Toutes les missions de *L'Hermione* durant cette année sont déterminées par ces événements.

Le 26 mars 1793 de l'an II de la République, une réquisition du citoyen Niou et de Treillard, commissaire-député de la Convention de La Rochelle, signifie : « Il est ordonné au citoyen Martin, capitaine de vaisseau, commandant la frégate *L'Hermione* d'appareiller sur-le-champ pour aller en rade de La Rochelle... il faut escorter un convoi destiné aux Sables-d'Olonne, de conserve avec l'aviso *L'Espoir*, commandé par le lieutenant Lacaille. » Une frégate *La Gracieuse* ralliera. Martin n'a pas un équipage complet : « ... Mais cinquante-deux hommes [manquants] dans une frégate sont un objet considérable quand il se trouve dans cette quantité neuf aides canonniers. » Un nouvel ordre lui fait embarquer deux cent soixante-douze hommes du régiment des volontaires de Bordeaux qu'il devra mettre à terre. Où ? Les atterrages sont médiocres ! On s'en plaint. On s'interroge, on écrit... beaucoup ! À peine installés à bord, les volontaires, soumis aux rumeurs, veulent débarquer. On palabre, on forme des délégations et on expédie des représentations.

Le 31 mars, nouveaux ordres : la Convention a transmis au contre-amiral Rosily qui le répercute à *L'Hermione* d'aller depuis le pertuis

---

2. Brigands : ainsi appelait-on les Vendéens royalistes et les émigrés susceptibles de débarquer.

d'Antioche, jusqu'à Belle-Île pour « couper les communications des rebelles avec l'ennemi de l'extérieur ». Dans le même temps, le ministre Monge souhaitait que l'on escorte vers Saint-Domingue et les Indes un convoi à prendre en rivière de Bordeaux. Martin a bien du mal à faire face, d'autant que des lettres expédiées de Paris, mettent parfois deux mois avant de lui parvenir. Le problème des vivres n'est pas résolu. Il en faut beaucoup pour les deux cent cinquante hommes de l'équipage de *L'Hermione*. Le plus convaincu des patriotes mange quand même chaque jour.

De Brest à Bayonne. Défense de Nantes

Le 6 avril 1793 est pour *L'Hermione* un jour faste. Il est ordonné par le citoyen Chevillard, capitaine à bord de *La Gracieuse*, que « le citoyen Martin donnera à son équipage une once[3] de biscuit en plus par repas ». Cette libéralité est portée à deux onces quatre jours après. Il n'a pas fallu moins de trois lettres pour s'accorder sur l'affaire !

L'Hermione revenait alors d'escorter des chalands et un chasse-marée porteurs de canons et de munitions, des Sables-d'Olonne à l'île d'Yeu. Elle reçoit les instructions de Rosely, commandant à Rochefort : assurer la sécurité de notre pavillon entre Bayonne, Bordeaux, l'île d'Aix, Noirmoutier et Brest, avec *La Pomone, L'Espoir* et *La Perdrix*, à partir du 7 mai 1793. *L'Hermione* paraît chaque jour à la Barre, à l'embouchure de l'Adour. Cette routine est brisée le 25 mai. Sur la frégate, à midi passé, les vigies signalent une voile que Martin juge corsaire. Il la gagne. Surprise ! Il s'agit de trois bâtiments dont deux sont des navires de guerre. Sont reconnus, à une demi-portée de canon : « un superbe vaisseau de soixante-quatorze dont la batterie basse est peinte en noir et l'autre, pour une grosse frégate ». Aux signaux de reconnaissance, les bâtiments répondent par l'envoi des couleurs anglaises : « Ce qu'ils assurent d'un coup de canon à boulet. »

L'Hermione, battant pavillon de la République, monte au vent et le tient jusqu'au soir, courant de même bord que l'ennemi. Celui-ci vire lof pour lof à sept heures et demie. *L'Hermione* reste au vent pour éviter d'être chassée la nuit.

Il manque toujours à bord trois mois de vivres. Les réclamations du citoyen Martin restent sans écho de la part des citoyens ordonnateurs qui exhortent à plus de patriotisme. Il constate amer : « La frégate est en conséquence très légère et ne porte pas bien la voile. »

Le 21 juin, Nantes est attaquée par l'armée royaliste de Vendée.

3. Une once, soit 30,59 grammes.

L'Hermione est dépêchée pour protéger l'embouchure de la Loire. Elle se poste le plus souvent à Saint-Nazaire ou à Mindin. Avec *La Capricieuse*, elle fait parvenir à Paimbœuf vingt canonniers pour sa batterie et trente hommes au poste de Montoir. Elle convoie sur Brest un transport chargé de soixante-cinq canons de « 18 », « 24 » et « 36 ». *L'Hermione* est constamment sollicitée par les autorités locales qui s'émeuvent de la moindre rumeur. On a aperçu cent voiles au large : elles sont françaises et bien moins nombreuses... On tire au canon très près. Il ne s'agit que de quelques exaltés célébrant la fête de la Fédération. Il faut à tout prix veiller à ce que peuvent dissimuler les chasse-marée qui vont et viennent, des *bandits* s'y cachent peut-être ! Avec cela, *L'Hermione* n'a toujours pas été ravitaillée en vivres. Son capitaine s'en plaint d'autant plus qu'il a contrôlé près de cent bateaux à voiles bourrées de farine et de vin qui sortent de la Loire.

Le 10 août 1793, l'équipage tire au canon en l'honneur de l'Acte constitutionnel. Il sera enfin ravitaillé en légumes le 20 août et libéré de sa faction le 20 septembre. *L'Hermione* qui doit se rendre à Brest est remplacée par une prise anglaise *Le Phœnix* portant six canons, commandé par un Nantais, Étienne Tournay.

Éventrée sur le plateau du Four

Le 18 septembre 1793, *L'Hermione*, conformément aux ordres reçus le 17, se prépare à rallier le pavillon du vice-amiral Morard de Galle. À bord, la discipline s'est relâchée. L'aide-canonnier Chouanet a été débarqué : « ... ayant suscité des troubles à bord entre les canonniers et le restant de l'équipage ». Quatre matelots ne se sont pas présentés à leur retour de permission au Croisic.

Toutefois, une dernière mission lui est confiée[4]. Elle doit escorter un convoi de bâtiments chargés de vivres et d'artillerie, jusqu'à l'entrée de Brest. Le 20 septembre, *L'Hermione* appareille de Mindin, par petit frais, après avoir laissé son pilote de rivière pour prendre le pilote côtier Guillaume Guillemin, originaire du Conquet. Il vient du *Phœnix* et assure connaître parfaitement son affaire.

À 6 h 30 du soir, un bâtiment du convoi qui suit *L'Hermione* change brutalement de route. Martin s'en inquiète. A-t-il perçu un danger ? Le pilote le rassure, les dix bâtiments devant *L'Hermione* gardent le même cap. On distingue pourtant, assez près, des vagues qui brisent. C'est la force du courant indique l'homme de l'art. Quelques minutes après le doute n'est plus possible. *L'Hermione* arrive sur un haut fond. Martin

---

4. Voir figure 56.

« fait tout envoyer devant, la frégate fait son évolution et touche en plein mouvement ».

L'Hermione est échouée à trois lieues du rivage, devant Le Croisic. La mer qui descend est déjà à moitié basse. Une voie d'eau s'est ouverte dans la cale. À 7 heures : « La frégate donne de la bande considérablement. » À bord des canots on sonde tout autour. Le calfat annonce qu'il y a quatre pieds d'eau dans les fonds. On pompe sans succès. L'alerte est donnée : « On tire le canon de distance en distance. » À 10 h 15, c'est basse mer et la bande s'accentue. La frégate se couche sur le flanc tribord. Il n'y a plus que trois pieds d'eau sous le vent. Elle se plaint. La batterie de dessous le vent est sacrifiée et l'on bascule douze canons à la mer. « Une ancre à jas est portée par le canot où il y a encore de l'eau. » On libère aussi les ancres de bossoir. La roche est maintenant découverte, la basse mer étant à 8 heures. À la remontée de l'eau, la cale est envahie. Pourtant *L'Hermione* se relève une dernière fois avant de se coucher brusquement sur tribord. Son flanc déchiqueté s'ouvre complètement. Un chasse-marée est venu reconnaître les dégâts. À 10 heures du matin, l'équipage quitte le bord. Martin note : « J'abandonnais le bâtiment le dernier, après m'être assuré qu'il n'y avait plus personne à bord. Nous entassâmes dans quatre chasse-marée qui nous avaient été envoyés du Croisic, une quantité considérable d'effets... l'artillerie sera sauvée. L'ingénieur Fennetrau qui avait été chargé de l'opération de *La Bellone* à Quiberon a reconnu l'impossibilité de la tirer de dessus le rocher. On compte faire appel à l'ingénieur Cotou[5] pour récupérer les canons. Il avait réussi le sauvetage de ceux du vaisseau *Le Soleil Royal*. Le pilote : "qui a pris une marque pour une autre" est emprisonné. » Le citoyen capitaine de vaisseau Martin ne sera pas inquiété et accédera en fin d'année au grade de contre-amiral à quarante-deux ans. *L'Hermione*, quant à elle, gît sur le bord est du plateau du Four. Réduite par le temps, dépecée par les courants.

L'énigme de l'orientation de l'épave

Curieusement, alors que *L'Hermione* suivait une route nord-nord-ouest, ayant par le travers tribord la pointe du Croisic, elle voit apparaître les brisants par bâbord avant. Or, c'est le flanc tribord qui est éventré, selon les procès-verbaux de l'époque. Elle a touché par le flanc tribord, d'où la première voie d'eau. Sa position d'échouage, sur la basse Raim-

5. Peut-être Coton, les « n » et les « u » étant difficile à distinguer dans les textes manuscrits.

baud du plateau du Four, est exactement à l'inverse de sa direction de marche, la proue regardant le sud-sud-est.

Jean Thomas[6] qui a retracé les plans de l'actuelle Hermione, en chantier à Rochefort, en mettant ses pas dans ceux de son prédécesseur, Chevillard l'Aîné, a fait, pour la société Asselin qui l'a reconstruite, une analyse détaillée de cette situation. Il a tenu compte des procès-verbaux de l'époque mais aussi des résultats de plusieurs campagnes de recherches archéologiques sous-marines. La première fut effectuée le 22 juillet 1984 par Michel Vasquez, fondateur du GRHASM (Groupe de recherches historiques et d'archéologie sous-marines), en compagnie de Gérard Martin et André Lorin. Après plusieurs réponses positives de leur magnétomètre, ils plongèrent en divers points du plateau du Four. Ils recherchaient deux vaisseaux anglais naufragés après la bataille des Cardinaux : *L'Essex* et le *Resolution*. C'est une autre épave qu'ils découvrirent[7].

Lors de nouvelles plongées en 1985 et 1986, après avoir réuni au Service historique de la Marine de Rochefort bon nombre de documents historiques (dates des naufrages, présence d'un doublage en cuivre, positions présumées, etc.), ils complétèrent leurs explorations avec la remontée d'éléments intéressants : clous et chevilles de bronze, penture de gouvernail et autres pièces. L'autorisation de fouille portant le n° 000281 mentionne déjà : « Épave d'un navire du XVIIIe siècle, présumé être la frégate française *L'Hermione* – 1793. » Michel Vasquez, Gérard Martin et André Lorin sont donc, sans conteste, les premiers « inventeurs » de *L'Hermione*.

Ont été également déterminantes les explorations de Jean-Yves Blot[8] mais tout particulièrement celles de Thierry Proust[9] à bord de *La Galathée*, sous la direction du commandant Max Guérout, en 1992, qui identifient définitivement la frégate. Coïncidence, sa voisine, sur les cales de construction à Rochefort, en 1779, portait également le nom de *La Galathée !*

« Envoyez-tout devant », tel est l'ordre donné par le citoyen capitaine de vaisseau Martin, quand il voit les brisants par bâbord avant. Il n'a, en effet, établi qu'une voilure réduite, le petit hunier et le perroquet de fougue, deux voiles carrées. Une toile aussi petite, par vent très faible, un beaufort à peine, s'explique, car la frégate est peu lestée. Elle est haute sur l'eau, car elle n'a embarqué qu'une petite partie de son matériel

---

6. Jean Thomas, « Recherches pour la compagnie Asselin ».

7. Déclaration au quartier des affaires maritimes de Saint-Nazaire, n° DRASM 55/84.

8. L'été 1982, l'archéologue Jean-Yves Blot qui dirige une recherche sur la bataille des cardinaux (Le Croisic, 1759) identifie l'épave du *Soleil-Royal*. Il repère aussi une autre épave sur le plateau du Four.

9. En août 1992, Thierry Proust, à bord du *Galathée*, effectue une campagne dirigée par le commandant Guérout. *L'Hermione* est formellement identifiée.

et de ses vivres. En conséquence, sa stabilité est moins grande et elle donne fortement prise au vent de travers.

Pour éviter de *toucher*, le capitaine a l'urgente obligation de serrer le vent au plus près, c'est-à-dire de remonter au maximum dans le lit du vent. Pour cela, il lui faut établir ses voiles auriques* surtout les focs et les voiles d'étais, s'il le peut, à la misaine. Remonter le vent, en faisant route nord-nord-est, lui permettait d'atteindre les fonds de treize à dix-huit mètres en passant entre deux autres hauts fonds qu'il ignore car ils ne sont pas portés sur les cartes de l'époque. Il s'agit de l'Inconnu et de la basse Hibéric. Faute d'y arriver rapidement, et pour cela le gréement triangulaire lui est indispensable, il ne lui reste plus qu'à changer d'amure en virant de bord. « La frégate fait son évolution. » C'est donc la solution qui a été choisie en dernier recours. À mi-manœuvre, alors que son erre est très faible, il fait face au vent et au courant qui lui sont contraires tous les deux puisqu'ils viennent du nord-est. La frégate fait du surplace ou recule. La manœuvre achevée, elle est à la fois poussée par le courant qui la prend par le travers et par le vent qui agit de même. Elle dérive et s'éventre donc sur tribord, son étrave pointée sud-est. C'est, très exactement, la position où elle a été retrouvée. Cette hypothèse a été confirmée par la découverte du puits à boulets et de l'Archipompe [10]. Le premier est toujours placé en avant de la seconde, indiquant, sans erreur possible, la direction de la poupe et de la proue.

L'Hermione, du moins ce qu'il en reste, gît, éventrée, sur le bord est du plateau du Four, victime de l'incompétence de marins d'occasion. Tel fut le destin de cette frégate mythique du XVIIIe siècle.

10. Cloison en planche, construite dans la cale autour du pied du grand mât et renfermant les quatre pompes pour les garantir du choc des objets d'arrimage. D'après J.-P. Gisserot, *Vocabulaire de la Marine à voiles*, éd. J.-P. Gisserot, 1999, p. 10.

XV

Traces de l'intervention française aux États-Unis

La guerre d'Indépendance, on l'a constaté lors de l'analyse des résultats de la négociation ayant conduit à la signature du traité de Versailles, s'est très largement déroulée, du moins en ce qui concerne la partie française, pour *relever le rang* et rappeler au reste du monde la *noblesse* de la France. Les moins éthérés parmi les négociateurs français s'attendaient au moins à ce que la partie américaine se comportât honorablement et avec élégance à l'égard du royaume qui s'était, spontanément et sans contrepartie, porté à leur secours. De leur point de vue, ce comportement *a minima* impliquait pour le moins le respect de la parole donnée : le comportement des négociateurs américains, de John Jay en particulier, acceptant, en toute lucidité, d'entrer dans le jeu des Anglais en signant séparément des préliminaires au traité définitif, démontrait, à l'évidence, ce qu'il convenait d'en penser.

Ce *manque à la bienséance*, selon les termes de Franklin lui-même, résultat des manœuvres britanniques, fut rendu possible en raison de l'attitude des délégués américains chargés, par le Congrès, des négociations à Paris, notamment de John Jay, descendant de huguenots français, très méfiant à l'égard de la France catholique et inquiet de l'attitude de Vergennes qu'il accusait de soutenir l'Espagne dans ses revendications en Amérique du Nord. Dans cette négociation, en effet, ni John Adams ni John Jay ne voulaient accepter la limite proposée par Vergennes, limite qui retranchait de la toute neuve république le fruit des victoires remportées par les pionniers dans l'Ouest et faisait du Mississippi un fleuve espagnol. De leur point de vue, cette position n'était rien d'autre qu'une consolation donnée par la France à l'alliée vaincue, l'Espagne, aux dépens de l'alliée victorieuse, les États-Unis. S'affranchissant donc de l'autorité de Franklin, Jay fit des propositions à l'Angleterre, qui, après avoir consenti de lourdes concessions, put signer avec les délégués du

Congrès les préliminaires du 30 novembre 1782. Ce faisant, les États-Unis s'assuraient ainsi de la domination ininterrompue du continent, de l'Atlantique au Missouri.

L'étude de la situation financière du royaume de France entre 1778 et 1783 souligne le caractère décisif qu'avait revêtu l'engagement français en faveur des insurgents. Les dépenses qu'il avait entraînées, aide financière directe aux rebelles, crédits militaires dégagés pour assurer la logistique, représentaient la différence séparant une situation budgétaire délicate de la banqueroute définitive si redoutée par Turgot. Devant une conjoncture aussi périlleuse, affectant la puissance alliée qui venait juste de témoigner de sa solidarité et de son engagement sous toutes les formes possibles, on aurait pu imaginer une contribution américaine minimale à la restauration de l'équilibre budgétaire français. Compte tenu des difficultés que devait surmonter l'État naissant, elle aurait pu se traduire par une intensification des relations commerciales. Les circonstances s'y prêtaient. La Fayette, héros du jour des deux côtés de l'Atlantique, avait déjà usé de son crédit pour obtenir que les marchandises américaines soient accueillies en quatre ports francs de la côte française, et ne ménageait pas ses efforts pour aider de son mieux au développement des échanges.

Et de fait, au cours du demi-siècle suivant la guerre d'Indépendance et la ratification du traité de Versailles, le volume des transactions commerciales américaines fit preuve d'un spectaculaire et foudroyant essor. À une nuance près. Loin de s'orienter majoritairement vers ces quatre ports francs de la côte française que La Fayette avait réussi à faire affecter au commerce franco-américain, les échanges commerciaux de la nouvelle nation se développèrent quasi exclusivement avec l'Angleterre ! Oui, l'Angleterre, cette puissance tyrannique et despotique dont les Américains avaient réussi à secouer et briser le joug intolérable, grâce au royaume de France.

Ce XVIIIe siècle, s'il consacrait la gloire de la France pour le rayonnement de sa langue et de ses idées, s'avérait décidément contraire à ses intérêts les plus concrets. En cette fin de l'Ancien Régime, il est aisé de concevoir la déception des Français qui, au cours de la première moitié du siècle, avaient déjà assez peu apprécié de s'être inutilement dépensés et battus pour le roi de Prusse. À la fin du siècle, il leur fallait encore admettre que la France, généreuse et altière, s'était mise en faillite pour Washington et son Congrès ! À la longue, cela devenait une fort mauvaise habitude. Car, de fait, l'histoire leur démontrait, non sans une certaine ironie, qu'ils plongeaient dans une dangereuse banqueroute lourde de conséquences, au nom et sous les auspices de ces insurgents qu'ils venaient de secourir. Faut-il ajouter qu'un peu plus tard, en raison des excès d'une révolution régicide, incompréhensibles pour des Américains républicains mais craignant Dieu, la France devenait une nation assez peu fréquentable, sauf, à l'occasion, pour signer un accord providentiel avec un Bonaparte désargenté aux fins de récupérer, à bas prix, la Louisiane !

En l'occurrence, beaucoup plus que l'ostensible, bien que récente, amitié franco-américaine, c'est le pragmatisme anglo-saxon et la communauté de culture et de religion qui devaient inspirer les négociants et les nouveaux gouvernements américains. L'indépendance des treize colonies américaines une fois atteinte, ils ne se souciaient plus guère de s'associer, de manière décisive, à leurs partenaires, dans la poursuite des objectifs qui avaient suscité l'engagement français à leurs côtés. Ceux-ci étaient d'une triple nature : le démantèlement de la suprématie navale anglaise, le démembrement de l'Empire britannique, sans préjudice d'une coopération économique accrue qui aurait pu éviter le pire au dernier souverain de l'Ancien Régime.

Cet épisode emblématique des relations franco-américaines, contrastant avec la pérennité de ce que l'on caractériserait ultérieurement comme *le caractère privilégié* des relations anglo-américaines, ne devait cesser de marquer par la suite les rapports amicaux, mais toujours frappés d'ambiguïté, que devaient entretenir la France et les États-Unis au cours des deux siècles suivants. Et si, pour souligner la réciprocité des engagements entre les deux nations, c'est au cri de « La Fayette, nous voici ! » que le général Pershing devait conduire au combat le contingent américain lors de la Première Guerre mondiale, (armement et équipement des forces américaines étant toutefois fournis par la France), on peut difficilement prétendre que la France libre du Général de Gaulle à Londres ait largement bénéficié, entre 1940 et 1945, du soutien logistique, militaire et diplomatique de la part des États-Unis et de leur président F. D. Roosevelt ! Par ailleurs, si la France, alliée historique des États-Unis depuis leur création, se trouvait admise – comme les autres nations européennes occidentales – aux indéniables bénéfices du plan Marshall découlant de la conférence de Bretton Woods [1], on ne peut guère oublier que le résultat de cette conférence conduisait à subordonner le développement des liquidités internationales aux décisions des États-Unis et à faire dépendre le bon fonctionnement du Fonds monétaire international de l'état de la balance américaine des paiements. De la même manière, de tout récents débats au Conseil de Sécurité de l'ONU n'ont pas manqué de souligner, une fois encore, l'ambiguïté de ces rapports.

Si l'on écarte, au nom d'une vision irénique de l'histoire, les basses

1. Conférence monétaire et financière, tenue à Bretton Woods sur la côte Est des États-Unis, du 1er au 22 juillet 1944 à l'initiative des États-Unis, et qui avait pour objectif la relance des échanges internationaux et la reconstruction des économies détruites par le second conflit mondial.

préoccupations économiques et politiques, du moins est-il loisible d'imaginer que la décisive intervention française lors de la guerre d'Indépendance demeure vivace dans ce que, selon les termes de C. G. Jung, on peut appeler l'inconscient collectif américain. En certains cas, le devoir de mémoire et le culte du souvenir permettent de faire l'impasse sur d'autres manifestations plus tangibles de la reconnaissance.

Dans la brève histoire des États-Unis (228 ans en 2004), cinq personnes seulement ont été élevées au rang enviable de citoyen d'honneur[2] des États-Unis. Il s'agit respectivement du fondateur de la Pennsylvanie, William Penn, et de son épouse Anna, de sir Winston Churchill, de mère Thérésa, et de Raoul Wallenberg. Le sixième en date est Gilbert Motier, marquis de La Fayette, auquel le Congrès américain devait accorder cet honneur en août 2002. La Fayette, de son vivant, avait été fait citoyen d'honneur de Pennsylvanie, citoyen d'honneur du Maryland en 1785 et citoyen d'honneur de New York City en 1784.

Outre cette flatteuse reconnaissance, le souvenir de l'intervention française lors de la guerre d'Indépendance s'est marqué par d'autres gestes commémoratifs. Ainsi, en octobre 1971, sur le champ de bataille de Yorktown, était inauguré un monument horizontal commémoratif de la fameuse bataille. Il revêt la forme d'une plaque de bronze posée sur un massif de pierre. Cette plaque de bronze porte l'inscription : « À la mémoire des combattants français de la guerre d'Indépendance américaine 1778-1783. » S'y trouvent répertoriés les noms des bâtiments français et des régiments de l'armée de mer et de terre, ainsi que des autres unités françaises ayant servi sous Rochambeau et d'Estaing.

Sur le même champ de bataille, est érigée une croix de marbre blanc de Carrare à l'emplacement du *cemetary français*, à environ un mille au sud du lieu-dit « Le Fossé Français », contenant les dépouilles de cinquante soldats français inconnus, morts pendant le siège de 1781. Ce monument remplace une simple croix de bois restée en place jusqu'en 1971.

Toujours à Yorktown, Mme Nicole Yancey, représentant le consulat de France en Virginie, devait assumer la responsabilité de la conception et de la surveillance des travaux concernant le « Memorial du souvenir français de Yorktown ». Inauguré le 14 octobre 1989, ce monument est situé a l'emplacement de la fortification construite par le régiment français « Royal Touraine ». Cette fortification faisait face à la redoute anglaise défendue par les fusiliers gallois. Ces deux positions étaient situées le long du bord du fleuve d'York, proche de la route 238 de l'État actuel de Virginie. Le mémorial se présente sous la forme d'un rectangle de pierre vertical légèrement incurvé. Il est disposé sur sa plus

2. Cf. Annexe 12.

grande longueur. Y sont inscrits les noms connus des soldats et marins français morts pour l'indépendance des États-Unis. La face sud du monument est consacrée aux forces terrestres, le côté nord du mémorial, qui fait face au fleuve d'York, concerne les forces navales françaises.

Ce monument a été érigé par le Comité français pour le Memorial français de Yorktown, lequel a été ainsi dénommé par M. Emmanuel de Margerie, ambassadeur de France aux États-Unis et dont le premier président fut le professeur André Maman de l'université de Princeton.

En 1931, déjà, la Société nationale des filles de la révolution américaine avait mis en place une plaque de bronze énumérant les noms des soldats tués. On y dénombre plus de 600 noms. Le fronton porte l'inscription suivante, gravée en français et en anglais :

Ce monument a été érigé pour refléter l'idéal de justice et de liberté unissant les États-Unis et la France.

Amiral de Grasse – 1781.

Plus récemment, le 11 décembre 2001, à Newport, près d'une île de la baie de Narrangasett, était dévoilée une plaque « À la mémoire des combattants français de la guerre d'Indépendance américaine » (1778-1783)[3].

Si l'amitié franco-américaine a un sens, c'est bien au travers de ces monuments commémoratifs, ou encore des cimetières de Normandie qu'elle le trouve. Forgée et durcie par le sacrifice volontairement consenti de leurs existences, tant par les volontaires français du XVIIIe, que par celui des G.I's du XXe siècle au cours des deux guerres mondiales, cette amitié ne saurait en effet se fonder que sur les valeurs les plus hautes et les plus pures, difficiles à confondre avec celles, strictement marchandes, de la finance et du négoce.

Rétrospectivement, on peut concevoir que le bel élan idéaliste de La Fayette et de ses semblables ait trouvé de quoi sévèrement s'émousser confronté à un comportement américain empreint de pragmatisme et de « Realpolitik ». Il n'en fut rien pour des raisons beaucoup plus hautes.

Bien plus que des avantages politico-économiques à court terme pour la France et l'ancien continent, on peut, en effet, considérer que c'est un autre message qu'en la personne de La Fayette *L'Hermione* avait convoyé jusqu'aux rives américaines. Ce message, c'était celui de la liberté, de la dignité humaine, et de la justice qui, étaient certes loin de prévaloir, à l'époque, sur l'ancien continent. Toutefois, tous les esprits éclairés qui avaient épaulé et soutenu les insurgents en reconnaissaient

3. Voir figure 57.

la vérité, la nécessité et le caractère inéluctable. En soutenant la cause de l'indépendance américaine, ils jetaient, en quelque sorte, une bouteille à la mer. Car, ce message ainsi transmis, *de l'autre côté de l'eau*, par idéal, c'était avec une indicible joie qu'ils le reconnaissaient dans la *Déclaration d'Indépendance* proclamée en 1776. C'est lui qui inspirait aussi les premières tentatives de l'instauration de la démocratie en Amérique. Cette démocratie que Tocqueville devait analyser, étudier et décrire afin que, ironie de l'histoire !, elle finisse par apparaître comme la forme idéale de gouvernement à atteindre chez le peuple même qui avait été à son origine.

Finalement, beaucoup plus que sous l'image de la frégate courageuse et héroïque des forces navales engagées par le Royaume de France pour aider les colons insurgés à conquérir leur indépendance, c'est plutôt comme vecteur transatlantique des idées de liberté et de démocratie qu'il convient de considérer *L'Hermione*. En bref, comme la « frégate des Lumières ». La verve populaire ne s'y est pas trompée qui, associant en un premier temps le navire et le héros, avait d'abord fait d'elle « la frégate de La Fayette », mais s'était vite repris pour aller à l'essentiel, en faisant, de *L'Hermione*, pour la postérité, la « frégate de la liberté ». Version océane du phénix qui renaît de ses cendres, symbole de l'éternité d'une idée, il était donc logique, équitable et nécessaire que *L'Hermione* fût reconstruite sur les lieux mêmes où elle naquit.

XVI

Un peu d'histoire-fiction

Que serait-il advenu si Louis XVI avait refusé d'intervenir en Amérique ?

À l'avènement de Louis XVI, Vergennes, initié au « Secret du Roi » est nommé secrétaire d'État aux Affaires étrangères.

Au départ du prince de Conti, son précécesseur, et après la mort de Tercier, cheville ouvrière de la *Correspondance secrète*, le comte de Broglie, vrai ministre d'un cabinet parallèle, dispose d'un agent affilié au « Secret » dans presque chaque poste diplomatique. Ses collaborateurs les plus précieux sont respectivement, en Hollande, le marquis d'Havrincourt, en Suède, le baron de Breteuil, à Londres, le chevalier d'Eon, à Varsovie, Hennin, et à Constantinople, le comte de Vergennes.

Ce dernier, successivement secrétaire à Lisbonne, en Bohême, puis à Trèves et à Hanovre, est simultanément initié au « Secret du Roi » et nommé chargé d'affaires à Constantinople en 1755, où il doit régler la difficile succession de l'ambassadeur Roland des Alleurs, mort en décembre 1754. Des Alleurs, bien qu'initié au « Secret » laisse derrière lui d'énormes dettes et une veuve exubérante, dont le prince de Conti, chef du « Secret » sur le départ, redoutait de désagréables révélations. Vergennes, à sa manière modeste et tranquille, règle l'affaire avec succès et y gagne sa nomination d'ambassadeur.

Lorsqu'il est nommé secrétaire d'État aux Affaires étrangères, en 1774, Vergennes est un diplomate aguerri, très au fait de la politique extérieure officielle et officieuse du royaume, et particulièrement conscient des dangers qui menacent ce dernier. Lorsqu'il arrive aux affaires, l'une des questions les plus préoccupantes pour la France demeure, comme pendant tout le XVIIIe siècle, la politique complexe de la Grande-

Bretagne. Depuis 1763, et le traité de Paris, s'appuyant sur la puissance incontestable de sa marine de guerre, l'Angleterre mène une politique étrangère visant à assurer un équilibre européen sur le continent en contractant alternativement des alliances avec telle ou telle puissance capable de contrecarrer l'émergence d'une nation pilote susceptible de fédérer contre ses intérêts les principales nations continentales. Or, ces intérêts sont, à bien des égards, directement concurrentiels de ceux de la France et de l'Espagne, sans mentionner ceux, moins décisifs, du Portugal et des Pays-Bas. Il s'agit, en l'occurrence, de s'assurer de la première place en matière de commerce extérieur avec les Antilles, l'Inde et les colonies anglaises du Nouveau Monde. C'est, en effet, le produit de ce commerce extérieur, sous la forme de la perception des droits de douane, qui constitue la majeure partie des recettes budgétaires du Royaume-Uni, et, par conséquent, de son crédit international.

Remettre en cause cette primauté britannique représente donc l'un des objectifs majeurs de la politique étrangère que Vergennes est appelé à conduire. Mais pour atteindre ce but, il faudrait remplir deux conditions majeures qui sont de nature diplomatique et militaire. La première implique que, en cas d'engagement français contre l'Angleterre, la France ne soit pas appelée à en soutenir un autre sur le continent, la seconde suppose que la France soit dotée d'une flotte de guerre égale, sinon supérieure à celle de son adversaire. Le rassemblement de ces deux conditions va fournir la clé des attitudes successives et différentes de Vergennes à l'égard du conflit suscité par la rébellion des treize colonies anglaises contre leur métropole.

Dans une première phase, en effet, de 1774 à 1777, la politique de Vergennes se caractérise par une extrême prudence devant l'aggravation du conflit anglo-américain. Son seul souci, partagé par le royaume d'Espagne dans le cadre du pacte de famille associant les politiques espagnole et française des Bourbons, consiste à veiller à ce que les forces que Londres envoyait et enverrait en Amérique ne soient pas employées contre les établissements français et espagnols aux Antilles. Dans un mémoire qu'il rédige pour le Roy, il écrit :

> *Il est de la prudence et d'une sage politique de se garantir d'avance de l'employ qu'on pourroit en faire contre les établissements soit françois soit espagnols dans cette partie du monde...*

En effet, conscient de la nécessité de réunir les conditions premières d'un éventuel affrontement avec la Grande-Bretagne, Vergennes estime, qu'à ce moment, la France n'a pas les moyens de faire la guerre. Elle a, avant toute chose, besoin de paix pour mener à leur terme les réformes nécessaires à son rétablissement. Évoquant celles-ci dans un mémoire adressé à Louis XVI en 1775, il conclut :

Mais tout cela ne peut se faire qu'à l'aide du tems et même d'un assez long tems. Des finances à rétablir, une marine à reprendre dans ses premiers fondemens, tout cela ne peut manquer d'estre long et de demander une certaine suite d'années...

Provisoirement, en cette période allant de 1774 à 1777, on peut considérer que son mot d'ordre consiste à laisser, selon ses propres termes, « les Anglois travailler eux-mesmes à leur propre destruction ». Il est en effet convaincu, alors, que l'Angleterre ne peut que se détruire elle-même dans sa lutte stérile en Amérique. L'obstination du roi George III et de son ministère à refuser toute concession à leurs colons d'Amérique l'a en effet convaincu que l'Angleterre risque fort de s'engluer dans un long conflit et de s'y affaiblir, pour le plus grand profit de la France. Se fondant sur cette conviction, le ministre s'emploie, au cours des années 1775 et 1776, à prévenir tout risque de conflit en Europe, tout en concourant, par les moyens clandestins appropriés, à prolonger les capacités de résistance des insurgents en leur procurant une aide indirecte. On sait que Vergennes, initié au « Secret du Roi », continuait d'user des services des agents placés sous l'autorité du comte de Broglie. Beaumarchais était l'un d'eux. Son sens politique, ses connaissances étendues de divers pays d'Europe, les relations et les admirateurs qui ne lui manquaient ni en Espagne, ni en Angleterre, ni en Hollande faisaient de lui l'un des analystes les mieux informés et les plus perspicaces des développements politiques en cours. Lorsque, dans son discours du trône d'octobre 1775, le roi George III d'Angleterre annonça que le Royaume-Uni ne renoncerait jamais à ses colonies d'Amérique et qu'elle se ferait respecter par les armes, Beaumarchais mesura immédiatement les conséquences de ce pari impossible à tenir. Entretenant des contacts étroits avec les personnalités les plus représentatives de la communauté américaine à Londres, il fut rapidement à même d'évaluer de manière très précise l'évolution prévisible du conflit. En novembre 1775, lors d'un bref séjour à Paris, il adressait donc, par l'intermédiaire de Vergennes, un long mémoire au roi afin de le convaincre de la nécessité impérieuse d'engager le royaume aux côtés des insurgents.

Installé à Londres en 1774, suite à la perte d'un important procès qui l'avait contraint à l'exil, Beaumarchais avait écrit au roi pour lui proposer ses services. Ceux-ci devaient être acceptés et la mission qu'on lui confiait, en l'occurrence empêcher la publication de libelles diffamant Mme du Barry, la maîtresse du roi, était couronnée de succès, ce qui le remettait dans les grâces de la Cour. À cela ne devait cependant pas se borner son rôle.

Dès son arrivée à Londres, il s'intéressait de près à cette affaire américaine qui défrayait la chronique londonienne. Il en informait le roi et Vergennes. Après divers échanges de correspondances, dont un premier mémoire au roi en novembre 1775, il remettait à Vergennes, le 29 février 1776, un second mémoire, dont son biographe, le duc de Castries, a écrit qu'il « avait lourdement infléchi le cours de l'histoire » comme facteur décisif de l'intervention française en Amérique du Nord. Car, c'est un fait historique, les volontaires et surtout l'argent de la France vont jouer un rôle décisif dans la libération du territoire des treize colonies anglaises.

Au-delà de son analyse stratégique, Beaumarchais, conscient des difficultés du ministère à mener en plein jour une politique anti-anglaise, proposait ses services comme fournisseur d'armes aux insurgents. En cette année 1776, dans les conditions politiques ambiantes, le royaume de France ne pouvait encore trop ouvertement afficher son soutien aux Américains rebelles sans risquer l'affrontement direct avec l'Angleterre. C'est donc l'auteur du *Figaro* qui allait jouer les trafiquants, et fournir aux colons révoltés les armes de contrebande achetées grâce aux crédits *discrètement* avancés par Paris et Madrid, aussi puissamment intéressées l'une que l'autre à une érosion notable de la puissance britannique. C'est ainsi que naissait, au cours de l'été 1776, la maison de négoce Rodeigue-Hortalès, au 47, de la rue Vieille-du-Temple. Cette firme n'était rien d'autre que la *couverture* sous laquelle Beaumarchais, et à travers lui Vergennes, allait commencer son action de subversion des intérêts anglais. En un an, des milliers de grenades, de fusils, d'obus, des dizaines de canons, des dizaines de milliers de balles, et des officiers instructeurs en matière d'artillerie seront fournis aux insurgents par cette honorable maison.

Ce remarquable mémoire du 29 février 1776, adressé à Louis XVI, et qu'il convient de citer *in extenso*, devait, en dernière analyse, entraîner l'acquiescement du monarque. Au texte présenté ci-après, il est aisé de constater la maîtrise du père de *Figaro* en matière d'analyse stratégique, aussi bien qu'en ce qui concerne la politique ou l'économie.

Sire,

La fameuse querelle entre l'Amérique et l'Angleterre, qui va bientôt diviser le monde et changer le système de l'Europe, impose à chaque puissance la nécessité de bien examiner par où l'événement de cette séparation peut influer sur elle et la servir ou lui nuire.

Mais la plus intéressée de toutes est certainement la France, dont les îles à sucre sont, depuis la dernière paix, l'objet constant des regrets et de l'espoir des Anglais, désirs et regrets qui doivent infailliblement nous donner la guerre, à moins que, par une faiblesse impossible à supposer, nous ne consentions à sacrifier nos riches possessions du golfe à la chimère d'une paix honteuse et plus destructive que cette guerre que nous redoutons.

Dans un premier mémoire, remis il y a trois mois à Votre Majesté par

Monsieur de Vergennes, j'ai tâché d'établir solidement que la justice de Votre Majesté ne pouvait être blessée de prendre de sages précautions contre des ennemis qui ne sont jamais délicats sur celles qu'ils prennent contre nous.

Aujourd'hui que l'instant d'une crise violente avance à grands pas, je suis obligé de prévenir Votre Majesté que la conservation de nos possessions d'Amérique et la paix qu'elle paraît tant désirer dépendent uniquement de cette seule proposition : il faut soutenir les Américains. C'est ce que je vais démontrer.

Le roi d'Angleterre, les ministres, le parlement, l'opposition, la nation, le peuple anglais, les partis enfin qui déchirent cet État, conviennent qu'on ne doit plus se flatter de ramener les Américains, ni même que les grands efforts qu'on fait aujourd'hui pour les soumettre aient le succès de les réduire. De là, Sire, ces débats violents entre le ministère et l'opposition, ce flux et ce reflux d'opinions admises ou rejetées qui, n'avançant pas les affaires, ne servent qu'à mettre la question dans un plus grand jour.

Le lord North, effrayé de piloter seul au fort d'un tel orage, vient de profiter de l'ambition de lord Germain pour verser tout le poids des affaires sur sa tête ambitieuse.

Le lord Germain, étourdi de cris et frappé des arguments terribles de l'opposition, dit aujourd'hui aux lords Shelburne et Rockingham, chefs de parti : « Dans l'état où sont les choses, Messieurs, osez-vous répondre à la nation que les Américains se soumettront à l'acte de navigation et rentreront sous le joug, à la seule condition, renfermée dans le plan de lord Shelburne, d'être remis en l'état où ils étaient avant les troubles de 1763 ? Si vous l'osez, Messieurs, investissez-vous du ministère, et chargez-vous du salut de l'État, à vos risques, périls et fortunes. »

L'opposition, disposée à prendre le ministre au mot et toute prête à dire oui, n'est arrêtée que par l'inquiétude que les Américains, encouragés par leur succès et peut-être enhardis par quelques traités secrets avec l'Espagne et la France, ne refusent aujourd'hui ces mêmes conditions de paix qu'ils demandaient à mains jointes, il y a deux ans.

D'autre part, le sieur Arthur Lee, député secret des colonies à Londres, absolument découragé par l'inutilité des efforts qu'il a tentés par moi auprès du ministère de France pour en obtenir des secours de poudre et de munitions de guerre, me dit aujourd'hui : « Une dernière fois, la France est-elle absolument décidée à nous refuser tout secours et à devenir la victime de l'Angleterre et la fable de l'Europe par cet incroyable engourdissement ? Obligé moi-même de répondre positivement, j'attends votre dernière réponse pour donner la mienne. Nous offrons à la France, pour prix de ses secours secrets, un traité secret de commerce qui lui fera passer, pendant un certain nombre d'années après la paix, tout le bénéfice dont nous avons depuis un siècle enrichi l'Angleterre, plus une garantie de ses possessions selon nos forces. Ne le voulez-

vous pas ? Je ne demande à lord Shelburne que le temps de l'aller et du retour d'un vaisseau qui instruira le congrès des propositions de l'Angleterre, et je puis vous dire dès à présent quelles résolutions prendra le congrès à cet égard. Ils feront sur-le-champ une proclamation publique par laquelle ils offriront à toutes les nations du monde, pour en obtenir des secours, les conditions que je vous offre en secret aujourd'hui. Et pour se venger de la France et la forcer publiquement à faire une déclaration à leur égard qui la commette à l'excès, ils enverront dans vos ports les premières prises qu'ils feront sur les Anglais : alors, de quelque côté que vous vous tourniez, cette guerre que vous fuyez et redoutez tant devient inévitable pour vous, car ou vous recevrez nos prises dans vos ports ou vous les rejetterez ; si vous les recevez, la rupture est certaine avec l'Angleterre ; si vous les rejetez, à l'instant, le congrès accepte la paix aux conditions proposées par la métropole ; les Américains, outrés, joignent toutes leurs forces à celles de l'Angleterre pour tomber sur vos îles et vous prouver que les belles précautions même que vous aviez prises pour garder vos possessions étaient justement celles qui devaient vous en priver à jamais.

Allez, Monsieur, allez en France, exposez-y ce tableau des affaires ; je vais m'enfermer à la campagne jusqu'à votre retour pour n'être pas forcé de donner une réponse avant d'avoir reçu la vôtre. Dites à vos ministres que je suis prêt à vous y suivre, s'il le faut, pour y confirmer ces déclarations ; dites-leur que j'apprends que le congrès a envoyé deux députés à la cour de Madrid pour le même objet et qu'ils ont reçu une réponse très satisfaisante. Le conseil de France aurait-il aujourd'hui la glorieuse prérogative d'être seul aveuglé sur la gloire du roi et les intérêts de son royaume ?

Voilà, Sire, le tableau terrible et frappant de notre position ; Votre Majesté veut sincèrement la paix ! Le moyen de vous la conserver, Sire, va faire le résumé de ce mémoire.

Admettons toutes les hypothèses possibles et raisonnons.

Ce qui suit est bien important :

ou l'Angleterre aura dans cette campagne le succès le plus complet en Amérique ;

ou les Américains repousseront les Anglais avec perte ;

ou l'Angleterre prendra le parti, déjà adopté par le roi, d'abandonner les Colonies à elles-mêmes et de s'en séparer à l'amiable ;

ou l'opposition, en s'emparant du ministère répondra de la soumission des colonies à la condition d'être remises en leur état de 1763.

Voilà tous les possibles rassemblés : y en a-t-il un seul qui ne vous donne à l'instant la guerre que vous voulez éviter ? Sire, au nom de Dieu, daignez l'examiner avec moi :

Si l'Angleterre triomphe de l'Amérique, ce ne peut être qu'avec une dépense énorme d'hommes et d'argent ; or, le seul dédommagement que les Anglais se proposent de tant de pertes est d'enlever à leur retour les îles françaises, de se rendre par là les marchands exclusifs de la précieuse denrée du sucre, qui peut seule réparer tous les dommages de leur commerce, et cette prise les rend à jamais possesseurs absolus du bénéfice de l'interlope que le continent fait avec ces mêmes îles.

Alors, Sire, il vous resterait uniquement le choix de commencer trop tard une guerre infructueuse, ou de sacrifier à la plus honteuse des paix inactives toutes vos colonies d'Amérique, et de perdre 280 millions de capitaux et plus de 30 millions de revenus.

Si les Américains sont vainqueurs, à l'instant ils sont libres, et les Anglais, au désespoir de voir leur existence diminuée des trois quarts, n'en seront que plus empressés à chercher un dédommagement devenu indispensable dans la prise facile de nos possessions d'Amérique, et l'on peut être certain qu'ils n'y manqueront pas.

Si les Anglais se croient forcés d'abandonner sans coup férir les colonies à elles-mêmes, comme c'est le vœu secret du roi, la perte étant la même pour leur existence et pour leur commerce étant également ruiné, le résultat pour nous est semblable au précédent ; excepté que les Anglais, moins énervés par cet abandon à l'amiable que par une campagne sanglante et ruineuse, n'en auront que plus de moyens et de facilités pour s'emparer de nos îles dont alors ils ne pourront plus se passer, s'ils veulent conserver les leurs et garder un pied de terre en Amérique.

Si l'opposition se met en possession du ministère et conclut le traité de réunion avec les colonies, les Américains, outrés contre la France, dont les refus les auront seuls forcés à se soumettre à la métropole, nous menacent dès aujourd'hui de joindre toutes leurs forces à celles de l'Angleterre pour enlever nos îles. Ils ne se réuniront même à la mère patrie qu'à cette condition, et Dieu sait alors avec quelle joie le ministère composé des lords Chatham, Shelburne et Rockingham, dont les dispositions pour nous sont publiques, adoptera le ressentiment des Américains et vous fera sans relâche la guerre la plus opiniâtre et la plus cruelle.

Que faire donc en cette extrémité pour avoir la paix et conserver nos îles ?

Vous ne conserverez la paix que vous désirez, Sire, qu'en empêchant à tout prix qu'elle ne se fasse entre l'Angleterre et l'Amérique, et qu'en empêchant que l'une triomphe complètement de l'autre ; et le seul moyen d'y parvenir est de donner des secours aux Américains, qui mettront leurs forces en équilibre avec celles de l'Angleterre, mais rien au-delà. Et croyez, Sire, que l'épargne aujourd'hui de quelques millions peut coûter avant peu bien du sang et de l'argent à la France.

Croyez surtout, Sire, que les seuls apprêts forcés de la première campagne vous coûteront plus que tous les secours qu'on vous demande aujourd'hui et que la triste économie de 2 ou 3 millions vous en fera perdre à coup sûr avant deux ans plus de 300.

Si l'on répond que nous ne pouvons secourir les Américains sans blesser l'Angleterre et sans attirer sur nous l'orage que je veux conjurer au loin, je réponds à mon tour qu'on ne courra point ce danger, si l'on suit le plan que j'ai tant de fois proposé, de secourir secrètement les Américains sans se compromettre, en leur imposant pour première condition qu'ils n'enverront jamais aucune prise dans nos ports, et ne feront aucun acte tendant à divulguer des secours que la première indiscrétion du congrès lui ferait perdre à l'instant. Et si Votre Majesté n'a pas sous la main un plus habile homme à y employer, je me charge et réponds du traité, sans que personne soit compromis...

Ce mémoire de Beaumarchais emporta les dernières hésitations de Louis XVI. Convaincu, il accepta dans ses grandes lignes le plan proposé. Vergennes, toujours prudent, exigea que Beaumarchais fût le seul à se compromettre. Il écrivait, peu après, à l'auteur du *Mariage de Figaro* :

Il faut que l'opération ait essentiellement, aux yeux du gouvernement anglais et même aux yeux des Américains, l'aspect d'une spéculation individuelle, à laquelle nous sommes étrangers. Pour qu'elle soit telle en apparence, il faut qu'elle le soit aussi, jusqu'à certain point, en réalité.

Bien qu'il souscrive officieusement à l'accomplissement de cette mission par Beaumarchais, Vergennes, en cet été 1776, se laisse toutefois encore porter par l'événement. Dans la logique de sa politique, les secours accordés clandestinement aux rebelles sont surtout destinés à faire durer le conflit qui affaiblit mutuellement les belligérants. À ses yeux, il ne s'agit pas, du moins pas encore, d'une étape vers une implication directe de la France, et encore moins d'une aide à la libération d'un peuple. Et, de fait, la qualification de *rébellion* des revendications américaines par les autorités anglaises stupéfie Vergennes, à tel point qu'il a peine à croire à une si lourde faute du gouvernement britannique. Dès ce moment, il commence à penser qu'il est peu probable qu'une conciliation entre Anglais et Américains puisse désormais intervenir. Il croit alors à l'éventualité d'une guerre civile en Angleterre où se préparent, à son sens, de graves bouleversements politiques. Dans un rapport au Roy, il écrit, en septembre 1776 :

[...] au terme où l'on porte les choses, il est bien à craindre que nous ne voyons des échafauds dressés en Angleterre, et, si ce sont les Ministres qui doivent y être immolés, quel sera le sort du Roi d'Angleterre et de sa Maison ?

Pour la France, toutefois, c'est tout bénéfice : l'Angleterre, occupée pour longtemps en Amérique, est hors d'état de nuire, et l'on peut désormais envisager une aide directe aux insurgents pour les empêcher de sombrer, sans craindre leur réconciliation avec la métropole aux dépens de la France. La prudence continue toutefois de s'imposer, et il faut demeurer vigilant, à l'abri de toute surprise.

Cette prudence, Vergennes doit également convaincre la Cour d'Espagne d'en user. En ce même temps, en effet, Madrid s'inquiète de son conflit avec le Portugal sur le Rio de la Plata. Elle y voit la main des Anglais, et propose à Versailles une coalition militaire immédiate afin de régler la question par une guerre préventive. Néanmoins, Vergennes estime que l'heure n'est pas encore venue d'affronter l'Angleterre. Prenant le risque de jeter le trouble au sein du pacte de famille, il conseille au Roi de ne pas donner suite à ce projet, en dénonçant les dangers d'un conflit général. Dans une note établie à ce sujet pour le Conseil du Roi, il souligne :

La cour de Londres n'épargnera pas ses efforts pour attirer d'autres puissances dans ses mesures, et vraisemblablement pour susciter une autre guerre sur le continent où nous devrions nécessairement jouer un rôle principal... C'est le ressort principal qui ne lui a souvent que trop bien réussi.

Adroitement, cependant, il attire l'attention de son souverain, et celle du roi d'Espagne, sur un autre aspect de la question :

Il suffit de laisser l'Angleterre se détruire elle-même. Si les Anglois ont la sottise de détruire leurs forces par leurs propres forces, d'épuiser leurs finances et de s'engouffrer dans la guerre civile, pourquoi les en détournerions-nous ? Voions les tranquillement se consumer et aussi longtemps que la situation des affaires peut le permettre. Si nous n'acquérons pas par là une plus grande masse de forces intrinsèques, notre puissance relative ne peut qu'y gagner.

On le voit, l'engagement direct et massif du royaume de France aux côtés des insurgents n'est pas encore inscrit, en ce mois de septembre 1776 au nombre des priorités du comte de Vergennes. Cette politique, qui ne se dément pas entre 1774 et 1776-1777, représente, de fait, la base des convictions du ministre. À ses yeux, l'objectif principal demeure l'Angleterre, et les colons révoltés d'Amérique n'ont d'autre intérêt pour lui que de miner sourdement, et, Dieu aidant, le plus longtemps possible, la puissance britannique.

Prenant en compte les analyses de Beaumarchais, et contrastant avec cette ligne de force de la politique qu'il a longtemps conduite, Vergennes s'en démarque toutefois, fin 1775, dans un premier temps, puis le 12 mars 1776 dans deux mémoires rédigés pour le Conseil du Roi, respectivement intitulés *Réflexions* et *Considérations*. Le premier, qui traduit une indéniable évolution de la pensée du ministre sur le sujet, mais qui constitue, avant tout, une simple hypothèse de travail, montre que la guerre avec l'Angleterre est inéluctable et que l'avantage absolu de la France est d'y participer et d'assurer l'indépendance des colonies d'Amérique. Le second mémoire, *Considérations*, semble confirmer le réel changement de la pensée de Vergennes. Il y considère, en effet, comme désormais inévitable, tout en la regrettant, l'indépendance des treize colonies anglaises d'Amérique. La France et l'Espagne doivent donc en tirer partie et se concilier les colonies insurgées en les aidant secrètement dans leur lutte, avec le double avantage d'affaiblir l'adversaire de toujours et l'adversaire potentiel de demain. Par ailleurs, ce même mémoire évoque comme un développement vraisemblable une guerre entre l'Angleterre et les deux monarchies des Bourbons. Toutefois, cette évaluation effectuée, Vergennes demeure ferme sur son attitude antérieure : il convient d'envisager l'éventualité d'une guerre ouverte, mais, si possible, en en choisissant la date, car il faut tout mettre en œuvre pour qu'elle n'intervienne pas avant qu'on en ait déterminé les conditions. Confortant une telle détermination, la délicate situation financière du royaume, l'impréparation militaire et navale de la France renforcent sa position.

La *Déclaration d'Indépendance* que publie le Congrès américain le 4 juillet 1776 ne facilite pas les choses au ministre. Il se sent plus ou moins contraint, face à une opinion publique favorable aux insurgents, de faire le point de la situation au bénéfice de Louis XVI et de son Conseil et rédige, à leur intention, un rapport intitulé : *Considérations sur le parti qu'il convient à la France de prendre vis-à-vis de l'Angleterre dans la circonstance actuelle.* Ce mémoire est présenté au souverain lors d'une réunion du Conseil du Roi le 31 août 1776. Il rappelle, une fois encore, l'hostilité permanente de l'Angleterre à l'encontre de la France, les avantages d'une guerre immédiate y sont mis en exergue, soulignant tour à tour les conditions favorables actuelles au plan tactique et stratégique, sans oublier les avantages commerciaux et financiers que le commerce extérieur français pourrait y trouver. Il reste que, hors cette analyse, dont il précise les limites :

> *Le but de ces réflexions n'est point d'anticiper sur une résolution qui ne peut émaner que de la haute sagesse de l'autorité suprême ; mais seulement de présenter les motifs qui peuvent l'éclairer...*

la position de Vergennes ne varie pas. Il ne conseille en aucune façon au souverain de s'engager dans une guerre immédiate :

> *Si différens traits de la conduite de l'Angleterre rendent sensibles jusqu'à l'évidence le peu de fond que l'on peut faire sur la sincérité de*

ses dispositions et sur la droiture de ses intentions, on ne se permettra pas pour cela de conclure qu'avec une puissance d'une foi aussi douteuse la guerre est préférable à une paix précaire...

Ainsi donc, vers la fin de l'année 1776, Vergennes persiste à penser que la temporisation, associée à une aide discrète et efficace apportée aux insurgents, demeure la position la plus judicieuse que la France puisse adopter en cette affaire. Il convient d'ajouter qu'il trouve en Louis XVI un allié objectif, dans la mesure où les convictions politiques et religieuses de ce dernier ne l'incitent en aucune façon à faire le jeu de colons rebelles, anglo-saxons pour la plupart, s'autorisant à remettre en cause tant l'autorité politique d'un souverain, fût-il anglais, qu'au principe – sacro-saint à ses yeux – de la monarchie de droit divin. La réticence du Roi est, par ailleurs, partagée, au nom de motifs divers, tant par Maurepas, Premier ministre, que par Turgot, contrôleur général des finances, inquiet, à juste titre, de la situation financière du royaume, de Saint-Germain, ministre de la Guerre, engagé dans un programme de réformes d'une armée qu'il n'estime pas encore en état de soutenir l'effort d'un conflit majeur, et de Sartine, secrétaire d'État à la Marine et aux Colonies, qui s'efforce de restaurer, à marche forcée, la flotte royale dans une position susceptible de lui faire tenir tête à la Royal Navy.

Cette position d'attente suscite d'autant moins d'interrogations chez Vergennes qu'à ce stade un autre scénario concernant le moyen de régler heureusement le vieil antagonisme franco-anglais demeure disponible. Ce projet, qui ne vise à rien moins qu'un débarquement français massif en Angleterre, devient d'autant plus crédible dans la situation présente où l'essentiel de la flotte et des forces terrestres anglaises se trouve mobilisé contre les rebelles américains de l'autre côté du monde.

Élaborée par le « Secret du Roi » dans les premières années de la décennie 1760, l'opération avait en 1765, deux ans après le traité de Paris, reçu l'aval de Choiseul, alors Premier ministre et chargé des Affaires étrangères et de la Marine. Objet de l'attention toute particulière du ministre qui y avait travaillé lui-même, ce projet d'invasion de la Grande-Bretagne avait bénéficié de la documentation officielle et des résultats fournis par les nouveaux organes de recherche. L'importance des moyens mis à disposition, les facilités de travail des agents qui lui avaient été affectés, la faveur constante du ministère en avaient fait une hypothèse opérationnelle de premier plan. La minutieuse préparation, l'engagement et l'intelligence des collaborateurs du comte de Broglie, MM. de La Rozière, d'Ormay, de Mesnil-Durand et de Béville, avaient abouti à un dispositif opérationnel remarquable et très précisément conçu. De telle sorte que l'Angleterre aurait connu un réel désastre s'il avait été mis en œuvre. Ce plan d'invasion présentait deux versions de sa réalisation.

Dans la première version, l'invasion devait être un coup de surprise, sans déclaration de guerre. Tous les points de débarquement ayant été relevés et fixés à l'avance, les troupes françaises devraient débarquer à Rye, Winchelsea, Hastings et Pevensey. L'attention de l'ennemi devait être attirée sur plusieurs diversions simultanées. Élaborées en liaison avec l'Espagne, elles consistaient en un débarquement en Écosse, une invasion en Irlande, le siège de Gibraltar, l'attaque de la Jamaïque, une expédition sur Mahon, l'expédition d'une escadre pour intercepter le commerce de l'Inde, l'envoi d'une armée d'observation en Flandres et une autre aux frontières du Portugal. Pendant ce temps, une armée de soixante mille hommes campée en Picardie, Normandie et Bretagne s'embarquerait pour les côtes d'Angleterre. La première division partirait des ports de Dunkerque, Calais et Boulogne, la deuxième, de Dieppe et du Hâvre, la troisième, des ports de Honfleur, Cherbourg, la quatrième division, enfin, de Saint-Malo et de Morlaix. Parallèlement, les escadres de Rochefort et de Brest, comportant trente-quatre vaisseaux de haut-bord et dix frégates, devaient se rallier devant Brest et auraient fait route ensemble jusque devant Plymouth pour combattre l'escadre anglaise et la faire rentrer dans ses ports.

La version alternative ne comptait plus sur l'effet de surprise sur une escadre anglaise dans la Manche. Elle maintenait l'idée d'une vigoureuse offensive pour avoir la maîtrise de la mer et pouvoir faire passer le corps d'occupation qui devait atteindre Londres en huit journées de marche. Dans cette hypothèse, on oubliait les expéditions lointaines, on renonçait à l'expédition contre les Indes, mais on en faisait le simulacre pour alarmer les Anglais et jeter la confusion dans leur défense. Il en allait de même pour Port-Mahon : on ne pousserait la feinte que si les Anglais en étaient éloignés. Somme toute, l'idée directrice était de faire converger toutes nos forces dans une unique bataille navale. Point d'expédition si on ne pouvait couvrir le passage de l'invasion sans risque pour nos troupes. Aussi, prévoyait-on cette fois quarante vaisseaux et vingt frégates à jeter sur l'escadre ennemie.

Dans ses deux versions, le plan d'invasion de l'Angleterre fut mis au point pendant deux ans, de 1765 à 1767. Le rapport final, établi par les quatre agents du comte de Broglie, MM. de Béville, de Mesnil-Durand, de La Rozière et d'Ormay, fut remis fin 1767 à Choiseul. Il s'achevait par les six conclusions suivantes :

1° un débarquement sur les côtes méridionales d'Angleterre est possible ;

2° le meilleur endroit de débarquement se situe entre Rye et Pevensey ;

3° la défense des côtes d'Angleterre est en très mauvais état ;

4° l'armée anglaise ne dispose pas plus de trente mille hommes dispersés, la milice ne comptant pas, à proprement parler ;

5° il faut exécuter l'invasion de préférence en avril ou en octobre au plus tard, parce qu'à cette époque un grand nombre de bâtiments sont absents d'Angleterre ;

6° en temps de guerre, l'Angleterre rassemble toutes ses escadres à Spithead, aux Dunes et à Margate, donc, en arrivant par vent du sud au sud-est, leurs escadres ne pourront s'opposer à nos mouvements.

Une annexe affirmait que la France possédait plus de bâtiments de commerce et de matelots qu'il n'en fallait pour transporter en Angleterre une armée de soixante mille hommes. Quant à notre marine de guerre, elle était, en 1767, forte de soixante-quatre vaisseaux, quatorze frégates et dix corvettes dont vingt-neuf vaisseaux et quatre frégates étaient actuellement en rade de Brest, et dix vaisseaux, quatre frégates et sept corvettes, embossés à Rochefort.

Ce rapport fixait en outre en détail les points de concentration, les ports d'embarquement des quatre divisions prévues et les transports qui lui étaient affectés. Cinq cents bâtiments de cent cinquante tonnes étaient prévus pour le transport des troupes, soixante-cinq pour le matériel. On embarquerait peu de cavalerie en raison de la difficulté du terrain. Tout au long de la côte, on avait prévu des postes de signaux pour transmettre les ordres expédiés de l'escadre aux transports de troupes. Enfin, les auteurs du rapport estimaient que les défenses côtières anglaises ne résisteraient pas au feu de la flotte royale [1].

Dix ans plus tard, le projet conservait toute sa pertinence. De fait, en 1777, les progrès atteints par Sartine dans la restauration de la puissance de la flotte royale, la conjoncture diplomatique présente, caractérisée par la rébellion américaine contre l'Angleterre, les bonnes dispositions de l'Espagne et l'absence de conflit sur le continent européen assuré par la prudente politique de Vergennes constituaient autant d'encouragements supplémentaires à sa réalisation.

C'est à ce point que, avec le recul du temps, l'observateur peut légitimement s'interroger sur le cours qu'auraient pu prendre les événements si Vergennes, à la croisée des chemins, avait opté pour ce dernier scénario au lieu de se laisser conduire, par toute une série de développements, à conseiller à son Roi tout d'abord de reconnaître l'indépendance des États-Unis, d'agréer à la signature du traité d'Amitié et de Commerce

1. Cf. Jacques de Broglie, *Le Vainqueur de Bergen et le Secret du Roi*, éd. Louvois, Paris, 1957.

de 1778, pour enfin se trouver en état de belligérance ouverte avec la Grande-Bretagne.

Quelles conséquences aurait pu entraîner un débarquement français réussi en Grande-Bretagne en 1777 ?

Ni Frédéric II de Prusse, ni Joseph II en Autriche, allié privilégié de la couronne de France par sa sœur, Marie-Antoinette, reine de France, ni Catherine II, tsarine de Russie, on le sait, ne considéraient favorablement la rébellion américaine. Apparemment, ce facteur aurait pu militer, *a minima,* pour l'expression de leur mécontentement et leur désapprobation à l'encontre d'une initiative française de ce type, en condamnant une agression inappropriée en un temps où une monarchie légitime s'efforçait de ramener des sujets rebelles à la raison et à l'ordre. D'un autre côté, la politique anglaise d'intervention et de contrôle permanent des flottes étrangères, le fameux *droit de visite*, que s'était arrogé la Royal Navy au cours des décennies précédentes, n'avait pas manqué de susciter une irritation et un agacement certains dans les nations européennes concernées. Sous la conduite de Catherine II, mais sous l'impulsion souterraine de Vergennes, elles avaient constitué la Ligue des Neutres dont le but était de mettre un terme à ces arrogantes manifestations de la domination anglaise sur les mers du globe. Par ailleurs, une éventuelle conquête militaire, fût-elle momentanée, car le royaume de France n'avait que faire d'une annexion du Royaume-Uni, de l'Angleterre par la France permettait, au nom de la *Realpolitik,* une avantageuse redistribution des cartes et des zones d'influence dont il eût été stupide, même en la déplorant hypocritement, de ne pas profiter. Au sud du continent, l'Espagne, complice de l'aventure, outre la récupération de Gibraltar voire de Minorque, s'assurait la paix dans ses possessions antillaises, sans préjudice des conquêtes complémentaires qu'elle pouvait s'assurer sur ce théâtre des opérations. Le pacte de famille des Bourbons rassemblant la France et l'Espagne faisait, certes, de cette alliance une conjonction de puissances désormais incontournable, mais la fin des manœuvres britanniques de division au sein des relations diplomatiques européennes aurait constitué un puissant facteur d'apaisement, de continuité et de sérénité entre les puissances européennes dominantes de l'époque. Enfin, élément complémentaire et non négligeable d'une telle situation, la France et l'Espagne maîtrisaient finalement, en se le partageant, l'essentiel des ressources du commerce extérieur européen, importations et exportations. La conquête de l'Angleterre supposait, en effet, la confiscation de son potentiel naval de guerre et de commerce, réparti entre les deux partenaires de la coalition franco-espagnole.

La disparition de l'Angleterre en tant que partenaire politique majeur réglait *ipso facto* la question des treize colonies anglaises d'Amérique. L'Indépendance, proclamée le 4 juillet 1776, entrait automatiquement en vigueur, et les nouveaux États-Unis rejoignaient le concert des nations.

Les conditions d'accession en étaient toutefois différentes dans la mesure où la disparition politique de l'Angleterre rendait inexistantes les limitations apportées par elle lors du traité de Versailles de 1783, à l'expansion vers l'ouest qui demeurait l'une des aspirations les plus fortes des colons américains. Misant sur cet élan ainsi que sur l'important soutien clandestin apporté par ses soins au cours des années précédentes, la France se trouvait alors en position de demander et d'obtenir des compatriotes de Washington la préservation de ses droits légitimes sur la Louisiane et les territoires autour du Mississippi, tout en encourageant les colons dans leurs visées de développement vers l'ouest, anticipant ainsi d'un siècle l'un des mouvements les plus importants ayant contribué à la constitution des États-Unis dans leur forme contemporaine. Il reste que, eu égard à l'implantation française et à la présence espagnole aux Antilles, la configuration des États-Unis et les territoires dépendant des Franco-Espagnols auraient pu connaître des modes de développement ainsi qu'un devenir singulièrement différents.

En France même, la réussite de l'option proposée au Roi par les efforts conjugués de Choiseul, du comte de Broglie et de Vergennes aurait entraîné des conséquences extrêmement différentes de celles que l'histoire réelle devait consacrer.

Financièrement d'abord, le coût de l'opération d'invasion de la Grande-Bretagne n'avait aucune commune mesure avec les 2,5 milliards de livres tournois (21 milliards de francs de 1987 !) représentant le coût final de l'engagement français en Amérique. Les rédacteurs du projet en évaluaient le coût entre 30 et 40 millions de livres (soit entre 25 et 32 millions de francs de 1987). Ensuite, la réussite du projet, en transférant à la France et à l'Espagne le contrôle sur l'ensemble du commerce extérieur de l'Europe, jusqu'alors exercé majoritairement par la Grande-Bretagne, conférait aux deux alliés une extraordinaire position de crédit et de prestige, garante, pour ce qui concerne le royaume de France, d'un spectaculaire et rapide rétablissement financier.

Dans cette perspective, on ne peut que s'interroger sur ce qu'aurait pu être l'évolution politique et institutionnelle du royaume de France. En l'absence d'une crise financière aiguë, et devant les dispositions plutôt bienveillantes de Louis XVI à l'égard de réformes institutionnelles majeures qu'imposait le simple bon sens, la France, devenait une monarchie constitutionnelle (ce que souhaitaient, de manière unanime, les protagonistes majeurs de l'époque). Eût-elle connu alors les affres de la Terreur révolutionnaire, la disparition de sa marine parvenue au premier rang des flottes internationales, le chaos de sa politique extérieure ? Eût-elle pu échapper aux massacres des guerres napoléoniennes ?

L'étude de la période prérévolutionnaire en France relève que l'évolution vers la Révolution fut essentiellement provoquée par un effondrement des finances du royaume auquel les importantes dépenses affectées à l'engagement français aux côtés des insurgents d'Amérique n'étaient, loin de là, pas étrangères. La réussite du projet de Choiseul et du comte de Broglie, grâce aux conditions optimales qu'offrait l'époque, aurait, à coup sûr, grâce à ses incidences politiques et économiques, inversé le sens de l'histoire. Il n'en fut pas ainsi. Faut-il ou non le regretter ? Chacun en jugera, en fonction de ses propres valeurs. Juxtaposer l'histoire réelle à celle qui aurait pu être permet cependant de vérifier les vers de Shakespeare sur la fragilité des certitudes humaines :

> *« Like flies to wanton boys are we to the gods,*
> *They kill us as they sport*[2]*. »*

2. « Nous sommes, tels des mouches, aux mains d'enfants frivoles, Ils nous tuent en se jouant. »

XVII

Influence et rôle de la Franc-Maçonnerie dans la guerre d'Indépendance américaine

Entre 1775 et 1782, s'il est un facteur constant qui fit basculer les treize établissements anglais d'Amérique de leur statut de colonies de la Couronne à celui de République fédérale indépendante, ce fut, incontestablement, celui de l'école de pensée que constitue la franc-maçonnerie.

Initialement, le peuplement, par l'immigration, de ces treize colonies, majoritairement anglophones, avait été le résultat, en effet, de lassitudes et de mécontentements de natures diverses, mais qui, tous, présentaient un trait analogue, celui de la résistance à l'oppression. Que celle-ci ait été de nature politique ou religieuse, née de l'inégalité choquante entre les diverses classes de la société anglaise du XVIe au XVIIIe siècle, ou issue de la dictature sans concession des Églises, romaine ou anglicane, elle entraînait inéluctablement le désir commun à tous les candidats à l'émigration de mettre la plus grande distance possible entre eux-mêmes, leurs familles et leurs oppresseurs. Cette prise de conscience du caractère insupportable de la tyrannie s'accompagnait de son nécessaire complément, à savoir l'aspiration à former une société au sein de laquelle serait bannie toute forme d'intolérance, soit politique, soit religieuse.

Une fois parvenus dans ce Nouveau Monde, les exilés se trouvaient alors confrontés à un autre type de difficulté, celle de la survie dans un milieu inconnu et parfois hostile. Dans ce nouvel environnement, dépourvu de toute organisation ou institution sociale, il leur incombait d'inventer, à partir de rien, les principes chargés de régler et d'organiser leur société naissante.

Parmi ces immigrants, nombreux étaient les individus ou les groupes qui avaient laissé l'Ancien Continent derrière eux pour fuir les persécutions religieuses, et qui aspiraient, avant toute chose, à la liberté de conscience. Le prototype de tels groupements immigrants était celui des Pilgrim Fathers, ou Pères fondateurs.

Toutefois, qu'ils soient méthodistes, puritains, presbytériens, quakers ou anabaptistes, la plupart d'entre eux pratiquaient l'une ou l'autre forme d'un protestantisme rigide, à tendance calviniste, dont l'intransigeance n'avait rien à envier à celle des religions majoritaires qui, par leurs persécutions, les avaient contraints à l'exil. Si la première phase de l'acclimatation des nouveaux colons fut, pour l'essentiel, consacrée à des travaux pénibles de défrichement et de construction, ne laissant guère de temps à la disputation philosophique, il en alla différemment lorsque, les premières difficultés aplanies, les prédicateurs de ces différents groupes religieux, qui avaient agi jusqu'alors en leur seule qualité de chefs spirituels, revendiquèrent les responsabilités de l'organisation civile et profane de ces communautés. De nombreux colons, estimant à juste titre qu'ils n'avaient pas fui une dictature religieuse pour se soumettre à une autre, déposèrent tout simplement les apprentis tyrans, quand ils ne s'en débarrassèrent pas de façon plus primitive. Parallèlement, afin de se prémunir contre toute tentative théocratique de ce genre, certains d'entre eux, mieux informés, ou qui avaient été initiés avant leur départ vers le Nouveau Monde, commencèrent à créer des loges maçonniques. En cela, ils se conformaient en tout point aux constitutions d'Anderson qui préconisent aux membres de l'Ordre la pratique de la « religion naturelle commune au plus grand nombre », et recommandent, avant toute autre chose, l'usage et la pratique de la tolérance tant dans le domaine civil que dans le domaine religieux.

Au début des années 1770, chacune des treize colonies de la couronne britannique comptait ainsi une dizaine de loges maçonniques rassemblant, sans aucun souci d'origine sociale, les hommes qui, au sein de la nouvelle société américaine en cours de création, s'étaient distingués par leurs réalisations, leurs compétences ou leurs talents.

Suivant l'un des préceptes de l'éthique maçonnique qui recommande à ses adeptes d'œuvrer pour le bien commun de la cité, les francs-maçons américains étaient fort bien représentés dans les assemblées ou congrès qui, dans chaque colonie, avaient pour mission d'organiser l'existence commune et de définir les règles de base de la vie en communauté.

Lorsqu'à partir de 1765 les tensions commencèrent à se faire jour entre la métropole britannique et les colonies américaines, il est clair que les membres des loges étaient, plus que d'autres, attentifs à l'évolution de la situation.

Entre 1765 et 1770, le Parlement de Westminster vota toute une série de taxes, applicables aux colonies d'Amérique. Les diverses assemblées des colonies les récusèrent au motif qu'elles n'étaient pas représentées au sein de cette instance. Elles ne s'en acquitteraient donc pas. Cet acte de mauvaise humeur et cette velléité d'indépendance firent revenir le Parlement anglais sur sa décision. Il abrogea la plupart des nouvelles taxes, tout en maintenant toutefois l'impôt sur le thé.

Ce ne fut donc pas un hasard si, en geste de défi, à Boston, des colons américains déguisés en Indiens jetèrent à la mer une cargaison de thé récemment importée par la Compagnie des Indes. Ce que l'on sait moins, c'est que ces colons grimés n'étaient autres que les membres de la respectable loge « Saint Andrews » de Boston, et que c'est dans l'atelier de leur loge qu'avait été mise au point ce qui est devenu la « Boston Tea Party ».

En 1774, peu après cette manifestation d'extrême défiance à l'égard de la métropole, et suite aux « lois intolérables » passées par le Parlement de Londres fermant le port de Boston et supprimant les franchises du Massachusetts, les assemblées des colonies d'Amérique se réunirent en un Congrès continental. Continuant de dénier au Parlement britannique tout pouvoir de taxation sur les colonies américaines, le Congrès, dans un geste d'apaisement, acceptait toutefois son autorité en matière commerciale. La décision de cette assemblée, où les francs-maçons étaient nombreux, provoqua une vive réaction des autorités britanniques qui, sur-le-champ, décidèrent d'expédier sur le terrain les troupes nécessaires à une impitoyable répression.

Face à cette réaction bornée, le Congrès décida de lever des milices dans chacune des colonies représentées afin d'être en mesure d'affronter un conflit ouvert, et nomma George Washington général en chef de ces forces armées. Planteur virginien, doté d'une expérience militaire certaine, il avait commandé les milices américaines contre les forces françaises dans la reconquête de la vallée de l'Hudson. Washington était, en outre, un franc-maçon de haut rang, jouissant de l'estime générale. Conscient toutefois de l'inégalité des forces en présence, Washington pressait le Congrès de s'assurer des appuis extérieurs dans la guerre qui s'annonçait. Ce soutien ne pouvait, à l'évidence, être sollicité qu'auprès de puissances traditionnellement opposées à l'Angleterre, en l'occurrence la France et l'Espagne.

Ce fut la raison pour laquelle, eu égard à leurs compétences, à leur expérience et aux relations multiples dont leur qualité commune de franc-maçon pouvait les faire bénéficier, le Congrès nomma Benjamin Franklin, Silas Deane et Thomas Jefferson, commissionnaires à la Cour de France. Jefferson déclinant cet honneur, Arthur Lee fut nommé à sa place.

C'est dans cette atmosphère fiévreuse de préconflit que ne tarda pas à se marquer, de façon déterminée et très significative, l'influence des idées de la franc-maçonnerie, des deux côtés de l'Atlantique, tout au long des sept années qu'allait durer cette période conduisant les treize colonies d'Amérique à leur indépendance.

Elle se manifesta en premier en Amérique. Toutefois, le refus de s'acquitter de taxes injustes, pour légitime qu'il soit, constituait une raison assez faible pour justifier l'engagement de la communauté des colons d'Amérique dans un conflit qui menaçait d'être meurtrier. Il y fallait une base plus large et plus aisément compréhensible à tous. Ce fut Thomas Paine, franc-maçon, ami de Benjamin Franklin, récemment émigré d'Angleterre, qui la fournit. D'abord journaliste au *Pennsylvania Magazine*, Paine en devint le directeur en 1774. La même année, il publiait son célèbre pamphlet *Common Sense* (« Le sens commun »). En un langage simple, celui des colons, ce pamphlet exposait avec clarté et grande force de conviction les aspirations des Américains à l'indépendance économique et politique. Il y démontrait que les intérêts propres des colons américains étaient diamétralement opposés à ceux de la métropole britannique qui, pour plaire aux puissants négociants de la City, ne cherchait qu'à les maintenir sous le joug en freinant ou en interdisant son développement industriel. Dans la foulée de cette démonstration, convaincu que, désormais, après les *lois intolérables*, aucun compromis ne pouvait plus intervenir, Paine prêchait la rébellion contre l'Angleterre et la lutte ouverte pour faire triompher ces droits naturels de l'homme dont, une quinzaine d'années plus tard, il devait se faire le champion à l'Assemblée constituante à Paris.

Le formidable succès de librairie de ce pamphlet, qui devait être vendu à plus de cent mille exemplaires en six mois, fournissait au Congrès continental la base théorique et politique sur laquelle il pouvait, en toute légitimité, fonder et justifier la révolte armée contre l'Angleterre auprès de ses concitoyens.

Deux ans plus tard, alors que les affrontements militaires anglo-américains avaient prouvé la crédibilité des colons dans leur lutte, la proclamation, le 4 juillet 1776, de la *Déclaration d'Indépendance*, donnait enfin son texte fondateur à la nouvelle République.

Ce texte, d'empreinte maçonnique, tous ses rédacteurs étaient francmaçons, pose comme règle, dès son deuxième paragraphe, les principes considérés comme fondamentaux par l'Ordre maçonnique. Il faut citer ce paragraphe *in extenso*.

Nous tenons pour évidentes par elles-mêmes les vérités suivantes : tous les hommes sont créés égaux ; ils sont doués par le Créateur de certains droits inaliénables ; parmi ces droits se trouvent la vie, la liberté et la recherche du bonheur. Les gouvernements sont établis parmi les hommes pour garantir ces droits, et leur juste pouvoir émane du consentement des gouvernés. Toutes les fois qu'une forme de gouvernement devient destructrice de ce but, le peuple a le droit de la changer ou de l'abolir, et d'établir un nouveau gouvernement, en le fondant sur les principes et en l'organisant en la forme qui lui paraîtront les plus propres à lui donner la sûreté et le bonheur. La prudence enseigne, à la vérité, que les gouvernements établis depuis longtemps ne doivent pas être changés pour des causes légères et passagères, et l'expérience de tous les temps a montré, en effet, que les hommes sont plus disposés à tolérer des maux supportables qu'à se faire justice à eux-mêmes en abolissant les formes auxquelles ils sont accoutumés. Mais lorsqu'une longue suite d'abus et d'usurpations, tendant invariablement au même but, marque le dessein de les soumettre au despotisme absolu, il est de leur droit, et il est de leur devoir de rejeter un tel gouvernement et de pourvoir, par de nouvelles sauvegardes, à leur sécurité future. Telle a été la patience de ces colonies, et telle est aujourd'hui la nécessité qui les force à changer leurs anciens systèmes de gouvernement. L'histoire du roi actuel de Grande-Bretagne est l'histoire d'une série d'injustices et d'usurpations répétées, qui toutes avaient pour but direct l'établissement d'une tyrannie absolue sur ces États.

On sait l'immense succès que ce texte de la *Déclaration d'Indépendance* recueillit, sur l'Ancien Continent, parmi ceux qui, à des titres divers – philosophes, écrivains, jésuites ou francs-maçons –, s'étaient, depuis plusieurs décennies déjà, assigné comme objectifs tous ces principes du gouvernement des hommes, battant en brèche le despotisme de tout pouvoir absolu quelle qu'en soit la nature, politique ou religieuse. On l'a vu, parmi ces laudateurs du texte présenté au Congrès par Thomas Jefferson, l'abbé Raynal, tuteur moral de La Fayette et membre de la respectable loge des « Neuf Sœurs » était l'un des tout premiers à prédire à ces principes une extension et un avenir fulgurants.

Cependant, la légitimité éthique et philosophique de la rébellion des insurgents, ainsi affirmée par ce texte fondateur, n'étant plus discutable, il restait, concrètement et matériellement, à faire triompher sa cause.

Ce livre s'est attaché à mettre en lumière les initiatives, les élans et les complicités de tous ces francs-maçons français, allemands, polonais et américains qui, plaçant leurs talents et leurs compétences au service de leur idéal, finirent par imposer ce dernier face à un adversaire incarnant la tyrannie du despotisme absolu. Un tel résultat, bien sûr, ne devait être atteint qu'après plusieurs années de lutte au cours desquelles la fortune des armes ne les favorisa pas de manière constante. Nombre d'entre eux, tels ces volontaires étrangers francs-maçons, comme von Kalb, Pulaski ou Kockiusko, sacrifièrent même leur existence à la victoire de cet idéal. Il n'en reste pas moins que, placés aux postes de décision, ce sont des maçons comme La Fayette, Rochambeau, le comte d'Estaing, l'amiral de Grasse, le duc de Lauzun, Louis René Levassor de La Touche, d'un côté, et Washington, Benjamin Franklin, Silas Deane, John Hancock, Alexander Hamilton, Samuel Adams, Thomas Paine, Thomas Jefferson, de l'autre, qui affranchirent les treize colonies d'Amérique de la tyrannie du Royaume-Uni pour y implanter une forme nouvelle de gouvernement des hommes qui allait devenir la démocratie.

Résumant et concrétisant la fondation de la démocratie américaine, l'image de George Washington, truelle en main, revêtu du tablier maçonnique brodé pour lui par Adrienne de La Fayette, posant la première pierre du Capitole, demeure, dans l'histoire de l'humanité [1], le symbole éternel de l'importance de l'éthique et de l'influence de l'Ordre maçonnique dans la société des hommes.

1. Voir figure 61.

XVIII

En guise de conclusion

Le premier voyage en Amérique de La Fayette pour apporter son soutien aux insurgents menés par son ami Washington s'inspirait des principes d'égalité et de liberté défendus avec feu par l'un de ses mentors intellectuels, l'abbé Raynal, membre éminent de la prestigieuse loge des « Neuf Sœurs ». Ces mêmes principes, il les avait entendus exalter par bon nombre de ses frères dans les diverses loges maçonniques de son temps. Aussi, voler au secours, physiquement et financièrement, des colons des treize colonies d'Amérique, soumises à l'arrogante et cupide tyrannie de la Grande-Bretagne, lui apparaissait comme l'accomplissement du plus élémentaire devoir d'un homme qu'avaient toujours guidé son propre idéal aristocratique et l'éthique de la franc-maçonnerie.

Jaloux de liberté, de la sienne comme de celle d'autrui, fermement opposé à toute forme de despotisme, cet aristocrate qu'était Gilbert Motier, marquis de La Fayette, se comportait de manière instinctive en homme que nos temps modernes qualifieraient de républicain. On l'eût probablement étonné si tel qualificatif lui avait été adressé en son temps. Il reste que sa conception personnelle de l'aristocratie n'avait rien de contradictoire avec ce terme.

À ses yeux, l'aristocrate avait pour devoir premier de respecter et faire respecter la liberté pour tous. Il devait s'opposer à la tyrannie ou au despotisme, et ne devait se distinguer que par ses qualités intellectuelles et morales naturelles. Il avait pleine conscience de ses devoirs envers lui-même, envers la nation et envers l'humanité. Il professait encore que chacun, quelle que soit son origine, est tenu au devoir de transmission envers ses descendants mais, plus largement, envers l'ensemble des générations à venir. Ce devoir s'accompagnait d'une conscience morale et politique très élevée, dont l'usage constant tendait à prévenir et empêcher toute injustice et tout engagement susceptible de nuire à l'humanité. Cette conviction plaçait les qualités et les exigences de la morale naturelle au premier rang des valeurs de la société des hommes. Compréhension et tolérance comptaient encore au nombre des vertus d'un véritable aristocrate. Enfin, il allait de soi qu'un tel modèle d'homme soit exempt de tout sentiment d'avidité ou de rapacité et qu'il tînt pour extrêmement secondaires toutes préoccupations matérielles.

Sans qu'il en eût nécessairement conscience, c'est l'humanisme qui synthétisait tout ce qu'il considérait être en mesure d'attendre de lui-même et de ses semblables. C'est au nom de cet humanisme qu'il rejoindrait ceux qu'il considérait comme des frères opprimés. Il allait se battre pour eux et risquer sa vie. Il y trouverait la récompense d'une fraternité partagée, et le triomphe d'une cause qui, de son temps, ressemblait effectivement à celle d'une société idéale composée d'hommes épris de liberté, de fraternité, et aspirant aux valeurs les plus hautes.

Il faut admettre que, depuis la *Déclaration d'Indépendance* de 1776, les humanistes européens, les philosophes des Lumières, les républicains, les francs-maçons et tous les partisans d'une *république idéale* saluaient en ces nouveaux États-Unis d'Amérique un pays neuf qui, après avoir secoué toutes les contraintes et traditions du passé, émergeait au sein du concert des nations sous les dehors d'une république posant comme principe premier la liberté civique et religieuse, et se voulant de nature démocratique, au sens étymologique du terme.

Les philosophes et autres acteurs de l'ère des Lumières se pensaient insérés dans une société élitiste. Leurs talents respectifs leur faisaient oublier toutes les contraintes qui marquaient leur réelle condition et leur permettaient de projeter, en toute bonne foi, leurs propres espoirs dans cette toute nouvelle nation. L'histoire devrait quelque peu détromper ces attentes.

Oublié pendant deux siècles par ceux pour lesquels il avait engagé sa vie, son honneur et sa fortune, en ce début du XXIe siècle, La Fayette ressurgit dans la mémoire des hommes. En effet, en 2002, le Congrès américain fait de lui le sixième « citoyen d'honneur des États-Unis » de son histoire. La même année, le Grand Orient de France fonde l'Ordre maçonnique de La Fayette, destiné à récompenser tout maçon étranger s'étant distingué dans l'accomplissement de ses devoirs maçonniques.

Si Samuel Adams, représentant au Congrès américain, avait, un jour de colère, appelé la tyrannique Angleterre « *a nation of shopkeepers* – une nation de boutiquiers », précédant de peu Napoléon Ier dans le même genre d'invective, il était loin d'imaginer le retour d'une telle insulte, de la part de G. B. Shaw qui, au début du XXe siècle, caractérisait les Américains comme constituant « *a nation of preaching shopkeepers* » soit, à peu de chose près, une « nation de boutiquiers prêcheurs ».

Cette critique se fondait sur l'observation et l'analyse des deux moteurs qui devaient porter les États-Unis au premier rang des nations, deux siècles après leur fondation : l'esprit de libre entreprise d'une part, l'inspiration puritaine des « pères fondateurs » d'autre part, pour lesquels « celui qui réussit dans le monde plaît à Dieu ».

Et, force est bien d'admettre, avec l'humoriste anglais, que l'histoire des XIXe et XXe siècles conduit l'observateur à s'interroger sur la préoccupante évolution d'une nation initialement fondée sur la liberté, la fraternité et la recherche du bonheur [1], et l'inquiétante hégémonie de ses actuelles positions géopolitiques et économiques.

Car, dans le monde contemporain, succédant au nazisme et au communisme qui ont brutalement marqué la première moitié du XXe siècle, un troisième totalitarisme plus pervers a surgi. Sous l'aspect d'une société de consommation envahissante, il a frayé la voie à un successeur infiniment plus despotique, la marchandisation du monde, nouvelle étape de l'avidité matérialiste qui n'hésite pas à étendre la sphère marchande jusqu'au brevetage du vivant, marque ultime de l'objectivation du monde. Reprenant à son compte, sans les afficher, les principes totalitaires de massification et de transparence, si commodes pour masquer son approche tentaculaire, la mondialisation, en deux ou trois décennies, a réussi là où nazisme et communisme avaient échoué. Sous ses auspices, le dépassement de la condition humaine est devenu possible à une échelle jamais atteinte, en faisant de chaque homme l'outil de sa propre déshumanisation. Conduit à renoncer progressivement à l'unicité de son humaine condition, l'individu s'est graduellement métamorphosé en client d'abord, puis en simple consommateur, pour ne plus être, en fin de course, qu'une *unité comptable*, hypocrite expression néolibérale d'une économie mondiale de marché que plus rien n'entrave désormais. La fabrication d'une aussi adroite formule vise, en l'occurrence, à éviter tout ultime soubresaut chez celui qui se trouve tout autant réduit à la même impuissance que le malheureux *Stück* de Matthausen ou d'Auschwitz, ou le *Zek* famélique du camp de Kolyma.

Ce dernier type de totalitarisme doit son incontestable victoire aux avancées des technocraties auxquelles le chemin a été largement ouvert, aux XIXe et XXe siècles, par l'irrésistible ascension d'un matérialisme conquérant et dominateur dont marxisme soviétique et libéralisme puritain du Nouveau Monde n'étaient que les deux faces, apparemment antagonistes mais de nature similaire, du même mal s'abattant sur la planète.

L'inversion des valeurs dominantes, la substitution des concepts de l'*avoir* et du *paraître* au détriment de la valeur première de l'*être* se

1. « Le bonheur de l'Amérique est intimement lié au bonheur de toute l'humanité. Elle va devenir le respectable et sûr asile de la vertu, de l'honnêteté, de la tolérance, de l'égalité et d'une tranquille liberté. » Lettre de La Fayette à son épouse, 7 juin 1777, in *Mémoires, correspondance et manuscrits du général La Fayette*, publiés par sa famille, tome I, p. 84.

trouvent désormais accomplies. Il subsiste bien de vagues inquiétudes chez quelques rares survivants, elles sont difficiles à préciser. Le manque de références, de points de repère, la transparence cristalline de la masse des *unités comptables* lobotomisées par le conformisme ambiant subrepticement instillé par l'omniprésente publicité, tout cela prévient, par avance, tout sursaut, toute réaction, en exécutant, dans l'œuf, toute révolte potentielle.

Ce totalitarisme qui conduit à la marchandisation du monde et au retrait de tout ce qui est humain dans l'homme se fonde sur le principe de la *transparence* des hommes, des choses, et des actions. Il opère dans un monde sans mystère, sans clôture, sans secret, et son support essentiel est la *communication.* À la source de ce nouveau totalitarisme, se trouve l'utopie de la *société de communication.* Celle-ci conduit à dessiner le profil d'un *nouvel Homme*, l'homme communiquant, dans une société qui se veut rationnelle et sans conflit et d'où a disparu le politique. Elle prétend donner une nouvelle vision du réel en supposant que tout peut s'expliquer en termes de relations et d'échanges, de régulation, de commande et de maîtrise. Dans cette société où la valeur principale est la communication, à savoir les relations entre les *éléments séparés par leurs apparences*, celle-ci devient seule constitutive du mode d'existence : l'homme, l'individu, est uniquement déterminé par son *comportement d'échange d'information.* Il est donc totalement extra-déterminé, il ne peut exister par lui-même, il est devenu un être transparent. Telle est la vision de l'homme selon les théories psycho-anthropologiques du béhaviorisme américain.

Cette nouvelle anthropologie a ensuite formulé le concept de société ouverte où tout ce qui est opaque et secret doit être rendu transparent, et en premier lieu l'individu. Dans cette société, le lien de transparence devient le nouveau lien social. « D'une certaine façon, avec la communication, il n'y a plus *d'êtres humains*, mais plutôt des êtres sociaux, entièrement définis par leurs capacités à communiquer », écrit Philippe Breton[2]. « En rejetant la question du sujet en tant qu'individu isolé et en la déplaçant vers l'activité sociale d'échange, Norbert Wiener, le père de la cybernétique, a ainsi fondé une nouvelle vision de l'égalité. » Et il achève son analyse : « L'intérieur, en perdant son mystère, s'est mis à l'extérieur. Un nouveau jeu métaphorique se construit dès lors autour d'un réseau de significations où l'image, la forme, l'apparence vont être de plus en plus valorisées, et où ce sont les mêmes termes qui serviront à décrire ce qui se passe en l'homme et ses comportements extérieurs.

2. Philippe Breton, *L'Utopie de la communication*, éd. La Découverte, coll. « Essais », Paris, 1992, rééd. 1997, p. 10.

[...] La suppression de l'intériorité dans les représentations de l'homme constitue une des clefs de voûte de la communication moderne. »

Cette conception des rapports entre l'homme et la société introduit une *rupture* dans la marche de la connaissance de son intériorité par l'homme, en excluant carrément toute intériorité au bénéfice de l'extériorité : tout ce qui est visible est transparent, donc vrai ! Toute voie, toute recherche spirituelle est en danger dans un monde de ce type qui ne transmet rien et où toute vie intérieure est abolie alors que la transformation du cadre de l'existence de l'homme a franchi une nouvelle dimension en reliant chaque individu, dans un monde fini, à la masse de tous les autres.

Confronté à cette image de l'Amérique contemporaine, on est loin de l'image de ce lieu idéal respectable et sûr asile de la vertu, de l'honnêteté, de la tolérance, de l'égalité et d'une tranquille liberté que célébrait La Fayette pour l'édification de son épouse Adrienne ! On ne peut donc qu'espérer que la magie de certains projets fous, engendrés par le rêve des hommes, parvienne à déchirer le voile des illusions et à ramener les citoyens de cette grande nation aux idéaux qui menèrent à sa légitime fondation.

Également victime, en son temps, de la folie et de la démesure des hommes, *L'Hermione* du XVIIIe siècle connut le triste destin d'un magnifique bâtiment conduit à une fin sans gloire aux mains d'un pilote hâbleur et incompétent.

Le temps est enfin venu de la reconnaissance, et de la renaissance.

Aujourd'hui, *L'Hermione* est reconstruite à Rochefort, à l'extrémité sud de l'ancien arsenal de Colbert, dans la double forme du XVIIIe siècle.

L'association « Hermione-La Fayette », présidée par Bénédict Donnelly, animée par Maryse Vital, avec l'appui du Centre international de la mer, dont Erik Orsenna assure la présidence et Emmanuel de Fontainieu la direction, conduit ce chantier hors du commun. L'ouvrage de charpenterie a été confié à l'entreprise Asselin de Niort.

Les études d'architecture navale sont assurées par le Centre de recherche pour l'architecture et les industries nautiques (CRAIN), créé en 1983 par Philippe Pallu de La Barrière. En 2003, Guy Ribadeau, architecte naval de Nantes, spécialiste dans la restauration de navires anciens, a pris le relais. Raymond Labbé, ancien constructeur malouin, apporte sa précieuse expérience technique. Jean Thomas, à partir du « Relevé du tracé des frégates : *La Concorde*, *La Courageuse*, *L'Hermione* et *La Fée* et du *Vertical* » a dessiné les divers éléments du navire afin d'obtenir les gabarits à partir desquels les charpentiers découpent les pièces de chêne.

La ville de Rochefort, grâce à l'action de son ancien maire Jean-Louis Frot, à l'origine du projet, apporte un soutien financier régulier, renforcé par le Département, la Région et nombre de mécènes privés. Par ailleurs, l'apport des adhérents et des visiteurs croît avec le temps.

Le site s'est enrichi depuis l'année 2000 d'une forge pour la fabrication des éléments métalliques et d'une menuiserie pour l'accastillage et les affûts de canon. Une machine à vérins comportant une étuve permet de cintrer les bordages légers.

Les espoirs les plus forts accompagnent la lente reconstruction de ce mythique bâtiment. Et l'année 2007, pour hypothétique que soit le terme de cette folle aventure, est attendue dans la tension et l'impatience de constater les qualités nautiques de cette frégate, vraiment hors du commun.

Puis, lorsque le rêve sera enfin devenu réalité, lorsque, par un matin de printemps, par temps clair, *L'Hermione* s'élancera de nouveau vers Marbleheath, Newport et Boston, sur les traces de sa devancière de 1779, en taillant un sillage profond et sûr, l'heureux commandant de la frégate gagnera sa cabine et, s'installant au poste où officiait le lieutenant de vaisseau de La Touche, portera sa première observation dans le livre de bord. S'il est conscient de la beauté de l'instant, le commandant devrait la libeller ainsi :

« *L'Hermione* est toujours au portant et trace bien sa route. »

ANNEXES

Remerciements

Achevant cet ouvrage, les auteurs, anciens condisciples du lycée Pierre-Loti de Rochefort, souhaitent adresser leurs remerciements les plus vifs à tous ceux qui ont, par leur dynamisme, leur imagination, leur savoir-faire, leurs compétences et leur engagement, non seulement contribué à rendre possible ce rêve de la reconstruction de L'Hermione, *commençant ainsi à restituer son identité historique traditionnelle à Rochefort, mais leur ont également permis de retracer « une aventure moderne inspirée de notre histoire du* XVIIIe *siècle ». Cette gratitude s'adresse aux personnes suivantes :*

M. Jean-Louis Frot et toute son équipe, qui ont rendu raisonnable et nécessaire le projet fou de L'Hermione.

M. Robert Savarit, président du CALCR, qui organisa le 10 mars 1980 la première commémoration du départ de La Fayette de Rochefort. L'Hermione *et La Fayette étaient désormais liés.*

Au trio infernal « Bihel, Gallice, Coussy », les précurseurs. Bruno Coussy énonça le premier, en 1985, cette proposition évidente : « C'est L'Hermione *qu'il faut reconstruire. »*

M. Philippe Schweyer, archiviste de la ville de Rochefort, dont la patience, la diplomatie et la courtoisie nous furent d'un grand secours dans la recherche des documents.

M. Paul Guimard, premier président du Centre international de la mer.

M. Chesné, ancien directeur du Centre international de la mer.

M. Eric Orsenna, actuel président du Centre international de la mer.

M. Emmanuel de Fontainieu, directeur du Centre international de la mer.

M. Benedict Donnelly, président de l'association Hermione-La Fayette.

M. Raymond Labbé, constructeur naval à Saint-Malo, conseiller technique du chantier de L'Hermione.

M. Jean Thomas, qui a retracé L'Hermione *en suivant strictement le plan de son prédécesseur, l'ingénieur-constructeur Pierre Henry dit l'Aîné.*

MM. Asselin, père et fils, chargés du chantier de L'Hermione.

L'équipe du CRAIN, MM. Bernard Moreau, Hervé Coutant et Jean-Guy de Saint-Périer.

Mme Maryse Vital, secrétaire générale de l'association Hermione-La Fayette et son équipe.

M. Dangel, conservateur du musée de la Marine à Rochefort.

M. Marc Fardet et ses collaborateurs du service historique de la Marine à Rochefort.

M. Claude-Bernard Bonnet, journaliste, ancien chef d'agence à Sud-Ouest Rochefort.

M. Jean-François Pillot.

M. Jean-Louis Billot, photographe.

Mme Monique Vernhes, leur première éditrice.

Ils voudraient également remercier la courtoisie et les compétences de M. Pierre Mollier et de Mme Irène Mainguy, responsables de la bibliothèque et des archives du Grand Orient de France, ainsi que Mme Sylvie Bourrel, responsable du Fonds maçonnique des Archives nationales qui leur ont amplement facilité l'accession à d'inestimables documents.

Leur gratitude s'adresse également à M. le marquis de Quinsonas-Oudinot, qui leur a gracieusement donné accès à ses archives privées et permis de consulter et d'utiliser la fascinante correspondance entre le comte Charles de Broglie, son ancêtre, et M. de La Fayette.

Ils souhaitent enfin exprimer leur gratitude et leur reconnaissance à leurs épouses respectives, Monique et Marie-Thérèse, dont le soutien patient et constant et la minutie dont elles ont fait preuve dans les fastidieuses relectures des épreuves de ce livre ne se sont jamais démentis.

Ils espèrent que ce livre, resituant L'Hermione *en son temps, reflètera le plus fidèlement possible les raisons de l'enthousiasme que les personnages cités ont su leur communiquer.*

Jean-Luc GIREAUD *et Robert* KALBACH

ANNEXE 1

Bibliographie

Acerra Martine – *Rochefort et la construction navale française – 1661-1815*, thèse de doctorat, 4 volumes, Librairie de l'Inde, SARL 1993, Paris.

Acerra Martine et Jean Meyer – *Marines et révolutions*, éd. Ouest-France, 1988, 285 p.

Alsop Susan Mary – *Les Américains à la cour de Louis XVI*, éd. Jean-Claude Lattès, Paris, 1983, 312 p.

Antoine Michel – *Le Conseil du roi sous le règne de Louis XV*, Paris/ Genève, Droz, 1970, 666 p.

Antoine & Ozanam – *Correspondance secrète du comte de Broglie avec Louis XV*, Paris, 1956-1961.

Artaud Denise & Kaspi André – *Histoire des États-Unis*, Paris, A. Colin (« U »), 1969, 411 p.

Behrens C. B. A. – *L'Ancien Régime,* traduit de l'anglais, Paris, Flammarion, 1969, 216 p.

Bluche François – *Le Despotisme éclairé*, Paris, Fayard, 1968, 380 p.
– *La Vie quotidienne au temps de Louis XVI*, Hachette, 1980.

Bordonove Georges –*Les Rois qui ont fait la France Louis XVI – tome 5*, Pygmalion, Paris, 1983.

Boudriot Jean – *La Frégate historique – 1650-1850*, Paris, Ancre, 1992.

Boulaire Alain – *La France maritime au temps de Louis XV et de Louis XVI*, éd. du Layeur, 2001.

Bourgerie Raymond et Lesouef Pierre – *Yorktown 1781*, éd. Economica, Paris, 1992.

Breton Philippe – *L'Utopie de la communication*, éd. La Découverte, collection Essais, Paris, 1992, réédition 1997.

Broglie, Dominique de – *Les Broglie et leur histoire*, Paris, 1972.

Broglie, Jacques de – *Le Vainqueur de Bergen et le Secret du Roi,* Paris, éd. Louvois, 1957.

Broglie, duc de – *Le Secret du Roi, correspondance secrète de Louis XV avec ses agents diplomatiques,* Paris, 1878.

Castries, duc de – *La Fayette,* Librairie Jules Tallancier, Paris, 1981.

Chambrun, Charles de – *À l'école d'un diplomate, Vergennes*, Paris, Plon, 1944.

Chartier Roger – *Les Origines culturelles de la Révolution française*, éd. du Seuil, Paris, 1991.

Chatenet, Madeleine du – *Traversay, un Français, ministre de la Marine chez les Tzars*, éd. Tallandier, Paris.

Chaunu Pierre – *L'Amérique et les Amériques*, Paris, A. Colin, 1964, 470 p.

Chaussinand-Nogaret Guy – *La Vie quotidienne des Français sous Louis XV*, Paris, Hachette, 1979, 384 p.

Cinq cahiers de l'Université francophone d'été Saintonge-Québec – Conférences du CERMA, cloître des Carmes – 17500 Jonzac :
– *Rochefort et la mer – Technique et politique maritimes aux* XVIIe *et* XVIIIe *siècles*, 1985.
– *Rochefort et la mer – Présence maritime française aux* XVIIe *et* XVIIIe *siècles*, tome 3, 1987.
– *Rochefort et la mer – Les relations France – Nouveau-Monde au siècle des Lumières*, tome 6, 1990.
– *Rochefort et la mer – La médecine navale aux* XVIIIe *et* XIXe *siècles*, tome 8, 1993.
– *Rochefort et la mer – Journées d'histoire et d'archéologie maritime*, tome 7, 1992.

Clark Ronald W. – *Benjamin Franklin*, Paris, Fayard, 1986, 522 p.

Conseil économique et social régional Poitou-Charentes – *Prospective Poitou-Charentes 2015*, juin 1998, Poitiers.

CRAIN – *Rapport d'études techniques sur « L'Hermione»*, par Hervé Coutant et Jean-Guy de Saint-Périer, association « Hermione-La Fayette », octobre 1992.

CRAIN – *Rapport technique d'octobre 1994* par Bernard Moreau, Hervé Coutantet Jean-Guy de Saint Périer.

Decharme P. – *Mythologie de la Grèce antique*, Librairie Garnier, Paris, 1884.

Denis Michel & Noël Blayau – *Le* XVIIIe *siècle*, Armand Colin, Paris, 1990.

Droz Jacques – *Histoire diplomatique de 1648 à 1919*, Paris, Dalloz, 1952, 619 p.

Duby Georges – *Histoire de la France de 1348 à 1852 – Dynasties et révolutions*, Paris, 1971, éd. Larousse, 2003.

Encyclopaedia Britannica – Édition de 1988.

Encyclopédie Universalis – Édition de 1976, et mise à jour CD-Rom-Version 8.0.

Encyclopédie méthodique marine – Chez Panckoucke Libraire Hôtel de Thou, rue des Poitevins, Paris, 1783.

Farrère Claude – *Histoire de la Marine française*, éd. Flammarion, Paris, 1956.

Fontainieu, Emmanuel de – L'Hermione, *de Rochefort à la gloire américaine*, avec la participation d'Yves Gaubert, éd. Jean-Pierre de Monza, Paris, 2002, 200 p.

Funcken Liliane et Fred – *L'Uniforme des soldats des États-Unis*, tome 1, Paris, Casterman, 1979.

Gabet Camille – *La Naissance de Rochefort sous Louis XIV – 1666-1715*, Centre d'animation lyrique et culturel de Rochefort, 1985.

Gaudart de Soulages et Hubert Lamant – *Dictionnaire des Francs-Maçons français*, « Lumière et Tradition », éd. Albatros, Paris, 1980.

Gay Jacques – *Six Millénaires d'histoire des ancres*, Presses de l'Université Paris-Sorbonne, 1992.

Genovefa Étienne & Moniquet Claude – *Histoire de l'espionnage mondial*, tome 1, éd. du Félin, Paris, 2000, 353 p.

Grendel Frédéric – *Beaumarchais, ou la calomnie,* Flammarion, Paris, 1973, 566 p.

Guérin Léon – *Histoire de la marine contemporaine : depuis le commencement du règne de Louis XIV jusqu'en 1850*, tome 1, Dufourt et Mulat, Paris, 1851.

Gusdorf Georges – *Les Révolutions de France et d'Amérique – La violence et la sagesse*, Librairie académique Perrin, Paris, 1988.

Hargreaves Reginald – *Yorktown, 1781. Les grandes batailles terrestres*, éd. du Port-Royal (Del Duca-Laffont), Paris, 1964.

Haudrère Philippe – *Le Grand Commerce maritime au XVIIIe siècle*, éd. SEDES, Paris, 1997, 155 p.

Heaton Ronald E. – *Masonic Membership of the General Officers of the Continental Army*, The Masonic Service Association, Washington, 1960.

Journal de la Frégate du Roi « L'Hermione » de 32 canons commandée par M. de La Touche, lieutenant de vaisseau. Campagne du 14 mai au 31 décembre 1779, Archives nationales, Marine, B 4 158, folio 38.

Journal de la Frégate du Roi « L'Hermione » de 32 canons commandée par M. de La Touche, lieutenant de vaisseau. Campagne commencée le 23 janvier 1780 et finie le 26 février 1782 », Archives nationales, Marine et Colonies, Carton 119, n° 13, B 4 153, folio 40.

Jusserand Jean-Jules – *Avec les Américains passés et présents*, Paris, 1916.

Kalbach Robert et Gireaud Jean-Luc –*L'Hermione, frégate de la liberté*, éd. En Marge, Fouras 17450, décembre 1999, 127 p.

Kaspi André – *L'Indépendance américaine*, Paris, Gallimard/Julliard (« Archives »), 1976, 256 p.

Khayat Michel, Nino Hugues et Jean Prouteau – *Petite Encyclopédie de la philatélie maçonnique*, tomes 1 à 4 – Publiée sous les auspices du Club philatélique Jean-Théophile Désaguliers, éd. 1993.

Labatut Jean-Pierre – *Les Noblesses européennes de la fin du XVe siècle à la fin du XVIIIe siècle*, Paris, PUF, 1978, 184 p.

Labourdette Jean-François – *Vergennes, ministre principal de Louis XVI*, éd. Desjonquerres, Paris, 1990, 329 p.

Labrousse (E.) – *La Crise de l'économie française à la fin de l'Ancien Régime et au début de la Révolution*, Paris, PUF, 1944, 664 p.

La Fayette, Gilbert Motier, marquis de – *Mémoires*, Paris-Londres, 1837.

La Fayette, numéro spécial : *Informations et Documents*, 1957, n° 51, p. 4 à 41.

Lamy Pierre – « Les hauts et les bas de la Charente », CERMA, *Rochefort et la mer*, n° 7.

Launay (Jacques de) – *La Croisade européenne pour l'indépendance des États-Unis*, Paris, Albin Michel, 1988, 258 p.

La Jonquière, Christian de – *Les Marins français sous Louis XVI. Guerre d'indépendance américaine*, Muller éd., Issy-les-Moulineaux, septembre 1996.

Lebey A. – *La Fayette, militant franc-maçon*, tomes 1 et 2, Librairie Mercure, Paris, 1937.

Legoheren Henri – *Histoire de la Marine française*, Que sais-je ?, PUF, n° 342, Paris, 1999.

Lever Evelyne – *Louis XVI*, Paris, Fayard, 1985, 695 p.

Ligou Daniel – *Dictionnaire de la Franc-Maçonnerie*, PUF, 3e éd. 1991.

Madelin Louis – *La Révolution française*, Paris, 1936, Librairie Plon.

Manceron Claude – *Les Hommes de la liberté* – tome 1 : *Les Vingt ans du roi, 1774/1778*, 1972 – tome 2 : *Le Vent d'Amérique, 1778/1782*, 1974 – tome 3 : *Le Bon Plaisir, 1782/1785*, (1976), éd. Robert Laffont, Paris.

Martray Joseph – *La Destruction de la marine française par la Révolution*, éd. France-Empire, Paris, 1988.

Maurepas (Arnaud de) & Florent Brayard – *Les Français vus par eux-mêmes – le XVIIIe siècle – Anthologie des mémorialistes du XVIIIe siècle*, Paris, Robert Laffont, 1996, 1 392 p.

Mauro Frédéric – *L'Expansion européenne, 1600-1870*, Paris, PUF, 2 vol., tome I, 360 p.

Maurois André – *Adrienne, ou la vie de Mme de La Fayette*, Hachette, 1960.

Méthivier Hubert – *La fin de l'Ancien Régime*, Paris, PUF, Que sais-je ?, 1970.

Meyer Jean – *Histoire de France – La France moderne*, tome III, Librairie Arthème Fayard, Paris, 1985.

Mousnier (R.) et Labrousse (E.) – *Le XVIIIe siècle*, Paris, PUF (« Histoire générale des civilisations »), tome V, 1959, 573 p.

Nevins Allan, Henry Steele Commager & Jeffrey Morris – *A Pocket History of the United States*, Pocket Books – Simon & Schuster Inc New York, 1992.

Perrault Gilles – *Le Secret du Roi*, tome 1, 1992 – tome 2, 1993, Librairie Arthème Fayard, Paris.

Reinhard Marcel (sous la direction de) – *Histoire de France*, tome second : *De 1715 à 1946*, Paris, 1954, éd. Larousse.

Rémond René – *Histoire des États-Unis*, Paris, PUF, « Que sais-je ? », 1959, 128 p.

Rémy Pierre-Jean, *Trésors et secrets du Quai d'Orsay*, éd. Jean-Claude Lattès, Paris, 2001, 1 071 p.

Ribadeau-Dumas François – *La Destinée secrète de La Fayette ou le messianisme révolutionnaire*, éd. Robert Laffont, Paris, 1972.

Rocca Fortis – *Bulletin de la Société de géographie de Rochefort*, 2e série, tome III, p. 34 à 38, mai 1972.

Roz Firmin – *Histoire des États-Unis* – « Les grandes études historiques », Librairie Arthème Fayard, Paris, 1930.

Sée Henri – *La France économique et sociale au XVIIIe siècle*, Paris, A. Colin (U2), 1967, 192 p.

Taillemitte Etienne – *Marins et armateurs : la guerre des communications dans l'Atlantique au XVIIIe siècle*, Conférence du CERMA, tome 9, p. 28.
– *Louis XVI ou le navigateur immobile*, Paris, 2002, éd. Payot.

Théodore de Blois – *Histoire de Rochefort contenant l'établissement de cette Ville, de son port et arsenal de Marine et les Antiquités de son Château*, à Blois Chez Philibert-Joseph Masson, imprimeur-libraire, avec privilège du Roy, M.DCC.XXXIII (1733).

Thomas – *Mémoires sur Rochefort*. Publié chez Faye père et fils, libraire et imprimeur, mars, 1828.

Tocqueville, Alexis de – *De la démocratie en Amérique*. Première édition historico-critique revue et augmentée par Eduardo Nolla, Librairie philosophique J. Vrin, Paris, 1990.

Varende, Jean de La – *Les Broglie*, Paris, 1950.

ANNEXE 2

Index alphabétique des noms cités

Chacun des noms cités est suivi d'une courte notice replaçant le personnage dans les événements de la campagne américaine de L'Hermione *ou dans le contexte historique du temps.*

*
**

Adams John – (1735-1826). Second président des États-Unis (1797-1801) et vice-président (1789-1801). Membre du Congrès continental (1774-1778) et signataire de la *Déclaration d'indépendance*. Envoyé en France en 1779, il négocia les traités qui mirent fin à la guerre d'Indépendance. Très méfiant à l'égard de la Révolution française, il s'opposa toutefois à toute guerre avec la France. Premier ambassadeur des États-Unis à Londres. Franc-maçon à Philadelphie.

Adams Samuel – (1722-1803). Homme politique américain, deuxième cousin du président John Adams. Il fut le principal instigateur de la « Boston Tea Party ». Également signataire de la *Déclaration d'indépendance*, il fut membre du Conseil de l'État du Massachusetts en 1780. Il devança l'empereur Napoléon lorsqu'il désigna les Britanniques comme « une nation de boutiquiers ». Franc-maçon. Membre de la R. L. « Saint-Andrews » de Boston.

Adams Thomas – (1730-1788). Membre du Congrès des États-Unis (1778-1780) et sénateur de Virginie (1793-1786). Franc-maçon. Initié à la loge « Fredericksburg », à l'Orient du même nom (1756).

Allen William, Ethan – (1738-1789). Membre de l'état-major de George Washington. Colonel des Green Mountain Boys. Franc-maçon. Initié le 7 juillet 1777 à la loge « Vermont n° 1 » de Winsor, Vermont.

Armand Charles T., marquis de la Roueire – né le 14 avril 1751 à Fougères, mort le 30 janvier 1793, près de Lambelle. Colonel du 3e régiment de cavalerie de la légion de Pulaski en mai 1777, il succéda à Pulaski à la tête de ce corps et prit le commandement de la légion, le 11 octobre 1779.

Le 21 octobre 1780, le nom de l'unité fut modifié en celui du Corps des partisans d'Armand, qu'il commanda jusqu'à la fin de la guerre. Nommé brigadier général de l'armée continentale le 26 mars 1783. Franc-maçon du Grand Orient de France.

Andrieu – R. P. Augustin, aumônier à bord de *L'Hermione.*

Barras, comte de Saint-Laurent, Jacques, Melchior – Né à Arles en 1719. Garde de la Marine en 1734. Capitaine de vaisseau en 1762. Chef d'escadre en 1778. Lieutenant-général en 1782. Commande l'escadre de Newport après la mort de Ternay. Transporte l'artillerie de Rochambeau. Franc-maçon. Membre des loges « La Nouvelle Harmonie », Orient de Toulon et « L'Heureuse Rencontre », Orient de Brest.

Beaudwine – Membre du Conseil de l'État du Massachusetts en 1780.

Béville M. de – Brigadier maréchal général des logis, membre de l'état-major du comte de Rochambeau. Collaborateur du comte de Broglie ayant participé au projet du débarquement français en Angleterre.

Borre Prud'homme de – Après avoir servi en France, pendant trente-cinq ans, de Borre passa en Amérique. Nommé brigadier général le 1er décembre 1776, il démissionna lorsqu'une commission d'enquête du Congrès commença d'enquêter sur son comportement lors de la bataille de Brandywine. Franc-maçon du Grand Orient de France.

Broglie Charles, François, comte de – (1719-1781). D'abord ambassadeur du roi de France en Pologne (1752), il fit l'essentiel de sa carrière en qualité de chef du « Secret du Roi », service de renseignements de l'époque. Franc-maçon. Membre de la loge « Les Vrais Amis » à l'Orient de Bourbonnais Infanterie et de la R. L. « Société Olympique ».

Buysson des Aix Du, Lester – (1725-1786). Commandant, puis lieutenant-colonel de l'armée de terre. Général de brigade dans la milice de Caroline du Nord. Agent présumé du réseau américain du « Secret du Roi ».

Carry de La – Commandant du port de Rochefort en 1780.

Cardaillac, Paul, chevalier de – Garde de la Marine en 1754. Capitaine de vaisseau en 1779, il commande *La Concorde.* Capitaine du *Ville de Paris* en 1780. Mort au combat de la première bataille de la Chesapeake du 16 mars 1781, commandant *L'Artésien.* Chevalier de Saint-Louis.

Casamayor de – Intendant de la Marine à Rochefort en 1780.

Chadeau de La Clochetterie, Jean, Isaac, Timothée, Pascal. Né à Rochefort en 1741. Garde de la Marine en 1754. Capitaine de vaisseau en 1778. S'est particulièrement distingué pendant la bataille de la Chesapeake.

Chadirac, Pierre, Victor, Laurent, chevalier de – Officier volontaire en 1780 sur *L'Hermione.* Il eut une main arrachée lors du combat du 7 juin 1780 contre *l'Iris.* À nouveau blessé lors de la bataille de Lousbourg le 21 juillet 1781. Lieutenant de vaisseau en 1786. Chevalier de Saint-Louis en 1787.

Charrier, lieutenant à bord de *L'Hermione.* Officier bleu surnuméraire.

Chaslu, marquis de, colonel en second du régiment de Saintonge.

Chatelux ou Chastellux marquis de, François, Jean. Maréchal de camp, membre de l'état-major du comte de Rochambeau. Officier, écrivain. Présent à la reddition de Cornwallis à Yorktown. Franc-maçon. Membre de la loge « Saint Alexandre d'Écosse » en 1782 et de la loge « Saint Alphonse des Amis Parfaits de la Vertu » de Paris.

Chavaniac Louise, Charlotte, tante paternelle de Gilbert de La Fayette.

Chavaniac Marie-Catherine de, grand-mère maternelle de Gilbert de La Fayette.

Chevillard, Jean, Denis. Outre les frégates déjà citées, il mettra en chantier en 1779 deux vaisseaux de « 74 », *L'Illustre* et *Le Magnanime*. De 1780 à 1786, il sera ingénieur constructeur en chef.

Cillart de Villeneuve, Jean-Marie. Né en Bretagne en 1737. Garde de la Marine en 1756. Capitaine de vaisseau en 1780. En juillet 1781, il ramène en France le duc de Lauzun chargé d'annoncer officiellement la victoire de Yorktown à la Cour.

Clément Jean-Marc. Apothicaire à bord de *L'Hermione.*

Clinton James – Brigadier général. Présent lors de la reddition de lord Cornwallis à Yorktown. Franc-maçon. Membre de la loge « American Union ».

Clonart (sic), en fait Rochechouart, vicomte de Mortemart, Victurnien, Henri. Né à Paris en 1757. Garde de la Marine en 1771. Capitaine de vaisseau en 1782. Il commande *La Diligente* de 1780 à 1782. La Touche le porte sur son Journal de *L'Hermione* sous le nom de Clonart, parce qu'il a dû fort mal saisir le nom de ce commandant, transmis par porte-voix, en pleine mer. Franc-maçon. Membre de la Loge « La Candeur », Orient de Paris, celle de La Fayette et du vicomte de Ségur.

Colbert de Maulevrier, Édouard, Charles, Victurnien. Né à Paris en 1758. Garde de la Marine en 1775. Il fit naufrage pendant la campagne américaine sans perdre un homme. Son équipage fut récupéré par *L'Hermione.* Franc-maçon. Membre de la loge « Sirius », Orient de la Légion corse à l'île de Ré.

Colombe Louis Saint-Ange de La. Lieutenant. Aide de camp de la Fayette. Le 1er novembre 1776, contracte auprès de Silas Deane un engagement pour servir en qualité de volontaire auprès de l'armée des insurgents. Franc-maçon. Membre de la loge « La Candeur ».

Conway Thomas – Volontaire français. Né le 27 février 1733. Nommé brigadier général de l'armée continentale le 13 mai 1777. Promu inspecteur général avec rang de major-général le 13 décembre 1777. Démission le 28 avril 1778. Franc-maçon du Grand Orient de France.

Cooper Dr. Membre du Conseil de l'État du Massachusetts en 1780. Franc-maçon. Membre de la R. L. « American Union ».

Cornwallis Charles, premier marquis de – (1738-1805). Général en chef des forces britanniques pendant la guerre d'Indépendance jusqu'en 1781, où il fut contraint de capituler après la défaite de Yorktown qui mit fin au conflit. Franc-maçon de la Grande Loge d'Angleterre. Il servit ultérieurement comme gouverneur général des Indes et vice-roi d'Irlande.

Coudray (dit du). Volontaire en Amérique en compagnie de François-Louis Teissèdre de Fleury. Le Congrès refusant ses services, il rejoint l'armée en qualité de volontaire.

Custine, Adam, Philippe, dit Armand, marquis de, colonel du Régiment de Saintonge. Franc-maçon. Membre, en 1782, de la R.L. « La Candeur », à l'Orient de Metz.

Damas d'Antigny (variante d'Antilly) Joseph, François, Charles. (1758-1829). Officier français ayant combattu pendant la guerre d'Indépendance, présent, côté français, lors de la reddition de lord Cornwallis à Yorktown. Maréchal de camp, pair de France. Franc-maçon. Membre de la loge « Les Neuf Sœurs » à Paris.

Deane Silas – (1737-1789). Premier diplomate des États-Unis accrédité à l'étranger (1776). Il fut l'artisan essentiel de la négociation de l'alliance et de l'aide françaises aux insurgents. Initialement député du Connecticut au Congès continental de Philadelphie (1774-1776), le Congrès l'envoya en France comme émissaire secret afin d'y négocier une aide militaire et financière qui devait déboucher sur un traité d'alliance. Rappelé en 1777 par le Congrès, Deane, avant de quitter Paris, signa les traités d'assistance économique et d'aide militaire (6 février 1778), qu'il avait négociés avec deux autres envoyés, Benjamin Franklin et Arthur Lee. Franc-maçon, il fut membre de la loge parisienne « Les Neuf Sœurs ».

Desbiars. Garde de la Marine à bord de *L'Hermione*.

Des Touches de Sochet, Charles, René, Dominique. Né en Vendée en 1727. Garde de la Marine en 1743. Capitaine de vaisseau en 1774. Commande l'escadre américaine à la mort de Ternay. Vainqueur de la bataille de la Chesapeake, le 16 mars 1781. Cet engagement se déroulant près de la côte, de nombreux Américains ont assisté à l'affrontement : « J'admire la bonne conduite et la valeur du chevalier Des Touches et de son escadre pendant le cours de cette action », Washington.

Deux-Ponts, Christian comte des – (1752-1817). Colonel du régiment Deux-Ponts lors de la guerre d'Indépendance américaine. Présent à la reddition de Yorktown. Franc-maçon. Membre de la loge « L'Olympique de la Parfaite Estime », comme l'amiral d'Estaing.

Deux-Ponts, chevalier des. Colonel en second du régiment des Deux-Ponts. Franc-maçon. Membre de la loge « L'Olympique de la Parfaite Estime ».

Dubois-Martin François. Major. Frère du secrétaire du comte de Broglie au service du « Secret du Roi ». Le 7 novembre 1776, contracte un engagement auprès de Silas Deane pour servir comme volontaire auprès de l'armée des insurgents. Membre présumé du réseau américain du « Secret du Roi ».

Du Quesne, marquis de Longbrun, Pierre, Claude. Né à la Martinique en 1751. Garde de la Marine en 1766. Chevalier de Saint-Louis en 1781. Appartenait à l'état-major du Rossignol. Lieutenant de vaisseau. Second de *L'Hermione*. Franc-maçon. Reconnu par le Suprême Conseil comme ayant été promu au 33e degré pour l'Amérique.

Estaing Charles, Henri, Théodat comte d'. Né le 24 novembre 1729 à Ravel-Salmerange (Puy-de-Dôme). Décédé le 18 avril 1794 à Paris. Mousquetaire (1er mai 1738), maréchal de camp (20 février 1761), lieutenant-général (25 juillet 1762), lieutenant-général des Îles-sous-le-Vent (17 février 1764), gouverneur de Brest et commandant la marine de ce port (1772), gouverneur de Touraine, député de la noblesse d'Auvergne aux états généraux (1789), général commandant la garde nationale de Versailles (4 septembre 1789), reçut le titre d'amiral le 18 janvier 1792, il fut l'un des plus glorieux participants à la guerre d'Indépendance américaine. Franc-maçon. Membre de la loge « L'Olympique de la Parfaite Estime », Orient de Paris.

Evens. Capitaine, commandant le *Charlestown*.

Fabret Pierre, Adrien, Jean. Né à Vallet en 1753, membre d'une famille qui, au XVIIIe siècle, compte beaucoup de chirurgiens navigants. Chirurgien major à bord de *L'Hermione*.

Fayols de, variante Fayolles, chevalier de. Capitaine au régiment de Bris. Le 20 novembre 1776, contracte un engagement auprès de Silas Deane pour servir en qualité de volontaire auprès de l'armée des insurgents avec le grade de lieutenant-colonel. Chef d'état-major de La Fayette. Agent présumé du réseau américain du « Secret du Roi ». Mort accidentellement le 8 juin 1780.

Félix M. de. Colonel du régiment du Soissonnais.

Fermoy Matthias Alexis Roché de. Nommé brigadier général de l'armée continentale le 5 novembre 1776. Démission le 31 janvier 1778. Franc-maçon du Grand Orient de France.

Fersen Colonel Hans, Axel, comte de – (1754 -1810). Officier suédois. Combattit pour l'Indépendance des États-Unis, présent du côté français lors de la reddition de lord Cornwallis à Yorktown. Franc-maçon. Membre de la loge « L'Olympique de la Parfaite Estime » et de la loge « Société Olympique ».

Fleury François-Louis Teissèdre de. Commandant du régiment de Saintonge en 1780. Il se distingue à Yorktown et reçoit l'ordre de chevalier de Saint-Louis. Né en 1749. Originaire de Provence. Lieutenant en septembre 1768 au régiment de Rouergue, capitaine en 1776. Volontaire pour l'Amé-

rique avec Du Coudray. Le Congrès refusant leurs services, ils rejoignent l'armée en tant que volontaires. Formation d'ingénieur militaire. Examine la défense de La Delaware, et George Washington recommande son plan pendant la campagne du Brandywine en septembre 1777. En octobre, il est commandant de brigade de la troupe de Pulaski. Lieutenant-colonel des ingénieurs le 26 novembre 1777. Rejoint La Fayette début 1778. A été nommé général inspecteur auxiliaire auprès de von Steuben. Retour en France en 1779 pendant neuf mois, puis regagne l'Amérique comme membre de la suite de M. de La Fayette à bord de *L'Hermione*. Franc-maçon du Grand Orient de France.

Franklin Benjamin – (1706-1790). Savant et homme politique américain. Inventeur du paratonnerre. Élu membre de l'Assemblée de Pennsylvanie (1751-1764), on l'envoya en Grande-Bretagne pour intervenir auprès du Parlement pour défendre les intérêts fiscaux des citoyens de Pennsylvanie et s'efforcer d'obtenir l'abrogation du « Stamp Act » (loi sur l'enregistrement) imposant une taxe sur tout document établissant des transactions privées entre citoyens américains. De retour aux États-Unis, il se distingua dans les délibérations qui conduisirent à l'Indépendance. Il contribua également à la rédaction de la *Déclaration d'Indépendance* et de la Constitution américaine. Ambassadeur en France de 1776 à 1785, il négocia l'alliance avec la France et le traité de paix avec la Grande-Bretagne. Franc-maçon. Initié le 24 juin 1731, à la loge « Saint John » de Philadelphie, grand maître de Pennsylvanie en 1734, nommé le 10 juin 1749 grand maître provincial par la Grande Loge unie d'Angleterre, Benjamin Franklin fut, entre autres, membre affilié et vénérable de la loge parisienne « Les Neuf Sœurs ».

Franval de, lieutenant-colonel. Le 1er novembre 1776, contracte un engagement auprès de Silas Deane pour servir comme volontaire auprès de l'armée des insurgents. Franc-maçon. Initié le 23 juin 1783 à la loge « La Réunion Parfaite », Orient du 2e régiment de chasseurs à cheval à Mauneuge.

George. Capitaine, commandant *Le Vulture.*

Gimat Jean-Joseph de. Né en 1755 à Agen. Volontaire avec La Fayette sur *La Victoire* en 1877. Capitaine au régiment de Viennois en 1778, puis lieutenant-colonel détaché à l'armée des insurgents. Breveté de 600 livres le 20 juin 1782 (brevet original aux archives de Henri de Frémont). Envoyé aux Antilles avec le grade de major. Gouverneur de Sainte-Lucie. Marié à Françoise de Bence de Sainte-Catherine, il était le beau-frère de Michel de Leyritz et cousin de Pierre Christophe de Bouillé. Appartient à l'état-major de La Fayette à bord de *L'Hermione*. Le 1er novembre 1776, contracte un engagement auprès de Silas Deane pour servir comme volontaire auprès de l'armée des insurgents. Agent présumé du réseau américain du « Secret du Roi ». Franc-maçon.

Gist Modicai – (1743-1792). Brigadier général de l'armée des États-Unis. Présent lors de la reddition de lord Cornwallis à Yorktown. Franc-maçon, il fut grand-maître de la Grande Loge de Caroline du Sud.

Gourg. Nommé lieutenant de vaisseau après avoir été blessé le 21 juillet 1781. Il suit La Touche sur *L'Aigle*. Il sauve la solde des troupes de Rochambeau lors de la prise de ce bâtiment le 5 septembre 1782.

Grasse du Bar, marquis de Tilly, François, Joseph, Paul. Né en 1722 en Provence. Garde de la Marine en 1734. Capitaine de vaisseau en 1762. Lieutenant général des armées de mer en 1781. C'est le concepteur de l'action combinée des troupes terrestres et des forces maritimes à Chesapeake, qui aboutira à la victoire de Yorktown le 19 octobre 1781. « La reddition de York qui a tant valu de gloire et de profit aux alliés et dont l'honneur revient à Votre Excellence a grandement dépassé notre plus ardente attente », lui écrit Washington. Franc-maçon. Initié en 1763 à la loge « Saint Jean d'Écosse du Contral Social ».

Guichen, Bouexic, Luc, Urbain, comte de. Né à Fougères en 1712. Garde de la Marine en 1730. Capitaine de vaisseau 1756. Chef d'escadre en 1776. Lieutenant général en 1779. Mort en 1790. Chevalier de l'ordre du Saint-Esprit. Membre de l'Académie de marine. Sur *La Ville de Paris*, commande une escadre à Ouessant. Pour sa bravoure, la ville de Paris, marraine de son bâtiment, le nomme « Echevin honoraire ». En 1780, sur *La Couronne*, il commande une escadre pour escorter un convoi aux Antilles. Il s'illustre en livrant trois combats victorieux, contre l'amiral Rodney qui tenta, sans succès contre lui, la manœuvre qui fut fatale à Grasse aux Saintes et à Villeneuve à Trafalgar. Il a commandé *La Bretagne* en 1781 et *Le Terrible* en 1782. Chevalier de Saint-Louis en 1748. Commandeur en 1778. Grand Croix en 1781. Un fils né en 1752 qui s'appelle de son prénom Luc. Mort des suites des blessures au combat sur *La Couronne*, le 19 mai 1780 à Saint-Pierre-de-la-Martinique. Franc-maçon. Initié le 17 mars 1779 à la loge militaire de la Marine, à l'Orient de Brest. Il était alors lieutenant de vaisseau.

Guitard. Capitaine de vaisseau. L'un des trois signataires du certificat d'habilitation de *L'Hermione*.

Hamilton Alexander – (1757-1804). Homme politique américain qui, lors des discussions présidant au choix d'une constitution par les représentants des colons américains débarrassés du joug anglais, fit pencher le choix des représentants vers une constitution dotée d'un gouvernement fédéral fort dont il fut, de 1789 à 1793, le premier ministre des Finances. Chef du Parti fédéraliste, il usa de son influence pour faire élire Jefferson comme président en 1801, s'attirant ainsi la haine de l'autre candidat, Aaron Burr qui devait le provoquer en duel et le blesser mortellement. Ami intime de Washington, son frère en franc-maçonnerie, Hamilton était membre de la loge « L'Union Américaine », où il fut initié en 1777.

Hancock John – (1737-1793). L'un des premiers révolutionnaires américains, premier signataire de la *Déclaration d'Indépendance*. Après le « massacre de Boston » de 1770, où des troupes anglaises avaient durement réprimé une manifestation de contribuables indignés, Hancock prit la tête

du comité de la ville de Boston qui exigeait le retrait des troupes anglaises de la ville. Président en 1774 et 1775 du premier et du second Congrès provincial du Massachusetts, il assuma le commandement des Patriotes du Massachusetts avec Samuel Adams. Pourchassé par les forces du général Thomas Gage, il se trouva contraint de fuir Lexington pour gagner Philadelphie en compagnie de Samuel Adams. Hancock fut membre du Congrès continental de 1775 à 1780, et président de ce Congrès de mai 1775 à octobre 1777. Il devint, par la suite, gouverneur de l'État du Massachusetts, mandat qu'il devait exercer neuf fois de suite. Franc-maçon. Initié en 1762, il était membre de la loge « Merchants n° 277 » de Quebec, et affilié à la loge « Saint Andrews » à Boston.

Hand Edward – (1744-1802), d'origine irlandaise. Brigadier général de l'armée des États-Unis. Présent lors de la reddition de lord Cornwallis à Yorktown. Médecin. Franc-maçon. Membre et vénérable de la loge militaire n° 19 de Pennsylvanie.

Hawker. Capitaine. Commandant de *L'Iris*, protagoniste du combat l'ayant opposée le 7 juin 1780 à *L'Hermione.*

Heath. Général américain, membre du Conseil de l'État du Massachusetts en 1780. Franc-maçon, membre de la R. L. « American Union ».

Humboldt Alexander, baron von. Explorateur et homme de sciences. Initié en franc-maçonnerie à Berlin. Franc-maçon. Membre de la loge « Zu den drei Kugeln ».

Huntington Samuel. Membre du Congrès de l'État du Connecticut. Franc-maçon. Membre de la R. L. « American Union ».

Huntington Ebenezer – (1754-1834). Lieutenant-colonel de l'armée des États-Unis. Présent lors de la reddition de lord Cornwallis à Yorktown. Avocat et banquier. Franc-maçon. Membre de la loge « American Union » de Rosebury, Massachusetts.

Jay John – (1745-1829). Premier président de la Cour suprême de Justice. Président du Congrès continental. Négociateur du traité de Versailles et de ses préliminaires. Négociateur du Traité de 1794 qui régla le contentieux entre la Grande-Bretagne et les États-Unis. Semble avoir été franc-maçon, selon un courrier qu'il adressa à Washington le 12 avril 1779.

Jefferson Thomas – (1743-1826). Troisième président des États-Unis (1801-1809), fondateur du Parti républicain démocrate. Né en Virginie, dans une famille aisée, Jefferson, membre des Assemblées continentales en 1775-1776, eut une très large part dans la rédaction de la *Déclaration d'Indépendance*. Gouverneur de Virginie de 1779 à 1781, ambassadeur à Paris de 1785 à 1789, ministre des Affaires étrangères (1789-1793) et vice-président de 1797 à 1801, Jefferson, homme très cultivé et reflétant parfaitement les idées et les convictions du siècle des Lumières, faisait partie, comme ses amis et frères Washington et Hamilton de la Loge « L'Union Américaine » Initié à la Loge « Widow's Son n° 60 » de Charlottesville.

Jones John, Paul – (1742-1792). Héros de la marine et de l'Indépendance des États-Unis, d'origine écossaise. Franc-maçon. Membre de la loge « Saint John's » de Portsmouth, New Hampshire, de la loge militaire de la Marine de Brest en France (en 1778), de la fameuse loge parisienne « Les Neuf Sœurs » (1780-1784), et de la R. L. « Saint-Jean d'Écosse du Contrat Social » (1779).

Kalb (baron Johann von) – (1721-1780). Volontaire prussien dans la guerre d'indépendance, ami de La Fayette qu'il suivit en Amérique. Membre présumé du réseau américain du « Secret du Roi ». Il fut tué à la bataille de Camden. Franc-maçon. Il fut initié à la loge militaire n° 20 sous charte de la Grande Loge de Pennsylvanie.

Knox Henry – (1750-1806). Brigadier général de l'armée des États-Unis. Présent lors de la reddition de lord Cornwallis à Yorktown. Fondateur de l'École militaire de West-Point. Franc-maçon. Membre de la loge « Saint John's Regimental » de Morristown.

Kosciusko Thaddeus – (1746-1817). Volontaire polonais dans la guerre d'indépendance où il servit en qualité de général de 1776 à 1783. Franc-maçon. Initié en Suisse à Soleure. A donné son nom à une loge de New York.

La Fayette, marquis de, Marie, Joseph, Gilbert Motier – (1757-1834). Général en chef français et homme politique. Héros de la guerre d'Indépendance des États-Unis. Franc-maçon. Initié en 1775 à la loge « La Candeur » à Paris. Vénérable d'honneur de la loge « Les Amis de la Vérité » de Rosoy-en-Brie, membre de la loge « Saint-Jean d'Écosse du Contrat Social » de Paris. Membre du Suprême Conseil de France en 1830.

La Grandière, Charles, Marie. Né à Brest en 1729. Garde de la Marine en 1745.

La Luzerne, chevalier de (Anne, César de Benzeville). Il a succédé comme ambassadeur plénipotentiaire auprès des États de l'Union **à Gérard, Conrad, Alexandre de Rayneval,** lequel n'était, selon le vocable de cette époque, que le ministre plénipotentiaire de France auprès de la République naissante. Ministre plénipotentiaire de France à Philadelphie pendant la Guerre d'Indépendance américaine. Lieutenant général des armées en 1784. Gouverneur aux Isles-sous-le-Vent, puis ministre de la Marine et des Colonies. Émigré malgré lui, termine sa vie en Autriche. Décédé en 1790.

Lameth, Alexandre, Théodore, Victor, baron de. Né à Paris en 1760, mort à Paris en 1829. Capitaine du Royal Cavalerie. Prend part à la guerre d'Amérique, où il est le compagnon de La Fayette. Franc-maçon. Il fut membre des loges « Les Bons Amis », Orient Mestre de Camp Cavalerie, « L'Olympique de la Parfaite Estime », à l'Orient de Paris. Il fut également Vénérable de la R. L. « Les Indissociables », et membre de la R. L. « Les Amis de l'Ordre », toutes deux à l'Orient de Digne.

La Palice ou La Pallisse, Pierre, Félix. Né en Dordogne en 1735. Volon-

taire en 1788 sur *Le Rossignol.* Participe au combat de *L'Aigle* en 1782. Décédé en 1826.

La Pérouse, Jean-François de Galaud, comte de. Né à Albi. Garde de la Marine en 1756. Capitaine de vaisseau en 1780. Chef d'escadre en 1786. Mort en expédition en 1788. Après *L'Amazone*, il commande *L'Astrée* pendant la campagne d'Amérique. Franc-maçon. Membre de la loge « L'Heureuse Rencontre » à l'Orient de Brest. Initié en 1774.

La Salle d'Harader, Joseph, Augustin. Né en 1763. Lieutenant de vaisseau en 1780. Capitaine de vaisseau en 1815.

La Tournoie. Capitaine de vaisseau. L'un des trois signataires du certificat d'habilitation de *L'Hermione.*

Lauzun duc de, Biron, Armand, Louis Goutant – (1745-1793). Officier de la guerre d'Amérique. Les hussards de la légion de Lauzun appartiennent aux volontaires étrangers de la marine et des colonies. Au nombre de 300, ils constituent l'unique brigade de cavalerie aux ordres de Rochambeau. Député de la noblesse du Quercy aux états généraux, il vote à gauche. Général en chef de l'armée du Rhin (1792), des côtes de La Rochelle (1793), destitué, condamné à mort le 12 nivôse an II. Franc-maçon. Il appartînt aux loges « Saint-Jean de Montmorrency-Luxembourg » et « La Candeur », Orient de Paris, avant 1789, et, en 1791, à la loge « Les Pyrénées », Orient de Bagnères-de-Bigorre.

La Ville Marais souvent appelé de Villemarais. Officier auxiliaire. Blessé à bord de *L'Hermione* au combat contre *L'Iris* le 7 juin 1780. Enterré en Amérique au cimetière des Anabaptistes à Newport.

La Touche, Levassor de Louis, René Magdeleine. Chevalier de Saint-Louis, grand officier de la Légion d'honneur. En 1777, à 31 ans, lieutenant de vaisseau ; en 1780, il accompagne La Fayette en Amérique, devient capitaine de vaisseau en 1782 ; à 36 ans, il prend part à la guerre d'Indépendance américaine. En 1785, il est nommé directeur adjoint des ports et des arsenaux. En 1789, il est élu député de la noblesse de Montargis aux états généraux. En 1793 il est nommé contre-amiral. En 1802, il participe à l'expédition de Saint-Domingue. En 1803, il est nommé vice-amiral. Il fut emprisonné sous la Terreur, mais participa à l'expédition de Saint-Domingue (prise de Port-au-Prince, en 1802). Il mourut alors qu'il allait prendre la tête de l'expédition des Antilles. Franc-maçon, Latouche, devenu comte de Tréville, fréquentait la loge « Les Disciples d'Heredon », à l'Orient de Montargis.

Laurens Henry – (1724-1792). Homme d'État et diplomate américain. A été le premier Américain à demander d'être incinéré. Président du Conseil du Massachusetts en 1780. Franc-maçon, dignitaire de la Grande Loge de Caroline du Sud.

Laval, en fait Montmorency-Laval, Anne, Alexandre, Marie Sulpice Joseph de Montmorrency-Laval, duc de Laval – (1747-1817). Colonel

fort sous le premier Empire, à l'époque de l'affaire des brûlots de l'île d'Aix, en mars 1809. Chevalier de Saint-Louis en 1791. Grand officier de la Légion d'honneur. Décédé en 1820. Franc-maçon. Membre de la loge « Les Enfants de la gloire militaire », Orient de la légion du Midi à Rochefort.

Maurepas Jean, Frédéric, Phélypeaux, comte de – (1701-1781). Secrétaire d'État dès 1715, puis de la Maison du Roi en 1718, et de la Marine en 1723, ministre d'État en 1738, exilé pour avoir déplu à la Pompadour en 1749, rappelé au pouvoir par Louis XVI en 1774, il exerça les fonctions de Premier ministre jusqu'à son décès. Franc-maçon, mais avant tout aristocrate.

Mesnil-Durand. Collaborateur du comte de Broglie pour élaborer le projet des plans d'invasion de l'Angleterre.

Montesquieu de Secondat, baron de la Brède de Charles, Louis – (1698-1755). Philosophe, écrivain, avocat. Franc-maçon. Initié par la loge « Horn Tavern » de Westminster en 1730. Propagandiste actif de la franc-maçonnerie.

Montgommery Richard – (1738-1775). Général de l'armée continentale. Prit part à la guerre d'Indépendance. Franc-maçon. Membre de la « Lodge of Unity n° 18 » du régiment de Foot, sous juridiction irlandaise et de la loge « Mount Vernon n° 3 » d'Albany, New York.

Montluc (variante Monluc) chevalier de, La Bourdonnaye, Charles, François. Né à Rennes en 1746. Garde de la Marine en 1762. Chevalier de Saint-Louis en 1781.

Montroi ou Montroy, vicomte de. Agent présumé du réseau américain du « Secret du Roi ».

Morard comte de Galle, Justin Bonaventure. Garde de la Marine en 1757. Chevalier de Saint-Louis en 1778. Capitaine de vaisseau en 1781. Contre-amiral en 1792. Vice-amiral en 1793. *L'Hermione* appartenait à son escadre à l'époque de son naufrage en 1793. Il commande *L'Annibal* sous le bailli de Suffren pendant la campagne des Indes où il fut blessé cinq fois.

Morineau Pierre. Fils d'un contremaître charpentier entretenu au port de Rochefort et parent du constructeur de ce port, Pierre Masson. Il prendra, à la mort de son père, sa place. Il obtient son brevet de sous-constructeur en 1720. Il est chargé du marquage des bois en Saintonge et en Angoumois. Il devient constructeur en 1742. Il construit la première frégate de « 12 », prototype qui porta aussi le nom de *L'Hermione.*

Motier Marguerite, Madeleine du. Tante paternelle de Gilbert du Motier de La Fayette.

Muhlenberg John – (1746-1807). Brigadier général de l'armée des États-Unis. Présent lors de la reddition de lord Cornwallis à Yorktown. Franc-maçon. Initié le 13 avril 1779 à la loge n° 3 de Philadelphie.

Mullon. Né à Rochefort. Embarqué depuis 1761. Officier auxiliaire sur *L'Hermione*. Il releva les amers et les abris des côtes américaines. Lieute-

chef, puis brigadier général. Le 1er mai 1779, il est nommé commandant du corps des sapeurs et du génie. Fait prisonnier à Charleston le 12 mai 1780, libéré sur parole jusqu'au mois de novembre 1780. Major général, commandant le corps du génie le 16 novembre 1781. Prend sa retraite le 10 octobre 1783. Franc-maçon du Grand Orient de France.

Prévost de Traversay, Auguste, Jean. Né en 1763. Lieutenant de vaisseau en 1781. Commandant de frégate en 1814. Mort en 1849.

Pulaski Casimir, comte – (1747-1779). Héros polonais de la guerre d'Indépendance américaine. Franc-maçon, il a reçu le 19 juin 1779 le grade de maître dans une loge militaire américaine. Il a été enterré avec les honneurs maçonniques.

Ramsay André, Michel chevalier de – (1686-1743). Né le 9 juin 1686 à Ayr en Écosse, mort à Saint-Germain-en-Laye le 7 mai 1743. Initié en mars 1730 à la loge londonienne « Horn ». C'est surtout le célèbre « Discours de Ramsay » qui fait de lui l'un des personnages clés de la franc-maçonnerie du XVIIIe siècle.

Raynal Abbé. Né en 1713. Élevé et instruit par la Société de Jésus. Prédicateur jésuite, ordonné prêtre en 1742. Renonce à la prêtrise et devient rédacteur au *Mercure de France*. Philosophe, humaniste, champion de la tolérance, avocat de l'idée de la fraternité universelle, l'abbé Raynal bénéficie, au XVIIIe siècle, d'une audience comparable à celles de Voltaire, Rousseau et Montesquieu. Initié à la franc-maçonnerie à la loge « Les Neuf Sœurs », fondée par Helvétius. Il aura une influence intellectuelle prépondérante sur le jeune La Fayette.

Rochambeau, Jean-Baptiste, Donatien de Vimeur, comte de. Né à Vendôme en juillet 1725. Il commence à seize ans une carrière militaire qui lui fit parcourir tous les champs de bataille européens, avant d'être nommé, par Louis XVI, commandant le corps expéditionnaire français de l'Amérique en 1780. Il sera, avec Washington, le principal artisan de la victoire de Yorktown le 19 octobre 1781. Engagé dès dix-sept ans dans un régiment de cavalerie en 1742, il prit part à la guerre de la succession d'Autriche, qu'il termine avec le grade de colonel, après qu'il se fut distingué à la bataille de Lawfeld en 1747. Il prit une part active à la guerre de Sept Ans où son excellent commandement à la bataille de Clostercamp en 1760 le fit remarquer. Il est inspecteur général de la cavalerie en 1761 et nommé gouverneur de Villefranche-en-Roussillon en 1776, puis de Vendôme en 1779. Après la guerre d'Amérique, il regagne la France en 1783 où il reçoit l'ordre du Saint-Esprit. Nommé commandant en chef en Picardie en 1784, puis en Alsace en 1789. Il est placé à la tête de l'armée du nord en 1790. Il est fait maréchal de France la même année. Il est le dernier à être nommé par l'Ancien Régime. À la suite d'un différend avec le général Dumouriez, il est arrêté sous la Terreur et échappe de peu à la guillotine car il est libéré après Thermidor. Il fut en France le promoteur des réformes militaires qui furent à la base de son succès en Amérique, comme dans les armées de la

Révolution. Il meurt en 1807. Il est inhumé dans le petit cimetière de Thoré-la-Rochette. Franc-maçon, membre de la R. L. « L'Olympique de la Parfaite Estime ».

Rochambeau, baron de Vimeur Donatien, Marie, Joseph, vicomte de. Né le 7 avril 1755 au château de Rochambeau, à Thoré (Loir-et-Cher). Décédé le 18 juillet 1813, lors de la bataille de Leipzig. Officier à 14 ans en 1769. Colonel en 1779, à 24 ans. De 1780 à 1782, il participe à la guerre d'Indépendance américaine. Colonel en second du régiment du Bourbonnais présent à la bataille de Yorktown. En 1791, lieutenant général des armées du Roi, il a 36 ans. Gouverneur général des Îles-sous-le-Vent, puis de Saint-Domingue. Général de division en 1813. Il se distingue à Bautzen. Baron de l'Empire. Franc-maçon. Il fut affilié à la loge « Saint-Jean d'Écosse du Contrat social », à l'Orient de Paris, en 1778.

Rochechouart, vicomte de Mortemart, Victurnien, Henri de. Garde de la Marine en 1771. Commandant de *L'Aigrette* en 1779, puis de *La Diligente* de 1780 à 1782. Il a capturé *Le Richemond* en 1782. La même année, il fut nommé capitaine de vaisseau. Mort à Saint-Domingue en 1783.

Rozière, chevalier de La. Officier du génie. Envoyé en mission secrète par le comte de Broglie en Angleterre pour effectuer tous les relevés topographiques et hydrographiques nécessaires à l'établissement du projet français d'invasion de la Grande-Bretagne.

Saint-Simon (marquis de), Claude, Anne de Rouvroy – (1743-1819). Maréchal de camp en 1780, lieutenant général pendant la guerre d'Indépendance. Député de la noblesse d'Angoulême aux états généraux, siégea à droite, émigra en Espagne où il avait déjà servi en 1780, fait « Grand d'Espagne ». Arrêté par les Français en 1808, emprisonné à Besançon, revient à Madrid en 1814 et devient « capitaine général ». Franc-maçon. Initié en 1775 à la loge « La Candeur », Orient de Paris, il fut aussi membre de la loge « L'Olympique de la Parfaite Estime », Orient de Paris, en 1786.

Sartine, Antoine, Gabriel, comte d'Albi – (1729-1801). Homme politique français. Lieutenant général de police (1759-1774). Secrétaire à la Marine (1774), il prit sept ordonnances (1776) qui donnèrent une grande activité aux constructions navales et améliorèrent le corps des officiers. Il se retira en 1780 et émigra en 1790.

Ségur Louis, Philippe, comte de – (1753-1830). Servit comme volontaire sous Rochambeau au cours de la guerre d'Indépendance américaine avec le grade de colonel. Oncle par alliance d'Adrienne et de Gilbert de La Fayette. Ambassadeur à Pétersbourg, Rome et Berlin. Conseiller d'État, grand maître des cérémonies à la Cour impériale. Écrivain, membre de l'Académie française. Franc-maçon. Vénérable maître de la loge « La Candeur » où il initia La Fayette en 1775. Officier d'honneur du Grand Orient de France. Lieutenant grand commandeur du Suprême Conseil (1821), puis souverain grand commandeur (1822-1825). Honoraire jusqu'à sa mort.

Steuben Friedrich, Wilhelm, Ludolf, Gerhard, Augustin, baron von. Né à Magdeburg le 17 septembre 1730, mort le 28 novembre 1794 à Remsen, État de New York. Sert comme volontaire en qualité de major-général dans la guerre d'Indépendance américaine. Issu d'une famille militaire prussienne, et après avoir servi dans l'armée prussienne avec le grade de capitaine, puis à l'état-major de Frédéric II, Steuben fut marqué par Benjamin Franklin et Silas Deane, opérant comme recruteurs en France. Arrivé aux États-Unis, le Congrès lui confia l'entraînement et l'instruction des forces américaines. Le guide de *Règlement et service dans l'armée* qu'il rédigea pour ce faire devait rester en service dans l'armée américaine jusqu'en 1812. Franc-maçon, Steuben était membre de la Loge militaire « L'Union américaine ».

Suffren de Saint-Tropez, Pierre, André, bailli de. Garde de la Marine en 1743, capitaine de vaisseau en 1772. Chef d'escadre en 1782. De 1781 à 1784, il commande *Le Héros* dans l'escadre de l'Inde. Il remporte cinq fois la victoire sur l'amiral anglais Hughes. Vice-amiral en 1784, ayant rang de maréchal de France. Cette charge de vice-amiral fut créée spécialement pour lui. « Vous êtes un homme de guerre sous tous les rapports », lui écrit le maréchal de Castries, ministre de la Marine. Franc-maçon. Membre des loges « L'Olympique de la Parfaite Estime » et de « La Société olympique », Orient de Paris.

Ternay d'Arsac, Charles, Louis, Henri, chevalier de. Né en 1723. Garde de la Marine en 1738. Capitaine de vaisseau en 1762. Chef d'escadre en 1771. Mort à Newport en 1780. *« He was rough and obstinate but firm and of good counsel on the whole. He is a loss to France »* écrivait Washington (« C'était un homme rude et obstiné, mais de caractère ferme, et somme toute, de bon conseil. Sa mort est une perte pour la France »).

Thorn. Capitaine, commandant *Le Jack*.

Traversay Auguste, Jean, Prevost de. Garde de la Marine en 1779, sur *L'Hermione* de 1779 à 1782. Lieutenant de vaisseau en 1781. Commande *La Surprise* en 1783. Capitaine de frégate en 1814. Décédé en 1849.

Traversay, Jean-Baptiste, Prevost de Sansac (marquis de). Garde de la Marine en 1766. Commande *La Cérès* de 1778 à 1781, puis *L'Aigrette* en 1781 et sa prise, *L'Iris*, en 1782, lors de la seconde bataille de la Chesapeake. Chevalier de Saint-Louis en 1782. Cousin de Duquesne, le second de *L'Hermione.* Capitaine de vaisseau en 1786. Contraint de s'exiler en Russie de 1791 à 1829. Il accède au grade d'amiral et aux fonctions de ministre de la Marine et de conseiller d'État du tsar de toutes les Russies.

Trouson du Decoudray Philippe, Charles, Jean-Baptiste. Nommé major général et inspecteur général des usines militaires et de l'intendance de l'armée continentale le 11 août 1777. Meurt noyé dans la rivière Schuylkill à Philadelphie, le 15 septembre 1777. Inhumé à la « Romish Chapel », le 18 septembre 1777. Franc-maçon du Grand Orient de France.

Valfort, vicomte de. Ami de La Fayette. Le 7 décembre 1776, contracte auprès de Silas Deane un engagement pour servir en qualité de volontaire auprès de l'armée des insurgents. Agent présumé du réseau américain du « Secret du Roi ».

Vergennes Charles, Gravier comte de – (1719-1787). Homme politique français. Ambassadeur en Turquie (1754-1768), puis en Suède (1771-1774), il remplaça ensuite d'Aiguillon aux Affaires étrangères. Il combattit l'influence autrichienne, soutint les insurgents d'Amérique, d'abord en leur fournissant des armes, puis en signant une alliance avec l'Espagne (février 1778), préface de l'intervention militaire de la France (1779). Il fut aussi le principal artisan du traité de Versailles (1783).

Vioménil, baron de. Maréchal de camp, commandeur de l'ordre de Saint-Louis, membre de l'état-major du comte de Rochambeau. Franc-maçon, membre de la loge « L'Olympique de la Parfaite Estime ».

Vioménil, Chevalier de. Maréchal de camp, membre de l'état-major du comte de Rochambeau.

Vrigny de. Capitaine. Le 1er novembre 1776, contracte auprès de Silas Deane l'engagement de servir comme volontaire auprès de l'armée des insurgents.

Warren Joseph – (1741-1775). Membre de l'état-major de George Washington. Mort à la bataille de Bunker's Hill (17 juin 1775). Franc-maçon. Avait été nommé, le 30 mai 1769, Grand Maître provincial de la Grande Loge de Boston.

Washington George – (1732-1799). Membre du IIe Congrès continental (1775), démissionna pour devenir général et commandant en chef de l'armée continentale, le 15 juin 1775 ; commanda toutes les forces patriotiques pendant la guerre d'Indépendance ; démissionna le 23 décembre 1783. Il fut membre et président de la Convention constitutionnelle fédérale (Philadelphie 1787). Élu premier président des États-Unis à l'unanimité. Intronisé le 30 avril 1789 à New York ; réélu à l'unanimité, il refusa un troisième mandat, puis se retira le 3 mars 1797. Il mourut le 14 décembre 1799 à Mount Vernon où il est inhumé. Franc-maçon. Initié le 4 novembre 1752 à la « Lodge of Fredericks » (maintenant la loge n° 4) de Virginie. Proposé comme Grand Maître des États-Unis par la Grande Loge de Pennsylvanie le 20 décembre 1779. Le 27 décembre 1779, la loge « American Union », à laquelle il était affilié, prit l'initiative dans un congrès à Morristown (New Jersey) d'organiser une Grande Loge nationale avec George Washington comme Grand Maître. Nommé vénérable de la loge n° 39 d'Alexandria (Virginie) le 28 avril 1788, réélu le 27 décembre 1779. Le 6 mars 1789, Washington devient membre honoraire de la Loge « Holland » (aujourd'hui, loge n° 8) de New York. Le 18 septembre 1793, G. Washington, maître maçon, premier président des États-Unis, premier citoyen d'Amérique, posa la pierre angulaire du Capitole national à Washington, revêtu d'un tablier maçonnique brodé par Mme Adrienne de La Fayette. On considère cette

cérémonie comme le plus grand événement de l'histoire maçonnique américaine.

YORKTOWN (Reddition de)

Au fur et à mesure que nous analysions le déroulement de la mission du marquis de La Fayette et de l'engagement de L'Hermione *dans la guerre d'Indépendance américaine, nous avons été conduits à découvrir les caractéristiques individuelles d'un nombre croissant de protagonistes, tant du côté français que du côté américain. Comme nous le pressentions avant de commencer la rédaction de cet ouvrage, nous nous attendions à découvrir un certain nombre de francs-maçons parmi les personnages majeurs de la guerre d'Indépendance, mais pas autant que nos recherches devaient le démontrer. Le présent index de 140 noms comporte, en effet, 82 francs-maçons, soit 58,57 % des noms cités.*

Un tableau de John Trumbull représentant la reddition de lord Cornwallis à Yorktown devait mettre en évidence, pour nous, l'importance de cette appartenance. Ce tableau rassemble, en effet, de manière caractéristique, lord Cornwallis, membre de la franc-maçonnerie anglaise, au centre remettant son épée au major général Benjamin Lincoln, sous le regard de George Washington.

Dans la partie gauche du tableau, sont représentés les officiers français présents. Il s'agit des officiers suivants :

- *Général marquis Christian des DEUX-PONTS*
- *Général duc de MONTMORRENCY – LAVAL, Anne, Alexandre, Joseph*
- *Colonel Biron Armand, Louis Goutant, duc de LAUZUN*
- *Lieutenant général Claude, Anne de Rouvroy, de SAINT-SIMON*
- *Colonel comte Hans, Axel de FERSEN*
- *Colonel Joseph, François, Charles DAMAS d'ANTIGNY*
- *Major général Jean, François, chevalier de CHASTELLUX.*

Dans la partie centrale et à droite du tableau sont représentés les officiers américains suivants :

- *Major général Benjamin LINCOLN, commandant en second l'armée des États-Unis. C'est lui qui reçut l'épée de la reddition des mains de lord Cornwallis.*
- *George WASHINGTON*
- *Général Gilbert du Motier, marquis de La Fayette*
- *Major Général Friedrich, baron von STEUBEN*
- *Brigadier général James CLINTON*
- *Brigadier général Modicai GIST*
- *Brigadier général Edward HAND*
- *Brigadier général John MUHLENBERG*
- *Brigadier général Henry KNOX*
- *Lieutenant-Colonel Ebenezer HUNTINGTON.*

Nos recherches devaient nous apprendre que, lord Cornwallis compris, tous les officiers représentés, français, prussiens, américains et anglais, étaient francs-maçons.

Les recherches concernant les noms cités apparaissant dans cet ouvrage ont grandement été facilitées par l'utilisation des ouvrages suivants :

- Christian de la Jonquière, *Les Marins français sous Louis XVI – guerre d'Indépendance américaine* publié en 1996 par Muller Édition, Issy-les-Moulineaux.
- Michel Gaudart de Soulages et Hubert Lamant, *Dictionnaire des Francs-Maçons français,* Éditions Albatros, Paris, 1980.
- Daniel Ligou, *Dictionnaire de la Franc-Maçonnerie*, Presses universitaires de France, 3e édition, novembre 1991.
- Michel Khayat, Hugues Nino et Jean Prouteau, *Petite Encyclopédie de la philatélie maçonnique*, tomes 1 à 4, publiée sous les auspices du Club philatélique Jean Théophile Desaguliers, 1993.

De même, les auteurs souhaitent remercier plus particulièrement Mme Sylvie Bourel, conservatrice du Fonds maçonnique de la Bibliothèque Nationale de France qui a vérifié, pour eux, par la consultation du Fonds Bossu, les appartenances maçonniques de plusieurs protagonistes de leur récit.

ANNEXE 3

Lexique des termes maritimes

Accastillage : partie de l'œuvre morte d'un grand bâtiment qui reçoit des sculptures et des ornements. Dans l'ancienne marine, le château de l'avant et le château de l'arrière d'un vaisseau.

Accore : pièce de bois qu'on dresse pour étayer. Les accores sont des étançons ou fortes pièces de bois qui servent à étayer un vaisseau en construction ou en réparation.

Affourche : ce qui sert à affourcher un bâtiment. Ancre, câble d'affourche.

Affourcher (s') : disposer les câbles de deux ancres en fourche. Deux ancres sont mouillées. Les câbles forment un angle dont la bissectrice est dans la direction du vent.

Allège :

1. Embarcation qui suit un bâtiment pour le décharger ou le charger.
2. Une allège est un chameau ou sorte de machine au moyen de laquelle on soulève un vaisseau.

Allonge : pièce de bois ou membre d'un vaisseau, qui sert à allonger une autre pièce de bois.

Amure : cordage fixant le point d'en bas, nommé point d'amure, d'une basse voile qui se trouve au vent.

Amurer : fixer l'amure d'une voile selon l'angle qui lui fera recevoir le vent.

Arcasse : charpente horizontale qui lie les estains et l'étambot. Elle a la forme d'une queue de baleine. Celle de *L'Hermione* pèse 4,5 tonnes.

Arcboutans : terme de charpenterie maritime. Pièces de bois qui servent de soutien.

Archipompe : cloison en planches construite dans la cale d'un grand bâtiment autour du pied du grand mât, et renfermant les quatre pompes, pour les garantir du choc des objets d'arrimage. L'archipompe occupe la septième partie de la largeur de la cale du navire.

Armement : tout ce qui est nécessaire sur un navire pour voyager.

Artimon : nom du mât de l'arrière, le plus petit ou le troisième d'un grand bâtiment à trait carré. La voile aurique, en forme de trapèze, qui s'élève derrière ce mât, s'appelle aussi l'artimon.

Auriques (voiles) : ce sont les voiles qui ne sont ni carrées ni à antennes ; elles sont trapézoïdales, et leur partie supérieure s'élève en pointe, comme l'oreille de certains quadrupèdes.

Barbe (Sainte-) : on nomme soute à poudre un magasin réservé dans les plus basses parties d'un vaisseau de ligne, où s'arriment les poudres qui forment la provision de son armement. Il y a un robinet qui sert à recevoir l'eau du dehors, et qu'on ouvre pour noyer les poudres lorsque, le feu prenant à bord, on craint une explosion. On appelait sainte-barbe un retranchement ménagé sur l'arrière du mât d'artimon, dans la batterie basse du vaisseau, et fermé par une cloison. Le maître canonnier y disposait, sur des tablettes, tous les ustensiles d'artillerie. Le chirurgien major, l'agent comptable, l'aumônier, les élèves et le maître canonnier couchaient dans la sainte-barbe ; les maîtres y mangeaient. Tout cet encombrement gênait le service des canons de l'arrière.

Batterie : double rangée de canons qui garnissent les sabords percés de tribord et babord, sur le pont d'un bâtiment de guerre. La batterie basse d'un vaisseau est la plus voisine de la ligne d'eau, et porte toujours les plus forts calibres. La seconde batterie est celle qui porte sur le second pont. Dans un vaisseau à trois ponts, la batterie haute est au-dessus de la précédente. La batterie des gaillards est sur les gaillards, et se trouve divisée en deux par les passavants. On désigne aussi les batteries par le calibre des pièces d'artillerie dont elles sont armées. Ainsi, dans un vaisseau à trois ponts, on dit batterie de 50 pour batterie basse, batterie de 24 pour seconde batterie, et batterie de 18 pour batterie haute. La batterie basse d'un vaisseau, aussi bien que la batterie d'une frégate, est parfois condamnée à rester muette dans les combats livrés sur une mer fortement agitée ; son rapprochement de la surface de l'eau l'expose à être envahie par les vagues, auxquelles donneraient issue les sabords ouverts. On appelle batterie flottante un bâtiment à fond plat, exclusivement destiné à la défense ou à l'attaque des forts. Au siège de Gibraltar, en 1778, on a employé des batteries flottantes, garnies de canons de fort calibre.

Barrot : petit bau (voir ci-dessous).

Bau : nom donné à chacune des poutres qui, placées en travers, soutiennent les planchers ou ponts des navires. Le maître bau, le plus long des baux, est celui qui, dans la construction, est placé à peu près à la moitié de la longueur du navire. Bau de lof, le dernier bau sur l'avant. Bau de dalle, le premier bau vers l'arrière. Faux baux, ceux qui supportent les planches du faux-pont.

Bauquière : ceinture épaisse pour recevoir l'extrémité des baux. Serre-bauquière : sera placé immédiatement au-dessous de la bauquière (voir serre).

Beaupré : mât placé à l'avant du navire, et couché sur l'éperon. Ce mât est considéré comme la clé de tous les autres, parce que les étais font en grande partie leur effort dessus. Aussi dans les combats s'efforce-t-on de rompre le beaupré du bâtiment ennemi, soit par l'abordage, soit par l'artillerie. Le beaupré a ses mâts, ses vergues et ses voiles. Lorsqu'on désigne un navire par le nombre de ses mâts, on ne fait pas mention du beaupré.

Bigue : grue puissante, formée de trois mâts réunis au sommet soutenant un palan destiné à soulever de lourdes charges. Voir « machine à mâter ».

Bon frais ou joli frais : vent de 12 à 19 kilomètres à l'heure.

Bonnettes : voiles légères de la forme d'un trapèze, qui s'installent en dehors et à côté des voiles principales du navire pour augmenter la surface de la voilure par un beau temps. Les bonnettes prennent le nom des voiles près desquelles elles sont suspendues. Ordinairement le mât de misaine est le seul qui porte des bonnettes.

Bordage : planches épaisses posées à l'extérieur des membrures et dont l'ensemble forme le bordé.

Bordées : (tirer des). Le navire court d'un bord sur l'autre, changeant d'amure lorsqu'il vient trop vent devant. Il fait sa route en zigzag. Il louvoie.

Bosco : maître d'équipage.

Bosseman : dans l'ancienne marine, sous-officier ayant le grade intermédiaire entre ceux de contre-maître et de quartier-maître. Le bosseman était particulièrement chargé du soin des câbles, des ancres, des bouées, etc.

Bouteille : encoignure fermée faisant saillie au niveau du tableau arrière et débordant sur le côté et qui comporte divers ornements. Elle abrite souvent les latrines.

Brasse : unité spécialement usitée en marine pour mesurer les cordages de toutes dimensions et la profondeur de la mer. La brasse française est de 1,54 mètre, les Portugais, les Espagnols et les Napolitains l'ont adoptée. Les Anglais et les autres peuples maritimes du nord de l'Europe ont déterminé la longueur de leur brasse à 6 pieds anglais, c'est-à-dire un dixième de plus que la nôtre, ce qui donne 1,69 mètre.

Brig ou brick : bâtiment à deux mâts perpendiculaires, avec un beaupré, semblable en tout à un trois-mâts, auquel on aurait enlevé son mât d'artimon. La bôme est la vergue principale d'un brig. C'est sur elle que s'élève la brigantine, voile qui offre au vent la plus grande surface. En France, les brigs sont généralement plus petits que les trois-mâts. En Amérique et en Angleterre, cette règle a un grand nombre d'exceptions. Le briggoëlette est un bâtiment de moindre proportion que le brig, et dont la mâture participe des deux sortes de navires dont son nom est composé. Le mât de misaine, qui est placé à l'avant, est en tout semblable à celui du brig et du trois-mâts ; mais le grand mât n'a point de hune : ce sont de simples barres qui en tiennent lieu comme pour les goëlettes. Le brigantin est un petit brig.

Brigantin : bâtiment à deux mâts et un beaupré, très bas sur l'eau, à un seul pont, portant dix à vingt canons, et apte au commerce ou à la course.

Cabestan : treuil vertical qui se manœuvre au moyen de barres fixes et horizontales. Il y a deux cabestans sur *L'Hermione*. Le grand cabestan est situé entre le grand mât et l'artimon. Il a douze barres et demande soixante hommes pour la manœuvre. Le petit cabestan sur le gaillard d'avant, à l'arrière de la misaine, n'a que six barres.

Cale ou calle : punition réglementaire du bord. Elle est administrée à un délinquant. Suspendu à la grand vergue au-dessus de l'eau, l'homme est assis sur une pièce de bois, les cuisses attachées, les bras levés, les mains liées. En manœuvrant l'autre extrémité du filin, on le laisse tomber de tout son poids dans la mer. On le hisse puis on le projette à nouveau un certain nombre de fois. Tant que dure cette punition, le bâtiment arbore le pavillon rouge après avoir tiré un coup de canon pour l'exemplarité de la peine.

Cargue : nom des manœuvres courantes appliquées aux voiles pour les relever, les retrousser contre les vergues ; carguer les voiles.

Carguer : replier, serrer une voile autour d'une vergue.

Carlingue : nom de la plus grosse et la plus longue pièce de bois au fond de la cale, dans un vaisseau, sur laquelle portent le pied du grand mât et celui du mât de misaine. L'artimon, lui, est fixé au faux-pont.

Casse-tête : filets tendus horizontalement sur le pont destinés à protéger l'équipage des chutes d'objets en provenance de la mâture.

Carré : sur les frégates, c'est la chambre commune autour de laquelle sont placées les chambres des officiers. Au centre est une table qui sert aux repas de l'état-major.

Casse-tête : sorte de rets tendus à 4 mètres environ au-dessus du pont et des vaisseaux et frégates, entre le grand mât et le mât d'artimon, et couvrant tout le gaillard d'arrière, afin d'amortir la chute des poulies ou des cordages et même des hommes qui pourraient tomber des hunes. Ce filet servit, comme moyen de défense, au brave commandant de *La Guëpe,* abordée par des péniches anglaises dans la baie de Vigs. Dès que les ennemis eurent envahi le gaillard d'arrière, le casse-tête s'abattit sur eux, et les embarrassa de manière à rendre toute résistance impossible.

Chasse : course d'un bâtiment de guerre dans le but d'en joindre un autre. Celui qui fuit reçoit une chasse ou prend chasse ; le premier lui donne ou appuie la chasse.

Civadière : on appelle ainsi une vergue et sa voile placées transversalement sous le mât de beaupré.

Classes : système de recrutement pour notre marine militaire. Tout homme de mer remplissant les conditions d'âge et de navigation prescrites par la loi est inscrit au bureau des classes de son quartier. Il est susceptible d'être levé jusqu'à l'âge de cinquante ans.

Cordelle : corvée à bras d'hommes halant un bâtiment.

Corsaire : bâtiment armé en guerre par des particuliers, avec l'autorisation du gouvernement, pour faire, pour leur propre compte, des prises sur le commerce des nations ennemies. On donne le même nom aux marins qui montent ces navires, et quelquefois aussi aux pirates.

Corvette : bâtiment de guerre fin et léger qui prend rang entre le brig et la frégate. La corvette est ordinairement armée de vingt à vingt-six caronades.

Coureau : sinuosité entre des bas-fonds et des roches que l'eau recouvre.

Creux : creux d'un vaisseau, hauteur entre le dessous du premier pont et la quille.

Cutter ou côtre : petit navire de guerre rapide, à un seul mât, à grand voile et foc d'une surface importante, complétés par une trinquette. Armé de 6 à 8 canons ou caronades et de quelques pierriers à pivots.

Dépendant (en) : on serre le vent puis on abat, reprenant un peu de vitesse de façon à s'approcher insensiblement.

Désaffourcher : lever l'ancre d'affourche, la remettre à bord.

Diminuer (de voiles) : à l'approche d'un grain, près d'une terre, à l'entrée de la nuit, dans toutes les circonstances enfin où il devient nécessaire de ralentir le sillage, on diminue les voiles, c'est-à-dire que l'on dérobe à la force du vent une partie des voiles déployées en les carguant et en serrant les plus légères.

Écubier : trou horizontal et rond, percé à l'avant du navire, à droite ou à gauche de l'étrave, pour le passage du câble attaché à l'ancre.

Encablure : distance de cent vingt brasses, environ deux cents mètres.

Encalminé : immobilisé par le calme, c'est-à-dire par l'absence de vent.

Erre : vitesse de déplacement.

Estains : nom de deux pièces de bois formées en portion de cercle, pour faire le rond de l'arrière d'un vaisseau et sur lesquelles on cheville les extrémités des bordages tant des flancs que de l'arrière.

Étambot : forte pièce de bois élevée à l'extrémité de la quille sur l'arrière du bâtiment. L'étambot sert de support au gouvernail.

Étrave : nom des pièces de bois courbes, qui forment la proue du vaisseau. Le mât de beaupré s'appuie sur l'étrave.

Flûte : navire de charge armé, à fond plat, large, gros et lourd, dont la poupe était ronde au XVIIe siècle.

Frégate : ce bâtiment prend rang immédiatement après le vaisseau de ligne, et le gréement est semblable ; mais les dimensions plus réduites de la frégate ne comportent qu'un pont et un faux-pont. La frégate este, cette infériorité par une beauté et une harmonie de formes qui, sans rien retrancher de sa solidité, assurent la vitesse de sa marche et la facilité de ses évolutions. Ces qualités sont si bien appréciées des marins que le nom de frégate est quelquefois attribué à un bâtiment qui a une allure rapide. Les frégates sont divisées en trois classes. Celles du premier rang ont un effectif de 513 hommes et portent 60 pièces d'artillerie. Le nombre des bouches à feu est de 50 pour les frégates du deuxième rang, et l'effectif s'élève à 440 hommes. Les frégates du troisième rang portent 40 bouches à feu, et l'effectif est fixé à 326 hommes.

Garde-Marine : titre remplacé d'abord par celui d'aspirant, et aujourd'hui par le titre d'élève.

Général : terme qui désigne le chef d'escadre, mais aussi le navire qui le porte.

Genou : pièce de bois courbe qui est entre les varangues et les allonges, pour former la rondeur et la côte d'un navire.

Gournablier : ouvrier qui fait des gournables, soit de longues chevilles de bois de chêne employées à fixer le bordage sur les membrures d'un vaisseau.

Gréement : ensemble de tous les cordages ou manœuvres soit courantes, soit dormantes, qu'il est nécessaire de placer et qui sont en service dans un bâtiment.

Grelin : tout cordage dont la grosseur est au-dessous de celle du câble (le câble est le cordage qui tient l'ancre).

Hunier : voile haute au-dessus de la hune, de forme trapézoïdale.

Journal de bord : le Journal du bord, registre officiel et authentique, est tenu tour à tour par chacun des officiers qui commandent le quart. On y mentionne la force et la direction du vent, l'état du ciel et de la mer, la route que fait le navire, la dérive, les changements opérés dans la voilure, les transitions atmosphériques, les observations astronomiques, puis les travaux opérés par l'équipage, les rencontres des bâtiments, de rochers ou d'épaves, les vues de terre, les avaries, les maladies, les morts parmi l'équipage, etc., enfin tout ce qui constitue l'histoire minutieuse du navire. Chaque officier a aussi son journal particulier, où il ajoute aux faits survenus, aux variations atmosphériques et aux travaux journaliers, ses impressions personnelles, ses opérations particulières.

Largue, venir au largue : recevoir le vent par le travers du bâtiment. C'est une allure rapide, le vent porte bien. Usité principalement dans cette locution : vent largue, vent dont la direction fait avec la quille un angle plus petit que 112° degrés, en considérant l'ouverture de cet angle tournée vers l'arrière. Grand largue : angle de vent plus ouvert encore que celui de largue. Venir au largue se dit d'une manœuvre quelconque qui n'est pas roidie ou arrêtée.

Lieue marine : cinq kilomètres cinq cent cinquante mètres.

Lisse : sorte de ceinture en bois que, pendant la construction d'un navire, on établit extérieurement, de l'avant à l'arrière, pour tenir à leurs places respectives les couples dressés sur la quille, les lisses définitives étant mises en place ultérieurement. Fausse lisse, la lisse du fond ; elle est placée sur les membres d'un bâtiment en construction entre la lisse qui passe à l'extrémité des varangues et la quille.

Lof : ce mot vient de l'anglais *loof, luff*, et signifie la joue du vaisseau. Les Français l'ont adopté et disent : *ce vaisseau a un beau lof.* On n'a pas tardé à désigner par cette expression la joue du côté du vent ; ensuite, on l'a appliquée au côté du vent et même au point du vent des basses voiles. On dit le grand lof, le lof de misaine ; aussi quand on crie au timonier de venir au vent, on le lui commande par ce seul mot, *lof.* Lof pour lof, c'est virer vent arrière. On dit virer lof pour lof, arriver lof pour lof ; loffer, en anglais *to luf*, c'est venir au vent ; éloffée ou auloffée, ban dans le vent, transport du vaisseau quand il vient au vent. On dit au timonier défier l'auloffée quand on la craint : on lui dit rencontrer l'auloffée quand on veut qu'il l'arrête.

Lougre : petit bâtiment rapide à deux mâts, tape-cul et hunier, renflé à l'avant. L'arrière est très fin.

Maître-bau : voir « bau ».

Pavois : dans l'ancienne marine, boucliers dont on garnissait le bord supérieur du navire et le tour de hune, pour faire un rempart à l'abri duquel on combattait. On appelle encore pavois les bordages cloués sur les jambettes, ou plus haut que le plat-bord. Il y a aussi les bordages dits pavois de poulaine. Ils servent de protection et de garde-fou.

Perroquet : nom donné à de seconds mâts qui s'arborent sur les hunes du grand mât et de la misaine, et sur celles du beaupré et de l'artimon, et aux voiles que ces mâts portent. Le grand perroquet, celui qu'on hisse au-dessus du grand hunier de misaine ou petit hunier. Perroquet de fougue, voile carrée que porte le mât établi au-dessus du mât d'artimon et qu'on nomme le mât de perroquet de fougue. Perroquet volant, perroquet qui n'est pas établi d'une manière stable. Les voiles de perroquet, comme quelques autres voiles, servaient aux signaux de jour à la mer. Perroquets royaux, nom parfois donné aux voiles qui portent aussi le nom de cacatois.

Pied du pilote : quarante centimètres.

Pierrier : petit canon du calibre d'une livre de balle, monté sur un pivot, et que l'on introduit dans un chandelier fixé sur la muraille extérieure du navire pour en faciliter le pointage dans toutes les directions ; on en garnit aussi les hunes. Lorsqu'une embarcation est détachée d'un navire pour une expédition présentant quelque intérêt, on l'arme de pierriers.

Préceintes : série de bordages de bois de chêne, plus larges, plus épais, et par cela plus forts que les autres, qui sert de ceinture au navire, dont elle entoure les côtes pour les maintenir à leurs places respectives et les lier solidement entre elles.

Rafraîchissement(s) : vivres frais pris à terre : viande et légumes, par rapport à ceux conservés à bord.

Ris : bande de toile servant à diminuer la surface de la voile lorsque le vent est grand et frais.

Sabord : ouverture quadrangulaire qui est faite dans la muraille d'un vaisseau pour laisser un passage à la volée d'un canon.

Sainte-Barbe : terme de marine. Emplacement qui, dans un vaisseau, contient les ustensiles d'artillerie (emplacement qui a toujours été distinct de la soute aux poudres).

Senault : petit bâtiment de cabotage à deux mâts portant deux voiles carrées et un tape-cul sur l'arrière.

Serre : synonyme de vaigre, planche qui sert au revêtement intérieur des membres du navire.

Tapecul : petite voile aurique, orientée sur un mât que l'on voit à l'arrière des bâtiments voilés en lougre. Le tapecul se borde sur un bout dehors saillant à l'arrière de l'embarcation et qui fait l'office de gui.

Timonier : celui qui gouverne le timon d'un navire sous les ordres du pilote. Un marin est timonier quand il a fait les études pratiques et théoriques qui tiennent au maniement du gouvernail, au sondage et aux signaux.

Travers (en) : se dit d'un vaisseau qui n'avance plus et se laisse dériver sur la côte. Quelques voiles reçoivent le vent, les autres sont brassées sur le mât.

Vaigrage : l'ensemble des vaigres ; l'action de les appliquer. Une vaigre est une planche qui sert au revêtement intérieur des membrures composant la carcasse du navire, comme le bordage sert à son revêtement extérieur.

Valet de canon : paquet de vieux cordage, autrefois de bourre de bœuf, qui sert à bourrer un canon, c'est-à-dire à retenir la charge de poudre et le projectile. Ce tampon a également été fait en varec.

Varangue : pièce de bois courbe qui, par son milieu, se fixe sur la quille et sert de base aux allonges dont se compose le couple.

Vergue : pièce d'un bois léger, longue et grosse en proportion de la grandeur de la voile qu'elle doit porter, ronde dans toute sa longueur et plus mince à ses extrémités qu'à son milieu.

Virure : file de planches ou bordages qui s'applique sur le squelette du navire, de l'avant à l'arrière, et concourt à former le revêtement extérieur.

Sources :

Dictionnaire Littré en quatre volumes

J. P. Gisserot, Vocabulaire de la marine à voiles, *collection « Traditions de la Marine », éd. Jean-Paul Gisserot, Bordeaux, 1999.*

ANNEXE 4

Situation de la flotte royale française et des flottes européennes au XVIIIe siècle

1. Comparaison du nombre de navires : France/Angleterre

1.1. *À la fin de la guerre de Sept Ans*

La flotte française est réduite, lors de la paix de 1763 à 40 vaisseaux et 10 frégates.

1.2. *De 1762 à 1768*

Grâce à l'action de Choiseul, 22 vaisseaux sont construits dont 13 du modèle de 74 canons, formant la colonne vertébrale des futures escadres. Le mouvement se ralentit ensuite pour reprendre à l'approche de la guerre d'Indépendance américaine.

1.3. *De 1776 à 1783*

Furent lancés 40 vaisseaux et 47 frégates. En 1776, la France dispose de 38 frégates contre 70 pour l'Angleterre. En juin 1778, la France dispose de 52 vaisseaux en état d'être armés, contre 66 pour les Anglais.

En avril 1781, la France aligne 70 vaisseaux contre 94 anglais, l'Espagne en disposant de 54.

Source : Étienne Taillemitte, *Marins et armateurs – la guerre des communications dans l'Atlantique au XVIIIe siècle – guerre et commerce maritime au XVIIIe siècle – Rochefort et la mer* – tome 9, CERMA de Rochefort, 1994, p. 27.

2. Forces navales France/Angleterre selon d'autres sources

Les sources de Taillemitte sont, en général, les plus sûres mais le compte des vaisseaux varie selon que l'on dénombre les bâtiments à flot et ceux, en construction, qui prendront la mer dans l'année.

Au début des hostilités

Ce calcul d'un auteur anglais excluant les non-valeurs.
France : 76 vaisseaux de 74 à 120 canons à flot ou en chantier.
Angleterre : 115 vaisseaux de 64 à 100 canons.

Source : Jame (Naval History) cité par Léon Guérin – *Histoire de la Marine contemporaine*, Paris, Dufour et Mulat Editeurs, tome 1, 1851, p. 525.

3. En 1780, la France possède :

79 vaisseaux de ligne, dont 4 de 110 canons
59 frégates et nombre de corvettes et autres petits bâtiments (environ 147)
soit : 285 bâtiments de guerre dont une partie prise à l'ennemie

Source : compte des Bâtiments de guerre – Archives de la Marine.

4. En 1789

À cette époque, une escadre comprend 9 bâtiments de ligne. La France aligne :
– 81 vaisseaux de ligne de 64 à 118 canons
– 69 frégates de 28 a 44 canons
À noter que sur les 81 vaisseaux de ligne décomptés, il y a :
– 7 vaisseaux de 110 à 118 canons
– 9 vaisseaux de 80 canons
– 61 vaisseaux de 74 canons
– 4 vaisseaux de 64 canons

Source : Léon Guérin, *Histoire de la Marine contemporaine*, tome 1, 1851, notes et justifications, p. 525.

5. Perte de navires pris, brûlés, sautés ou péris par accident

France : 19 vaisseaux de 64 à 104 canons
– 32 bâtiments de 28 à 44 canons
Angleterre : 20 vaisseaux de 50 à 110 canons
– 51 bâtiments de 20 à 44 canons

Source : Léon Guérin, *op. cit.*, p. 519.

ANNEXE 5

Devis d'une frégate de « 12 » de 32 canons (26 canons de « 12 » et 6 canons de « 6 »)

Construction exécutée en 1777

Fourniture du bois de chêne pour la contruction et la menuiserie :
Sont comptés dans le prix les bois de sapin incorporés aux bordages et aux lisses .... 76 790 livres

Outils de fer anciens et neufs servant au gros œuvre :
Harpons, renards, coins, taquets, pinces, masses, tarières et particulièrement les clous de fer et de cuivre, ainsi que les ferrures du gouvernail .... 6 274 livres

Outils destinés aux menuisiers :
Ciseaux plats, gouges, haches fines, vrilles, limes, suif, graisse, goudron de Norvège, huile d'olive, etc. .... 3 196 livres

Serrurerie :
Crochets, pitons, tourniquets, targettes, loquets garnis, pentures, chevilles, chaînes de mâture, etc. .... 11 317 livres

Diverses autres petites fournitures :
Carreaux, planches de cuivre, peinture, bray gras, suif, graisse, pots d'huile de poisson, blanc de céruse, tringles, etc. .... 8 702 livres

Bittons et espars – Poulies et sculptures :

- Les bittons sont de très nombreuses pièces de bois servant à amarrer les différents cordages. Ils sont, en général, tournés dans le bois d'orme.
- Les espars ou épars servent à faire des mâts de canot ou à remplacer des vergues cassées. Ils sont le plus souvent de sapin.
- Les sculptures sont exécutées avec du bois de peuplier. .... 3 658 livres

Petits ouvrages forgés y compris le charbon et la main-d'œuvre :

Portières de four, cercles de mâture, colliers divers, pentures à charnières, lattes de hune, essieux de hune, pitons de bout de vergue, etc.	1 324 livres

Mâture :

Grand mât, mâts de misaine, d'artimon, de beaupré, mâts de hune et de perroquet, vergues, tangon et bâton de pavillon, etc.	17 397 livres

Coût du personnel employé pour la construction de la frégate :

Nombre de journées travaillées par les contremaîtres et charpentiers, apprentis, perceux, sculpteurs, menuisiers, serruriers, calfats, broyeurs de couleurs, poulieurs, et personnel employé lors de la mise à l'eau : 33 253 journées de travail.	
286 personnes environ ont été présentes sur le chantier, représentant plus de 18 corps de métiers différents. Pour les seuls contremaîtres et charpentiers, il faut compter 46 personnes ayant accompli au total 13 412 journées de travail.	
Les journées de travail sont revenues à la somme de .	32 979 livres
La façon d'ouvrage à la somme de	4 395 livres
Total pour la main-d'œuvre et la façon	**37 374 livres**
La carène de la frégate terminée, mâtée, peinte et sans ses voiles ; sans canon, sans gréement ni manœuvre et armes divers ; sans ancre ni lest, sans ses aménagements intérieurs : meubles, coffres, toiles de couchage, revient donc au total de(1) :	**166 032 livres**
équivalant à 13 946 688 F de 1987	
Un autre devis pour le même type de bâtiment, avec les mêmes fournitures, revient en 1778 à(2) :	**170 924 livres**
équivalant à 14 357 616 F de 1987	

(1) *Sources : Encyclopédie méthodique marine* – tome II, pages 40 à 50, Paris, chez Panckoucke, Libraire, Hôtel de Thon, rue des Poitevins. À Liège, chez Plomteux, imprimeur des États, 1786.

Nouvelle édition : Oméga c/o Humbert Berti, 75 avenue George-V – 06000 Nice.

(2) En 1782, un écu vaut trois livres tournois, soit 2 francs-or de 1913. 50 écus ou 150 livres tournois équivalent donc à 100 francs-or de 1913, soit 1 261 francs de 1987. Ainsi, 150 livres = 1 261 francs de 1987, et 100 livres = 840 francs

Source : Michel Denis et Noël Blayay – *Le XVIIIe siècle*, Paris, Armand Colin, 1990, p. 321-322.

ANNEXE 6

Texte intégral de la lettre de M. de Vergennes à M. le marquis de La Fayette
le 24 février 1780 – Archives nationales – Fond Marine B4 153 – Folio 5

Monsieur le Marquis de La Fayette s'empressera de joindre le Général WASHINGTON qu'il préviendra sous la condition du secret, que le Roi voulant donner aux États-Unis un nouveau témoignage de son affection et de son intérêt pour leur sûreté, s'est résolu de faire partir au commencement du printemps, un secours de six vaisseaux de ligne et d'environ cinq mille hommes de troupes réglées de l'Infanterie.

Le convoi a ordre s'il n'y a point d'obstacle, d'aborder à Rhode Island pour être plus à portée de prêter la main à l'armée américaine et de se joindre à elle, si le Général WASHINGTON le juge nécessaire. Mais comme il serait possible que les Anglais après avoir évacué librement Rhode-Island se seraient ravisés et y seraient entrés, pour éviter que l'Escadre française ne donne dans quelques surprises, on désirerait que Monsieur de LA FAYETTE se fît autoriser par le Général WASHINGTON l'envoi à Rhode-Island d'un des officiers français qui lui soit attaché lequel serait porteur d'une lettre de sa part qui attesterait au Commandant de l'Escadre française qu'il peut entrer librement et sûrement dans le port.

L'officier Gallo-Américain devrait avoir ordre de se tenir dans la partie à la portée de la grande mer, dans une vigilance continuelle, ayant toujours à ses ordres quelques barques légères et plusieurs pilotes prêts à partir aussitôt qu'on apercevra au large un assez grand nombre de voiles pour faire juger que c'est le convoi français.

Mais, comme un gros temps qui viendrait du large pourrait ne pas permettre à l'officier de se rendre à bord du Commandant, il est à propos d'établir que si l'Isle est ouverte, on élévera sur la pointe de « Judith » et sur celle de « Sekonnet » le pavillon français. Dans le cas contraire où l'Isle serait occupée par les ennemis, le pavillon anglais y sera arboré et celui-ci servira de signal au Commandant de l'Escadre française pour ne pas donner dans le port.

S'il ne lui arrive aucun officier français porteur d'une lettre de Monsieur le Marquis de La Fayette qui lui donne des renseignements sur la manière « d'atterrer » et de faire le débarquement, l'Escadre française aura l'ordre de se replier avec son convoi sur Boston où elle attendra les ordres du Général WASHINGTON.

Pour qu'il ne puisse y avoir aucune surprise touchant à la destination de l'officier Gallo-Américain qui sera envoyé de la part de Monsieur le Marquis de LA FAYETTE et que dans un cas de malheur il ne puisse être remplacé par quelque personne suspecte, le mot de reconnaissance sera « Saint Louis et Philadelphie ». Les troupes françaises seront purement auxiliaires et à ce titre n'agiront que sur les ordres du Général WASHINGTON.

Le Général de Terre français recevra en tous les ordres du Général en chef américain et il sera prescrit au Général de Mer de seconder de tout son pouvoir toutes les opérations où son concours sera réclamé.

Les opérations devant dépendre des circonstances et des possibilités locales, nous n'en proposons aucune ; c'est au Général WASHINGTON et à son Conseil de guerre à décider celles qui seront les plus utiles.

Tout ce que le Roi désire est que les troupes qu'il envoie au secours des alliés, les États-Unis, coopèrent efficacement à les délivrer une fois pour toutes du joug de la tyrannie des Anglais.

Sa Majesté s'attend que, par un retour des égards que des amis se doivent entre eux, le Général WASHINGTON et les Officiers Supérieurs Américains feront jouir les officiers et les troupes françaises de tous les agréments qui sont compatibles avec le bien du service.

Il sera indispensable que le Général WASHINGTON avise au mieux de rendre facile la subsistance aux troupes françaises et pour cet effet qu'il fasse assembler à l'avance et où les troupes devront débarquer, des rafraîchissements pour les équipages comme pour les troupes, et des endroits propres à recevoir les malades. Enfin, qu'il prenne les précautions nécessaires pour que le Corps de troupes françaises puisse être assuré de sa subsistance à un prix raisonnable.

Lorsque Monsieur le Marquis de La Fayette sera convenu avec le Général WASHINGTON de toutes les mesures à prendre à l'arrivée du Corps de Troupe française et à la sûreté du débarquement, il se rendra au Congrès mais préalablement, il conviendra avec le Général américain jusqu'à quel point il devra mettre le Congrès dans le secret de nos mesures.

Arrivé à Philadelphie, Monsieur le Marquis de La Fayette verra, avant tout, Monsieur le Chevalier de LA LUZERNE, lui communiquera son instruction, lui confiera tout ce qui sera passé entre lui et le Général américain et fera aucune démarche que de concert avec le Ministre du Roi sur les avis duquel il voudra bien se régler.

Sa Majesté, qui honore son Ministre de son estime, voulant qu'il ait part à tout ce qu'il sera nécessaire d'arranger avec les États-Unis.

Il sera écrit au Chevalier de LA LUZERNE pour le prévenir des dispositions du Roi, mais il lui sera recommandé de n'en faire aucun usage jusqu'à ce qu'il se soit abouché avec Monsieur le Marquis de La Fayette, à moins (ce qu'on espère qui n'arrivera pas) que celui-ci empêché par des contradictions invincibles, ne peut arriver à sa destination et remplir la commission dont il est chargé, auquel cas le Chevalier de LA LUZERNE serait autorisé à le suppléer et il lui serait enjoint, avant de faire aucune ouverture nouvelle au Congrès, de s'aboucher et de se concerter avec le Général WASHINGTON. Le dit sieur lui ayant donné des preuves de zèle et d'intelligence dans la partie des subsistances, il pourra convenir, sans l'admettre à la totalité du secret, de le mettre cependant en mesure de commencer à s'assurer des farines pour le service du Corps auxiliaire français.

Dans le cas où les opérations de terre n'exigeraient pas le concours de l'Escadre, il lui sera libre d'établir des croisières à telle distance des côtes qu'il jugera à propos pour faire à l'ennemi commun le plus de mal possible, il lui sera cependant spécialement ordonné de ne prendre aucun parti à cet égard, que de concert et avec l'aveu des Généraux de Terre.

ANNEXE 7

Ordre maçonnique de La Fayette
Masonic Order of La Fayette

L'Ordre de La Fayette (OLF) a été créé en octobre 2002 par l'ensemble des neuf obédiences de la Maçonnerie française pour être décerné à toute personnalité maçonnique étrangère, distinguée pour son mérite dans l'accomplissement de ses devoirs maçonniques et pour sa contribution reconnue, par son action ou ses écrits, à l'illustration et à la promotion des valeurs fondamentales de l'Ordre.

Sa dénomination tient à la place emblématique occupée par le marquis de La Fayette, tant dans la société civile de la fin du XVIIIe siècle jusqu'à sa mort en 1834 (on le qualifie alors de « héros des Deux Mondes, patriarche de la liberté », que dans la Maçonnerie française où il put jouir, également jusqu'à la fin de sa vie, d'une popularité incontestable et sans égale, comme le démontra également l'immense fête maçonnique organisée en son honneur, le 10 octobre 1830. Maçon sans esprit partisan – membre aussi bien du Grand Orient que du Suprême Conseil de France – il fut aussi, historiquement, le symbole vivant d'un lien fort entre l'Amérique et le Vieux Continent, tant sur le plan politique que sur le plan maçonnique, combinant parfois les deux, comme dans son amitié avec Washington. C'est sans aucun doute le maçon français du XVIIIe siècle le plus connu au monde...

Classes et décors

L'OLF comprend deux classes : le grade de *Chevalier* (*Knight*) et la dignité de *Grand Croix* (*Grand Cross*).

L'insigne de l'OLF (Badge of the Order) est une médaille qui porte à l'avers une représentation de La Fayette et l'inscription « Ordre Maçonnique de La Fayette – Masonic Order of La Fayette », au revers la mention et les devises « Liberté-Égalité-Fraternité » et « Sagesse-Force-Beauté ».

Cet insigne est appendu à un collier dont les couleurs bleu et rouge évoquent les diverses obédiences et rites de la Maçonnerie française, avec une bande blanche au milieu pour former aussi les trois couleurs nationales et un liséré d'or de chaque côté.

Organisation

L'OLF est dirigé par un Grand Conseil de l'Ordre (*Grand Council of the Order*) où siègent de plein droit le grand maître, la grande maîtresse, le président ou la présidente de chacune des obédiences de la Maçonnerie française, lesquels, lors de leur entrée en fonction, reçoivent le grade de « Chevalier de l'OLF ».

Un Grand Chancelier (*Grand Chancellor of the Order*) est nommé, en dehors des représentants de plein droit, pour un mandat d'au moins trois ans qui peut être renouvelable. Le Grand Chancelier siège au sein du Grand Conseil de l'Ordre sans voix délibérative, lui rend compte de son action et n'agit que sur sa délégation.

Les nominations et promotions sont décidées par le Grand Conseil de l'Ordre selon la règle d'une forte majorité qualifiée. Il sera fixé un délai minimal pour une promotion du grade de Chevalier à la dignité de Grand Croix.

Les Chevaliers sont directement nommés par le Grand Maître du Conseil de l'Ordre. Les propositions d'élévation à la dignité de Grand Croix sont transmises par le Grand Conseil de l'Ordre au Conseil des Grands Croix qui en décide.

Le Grand Conseil de l'Ordre a remis publiquement les premières distinctions lors de la cérémonie qui s'est déroulée à Lyon en juin 2003. Ce fut la première manifestation officielle de l'OLF.

Source : Ordre maçonnique de La Fayette, Institut maçonnique de France.

ANNEXE 8

Ordre de bataille des escadres françaises dans la baie de Chesapeake

Escadre blanche et bleue

1. *Le Neptune*	74 canons	Cdt. M. Destouches
2. *La Provence*	64 canons	Cdt. M. de Lombard
3. *L'Auguste*	80 canons	M. de Bougainville, chef d'escadre Cdt M. de Castellan
4. *Le Magnanime*	74 canons	Cdt M. le comte de Bègue
5. *Le Romulus*	44 canons	Cdt M. de Villesbrune
6. *Le Conquérant*	74 canons	Cdt M. de La Grandière
7. *Le Duc de Bourgogne*	80 canons	M. de Barras, chef d'escadre Cdt M. de Médine
8. *Le Northumberland*	84 canons	Cdt M. de Briqueville
9. *La Sagittaire*	50 canons	Cdt M. de Montluc
10. *L'Hector*	74 canons	Cdt M. Renaud d'Allen
11. *Le Sceptre*	74 canons	Cdt M. le comte de Vaudreuil
12. *L'Hercule*	74 canons	Cdt M. le comte de Turpin

Escadre blanche

1. *L'Éveillé*	64 canons	Cdt M. de Tilly
2. *Le Glorieux*	74 canons	Cdt M. le baron des Cars
3. *Le Saint-Esprit*	80 canons	Cdt M. le marquis de Chabert
4. *Le Solitaire*	64 canons	Cdt M. le marquis de Circé
5. *Le Marseillais*	74 canons	Cdt M. le marquis de Castellane
6. *Le Palmier*	74 canons	Cdt M. le baron d'Arros
7. *Le Ville de Paris*	108 canons	M. le comte de Grasse, lieutenant-général Cdt M. de Saint-Cézaire
8. *Le Souverain*	74 canons	Cdt M. le chevalier de Glandeves
9. *Le Caton*	64 canons	Cdt M. de Framond
10. *Le Zélé*	74 canons	Cdt M. le chevalier de Gras Préville
11. *Le Destin*	74 canons	Cdt M. de Goimpy
12. *L'Ardent*	64 canons	Cdt M. le chevalier de Marigny

Escadre bleue

1.	*Le Jason*	64 canons	Cdt M. de la Clochetterie
2.	*La Bourgogne*	74 canons	Cdt M. de Charitte
3.	*Le César*	74 canons	Cdt M. le Commandeur d'Espinouse
4.	*Le Vaillant*	64 canons	Cdt M. de Saint-Côme
5.	*Le Citoyen*	74 canons	Cdt M. de Thy
6.	*Le Réfléchi*	64 canons	Cdt M. de Marigny
7.	*Le Languedoc*	80 canons	M. de Monteil, chef d'escadre Cdt M. du Plessis-Pascaut
8.	*Le Diadème*	74 canons	Cdt M. de Montecler
9.	*L'Experiment*	50 canons	Cdt M. de Martelly
10.	*Le Triton*	64 canons	Cdt M. de Pierrefeu
11.	*La Victoire*	74 canons	Cdt M. le comte de Saint Hyppolite
12.	*Le Scipion*	74 canons	Cdt M. de Clavel
13.	*Le Pluton*	74 canons	Cdt M. d'Albert de Rions

D'après le « Journal » de L'Hermione *et les notes de campagne du comte Rigaud de Vaudreuil, transcrites par le capitaine de vaisseau Pierre Guiot.*

ANNEXE 9

Description de la ville de Boston par Le Vassor de La Touche, commandant *L'Hermione* (Extrait)

La ville de Boston est située sur une péninsule d'environ quatre milles de longueur sur un mille dans sa plus grande largeur. Elle ne tient au continent que par une chaussée naturelle que la mer couvre quelquefois dans ses grandes marées. Elle s'étend le long du pont de Charles River, en formant un croissant dans cette partie. Dans le centre est un grand étang d'eau salée, qui assèche aux basses marées... le port peut contenir plus de trois cents vaisseaux. Il est couvert de défenses par le château Guillaume, situé sur l'île de ce nom.

Comme il faut en passer très près et avoir le cap longtemps dessus, lorsqu'on fait route pour le port, ce fort est très redoutable. Il montre près de cent canons dont beaucoup de 42 livres de balles... On compte de trois mille deux, à trois mille cinq cents maisons dans la ville de Boston, en général assez bien bâties. Il n'y a aucun édifice remarquable... il y a quinze églises à Boston, deux d'Anglicans, une Anabaptiste et le reste Presbytériens qui y sont en plus grand nombre et, en général, beaucoup plus attachés à la cause américaine, que les Episcopaux. Les rues de Boston sont assez larges et assez droites, mais très mal pavées. Il n'y a qu'une seule promenade à l'ouest de la ville. La population est beaucoup diminuée à Boston, depuis la guerre actuelle. Elle ne s'élève pas dans ce moment à plus de vingt-trois ou vingt-quatre milles et elle passait trente avant l'affaire de Bunker-Hill. Le peuple est, en général, bien fait et robuste. Les femmes ont de l'éclat mais il n'est pas durable ; une femme à vingt-cinq ans, est passée. Boston est la résidence du Conseil de l'État de Massachusetts Bay, dont elle est la capitale. On travaille en ce moment à une nouvelle constitution, pour laquelle le gouvernement de l'État sera remis entre les mains d'un gouverneur, qui changera tous les ans... Messieurs Beaudwin, Samuel Adam et Hancock sont sur les rangs.

Journal de *L'Hermione* 1780-1782
À bord, le vendredi 28 avril 1780

ANNEXE 10

Description de la ville de Philadelphie par Le Vassor de La Touche, commandant de *L'Hermione* (Extrait)

La ville de Philadelphie a, dans ce moment, la figure d'un parallélogramme dont les longs côtés s'étendent parallèlement à la Delaware. Elle a à peu près trois milles de longueur, sur à peu près un mille de largeur. Ses rues sont de la plus grande beauté, tirées au cordeau et se coupant à angles droits. Il y en a cinq principales, parallèles à la rivière, sans y comprendre celle appelée Water Street qui touche la Delaware. Toutes les rues n'ont d'autres noms que celles de première, seconde, troisième... L'espace qui reste à bâtir est près du double de celui qui est bâti, on ne peut douter que ce projet ne se réalise par la suite, surtout si la révolution actuelle à lieu, en considérant la position de cette capitale de la Pennsylvanie et de toutes les raisons politiques et religieuses qui tendent à en faciliter l'augmentation. Aucun particulier n'a liberté de bâtir que d'après cette considération et pour remplir les vues du célèbre Perm qui l'a construite, la maison de l'État où s'assemble le Congrès français est située à l'extrémité de la ville, parce qu'on doit en faire le centre. L'hôtel de l'Ambassadeur français est situé vis-à-vis... La rue du marché est de la plus grande largeur et forme le centre de la ville... Les rues sont éclairées par des lanternes placées sur des poteaux qui bordent le trottoir... À chaque carrefour, est une guérite dans laquelle les crieurs de nuit se tiennent pour veiller au repos et à la sûreté publique. À chaque heure, ils vont d'une guérite à l'autre en criant l'heure qu'il est et le temps qu'il fait. Si quelque désordre se commet à leur portée, ils ont une clochette qu'ils sonnent...

Les maisons de Philadelphie sont toutes bâties en brique et communément à deux étages... Les temples sont vastes et en grand nombre, toutes les religions de la terre ayant la liberté d'y professer leur culte. Il y a dans ce moment, des Anglicans, Presbytériens, Anabaptistes, Luthériens, Calvinistes, Catholiques Romains, Juifs, Quakers, Hermites...

La bibliothèque fondée par le célèbre Franklin n'est encore pourvue que de livres anglais et en a très peu.

Il manque à cette ville, ainsi qu'à toutes celles de l'Amérique, un quai qui la bordât dans toute sa longueur. Les bords de la Delaware sont masqués par des maisons ou des magasins qui ont chacun leur Warf ou quai... L'esprit de liberté et de la facilité que ces établissements donnent aux commerces l'ont emporté sur la considération de l'embellissement général...

On compte quarante à quarante-cinq mille habitants américains à Philadelphie. Les vaisseaux de cinquante canons peuvent remonter jusqu'à Philadelphie où on trouve quatre brasses et demie d'eau à basse mer...

Ces manufactures consistent en chapeaux très gros, draps, acier, verrerie. On établit une fonderie de canons depuis la guerre...

L'espèce d'homme est assez belle, mais moins que dans les États du Nord. Les femmes, en général, n'y sont pas jolies...

On a commis une erreur bien considérable sur la carte de la Cour, de la Delaware, publiée en 1778. L'échelle est manquée de deux milles... Il y a plus de deux milles du Cap James au Cap May... Je pense que l'on doit la compter pour dix-huit milles et demie.

Journal de *L'Hermione* 1780-1782
À bord, le mercredi 4 avril 178?

ANNEXE 11

Sources des illustrations des hors-textes

01. Relevé du tracé des frégates, *La Concorde, La Courageuse, L'Hermione* et *La Fée*
Source : Service historique de la Marine à Vincennes – Cote 5H, pages 139 à 144

02. Plan de reconstruction de la frégate *L'Hermione*tracé par Jean Thomas pour Asselin (Association Hermione-La Fayette)
Source : Collection privée

03. Document de certification de *L'Hermione*
Source : Service Historique de la Marine de Rochefort – Cote delta 561

04. Voilure d'une frégate
Source : « *Album du marin* » - P.C. Caussé-Capitaine de frégate de la Marine Royale – MDCCC.XXX.VI – Cliché aux archives municipales de la ville de Rochefort

05. Machine à mâter avec la « bigue ».
Source : Dessin extrait de *« Rochefort trois siècles en images – De 1666 à Bonaparte »* Tome 1- Ouvrage collectif. CALCR 1981 – Gravure n° 156.

06. Louis-René Le Vassor de la Touche
Source : Gravure appartenant à des archives familiales (Collection privée).

07. Corderie Royale au XVIIIe siècle (Th. De Blois)
Source : Gravure extraite de : « *Histoire de Rochefort* » – Théodore de Blois – Philbert – Joseph Masson – Imprimeur Libraire – Blois M.DCCXXIII – Edition originale – page 1 (bibliothèque privée).

08. Frégate du XVIIIe dans la tempête
Source : « *Album du marin* » – P.C. Caussé- Capitaine de frégate de la Marine Royale – MDCCC.XXX.VI – Cliché aux archives municipales de la ville de Rochefort

09. Vue de face de l'étrave de *L'Hermione* présentant la figure de proue,

soit un lion portant l'écu de France, l'emplacement du sabord de chasse sous le bossoir d'avant et le brise-mer
Source : Dessin de Jean Thomas pourl'Association Hermione-La Fayette (reproduction interdite)

10. **Etrave de *L'Hermione* présentant : le mât de beaupré, la figure de proue, le taille-mer**
Source : Dessin de Jean Thomas pour l'Association Hermione-La Fayette (reproduction interdite)

11. **Tableau arrière de *L'Hermione*. Poupe (étude présentant : la lanterne, le décor : dessin provisoire inspiré du fronton de la fonderie de Rochefort, le nom, les sabords de charge et le safran.**
Source : Dessin de Jean Thomas pour l'Association Hermione-La Fayette (reproduction interdite)

12. **Bouteille tribord de *L'Hermione*. On remarquera : la lanterne, la fenêtre de la bouteille et le faux sabord.**
Source : Dessin de Jean Thomas pour l'Association Hermione-La Fayette (reproduction interdite)

13. **Relevé des divers points de la campagne 1779 de *L'Hermione*, effectué à bord par l'officierauxiliaire Mullon.**
Source : Journal de bord de « L'Hermione » – Archives nationales – B 4 – 153 – 05

14. **Frégate au petit largue et vaisseau de 60 canons à culer par vent debout.**
Source :

15. **Frégate du XVIIIe siècle en mer, grand largue, avec un bâtiment par bâbord avant, vent arrière**
Source : « Gravure extraite de « Encyclopédie Méthodique Marine », chez Pancoucke, Librairie Hôtel de Thou, rue des Poitevins, Paris, 1783

16. **Le comte de Vergennes.**
Source : Musée Carnavalet – Paris(ERL).

17. **Carte d'Amérique – La Nouvelle France et les Treize colonies en 1765.**
Source : « *Atlas général cartographique* » – L. Dussieux. Gravé par Marlier-Carte n° 153 – Paris – Bibliothèque privée.

18. **Carte des États-Unis – 1865**
Source : « *Atlas général cartographique* » – Carte dressée par L. Dussieux en 1865 – Gravée par Marlier – n° 155 (Bibliothèque privée).

19. **Liste des passagers embarqués sur *L'Hermione***
Source : Service historique de la Marine de Rochefort – Archives du port de Rochefort – 1 à 49 folio 108

20. **Photocopie d'une page du Journal de bord de *L'Hermione***
Source : – Journal de bord de « L'Hermione » – Vendredi 10 et samedi 11 mars 1780 – Archives nationales – B 4 – 153 – 05

21. Aménagement de *L'Hermione* pour y loger le marquis de La Fayette.
Source : Dessin conservé à la bibliothèque Municipale de Rochefort

22. Cartes des côtes d'Amérique et de la Nouvelle-France (réduite)
Source : « *Atlas général cartographique* » – L. Dussieux – Gravé par Marlier-Carte n° 153 – Paris – Bibliothèque privée.

23. Combat naval entre « La Concorde » et « HMS. Minerva » le 22 août 1778.
Source : Musée national de la Marine. Ref. 78 311

24. Charles-François, comte de Broglie, chef du « Secret du Roi ».

25. Tablier de franc-maçon, brodé par Adrienne de La Fayette offert à George Washington.
Source : Gravure reproduite en page de couverture de la revue « Actualités : journal d'information de la G.L.N.F. » n° 52, mars-avril 1993. Imprimerie Breet S.A. 22, rue Beffroy 92200 Neuilly/Seine.

26. Procès-verbal de la nomination des officiers d'honneur du Grand Orient de France
Source : Archives du Grand Orient de France – Photo X – Droits réservés.

27. Diplôme de maître-maçon du XVIIIe siècle.
Source : Reproduction d'undocument appartenant à une Collection privée

28. Assemblée de Francs-Maçons pour la réception des maîtres.
Source : Gravure du XVIIIe siècle. Bibliothèque des Arts décoratifs. Photo @ Tallandier.

29. Affiche de Raymond Corbin
Source : Créée en 1981 pour la commémoration du bicentenaire du départ de Rochefort du Marquis de La Fayette. (Collection privée)

30. La déclaration de l'Indépendance américaine à Philadelphie
Source : Lithographie du début du XIXe siècle. – Photo @Usis.

31. Médaille de plomb à l'argent de Raymond Corbin, préfigurant la médaille de bronze commémorant le départ de La Fayette de Rochefort pour l'Amérique septentrionale, le 10 mars 1780.
*Source :*Collection privée.

32. Combat de Louisbourg – Gravure en noir et blanc.
Source : Musée de la Marine de Rochefort – AM 248 n° d'inventaire : 31-OA-68

33. Première bataille de la Chesapeake, ou bataille des caps de Virginie, le 16 mars 1781, d'après Ozanne.
Source : Musée national de la Marine. Ref. PH. 54 919

34. Vice- Amiral d'Estaing – 1777-78 –Légende : À la tête des grenadiers, lors de la prise des hauteurs de l'Ile de la Grenade en juin 1779.

Source : Raffet, gravé par Tardinel. Gravure extraite de : « *Histoire de la marine contemporaine* » – Léon Guérin – Dufour et Mullat – Paris 1851 – tome 1 – Page de garde – (Bibliothèque privée)

35. Plan du siège
Source : Musée National de la Marine. Ref. PH. 864

36. Marquis de Lameth, neveu du comte de Broglie – Représenté en uniforme decolonel de Régiment de la Couronne (1784-1791)
Source : Gravé par Geoffray – Extrait de « *Le régiment de la Couronne* » – Vicomte Oscar de Poli – Conseil Héraldique de France » – Paris 1891 – page de garde (Bibliothèque privée)

37. Membres de l'état-major de George Washington lors de la bataille de Yorktown : général Anthony Wayne, baron von Stauben, marquis de La Fayette.
Source : Site internet :
« http ://www.watertown.k12.ma.us/americanhistorycentral/Graphic_Images/08_War_Independence/01_Second_Continental_Congress/gen_a... »

38. Action combinée du siège de Yorktown.
Source : Musée national de la Marine – Ref. PH. 431 112

39. Carte de l'opération combinée terre-mer de Yorktown – Concentration de troupes par terre, rivière et mer.
Source : Cliché illustrant le chapitre : Yorktown 1781 par Reginald Hargreaves – page 105 – Dans « *Les grandes batailles terrestres* » Sous la direction de Cyril Falle – Editions du Pont Royal – (Del Duca/Laffont) Paris 1964

40. Investissement de la baie de Chesapeake par la flotte de l'amiral de Grasse.
Source : Document conservé par : Thelibrary of Congress Washington. Disponible sur le site internet suivant :
« http ://www.watertown.k12.ma.us/americanhistorycentral/Graphic_Images/08_War_Independence/13_Victory_at_yorktown/french_map_yorktown.jpg »

41. L'amiral de Grasse, portant le cordonde l'Ordre du Saint-Esprit, reçoit Washington à son bord : ***« Soyez le bienvenu, mon petit Général ! »***
Source : Musée national de la Marine. Ref. PH. 8312

Rochambeau, La Fayette et Washington à Yorktown.
Source : Détail d'une peinture à l'huile par A. Couder, signé en 1836, musée national de Versailles, d'après une gouache de Louis van Blarerghe's
Source : Musée National de la Marine. Ref. 82367

42. Le comte de Rochambeau.
Source : Musée national de la Marine. Ref. PH. 83257

43. Reddition de Lord Cornwallis.
Source : Musée National de la Marine. Ref. 51 519

44. La reddition anglaise à Yorktown.
Source : Musée national de la Marine. Ref. PH. 139 508

45. Le marquis de Cornwallis, commandant la garnison anglaise de Yorktown
Source : Musée National de la Marine. Ref. 147 952

46. Soldat et étendard du régiment de marine de Rochefort-Dessin de Robert Gireaud.

47. Siège de Yorktown. Le Monde illustré de 1881.
Source : Musée National de la Marine. Ref. PH. 53 883

48. Louis-René Le Vassorde La Touche, député à l'Assemblée Nationale en 1789.
Source : Dessiné par Labadye – Gravé par Courbe – À Paris chez le sieur Dejabin – Editeur de cette collection – Place du Carroussel – n° 4 – (Collection privée).

49. Carte des déplacements des escadres françaises et anglaises pour la Chesapeake – 1781
Source : Dessin de Jean-Luc Gireaud d'après Réginald Hargreaves-Raymond Bourgerie et Pierre Lesouef.

50. Carte renseignée du siège de Yorktown.
Source : Dessin de Jean-Luc Gireaudd' après Réginald Hargreaves-Raymond Bourgerie et Pierre Lesouef.

51. Le comte de Sartine, secrétaire d'État à la Marine de Louis XVI
Source : Gravure de 1857 par Chevillet et après Vigée. Cabinet des estampes de la B.N. N° de cliché : 54-C-9782

52. Le bailli de Suffren, vice-amiral de France.
Source : Dessin de Marck – Gravé par Pardinel – Gravure extraite de : « *Histoire de la marine contemporaine* » – Léon Guérin – Tome 1 – Dufouret Mulat – 1851 – page 128 – Bibliothèque Municipale de Rochefort.

53. Combat de Negapatam.
Source : Musée National de la Marine. Ref. PH. 40 710

53. Théâtre d'opérations de *L'Hermione* en Inde
Source : Dessin de Jean-Luc Gireaud– D'après l'Atlas Général par L. Dussieux –« *Pour servir à l'histoire de la rivalité de la France et de l'Angleterre jusqu'au traité de Versailles » – 1783* – N° 146 – Bibliothèque privée.

55. Le citoyen-capitaine Martin, devenu amiral
Source : Gravure extraite de « *Rochefort trois siècles en image de 1666 à Bonaparte* » Ouvrage collectif CALCR 1981 – Cliché n° 496 – Bibliothèque Municipale de Rochefort.

56. Dernier itinéraire de *L'Hermione* vers le plateau du Four, au large du Croisic.
Source : Carte de Jean-Luc Gireaud, d'après le dessin de Jean Thomas.

57. King Park à Newport, à gauche du kiosque dominant le hâvre de Newport, on distingue, à gauche, la pyramide portant la plaque commémorative dédiée aux combattants français tombés pour l'Indépendance Américaine, et la statue de Rochambeau, à droite, indiquant la direction du nord.
Source : Photo transmise et reproduite avec l'aimable autorisation de la ville de Newport.

58. Statue de Rochambeau à King Park, indiquant la direction du nord, dominant le hâvre de Newport.
Source : Photo transmise et reproduite avec l'aimable autorisation de la ville de Newport.

59. Epée flamboyante de La Fayette
Source : Collections du Musée maçonnique du grand Orient de France

60. Indépendance des États-Unis.
Source : Musée national de la Marine. Ref. PH.14260

61. En 1793, entouré de maîtres-maçons, George Washington, portant tous ses décors maçonniques, posait la première pierre du Capitole.
Source : Gravure reproduite dans la revue « *Actualités : journal d'information de la G.L.N.F.* » Imprimerie Breet S.A. 22 rue Beffroy 92200 Neuilly/Seine.

ANNEXE 12

Public Law – Aug. 6, 2002 (116 Stat.931)

Public Law 107-209
107th Congress

Joint Resolution

Conferring honorary citizenship of the United Stataes posthumously on Marie Joseph Paul Yves Roche Gilbert du Motier, the Marquis de La Fayette

Aug. 6, 2002
(S.J. Res. 13)

Whereas the United States has conferred honorary citizenship on four other occasions in more than 200 years of its independence, and honorary citizenship is and should remain an extraordinary honor not lightly conferred nor frequently granted ;

Whereas Marie Joseph Paul Yves Roche Gilbert du Motier, the Marquis de La Fayette or General Lafayette, voluntarily put forth his own money and risked his life for the freedom of Americans ;

Whereas the Marquis de La Fayette, by an Act of Congress, was voted to the rank of Major General ;

Whereas, during the Revolutionary War, General Lafayette was wounded at the Battle of Brandywune, demonstrating bravery that forever endeared him to the American soldiers ;

Whereas the Marquis de La Fayette secured the help of France to aid the United States' colonists against Great Britain ;

Whereas the Marquis de La Fayette was conferred the honor of honorary citizenship by the Commonwealth of Virginia and the State of Maryland ;

Whereas the Marquis de La Fayette was the first foreign dignitary to address Congress, an honor which was accorded to him upon his return to the United States in 1824 ;

Whereas, upon his death, both the House of Representatives and the Senate draped their chambers in black as a demonstration of respect and gratitude for his contribution to the independence of the United States ;

Whereas an American flag has flown over his grave in France since his death and has not been removed, even while France was occupied by Nazi Germany during World War II ; and

Whereas the Marquis de La Fayette gave aid to the United States in her time of need and is forever a symbol of freedom ;

Now, therefore, be it

Resolved by the Senate and the House of Representatives of the United States of America in Congress assembled, That Marie Joseph Paul Yves Roche Gilbert du Motier, the Marquis de La Fayette, is proclaimed posthumously to be an honorary citizen of the United States of America.

Approved August 6, 2002

Legislative History – S.J. Res.13
House Reports : N° 107 – 595 (Comm. On the Judiciary).

Congressionional Record :

Vol. 147 (2001) : Dec. 18, considered and passed Senate

Vol. 148 (2002) : July 22, considered and passed House, amended.

July 24, Senate concurred in House amendments.

Traduction

Résolution conjointe du 6 août 2002

Conférant la dignité de citoyen d'honneur des États-Unis, à titre posthume, à Marie Joseph Paul Yves, Roch Gilbert du Motier, marquis de La Fayette.

Le Sénat et la Chambre des Représentants des États-Unis d'Amérique, assemblés en Congrès :

Attendu que :

- En plus de deux cents ans d'indépendance, les États-Unis n'ont conféré la dignité de citoyen d'honneur qu'en quatre occasions ; que la citoyenneté honoraire est et doit demeurer une distinction extraordinaire, qu'elle ne doit être accordée ni légèrement, ni fréquemment ;

- Marie Joseph Paul Yves Roch Gilbert du Motier, marquis de La Fayette ou Général La Fayette, a avancé ses propres ressources et risqué sa vie pour la liberté des Américains ;
- le marquis de La Fayette a été élu Major Général par une loi du Congrès ;
- pendant la Guerre d'Indépendance, le Général La Fayette a été blessé à la bataille de Brandywine, faisant preuve d'un courage qui l'a rendu éternellement cher au cœur des soldats Américains ;
- le marquis de La Fayette a assuré l'obtention de l'aide de la France afin d'aider les colons des États-Unis contre la Grande Bretagne ;
- le marquis de La Fayette s'est vu conférer la distinction de citoyen d'honneur du Commonwealth de Virginie et de l'État du Maryland ;
- le marquis de La Fayette a été le premier dignitaire étranger à faire un discours au Congrès, honneur qui lui a été accordé lors de son retour aux États-Unis en 1824 ;
- à sa mort, tant la Chambre des Représentants que le Sénat ont voilé de noir leurs hémicycles respectifs en témoignage de respect et de gratitude pour sa contribution à l'indépendance des États-Unis ;
- les couleurs Américaines ont flotté sur sa tombe en France depuis sa mort et n'ont jamais été amenées, même lorsque la France a été occupée par l'Allemagne nazie au cours de la Seconde Guerre Mondiale ; et que
- le marquis de La Fayette, ayant porté secours aux États-Unis en une période de détresse, demeure un symbole éternel de liberté ;

décident, en conséquence que :

Marie Joseph Paul Yves Roch Gilbert du Motier, marquis de La Fayette est proclamé, à titre posthume, citoyen d'honneur des États-Unis d'Amérique.

Approuvé le 6 août 2002

ANNEXE 13

Journal de bord de *L'Iris*

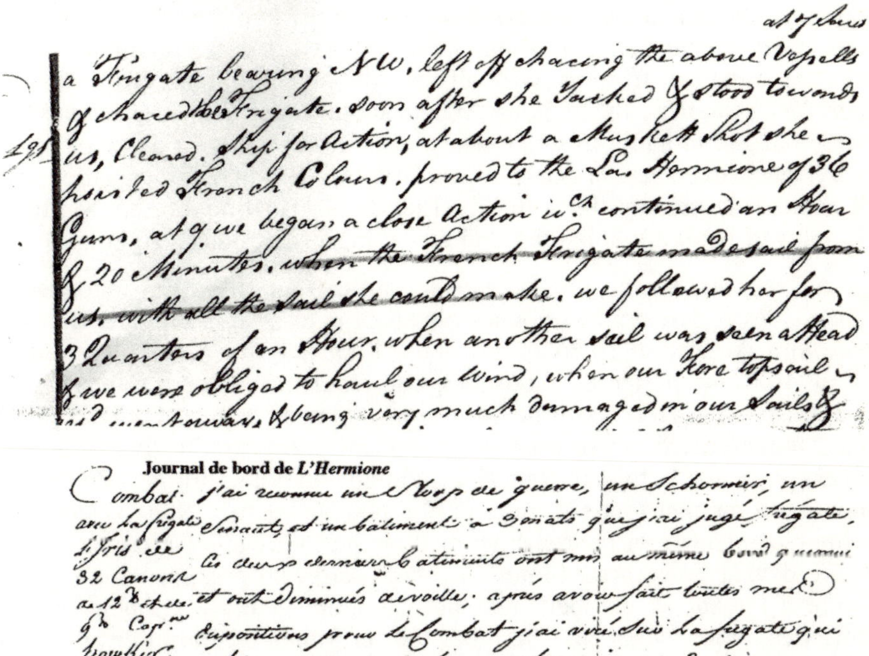

at 7 Hours

a Frigate bearing N W, left off chacing the above Vessells
& chaced the Frigate. soon after she Tacked & stood towards
us, Cleared Ship for Action, at about a Muskett Shot she
hoisted French Colours, proved to the Las Hermione of 36
Guns, at 9 we began a close Action wch continued an Hour
& 20 Minutes, when the French Frigate made sail from
us, with all the Sail she could make. we followed her for
3 Quarters of an Hour, when another sail was seen a Head
& we were obliged to haul our Wind, when our Fore topsail
... went away, & being very much damaged in our Sails &

Journal de bord de L'Hermione

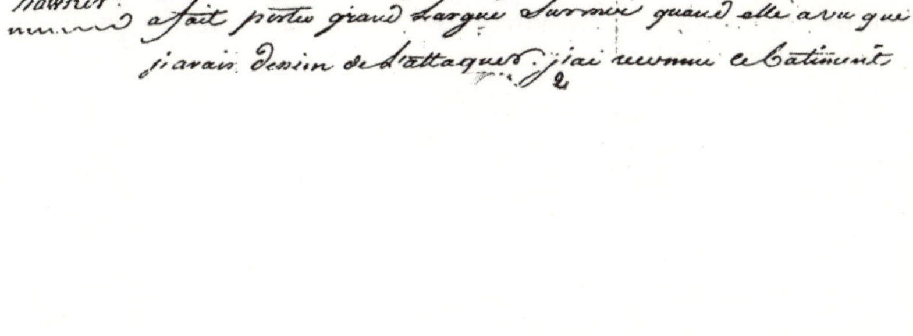

Combat avec la frégate l'Iris de 32 Canons de 12 ... Capne Hawker

j'ai reconnu un Sloop de guerre, un Schooner, un Senault, et un bâtiment à 3 mâts que j'ai jugé frégate, ces deux derniers bâtiments ont mis au même bord ... et ont diminués de voille, après avoir fait toutes mes dispositions pour le Combat j'ai viré sur la frégate qui a fait porter grand largue sur mer quand elle a vu que j'avais dessein de l'attaquer. j'ai reconnu ce bâtiment

JOURNAL DE BORD HMS « Iris »

	Vent de	Cap	Distance	Latitude	Long.
Mercredi 7 juin 1780	S.W.	Est	3	40° 24'	1°49'

Fresh breezes and cloudy weather. At 2 p.m. I saw a strange sail. I gave chase and fired several shots at her. At 4 I sailed on ashore on Long Island. Out boats and sent them on board *The Snow*. At 9, I shortened sail for *The Snow* 1/2 past a.m. I saw a strange sail to the South. I gave chase at 6, left off chasing the Brig. And chased a Sloop-schooner Privateer to the North.

At 7, I saw a Frigate bearing, N.W., left off chasing the above Vessels and chased the Frigate. Soon after, she tacked and stood towards us. Cleared ship for action, at about a Muskett shot, she hoisted French colours. Proved to (be) the *La Hermione* of 36 guns. At 9, we began a close action which continued and hour and 20 minutes. When the French Frigate made sail from us, with all the sail she could make, we followed her for 3 quarters of an hour. When another sail was seen ahead we were obliged to haul our wind, when our fore topsail went away of being very much damaged in our sails and rigging. We had 7 men killed and 9 wounded, among the latter is Lieutenant Bowine of the Marines. Employed smoking splincing and freevying (?). Running rigging.

À 7 heures, aperçu une Frégate faisant cap au N.W. J'abandonnai la chasse des Vaisseaux mentionnés plus haut et chassai la Frégate. Bientôt, elle vira de bord et fit route sur nous. J'appelai aux postes de combat. À environ une portée de mousquet, elle hissa les couleurs françaises. Il s'agissait de *L'Hermione*, de 36 canons. À neuf heures, commença un engagement serré qui se poursuivit pendant une heure et vingt minutes. C'est alors que la frégate française s'éloigna de nous (prit la fuite devant nous), en mettant toute la toile qu'elle pouvait mettre. Nous la poursuivîmes pendant trois quarts d'heure. Lorsque nous aperçumes une autre voile devant nous, nous fûmes forcés de serrer au près, car notre grand voile à l'avant se dérobait, tant notre voilure et notre grément étaient offensés. Nous avons eu 7 hommes tués et 9 blessés. Parmi ces derniers se trouve le Lieutenant Bowine des Marines. J'ai ensuite procédé à goudronner et réparer les manœuvres rompues.

Table

Achevé d'imprimer en juin 2004
sur les presses de la Nouvelle Imprimerie Laballery – 58500 Clamecy
Dépôt légal : juin 2004 Numéro d'impression : 405178
Imprimé en France